U0856601

清华北大状元最爱看的
中外名著大全集

沈 智 编著

北方联合出版传媒（集团）股份有限公司
万卷出版公司
VOLUMES PUBLISHING COMPANY

© 沈智 2010

图书在版编目（CIP）数据

清华北大状元最爱看的中外名著：大全集 / 沈智编著. —沈阳：万卷出版公司，2010.5
（三最丛书）
ISBN 978-7-5470-0903-1

Ⅰ.①清… Ⅱ.①沈… Ⅲ.①推荐书目-世界-青少年读物 Ⅳ.①Z835-49

中国版本图书馆CIP数据核字（2010）第075970号

项目创意/设计制作/ 智品書業 ZHIPIN BOOKS

清华北大状元最爱看的中外名著（大全集）

责任编辑	王光昱
出 版 者	北方联合出版传媒（集团）股份有限公司 万卷出版公司
联系电话	024-23284090
邮购电话	024-23284050 23284627
电子信箱	vpc_tougao@163.com
经　　销	各地新华书店发行
印　　刷	三河市宏达印刷有限公司
版　　次	2010年7月第1版 2010年10月第3次印刷
开　　本	180mm×255mm 1/16 20印张
字　　数	280千字
书　　号	ISBN 978-7-5470-0903-1
定　　价	19.60元

丛书所有文字插图版式之版权归出版者所有任何翻印必追究法律责任

PREFACE

前　言

经典名著作为人类精神宝库中最灿烂的组成部分，记载着社会的发展和人类的悲喜，也凝聚着作家对人生、社会和时代的深刻思考，是人类文明的积累和文化思想的结晶，是启发智慧永不枯竭的源泉。它们往往能超越时代的界限、历史的变迁，让世世代代的人们钻研不尽；它们永远不会因为思想的演进或学术见解的改变而显得过时，伟大名著是永远属于当代的。

阅读这些经典名著，可以提高人们的文化品位和自身修养，完善自我人格魅力；可以铸造我们的内心世界和情感，让我们关注真正的价值和真实的生活。但是面对各门各类浩瀚的世界经典名著，我们终其一生也许只能采撷到沧海一粟。为此，本书精心遴选了古今中外数百部名著，力求让读者在有限的时间内了解、体悟中外名家的精妙思想。

《清华北大状元最爱看的中外名著》一书汇总了状元才子们最爱看的数百本最有价值的、最经典的、最适合阅读的书籍推荐给广大读者，使读者能够了解古今中外经典名著的精华轮廓，引发读者对著作本身的兴趣。如果读者能够从阅读本书中体会到著作本身的魅力，然后去阅读著作的原始文字，那么我们就完成任务了。本书作为一本导读书，力求为读者打造一个立体客观的、新颖多彩的、极具文化魅力的阅读空间。我们在忠于原作内容的前提下对作品进行了精准的概括，这样读者可以更快地捕捉到原作的主要精髓和重要情节。一般还会以比较客观的态度给作品一个中肯的评价，让读者事先了解到作品的思想风貌以及该用何种恰当的心态阅读相关作品。

本书覆盖面广，对各部经典名著都进行了集中而全面的介绍与阐述，使您读完本书后会对古今中外名著有一个全方位的了解，花费最少的时间学到更多的东西。本书对每部作品的介绍既有对主要内容、影响及意义的概况，也涉及作家简介、创作时代背景等等，让读者通过对作者和创作背景、时代背景的了解来更好地理解作品的主题。书中名著按照古、今、中、外顺序排列，构架清晰、分类明晰，有记录社会现实的小说、散文、戏剧、历史；有探索人类精神世界的宗教、哲学、心理、教育；有展现人类社会意识的政治、法律、军事学；还有研究人类行为和逻辑的社会、伦理、经济、管理等方方面面的经典著作……

书中选配了精美图片近百幅，展现了作者、作品的相关影像，使读者朋友在全方位接近大师、深层次品读文学名著的同时，获得更多的审美享受、想象空间和文化熏陶。配以新颖的版式，既体现了文学名著的文化底蕴，又融合了现代审美理念。小贴士则可以让读者了解到与作品相关的很多故事及知识。

本书知识全面而丰富，详尽准确，希望可以帮助广大读者朋友开阔视野，增长知识。通过本书这条捷径，您可以轻松徜徉于人类灿烂文化的殿堂之中。

目 录
CONTENTS

社会现实的虚实记录

小说

散文

诗歌

戏剧

童话寓言

历史

精神世界的指引航标

宗教

哲学

文艺学、美学

心理学

法学

军事

人类行为的研究解释

人类学

社会学

伦理学

内心世界的逻辑展现

经济学

管理学

人类发展的基石动力

数学

物理

化学

生物

医学

天文学

地理学

综合

社会现实的虚实记录

文学著作和历史学著作之间的关系是最为接近，也是最为密切的，中国自古以来就有“文史一家”之说，表明了二者之间原本存在着的相通的血缘关系。可以这样说，文学著作和历史学著作是从两个不同的角度记录了人类的社会现实。文学著作是“源于现实，又高于现实”的，它向人们展示了或浪漫、或现实、或魔幻的，同时又经过思想加工和艺术创造的现实世界，在人们为创作者丰富而大胆的艺术想象而惊叹不已的同时，也会深刻体察到，任何一部文学作品都是一定社会生活的反映。文学著作中所体现的主题，反映了社会政治的复杂关系，有的鞭挞了社会的黑暗，有的赞美了坚贞的爱情，使后人对前人特定的历史时代有了感性的认识。而历史学著作，则真实地反映了特定历史条件下的社会生活，使得后人可以对先人的政治、社会现象等进行研究，以便总结治世和生存经验。

1

小说

小说是以刻画人物为中心，通过完整的故事情节和具体的环境描写来反映社会生活的一种文学体裁。由此可见，人物、故事情节、环境（自然环境和社会环境）是小说必不可少的三个要素。来源于生活的各种故事，通过整理、提炼和安排，就比现实生活中的真事更集中、更完整，更具有代表性。诸多世界文学大家笔下的小说作品，向世人展示了一个光怪陆离的文学世界。

《搜神记》

《搜神记》，晋代干宝所作，为笔记体志怪小说集，被后世学术界认为是魏晋“志怪小说”的代表作。干宝（？—336年），字令升，东晋新蔡（今属河南）人，史学家。他是一个有神论者，在《搜神记》的自序中这样写道：“及其著述，亦足以发明神道之不诬也。”可见其写作目的是想通过搜集前人相关著述中的神灵怪异之事和民间传说、神话故事，来证明世间确实存在鬼神。故事中的主角有鬼，也有妖怪和神仙，间或杂糅了佛道人物。

《隋书·经籍志》著录干宝的《搜神记》为30卷，今本凡20卷，是由后人缀辑增益而成。共有大小故事454个，多数篇幅短小、情节简单，但是设想奇幻，极具浪漫主义色彩。其中著名的故事有《干将莫邪》、《董永》等。《搜神记》开创了中国古代以神狐鬼怪为题材的志怪小说先河，对后世关汉卿的《窦娥冤》、蒲松龄的《聊斋志异》、神话剧《天仙配》等诸多文学作品都产生了深远的影响。

《世说新语》

《世说新语》，为我国魏晋南北朝时期“志人小说”的代表作，也是中国最早的文言志人小说，记载了那一时期士大夫阶层的逸闻琐事、言谈举止。

作者刘义庆（403年—444年），字季伯，彭城（今江苏徐州）人，南朝宋宗室。他热爱文艺，常与名儒硕学之士交往，著作还有《幽明录》、《典叙》等。

《世说新语》按照内容划分，可分为“德行”、“言语”、“政事”、“文学”等36类，每类均由若干则故事组成，全书故事共1200多则，每则文字多少不等，或数行，或三言两语，就能勾画出生动的人物形象，可见笔记体小说“随手而记”的诉求及特性。此书的另一个特点是，相当多的篇幅是杂采众书而成。书中记录了大量反映当时社会生活的珍贵史料，并且以其简练的语言、鲜活的文字，成为一部文学价值极高的古典名著，自问世以来，便受到了历代文士阶层的喜爱和重视，在海内外流传甚广。

《太平广记》

北宋太平兴国二年（977年），大臣李昉、扈蒙、李穆、徐铉、赵邻几、王克贞、宋白、吕文仲等12人奉宋太宗之命，主持编纂了一部官修小说集。此小说集编成于太平兴国三年（978年），因此定名为《太平广记》。

《太平广记》是一部按类编撰的古代小说总集，按题材分为92类，题材取自汉代至宋初的野史小说及释藏、道经等，是一部以小说为主的杂著，神怪故事占了很大比重。类下面又分150余细目，如分牛、马、骆驼、驴等，以方便查阅。

《太平广记》可以说是一部宋朝以前小说的总集，历史上很多小说现在已经失传了，只能在这部书中寻找到其遗文。因此很多唐代及以前的小说，得以凭借《太平广记》而保存。本书引书较广，且与其他类书引文多加删节不同，引文较完整，对有些小篇幅的书几乎全部收录，失传的书可据以辑集，有传本的书也可据其进行异文互校。因而对校辑、研究古代小说极有价值。

《水浒传》

施耐庵（1296年—1370年），元末明初著名文学家。

◎ 水浒绰号分类

《水浒传》有个非常重要的艺术特点，就是其中的一百零八将都有绰号。梁山好汉的绰号大体可以分为这样几类：一是比为动物的，如玉麒麟卢俊义；二是反映体貌的，如青面兽杨志；三是表示性格的，如智多星吴用；四是体现职业的，如行者武松；五是提示兵器的，如大刀关胜；六是标明特长的，如混江龙李俊；七是直接赞扬的，如及时雨宋江；八是比傚以往英雄的，如小李广花荣。

施耐庵所著的《水浒传》，又名《忠义水浒传》，它以杰出的艺术手段，生动形象地展现了中国封建社会以宋江为首的农民起义的发生、发展和失败的整个过程，并且成功地塑造了农民起义领袖的群体形象，尤以武松、林冲、鲁智深等人物刻画得最为成功，反映出人民群众的英雄气概和反抗精神。此书具有深刻的社会意义：首先揭露了封建社会的黑暗腐朽、统治阶级的罪恶造成“官逼民反”，这是农民起义的根本原因；其次客观上总结了封建时代农民起义失败的经验教训。

●《水浒传》插图

《水浒传》在风格上没有丝毫的脂粉气和儿

女情，具有豪放粗犷的阳刚美和崇高美，这种美学风格对后来的英雄传奇小说产生了深远的影响。它继承发展了中国古代小说与讲史话本的传统特色，并对后世小说、戏剧产生较大影响。

“三言”

冯梦龙（1574年—1646年），字犹龙，又字公鱼、子犹，号龙子犹等，明代长洲（今江苏苏州）人，通俗文学家、戏曲家，与其兄冯梦桂、弟冯梦雄并称“吴下三冯”。其一生著作颇丰，其中杰出的代表即为“三言”。

“三言”，是《喻世明言》、《警世通言》、《醒世恒言》三部小说集的总称。“三言”每集40篇，共120篇。作品有些是对宋元明以来旧本的辑录，大多都做了不同程度的修改和润饰；也有些根据文言笔记、传奇小说、戏曲、历史故事、社会传闻重新创作而成，题材广泛、内容复杂，斥责背信弃义，歌颂友谊与爱情，也描写了市井百姓的生活，“极摹人情世态之歧，备写悲欢离合之致”（笑花主人《今古奇观序》），著名的篇章有《卖油郎独占花魁》等。“三言”是宋元明三代最重要的一部白话短篇小说总集，它的出现，标志着古代白话短篇小说整理及创作高潮的到来。

“二拍”

凌濛初（1580年—1644年），字玄房，号初成，别号即空观主人，乌程（今浙江吴兴）人，明末小说家。他的诸多著述中，以《初刻拍案惊奇》、《二刻拍案惊奇》（合称“二拍”）最有名。“二拍”的创作受到“三言”的影响，后人常将二者合称为“三言二拍”。

“二拍”中的一些作品反映了现实市民生活及市民的思想意识。如《转运汉遇巧洞庭红》描述了商人海运经商，可见明末商人们追求财富的强烈欲望；《李将军错认舅》，则歌颂了男女主角忠贞不渝的爱情。另外，“行好就有好报”的劝谕思想贯穿“二拍”始终。“二拍”善于组织情节，因此很多篇章有一定的吸引力，语言也很生动。

“二拍”是一部个人创作的白话小说专集，其“卷帙浩繁，观览难周”，故从中选取40种，编成《今古奇观》。其后三百年中，它成为一部流传最广的白话短篇小说的选本。

《金瓶梅》

小说《金瓶梅》约成书于明代隆庆至万历年间，作者署名为“兰陵笑笑生”，真实姓名尚未确考。兰陵今属山东临沂，作者大约是山东人。

《金瓶梅》全书共100回，书名从小说中人物西门庆的三个妾，即潘金莲、李瓶儿、庞春梅的名字中各取一字而成。内容借《水浒传》中武松杀嫂的故事为引子，通过对官僚、恶霸、富商三种身份为一体的封建市侩势力代表人物西门庆及其家庭罪恶生活的描述，托古讽今，揭露出明代封建社会的黑暗和腐败。

《金瓶梅》是中国文学史上第一部由文人个人创作的以市井人物与世俗风情为描写中心的长篇小说。此后，文人创作发展为小说创作的主流。此前的长篇小说，取材多为历史故事或神话传说，此书从这种模式中走出来，以现实社会中的人物和家庭日常生活为题材，使中国小说现实主义创作方法日臻成熟，在题材、结构、表现手法上给《红楼梦》以巨大影响。

《东周列国志》

清代乾隆年间，江苏秣陵（今南京）人蔡元放（生卒年不详）在明人余邵鱼编写的《列国志传》、冯梦龙编写的《新列国志》的基础上，重新修订润色，并加了序、读法、详细的评语和简要的注释而成一部历史演义类小说，将其更名为《东周列国志》。

《东周列国志》描写了春秋战国时代的“列国”故事，以国家的兴亡成败为主题，致力探讨气运盛衰、人事成败之间转化变迁的因果关系，其中描写的典型人和事，成为后世是非成败的理论源头和后人行事为人的标准和榜样。书的内容丰富、情节复杂，其中叙写的事实，取材于《战国策》、《左传》、《国语》、《史记》四部史书，并且按照时间顺序，穿插编排历史故事和人物传记，结构完整。此书的语言通俗易懂，可读性强。它面世后，成为一部除《三国演义》之外，流传最广、影响较大的通俗历史演义小说。

《三国演义》

罗贯中（约1330年—约1400年），元末明初著名小说家、戏曲家，中国章回小说的鼻祖。

《三国演义》，又名《三国志演义》、《三国志通俗演义》，是中国古代第一部长篇章回小说，是历史演义小说的经典之作。罗贯中根据陈寿《三国志》和裴松之注及民间传说和下层文人创作等材料综合熔裁，再创作而成。今所见刊本以明嘉靖本为最早，分24卷，240则，此后新刊本迭出，至清康熙时毛纶、毛宗岗父子进一步修订，成为今所通行的120回本。小说描写的是从东汉末年至西晋初年间近一百年的历史事件，塑造了一批叱咤风云的英雄人物，对战争场面如赤壁之战的描写尤具文学魅力。作品描述了以曹操、刘备、孙权为首的魏、蜀、吴三个政治、军事集团之间的矛盾和斗争，在政治、军事谋略方面，对后世产生了深远的影响。

《西游记》

吴承恩（约1501年—约1582年），字汝忠，号射阳山人，淮安府山阳（今江苏淮安）人，明代小说家。

吴承恩所作的《西游记》，是明代神魔小说的代表。书中主要描写了唐僧、孙悟空、猪八戒、沙僧一行四人西天取经，经历九九八十一难的故事，全书共100回。唐僧取经是真实的历史事件，吴承恩在民间传说和话本、戏剧的基础上，经过独具匠心的艺术再创作，完成了这部令中华民族为之骄傲自豪的文学巨著。吴承恩在作品中塑造了一个神通广大、铜身铁胆却极具人性特征的孙悟空形象，这个形象在我国历来为不同年龄段的人们所喜爱，也为世界文学长廊增添了一个经典。值得注意的是，孙悟空身上体现了极强的反抗精神，已成为古典文学中的一个典型。孙悟空护送唐僧西天取经的故事，数百年来在中国家喻户晓、妇孺皆知。

◎ 电视剧《西游记》

现代据此经典著作改编成诸多电影、电视剧，20世纪80年代拍摄的电视剧《西游记》亦成为无可复制的电视剧经典。据相关调查显示，中国有98%的人看过1986版电视剧《西游记》，上至耄耋老人下至几岁稚童，无论学高八斗还是大字不识，都曾经与师徒四人一起“西天取经”。即使是现在，电视台每年都要把《西游记》拿出来，一遍遍地重放。观众虽然换了将近整整一代人，对它的热情却始终不变。

《红楼梦》

曹雪芹（1715年—1763年或1724年—1764年），名霑，字梦阮，号雪芹，清代人，中国历史上杰出的文学家。他所创作的《红楼梦》，为我国古代四大名著之一。

● 林黛玉像

《红楼梦》成书于清乾隆四十九年甲辰（1784年），其原名有《石头记》、《情僧录》、《风月宝鉴》、《金陵十二钗》等，后正式题为《红楼梦》。最初以手抄本形式流传，只有前80回（有学者研究实为79回）。在众多续作中，最受红学界关注的版本是《脂砚斋重评石头记》，现通行的续作是由高鹗续全的120回版本。书中表现了贾、史、王、薛四大家族的兴衰，描写了贾宝玉、林黛玉的爱情悲剧，揭示了封建社会末世的人性、世态及种种无法调和的矛盾。

《红楼梦》是中国封建社会的大百科全书，其艺术成就达到了中国古典小说的顶峰，被誉为“中国古典小说的金字塔”。

《封神演义》

许仲琳（约1567年—1620年），号钟山逸叟，应天府（今江苏南京）人，明代小说家。

《封神演义》，又名《封神榜》、《商周列国全传》、《武王伐纣外史》、《封神传》，以古代魔幻神话故事参考古籍和民间传说创作而成，原为中国平民娱乐文学，约成书于隆庆年间。

全书内容篇幅巨大，充满了奇特的幻想。其内容依托商灭周兴的历史背景，用武王伐纣为时空线索，从女娲降香开书，到姜子牙封三百六十五位正神结束。书中以纣王无道失去天下道统，武王伐纣商灭周兴为主体，以神话穿插为特点，全书共70万字，分为100回。书中通过对暴君殷纣王的种种恶行的描写来抨击明代王朝的专制制度。

《封神演义》的故事，深深地影响了中国百姓的世界观。它以丰富的艺术想象力和浓厚的英雄主义气概，成为我国神魔小说中不可多得的上乘佳作。数百年来风行海内外，经久不衰。

《聊斋志异》

蒲松龄（1640年—1715年），字留仙、剑臣，号柳泉居士，世称聊斋先生，山东淄州（今淄博）人，清代著名的文学家。

《聊斋志异》是蒲松龄的代表作，在他四十岁前后基本完成，此后不断增补修改。全书共有短篇小说491篇，题材广泛，内容丰富。大多作品通过谈狐说鬼的手法概括了社会关系，反映了17世纪中国的社会面貌，有力批判了当时社会的腐败、黑暗现象，也描绘了许多凄婉缠绵的爱情故事。原本可怕的鬼怪、狐仙，在蒲松龄的妙笔下都被赋予了人性的善良和情感，典型人物有红玉、婴宁、聂小倩等，《画皮》、《崂山道士》等篇目则阐述了伦理道德，带有那个时代正统的教育意义。

《聊斋志异》这部短篇小说集代表了古代文言小说的最高艺术成就，堪称中国古典短篇小说之巅峰，人们公认“小说家谈狐说鬼之书，以《聊斋》为第一”。

《儒林外史》

吴敬梓（1701年—1754年），字敏轩，晚号文木老人、秦淮寓客，清代小说家。

吴敬梓的《儒林外史》是清代一部杰出的现实主义长篇讽刺小说，主要描写封建社会后期封建文人、官僚豪绅、市井无赖、下层百姓等各类人物的真实行为和精神面貌。吴敬梓在书中塑造了一批丑言丑行的伪君子、假道学、假名士形象，对吃人的科举、礼教和腐败事态进行了生动描绘，也颂扬了下层人民正义朴实的高贵品质。

这部小说往往不着一句贬词便能使虚伪之情毕现，体现了讽刺文学的最高成就，吴敬梓亦成为我国文学史上批判现实主义的杰出作家之一。《儒林外史》不仅直接影响了近代谴责小说的创作，对现代讽刺文学也有深刻的启发。如今已被译成英、法、德、俄、日等多种文字，成为一部世界性的文学名著，与意大利薄伽丘、西班牙塞万提斯、法国巴尔扎克等人的作品相媲美。

《镜花缘》

李汝珍（1763年—1830年），字松石，直隶大兴（今属北京市）人，清代小说家。

《镜花缘》全书共100回，前50回以秀才唐敖、林之洋、多九公三人出海游历各国及唐敖之女唐小山寻父的故事为线索，描写了几十个国家的独特风光、奇风异俗、野草仙花以及奇人异事；后50回着重表现了众女子的才华。李汝珍以《山海经》等书的材料为素材，发挥了丰富的想象力，创作了这部容量庞大、景象繁杂、结构独特、思想新颖的小说。作品颂扬了女性的聪明才智，肯定女子在社会中的重要位置。还创造出一个“君子国”，着力描绘出一个官民平等、礼尚往来的理想化社会，表现自己对封建官场贪婪专横、尔虞我诈的不满。

此书自嘉庆二十三年（1818年）刊行问世以来，一直受到各方的关注和好评。鲁迅、郑振铎、林语堂等文学大家都对它评价颇高。

《老残游记》

《老残游记》，晚清四大谴责小说之一。作者刘鹗（1857年—1909年），字铁云，笔名洪都百炼生，清代江苏丹徒（今江苏丹徒）人。

《老残游记》流传非常广。小说以一位走方郎中老残为主人公，记述他在游历中的所见所闻，对官僚政治进行批判，对社会矛盾深入挖掘，特别是他在书中敢于直斥清朝官员误国害民，指出有时朝廷官员的昏庸比贪官还要厉害，这一点对清廷官场的批判是切中时弊、独具慧眼的。全书共20回，作者在小说的自叙中说道：“棋局已残，吾人将老，欲不哭泣也得乎？”这部小说是作者对“棋局已残”的封建末世以及人民所遭受的深重苦难的哭泣。

此书的文学艺术成就受到诸多称赞，鲁迅在《中国小说史略》中赞其“叙景状物，时有可观”。现在，各种中文版本百余种，被译成英、法、德等八国文字，流传海外。

《二十年目睹之怪现状》

《二十年目睹之怪现状》，晚清四大谴责小说之一，署“我佛山人著”。作者吴趼人（1866年—1910年），原名沃尧，字小允，又字茧人，后改趼人，广东南海人，因居佛山镇，故笔名我佛山人。

此书最初连载在1903年至1905年《新小说》杂志上，1906年起由上海广智书局出版分册的单行本，每本12回，直到1910年才出齐，共108回。书中以1884年中法战争到1903年前后二十年间的中国社会为背景，以主人公“九死一生”的经历见闻为线索，描绘了晚清社会官场、儒林、商界、家庭的种种怪现状，揭露了半封建半殖民地的满清末年黑暗的社会现实。由于涉及的范围很广，故产生的影响也很大。

此书最突出的特点是在表现手法上始终以第一人称的叙述方式，这是以往的长篇小说未曾有过的，标志着中国小说叙事角度开始朝着多元化方向转变。

《官场现形记》

李宝嘉（1867年—1906年），字伯元，号南亭亭长，江苏武进人。

《官场现形记》是晚清谴责小说中最有代表性的作品，被列入“晚清四大谴责小说”。全书共60回，整体结构安排与《儒林外史》略同，由许多短篇故事连缀而成，每个短篇都有一定的独立性和完整性，演述一人后即转入下一人，如此连接而下。作品以晚清官场为中心，以嬉笑怒骂的笔调，着力描写封建社会崩溃时期旧官场的种种腐败、黑暗和丑恶现象，可以说是为近代中国腐朽丑陋的官场勾勒出了一幅历史画卷。其间，也反映了帝国主义对中国的侵略和人民群众自发的反抗斗争，在一定程度上触及了当时社会的主要矛盾。

自这部小说起，晚清谴责小说创作的高潮逐渐形成。这部小说也在中国文学史上占有重要的地位，被列为中国古典十大珍品小说之一，时至今日，仍闪耀着现实主义的艺术光辉。

《孽海花》

《孽海花》，晚清四大谴责小说之一，原署“爱自由者起发，东亚病夫编述”。爱自由者是金天翮（1874年—1947年）的笔名。“东亚病夫”即曾朴（1872年—1935年），初字太朴，后改字孟朴，笔名东亚病夫，病夫国之病夫等，江苏常熟人。

金天翮应《江苏》杂志约请，写了《孽海花》前六回，后交曾朴修改续写，全书共35回，以状元金雯青和名妓傅彩云的故事为线索，穿插大量官僚文人的琐事轶闻，侧面反映出同治年间至甲午战争失败近三十年的社会政治、外交、文化、思想情况。对清政府的腐朽和帝国主义的野心作了一定程度的揭露和批判，但逸闻艳事描写过多。

《孽海花》内容繁富，时间跨度大，故事场景广阔，此书问世后风靡一时，在当时形成了“赛金花热”。其艺术成就远高出晚清其他小说，堪称是具有近代意义的历史小说。

《呐喊》

鲁迅（1881年—1936年），原名周树人，字豫才，浙江绍兴人，中国伟大的文学家、思想家、革命家，新文学运动的奠基人。

《呐喊》是鲁迅1918年至1922年间所作短篇小说的结集，1923年8月由北京新潮出版社出版。其中辑入了《狂人日记》、《药》、《阿Q正传》等14部小说，这些作品描绘了从辛亥革命到五四时期的社会生活，反映了当时种种深层次的社会矛盾，对中国旧有制度及陈腐的传统观念进行了深刻的揭露和批判，并给予了比较彻底的否定，体现出作者对民族生存所怀有的浓重的忧患意识，以及对社会变革的迫切期望。此书反响强烈，被认为“篇篇切中时弊，篇篇皆触人灵魂”。

鲁迅小说在体式上总是不断地推陈出新，茅盾在1923年的《读〈呐喊〉》中评价道：“这些新形式又莫不给青年作者以极大的影响，必然有多数人跟上去试验。”

◎《狂人日记》

《狂人日记》是鲁迅的第一篇白话小说，也是现代文学史上的第一篇白话小说。1918年5月15日发表于《新青年》杂志，后来收录在短篇小说集《呐喊》中。全书由13则日记组成，通过对狂人的叙述，揭露封建家庭制度和封建礼教的吃人本质。同时，作者发出“救救孩子”的呼声，呼吁人民觉悟起来，推翻封建制度。

《彷徨》

《彷徨》是鲁迅的另一部短篇小说集，收录了1924年至1925年间创作的小说。其中包括《在酒楼上》、《伤逝》、《祝福》、《离婚》等11篇文章。

“五四”运动后，新文化阵营开始分化，曾经参加过运动的人，有的退隐，有的高升，而鲁迅却像散兵游勇一样孤独和彷徨，这就是小说集定名的来由。文章表现了这一时期的鲁迅在革命征途上的探索心情。

在鲁迅之前，中国小说史上还没有出现真正塑造农民形象的作品。鲁迅始终将真情倾注在农民身上，并且着重于挖掘旧中国农民的精神残疾和国民性格中的奴性。这在《彷徨》中可以深刻地体会到。

鲁迅在东京弘文院时的毕业照

《沉沦》

郁达夫（1896年—1945年），原名郁文，浙江富阳人，现代作家。郁达夫1913年赴日留学，期间与郭沫若等人组织了“创造社”，1921年9月回上海筹办《创造季刊》等刊物。

1921年10月，郁达夫出版了自己的短篇小说集《沉沦》，这是中国现代文学史上第一部短篇小说集，小说集中的作品有《沉沦》、《银灰色的死》、《迷羊》等，作品描写了知识青年的内心苦闷，以独特的“自叙传”风格开创了浪漫抒情小说流派。

郁达夫的创作风格受到日本国内流行的“私小说”的明显影响。“五四”运动高潮过去以后，黑暗势力愈加猖獗，许多进步青年觉得自己追求“个性解放”的理想破灭了，找不到反抗黑暗社会的出路和武器。《沉沦》正反映了这种彷徨苦闷的时代心理，因而一经发表就引起了当时青年读者的广泛反响，也奠定了郁达夫在现代中国文学史上的地位。

《子夜》

茅盾（1896年—1981年），原名沈德鸿，字雁冰，浙江桐乡人，中国现代杰出的文学家。

《子夜》是茅盾在1931年至1932年间创作的长篇小说，1933年初版印行之时，即引起强烈反响。作品中的主人公吴荪甫是30年代中国民族资本家的典型代表，他与买办金融资本家赵伯韬的矛盾和斗争，生动而深刻地反映了当时的社会面貌。故事以悲剧结尾，说明了在帝国主义的侵略压迫下，中国的民族工业是永远没有出路的。

瞿秋白曾撰文评论《子夜》为“中国第一部写实主义的成功的长篇小说”。《子夜》不仅在中国拥有广泛的读者，还被译成英、德、俄、日等十几种文字，在国际上产生广泛影响。日本著名文学研究家筱田一士在推荐十部20世纪世界文学巨著时，便选择了《子夜》，认为这是一部可以与《追忆逝水年华》、《百年孤独》相媲美的杰作。

《骆驼祥子》

老舍（1899年—1966年），原名舒庆春，字舍予，笔名舍予、老舍、鸿来、非我等，其中老舍是他最常用的笔名。老舍出生于北京西城小羊圈胡同（现名小杨家胡同）一个满族贫民家庭，他是现代著名作家、杰出的语言大师，被誉为“人民艺术家”。

《骆驼祥子》是老舍的代表作，作品以20世纪20年代末北京市民生活为背景，通过对车夫祥子的坎坷悲惨生活遭遇的描述，深刻揭露了旧中国的黑暗，控诉了当时的统治阶级对底层贫困市民的剥削和压迫，表达了对劳动人民的深切同情。从祥子力图依靠个人奋斗摆脱悲惨生活命运，但最终失败以致堕落的故事告诫人们：城市贫农要翻身做主人，仅凭个人奋斗是不行的。

《骆驼祥子》是现代白话文小说的典范作品，书中大量应用北京口语、方言，还有一些老北京的风土人情的描写，读来亲切、自然。此书一经问世，便被译成十几国文字，在海外产生重要影响。

《四世同堂》

《四世同堂》，中国现代长篇小说，老舍先生的代表作之一。

小说以抗战时期卢沟桥事变爆发、北平沦陷为时代背景，以祁家四代人的生活为主线，形象、真实地描绘了以小羊圈胡同住户为代表的各个阶层、各色人等的荣辱浮沉、生死存亡，以及原来古老、宁静的生活被打破后的不安、惶恐与震撼，鞭挞了奴颜事敌作恶者的丑恶灵魂，揭露了日本军国主义的暴行，更反映出普通百姓面对强敌愤而反抗的英勇精神，颂扬了中国人民伟大的爱国主义精神和坚贞不屈的民族气节。小说结构庞大，视野开阔，时间跨度达八年之久，人物事件众多。

老舍先生以其扎实精湛的艺术功底和炉火纯青的小说技艺，刻画了祁老人、瑞宣等一系列个性鲜明的艺术形象，生动描绘出了风味浓郁的北平生活和风土人情，使作品富有浓厚的地方色彩和时代气息，成为一部感人的现实主义杰作。

《家》

巴金（1904年—2005年），原名李尧棠，字芾甘，巴金是他的笔名，祖籍浙江绍兴，现代文学家、翻译家、出版家，中国当代文坛的巨匠。

《家》是巴金的代表作，是其在20世纪30年代创作的“激流三部曲”中的第一部（其他两部为《春》、《秋》）。《家》是一部思想相当深刻的现实主义力作，作品通过觉慧（青年一代的代表）与高老太爷（封建腐朽势力的的代表）之间的激烈斗争，反映了当时的社会面貌，深刻揭露出封建社会及家族制度的腐败黑暗，控诉并揭示出封建大家族和旧礼教、旧道德的罪恶以及吃人本质，从而揭示了其必然灭亡的历史命运。同时，作品还以极大的激情歌颂了青年知识分子的觉醒、抗争并与罪恶的封建家庭决裂的行为。

《家》从1931年问世至今，一直以其特有的反封建思想光辉和动人的艺术魅力吸引着广大读者，在中国现代文学史上占有重要地位。

《边城》

沈从文（1902年—1988年），原名沈岳焕，湖南凤凰县人，现代小说家、散文家、历史文物研究家。

《边城》是沈从文小说的代表作，是我国文学史上一部优秀的抒发乡土情怀的中篇小说，1934年9月出版。小说以20世纪30年代川湘交界的边城小镇茶峒为背景，描写了撑渡老人的外孙女翠翠与船总的两个儿子天保、傩送的爱情。作者用抒情诗和小品文优美简练的笔触，描绘了湘西地区特有的风土人情，充满了田园风情；借船家少女翠翠的爱情悲剧，突出了人性的善良美好与心灵的澄澈纯净，表现了人性美的一面。作者不仅对两个年轻人对待“爱”的方式给予热切的赞扬，而且也热情地讴歌了他们所体现出的湘西人民行为的高尚和灵魂的美。

《边城》以独特的艺术魅力，淡雅清秀的笔调，生动的乡土风情，吸引了众多海内外的读者，也奠定了其在中国现代文学史上的地位。

《暴风骤雨》

周立波（1908年—1979年），原名周绍仪，字凤翔，又名周奉悟，湖南益阳人，现代作家。1948年，周立波完成长篇小说《暴风骤雨》的创作，这部作品曾荣获1951年度斯大林文学奖三等奖。

《暴风骤雨》是一部反映解放区土改运动的小说，描写了东北地区元茂屯从1946年到1947年土地改革的全过程。全书分两部分，第一部展现了元茂屯农民对恶霸地主韩老六的斗争，以赵玉林为中心人物。第二部写一年后萧队长带领工作队再进元茂屯，扭转出现反复的不利形势。此时的主人公是郭全海，他带领农民继续赵玉林等人未完成的事业，开展锄奸反特和对地主恶霸的斗争，终于巩固了胜利果实，并带头参加人民解放军，南下作战。

小说在创作上借鉴了古典小说的技法，常在章与章的衔接处采用悬猜的手法来吸引读者，增强了文章的可读性。

《围城》

钱钟书（1910年—1998年），原名仰先，字哲良，后改名钟书，字默存，号槐聚，曾用笔名中书君等，我国近代著名作家、文学研究家。

《围城》是钱钟书唯一的一部长篇小说，1947年由晨光出版公司印行。小说描写了抗战初期，江南某县大绅士之子方鸿渐从国外留学归来。由于在情场上遭受了挫折，不得已赴三间大学任教。三间大学派系对立，明争暗斗，方鸿渐终被解聘。后来与女教师孙柔嘉匆匆结婚。回到上海后两人虽都找到工作，但又为了生活琐事闹翻。

《围城》通过对一群受到洋化教育的上层知识分子灰色生活的描写，揭露了当时社会的腐败和西方教育的丑恶面，是一部社会价值和文学价值都很高的传世佳作。作者以机智的幽默和温情的讽刺，剖析了这群人的个性与道德上的弱点，揭示了他们的精神困境，所以有人评论《围城》是“现代的《儒林外史》”。

《金庸作品集》

金庸（1924年—），原名查良镛，浙江海宁人，当代著名作家、新闻学家、企业家、社会活动家，《香港基本法》的起草人之一。金庸从事新闻工作长达三十余年。但是他最为人们所称道的，是在新武侠小说上的杰出成就，被誉为武侠小说史上的“绝代宗师”和“泰山北斗”。

《金庸作品集》是金庸的作品集合，其中收录了金庸的15部武侠小说，及若干其他文字。该作品集曾经金庸本人三次大幅修改，并已由多家出版社出版发行。这些小说情节细腻，妙笔生花，读来畅快淋漓。

《金庸作品集》中文版分为简体、繁体两种，分别在大陆、港台发行。金庸的武侠作品，不仅风靡全球华语社会，也深受外国读者的欢迎，已被翻译成英文、泰文、越南文、法文、马来文、日文、韩文等多国语言在海外流传。同时，小说也多次被改编成电影、电视剧、广播剧、舞台剧等多种表现形式，根据金庸小说开发的计算机游戏软件受到了许多青年人的青睐。

● 张爱玲

《倾城之恋》

张爱玲（1920年—1995年），原名张英，笔名梁京，原籍河北丰润，上海出生，是20世纪中国文学史上一位充满传奇色彩的作家。1943年，23岁的张爱玲在发表了《第一炉香》后，创作灵感一发不可收，两年的时间里相继发表了《金锁记》、《红玫瑰与白玫瑰》等著名小说。《倾城之恋》是张爱玲最脍炙人口的短篇小说之一。

故事发生在香港，上海的大家小姐白流苏，有过一次失败的婚姻，回到娘家后受着兄嫂及下人的冷嘲热讽，看尽世态炎凉。后来结识了多金潇洒的单身汉范柳原，便决意远赴香江，博取爱情，但是范柳原却绝口不提结婚。在范柳原即将离开时，战争爆发了，范柳原返回保护白流苏，生死攸关之时，两人才得以真心相见。

《白鹿原》

陈忠实（1942年—），陕西西安人，中国作协副主席，陕西省作协主席。陈忠实于1965年初发表散文处女作，后主要从事小说创作，兼写散文。现已出版《陈忠实小说自选集》三卷，《陈忠实文集》五卷。

代表作为长篇小说《白鹿原》。作品以陕西关中平原上素有“仁义村”之称的白鹿村为背景，细腻地刻画了白姓和鹿姓两大家族祖孙三代的恩怨纷争。这是一部渭河平原五十年变迁的雄奇史诗，一幅中国农村斑斓多彩、触目惊心的长轴画卷，具有令人震撼的真实感和厚重的史诗风格。

该小说自1993年6月出版后，广受海内外读者赞赏欢迎，其畅销程度为中国当代文学作品所罕见。1997年荣获中国长篇小说最高荣誉——第四届茅盾文学奖。现已被翻译成外文，在日本、韩国、越南出版。

《平凡的世界》

路遥（1949年—1992年），原名王卫国，陕西清涧人，现代著名作家。

《平凡的世界》是路遥的一部力作，也是近年来为数不多的一部在青少年心中产生巨大震撼和反响的长篇小说。故事以20世纪七八十年代的黄土高坡为背景，描述了少平、少安兄弟两人探索人生之路的艰难经历，贯注了昂扬的奋斗精神。处于社会大变革年代的青年，要如何挑战固有的生活模式，如何去追求自我价值的实现，作者对其作了可贵的探索，并深刻描述了新旧两种思想观念和行为方式的大冲撞。“孙少平”式的梦想和奋斗精神鼓舞了许多人。

作品中使用了一些当地口语，无论从题材、思想，还是从语言上说，《平凡的世界》都可堪称新时期长篇小说的代表，被誉为“第一部全景式描写中国当代城乡生活的长篇小说”。

《穆斯林的葬礼》

霍达（1945年—），回族，北京人，全国政协常委，国际一级作家，中央文史研究馆馆员。霍达著有各种体裁的文学作品约600万字，其中，长篇小说以《穆斯林的葬礼》成就最为突出。

《穆斯林的葬礼》是一部最有生命力的茅盾文学奖经典作品，创作完成于1987年秋。该书以独特的视角、真挚的情感、丰厚的容量、深刻的内涵、冷峻的文笔，宏观地回顾了中国穆斯林漫长而艰难的生存足迹，揭示了他们在华夏文化与穆斯林文化的撞击和融合中独特的心理结构，以及在政治、宗教氛围中对人生真谛的困惑与追求。

该书自出版以来，不断重印，畅销不衰，二十多年来发行上百万册，感动了几代中国读者。曾先后被列入北京市十大畅销书、全国文教类优秀畅销书、家庭书架百种常备书目、北京市青少年1994年—1997年读书工程推荐书目、大学生所喜爱的作家及其作品，部分章节选入高中和大学语文教材。

《源氏物语》

紫式部（约978年—约1015年），日本平安时代著名女作家、诗人。

紫式部创作了著名的《源氏物语》，该小说篇幅浩瀚，共分为三部分，54回，总字数近百万。小说描写了平安时期日本京都的风貌，揭露了人性和宫中争斗，反映了当时妇女的无权地位和苦难生活，被称为日本的“国宝”。“源氏”是小说前半部男主人公的姓，“物语”含有“讲述”之意，为日本古典文学中的一种体裁，与我国唐代的“传奇”相类似。

《源氏物语》作为日本文学早期的一部古典名著，比欧洲和我国的第一批长篇小说都要早三四百年，可以说是世界上最早的长篇写实小说。它对以后日本文学的发展产生了巨大影响，开启了日本的“物哀”时代，此后日本的小说中明显带有一种淡淡的悲伤。《源氏物语》被誉为是日本古典文学的高峰，同时也是东方文学的一座高峰。

◎ 紫式部名字的由来

在1965年联合国教科文组织编辑的《世界伟人传》里，《源氏物语》的作者紫式部作为世界伟人之一，与但丁、莎士比亚、歌德、林肯等人的名字并列在一起。但是，紫式部不是她的真名，她本姓藤原，名却不详。由于日本平安时代妇女地位低下，一般有姓无名，加之其父亲和长兄都曾官任式部丞，以及所作《源氏物语》的女主人公紫姬为世人所传诵，因此被世人称作“紫式部”。

《十日谈》

薄伽丘（1313年—1375年），意大利人，著名的作家、人文主义者，文艺复兴运动的先驱。

《十日谈》是薄伽丘的代表作，也是欧洲文学史上第一部伟大的现实主义著作。这是用托斯卡尼语写成的一部短篇小说集。作品主要写1348年在佛罗伦萨发生了一场大瘟疫，十个青年为了躲避瘟疫逃到了乡间，他们在乡下住了10天，每天每人讲述一个故事，共讲了100个故事，这些故事收集成集子就起名叫《十日谈》。《十日谈》中的故事取材十分广泛，题材涉及了中世纪传说、东方民间故事、历史事件、现实中的人和事等等。薄伽丘采用故事会的形式，别出心裁地用框架结构把这些故事有机地组成一个严谨的叙述系统。

《十日谈》奠定了意大利艺术散文的发展基础，并为欧洲短篇小说创造了新的艺术形式。意大利评论界把薄伽丘的《十日谈》和但丁的《神曲》相媲美，称之为《人曲》。

《巨人传》

弗朗索瓦·拉伯雷（1495年—1553年），法国著名小说家，文艺复兴时期欧洲最著名的人文主义者。他具有非常渊博的学识，对哲学、神学、医学、法律、数学、几何、天文、地理、植物、考古、音乐、绘画、民歌都有研究，提出大脑、神经、肌肉之间的联系，是植物雌雄性别的首位发现者。

《巨人传》是拉伯雷唯一的一部长篇小说，小说高扬和讴歌了人性，是一部人文主义杰作。小说鞭挞了法国16世纪封建社会，批判教会的虚伪和残酷，痛斥了天主教毒害儿童的经院教育。同时塑造了高康大、庞大固埃等力大无穷、知识渊博、宽宏大量、热爱和平的巨人形象，体现了作者对文艺兴复时期新兴阶级的歌颂。

本书一扫当时贵族文学矫揉造作的文风，给文坛带来生动活泼、雅俗共赏的清新气息。自出版之日起的数个世纪以来，始终赢得广大读者的厚爱，在世界文学史上占据不可撼动的地位。

《堂·吉诃德》

米盖尔·台·塞万提斯·萨阿维德拉（1547年—1616年），西班牙小说家、剧作家、诗人，被誉为西班牙世界里最伟大的作家和“现代小说之父”。

《堂·吉诃德》是塞万提斯在1605年至1615年期间创作的长篇小说。在这部近百万言的作品中，通过对主人公堂·吉诃德在游侠生活中的遭遇，概括了十六七世纪西班牙的整个社会面貌，描绘了公爵、封建地主、僧侣、兵士、手艺工人、牧羊人、农民等不同阶层人物约700个，全面批判了此时期封建西班牙的政治、法律、道德、宗教、艺术、文学以及私有财产制度。

《堂·吉诃德》表面上看似荒诞不经，实则隐含作者对西班牙现实的深刻理解。它是一部“行将灭亡的骑士阶级的史诗”，是一部伟大的现实主义文学巨著。自首次出版以来，已经用70多种文字出版了2000多个版本，成为世界各国读者熟悉和喜爱的世界文学名著之一。

《春香传》

《春香传》是朝鲜优秀古典文学名著之一。据说，故事最早产生于14世纪高丽恭愍王时代，经过几个世纪的口传、手抄，直至18世纪末、19世纪初李朝英、正时期才最终形成一部完整的作品。

在朝鲜，《春香传》的故事可谓家喻户晓，它分为上下两卷，讲述了女主人公春香清明游春于广寒楼，偶遇两班翰林李梦龙，二人相互倾慕，私自结为夫妻。二人经历了种种磨难，在高潮迭起的悲情之后，最终幸福地生活在一起。小说在长期流传过程中，也受到了封建意识的渗透，如歌颂已临近崩溃的李氏王朝、宣传“天地神灵”等宗教迷信观念，这些从一定程度上影响了作品思想和形象的完美。

《春香传》是朝鲜人民集体创作的一部优秀的古典文学名著，是朝鲜人民宝贵的文学遗产，它深为广大朝鲜人民所喜爱，至今，它仍带给读者以美的艺术享受。

《少年维特之烦恼》

歌德（1749年—1832年），全名约翰·沃尔夫冈·冯·歌德，18世纪中叶到19世纪初德国及欧洲杰出的剧作家、诗人、思想家。

《少年维特之烦恼》是歌德的一部影响深远的短篇小说。小说通过主人公维特的不幸恋爱经历和在社会上遭遇的种种挫折，看透了人生乃至社会。少年维特的烦恼，表现了个性自由与封建社会的尖锐冲突，唤起了人们对封建等级制度、伦理道德以及其他种种不合理现象的憎恨与批判。维特是18世纪德国进步青年的典型形象，德国正在觉醒的青年一代追求个性解放，要求摆脱封建制度的桎梏，但又缺乏足够的斗争意志，看不清前进的方向，无力改变现状，因而普遍感到苦闷和彷徨。

●《少年维特之烦恼》书影

《少年维特之烦恼》是采用书信及日记片断的方式写作而成，小说把叙事、描写、抒情、议论有机地融为一体，尽情地抒发作者的思想感受。小说对浪漫主义文学的形成产生了很大影响。

《傲慢与偏见》

简·奥斯汀（1775年—1817年），英国19世纪杰出的现实主义小说家。

《傲慢与偏见》是简·奥斯丁的代表作。这部作品以男女主人公达西和伊丽莎白由于傲慢和偏见而产生的爱情纠葛为线索，共写了四对男女之间的感情经历，取材自日常生活，摒弃了当时社会流行的感伤小说矫揉造作的写作方法，如实地反映了18世纪末到19世纪初处于保守和闭塞状态下的英国乡镇生活和那里的世态人情。

奥斯丁善于将日常最平凡的人物塑造成性格鲜明的形象，其语言是经过锤炼的，她善于运用幽默、讽刺，常用风趣诙谐的语言来烘托人物的性格特征。这种艺术创新使她的作品具有独特的风格，深受广大读者尤其是青年女性读者的喜爱，成为她们的“爱情宝典”。《傲慢与偏见》被列入经久不衰的世界十大小说名著之一，成为世界文学宝库中的精品。

《红与黑》

司汤达（1783年—1842年），本名亨利·贝尔，司汤达是他的笔名，法国19世纪著名的批判现实主义作家，其小说和文艺评论在法国文学史上占有重要的地位。

司汤达的短篇小说写得十分精彩，但他以长篇小说名世，《红与黑》便是他长篇小说的代表作。小说围绕着“少年野心家”于连一生的奋斗经历，鲜明地勾勒出了19世纪20年代至30年代期间法国社会的广阔图景，深刻地提示了波旁王朝复辟时期的法国社会各阶层错综复杂的矛盾关系。

《红与黑》是司汤达所写的批判现实主义文学的奠基之作，也是19世纪欧洲文学史中第一部批判现实主义的杰作，被全世界公认为是19世纪最伟大、最完美的长篇小说之一。小说中对人在行动中心灵的冲突、斗争、算计、期盼等心理状态的高度而精确的刻画，使本书拥有“灵魂的哲学与诗”的美誉。

《欧也妮·葛朗台》

巴尔扎克（1799年—1850年），法国19世纪批判现实主义大师中贡献最突出的一位。他是位高产的作家，《高老头》、《幻灭》等小说集中反映了巴尔扎克对现实的仔细体察和深刻揭露，作品中塑造的众多生动的人物形象足以构成一个社会。巴尔扎克的艺术手段之高超，使他无可争议地跻身于世界文学史上一流作家之列。

《欧也妮·葛朗台》创作于1883年，是巴尔扎克最得意的长篇小说之一。小说中塑造的老葛朗台形象，是文学史上最著名的吝啬鬼形象之一，这个人物典型可以说是“对金钱的贪婪欲望”的一个永远的标本。

巴尔扎克是描绘各种生活画面的大师，也是描写人类欲望的大师。这部小说把心理分析、风俗描绘、细节刻画、哲学议论融合为一体，在思想或艺术方面都取得了巨大的艺术成就。

《高老头》

《高老头》发表于1834年，是巴尔扎克最优秀的作品之一。这部闻名世界、长盛不衰的优秀小说，一般被认为是《人间喜剧》的序幕。

小说中的主人公高老头是巴尔扎克塑造的一系列富有典型意义的人物形象之一，它是封建宗法思想被资产阶级金钱至上的道德原则所战胜的历史悲剧的一个缩影。高老头对女儿展示了一份特别的父爱：他把女儿当做天使，乐于牺牲自己来满足她们的各种奢望。然而两个女儿在榨干父亲的钱财之后，却对他冷眼相待，使之穷困地死在一间破烂的小阁楼上。高老头的悲剧，是对物欲横流、道德沦丧的资本主义社会的有力抨击。

有批评家称巴尔扎克笔下的高老头为近代的李尔王，通过对野心家求名利的挣扎与高老头绝望的父爱的交错描述，小说的内容越发显得光怪陆离、动人心魄。

《巴黎圣母院》

维克多·雨果（1802年—1885年），法国小说家、剧作家和诗人，法国浪漫主义文学运动的领导者。他的著名文学作品有《巴黎圣母院》、《悲惨世界》、《笑面人》等。

◎ 卡西莫多

《巴黎圣母院》的写作特色之一是运用了夸张的描写。雨果笔下的敲钟人卡西莫多有着极为丑陋的外貌：几何形的脸，四面体的鼻子，马蹄形的嘴，参差不齐的牙齿，独眼、耳聋、驼背……似乎上帝将所有的不幸都加在了他的身上。但是作者的这种夸张并不是“无病呻吟”的做作，而是通过夸张，为后文的强烈对比做好了铺垫。虽然卡西莫多的外貌是丑陋的，但是他的内心却是高尚的。作者赋予了卡西莫多一种隐含的内在美，与众多道貌岸然的伪君子形成强烈的对比。

《巴黎圣母院》，又称《钟楼怪人》，是雨果第一部具有人道主义和浪漫主义色彩的现实主义作品。小说用戏剧的手法讲述了一个悲怆动人的故事，面目丑陋，但是内心善良的敲钟人卡西莫多，舍身相救遭到迫害的吉普赛女郎艾丝美拉达，对表面道貌岸然的主教等人物进行了强烈的讽刺和批判。小说艺术地再现了15世纪路易十一统治时期的历史画面，以不同寻常的紧张情节和夸张的人物形象，描写了善良的无辜者在中世纪封建专制制度下所遭受的摧残和迫害。

此部作品被多次改编成戏剧等不同的艺术形式进行过演出，在世界范围内广泛流传。

《悲惨世界》

雨果的另一部长篇小说《悲惨世界》，是继《巴黎圣母院》之后创作的又一部气势恢宏的鸿篇巨制，也是世界文学史上的一部重要作品。《悲惨世界》共100多万字，分为五部，每部都有独立的故事，但又以主人公冉·阿让的活动为主线联系成为一个主体。在这部小说中，雨果刻画了自拿破仑滑铁卢失败直到反对七月王朝的人民起义这一阶段的历史面貌，绘制了一幅规模宏大的社会、政治生活图景。书中通过对逃犯冉·阿让和流落街头的妇女芳汀，还有她的女儿珂赛特三位中心人物悲惨遭遇的描述，深刻揭露了资本主义社会中善良纯朴的劳动人民注定避免不了受压迫、受歧视、受凌辱的必然命运，并对造成这一切不合理和不公平现象的原因进行了愤怒的谴责和控诉。

《悲惨世界》深刻揭示了社会问题，雨果自称其为“社会的史诗”。它自1862年问世以来，一直是影视工作者改编的热点，曾19次被拍摄成电影，4次被拍成电视剧，可见其巨大的艺术影响力。

《基督山伯爵》

亚历山大·大仲马（1802年—1870年），19世纪法国著名小说家。他原是一位通俗历史小说作家，但由于其作品体现了构造引人入胜的情节方面的才华以及透视人类普通情感的智慧，终于使自己跻身于经典作家的行列。

《基督山伯爵》是大仲马的代表作。作品一共分为四部：第一部写的是主人公在狱中的遭遇和越狱后的报恩行动，其余三部叙述主人公复仇的曲折过程。小说是以基度山伯爵报恩、复仇为主线，情节离奇却不违反生活真实，出色地运用了“悬念”、“发现”、“突发”、“戏剧”等手法，这使小说充满了叙述的张力，洋溢着叙述本身的美感。

《基度山伯爵》是世界罕见的鸿篇巨制的长篇通俗小说，被认为是通俗小说中的典范。这部小说出版后被翻译成几十种文字出版，多次被拍成电影，赢得了广大读者和观众的青睐。

《三个火枪手》

大仲马的作品，大多是带有戏剧性的表现手法和丰富的想象力的历史小说。其中《三个火枪手》是他的代表作和成名作。

小说是一部描写达尔大尼央和三个火枪手的友谊、忠诚和正义感的作品，是一部以历史事件为题材的杰出通俗小说。小说以法国国王路易十三和手握兵权、权倾朝野的首相红衣主教黎塞留的矛盾为背景，穿插了群臣派系的明争暗斗，围绕宫廷里的秘史逸闻，展开了极富趣味的故事。

作品不仅在艺术上塑造了一群生动鲜明、性格迥异的人物形象，在思想内容上也真实再现了17世纪上半叶法国的政治内幕。一个多世纪以来，《三个火枪手》已被世界各国翻译成多种文字加以研究和阅读，经久不衰。

《卡门》

普洛佩斯·梅里美（1803年—1870年），法国现实主义作家，中短篇小说大师，剧作家、历史学家。作品有长篇小说、短篇小说、历史剧等，另有游记和历史学、考古学方面的论著发表。

《卡门》是梅里美的主要代表作。故事发生在西班牙，主人公卡门是个聪明美丽、独立不羁，而又十分任性的吉普赛女郎。但是她身上也有为达目的不择手段的邪恶一面。爱上她的唐何塞为了得到她，杀了她的一个又一个情人，变成了强盗和杀人犯。最后当她不再爱唐何塞时，无论对方怎样哀求，甚至拔出刀来威胁都没有用，她说“卡门永远是自由的”，死在了对方的刀下。

《卡门》发表不久，经法国音乐家比才改编成同名歌剧而取得了世界性的声誉，“卡门”这一形象，也成为西方文学史上的一个经典。

《红字》

纳撒尼尔·霍桑（1804年—1864年），19世纪美国浪漫主义作家、心理分析小说的先驱。

◎ 霍桑的救赎观

实际上，小说《红字》并非是一部简单的隐忍的爱情史，更是一部有关心灵罪恶的忏悔录。作者霍桑的一生，始终被“人性的罪恶”这一问题所困扰，其世界观中的清教徒意识依然存在并深深影响了他的创作。书中苦于挣扎的主人公并没有表现出过多超越于历史的自省意识，几乎所有人都沦陷在犯罪与对罪恶的救赎之中，挣脱不开命运的枷锁。因此，《红字》是最能体现霍桑的“原罪—赎罪—死亡—永生”这一创作主题的作品。

《红字》是霍桑创作于1851年的长篇小说。小说揭露了19世纪美国资本主义社会的残酷、宗教的欺骗以及道德的虚伪。主人公海丝特被牧师狄梅斯迪尔诱骗而怀孕，此事在当地虚伪的清教徒社会被视为大逆不道，因此海丝特被罚佩戴英文代表“通奸”一词的首字母A字，使其终生受辱。但是她崇高纯洁的品行，不但感化了表里不一的狄梅斯迪尔，同时也在感化着这个充满罪恶的社会。很多年以后，海丝特仍带着那个红色的A字，却将其变成了道德与光荣的象征。

小说采用象征手法，人物、情节和语言都颇具主观想象色彩，在描写中又非常注重人的心理活动和直觉。因此，它不仅成为美国浪漫主义小说的代表作，同时也成为美国心理分析小说的开篇之作。

《死魂灵》

果戈里（1809年—1852年），19世纪俄国著名的戏剧家和小说家，是继普希金后的又一位文学大师。他的小说创作“极度忠于生活”，富有现实主义精神，鲜明生动的典型形象和诙谐深刻的讽刺手法，成为“写实派的开山祖师”。

《死魂灵》是果戈里的代表作，也是俄国批判现实主义文学发展的奠基石，是果戈里的现实主义创作发展的高峰。果戈里采用辛辣的讽刺手法，对形形色色的地主，腐化堕落的官吏以及广大农奴的悲惨处境等进行了极为细致而全面的描绘，使他们成为俄国批判现实主义文学中不朽的艺术典型。

《死魂灵》的发表震撼了整个俄国，别林斯基曾经高度赞扬它是“俄国文坛上具有划时代意义的巨著”。它以深刻的思想内容、鲜明的批判倾向和巨大的艺术力量成为俄国批判现实主义文学的奠基之作，是俄国文学乃至世界文学的典范。

《汤姆叔叔的小屋》

斯托夫人（1811年—1896年），全名哈丽叶特·比彻·斯托，美国小说家，民主主义者。

长篇小说《汤姆叔叔的小屋》（又名《黑奴吁天录》、《汤姆大伯的小屋》）是斯托夫人的代表作，全书都弥漫着同一个主题，即奴隶制度的罪恶与不道德。尽管斯托夫人在她的文字里也渗透了如母亲的道德权威等其写作的次要主题，但这些仍与她强调的废奴思想紧密相连。几乎在小说的每一页，斯托夫人都在积极宣传着“奴隶制度不道德”这一主题，为了表达得更加淋漓尽致，有时她甚至会改变故事叙述的口吻，从而向人们“布道”奴隶制的破坏天性。

● 奴隶贩子在贩卖黑奴

《汤姆叔叔的小屋》是废奴文学最高成就的代表作品，它对美国社会的发展起到了难以估价的积极作用，尤其是对废奴运动和美国内战中以林肯为代表的正义一方的胜利产生了巨大的影响，林肯总统甚至曾戏称斯托夫人是“写了一本书，酝成一场大战的小妇人”。

《双城记》

查尔斯·狄更斯（1812年—1870年），19世纪英国最著名的小说家，现实主义文学的主要代表。他一生共创作了14部长篇小说，代表作有《艰难时世》、《双城记》、《大卫·科波菲尔》、《雾都孤儿》等，还创作了许多中、短篇小说和杂文、游记、戏剧、小品等。

《双城记》是狄更斯创作后期的重要作品之一，是根据法国大革命的部分史实写成的一部历史小说，与一般历史小说不同的地方是，它的人物和主要情节都是虚构的。在法国大革命广阔的真实背景下，狄更斯虚构了一个人物——梅尼特医生，以他的经历为主线索，将冤狱、爱情与复仇三个互相独立而又有着关联的故事交织在一起，情节错综，头绪纷繁。狄更斯采取倒叙、插叙、伏笔、铺垫等手法，使小说结构完整严谨，情节曲折紧张而富有戏剧性，表现出非凡的艺术技巧。

《双城记》历来被认为是狄更斯的最佳小说之一，被誉为“描写法国大革命的最杰出的代表作”。

《大卫·科波菲尔》

《大卫·科波菲尔》是19世纪英国批判现实主义大师狄更斯的另一部代表作。狄更斯的小说框架总是好人历尽磨难最后有情人终成眷属，在这部具有强烈自传色彩的小说里，狄更斯借用“小大卫自身的人生经验”，从诸多方面回顾和总结了自己一生的道路，充分反映了他的人生哲学和道德理想。

《大卫·科波菲尔》通过主人公大卫一生的悲欢离合，多角度地揭示了当时社会的真实面貌，突出表现了金钱对婚姻、家庭乃至社会的腐蚀作用。狄更斯正是站在人道主义的立场上暴露了金钱的罪恶，从而揭开“维多利亚盛世”的美丽帷幕，显现出隐藏在背后的社会真相。而小说中塑造的主人公形象，成为当时社会中为善良而奋斗、坚持正义的中产阶级青年的楷模。

◎ 丰富的社会经历

由于家境贫寒，狄更斯从16岁起便开始在社会上谋生，他先后做过律师的抄写员、事务所的信差、法院的速记员，这些工作经历使他走遍伦敦的大街小巷，出入法院和监狱，接触到各色人等，了解了各种诉讼案件。1832年，狄更斯成为一名报社采访记者。担任记者期间，他更加有机会广泛地接触英国社会，常去国会记录辩论情况，目睹了资产阶级党派斗争的肮脏内幕，了解了辩论中揭露出来的上流社会的大量黑暗与罪恶，这为他以后的文学创作积累了丰富的生活素材。

《简·爱》

夏洛蒂·勃朗特（1816年—1855年），英国杰出的女作家。她的两个妹妹，即艾米莉·勃朗特和安妮·勃朗特，也是著名作家，因而在英国文学史上常有“勃朗特三姐妹”之称。

夏洛蒂于1847年出版了小说《简·爱》，引起了伦敦的轰动，与其同时代的萨克雷称赞它是“一位伟大天才的杰作”。小说成功地塑造了一个貌不出众、矢志追求平等独立人格的新型女性形象。主人公简是一个不漂亮的穷姑娘，但是有着丰富的内心世界和理智的处事态度，为了自己的尊严克制着对心爱男子的爱情。她的追求与个性成为一代代青年尤其是女青年喜爱和倾慕的对象。

人们普遍认为《简·爱》是夏洛蒂带有自传色彩的一部作品。书中具有可使世界上千万女性得到追求平等与自立的精神养料，因而成为世界文学史上的经典。

《呼啸山庄》

艾米莉·勃朗特（1818年—1848年），英国19世纪著名诗人、小说家，夏洛蒂·勃朗特的妹妹。

《呼啸山庄》是艾米莉的唯一一部长篇小说。在本书问世后的很长时间里，一直受到权威人士和读者的冷遇。进入20世纪之后，本书的价值才被人们重新认识，它的文学地位甚至超过了《简·爱》。小说中的时间跨度长达三十年，叙述了呼啸山庄的恩萧家族和画眉山庄的林顿家族之间两代人的感情纠葛。

作者艾米莉与司汤达、陀斯妥耶夫斯基一样，都对人类心理的种种极限状态进行了深刻探索，在20世纪受到人们的高度推崇。《呼啸山庄》在英国文学史上被认为是一部惊世骇俗之作，被誉为是“最奇特的小说”、“文学中的斯芬克斯”、“人间情爱的最宏伟史诗”。

《父与子》

伊凡·谢尔盖耶维奇·屠格涅夫（1818年—1883年），俄国19世纪批判现实主义作家、诗人和剧作家。

《父与子》是屠格涅夫的代表作。《父与子》创作于1860年8月至1861年8月，经几番修改后，于1862年在《俄罗斯导报》上发表。小说的主题体现了父与子的冲突。巴扎罗夫是19世纪60年代的激进知识分子。巴威尔和尼古拉则代表了保守的自由主义贵族。父辈们在对待年轻人的态度上有所不同，尼古拉比较温和，想跟上时代但却不太成功。巴威尔则固执己见，信奉贵族自由主义，看不惯年轻人的反叛，父辈与子辈的冲突就此展开。

小说问世后，在文学界引起剧烈争论，影响深远。

《猎人笔记》

1847年到1851年，屠格涅夫在进步刊物《现代人》上发表了成名作《猎人笔记》。该作品以一个猎人在狩猎时所写的随笔形式出现，其中包括25个短篇故事，全书在描写乡村山川风貌、生活习俗并刻画农民形象的同时，深刻揭露出地主阶级的色厉内荏的精神状态，暴露出他们丑恶残暴的本性，充满对备受欺凌的劳动人民的同情，歌颂了他们的聪明智慧与良好品德。由于该作品反农奴制的倾向触怒了当局，当局以屠格涅夫违反审查条例为由，将其逮捕。

作品采用见闻录的形式，创作风格真实、具体、生动、形象，语言简练优美，体裁丰富多样，可谓是散文化小说、诗体化小说的范例。

《白鲸》

赫尔曼·麦尔维尔（1819年—1891年），美国浪漫主义文学的代表作家，19世纪美国最富有特色的小说家之一。

麦尔维尔的早期作品曾畅销一时，《白鲸》是他艺术创造走向高峰的标志。《白鲸》首先是一部反映捕鲸生活的作品，是作者根据自己的亲身经历创作出来的。作者详尽地描述了鲸的种类、习性，捕鲸的方法和猎鲸的生活，可以说是一部关于捕鲸的百科全书。该书具有的社会意义和价值，还在于通过捕鲸的故事，一方面反映了捕鲸工人危险而又艰苦的生活境遇，歌颂了他们机智、勇敢、互帮互助的高贵品质，另一方面，也揭露了资本主义社会财富的血腥来源，抨击了资本主义制度的残酷和黑暗。小说具有特殊的宗教意义，以及复杂的象征意义。许多评论家认为它是“美国想象力最辉煌的表达”，其内容“部分是戏剧、部分是历险故事，部分是哲学探讨，部分是科学研究，部分是史诗”。

《罪与罚》

陀思妥耶夫斯基（1821年—1881年），俄国19世纪文坛上享有世界声誉的小说家。

《罪与罚》是陀思妥耶夫斯基的代表作，小说中的主人公拉斯柯尔尼科夫迫于贫困杀害了放高利贷的老太婆，犯罪后受到良心和道德惩罚，后来遇到醉汉马美拉多夫的女儿索尼娅，得知她为了维持一家人的生活，竟然走上街头卖身。受到索尼娅的感动，拉斯柯尔尼科夫前往官府自首，并走向了“新生”。小说中的京城彼得堡是一派暗无天日的景象，作者广泛地描写了俄国城市贫民走投无路的悲惨境遇和日趋尖锐的社会矛盾，他怀着真切的同情和满腔的激愤，将19世纪60

年代沙俄京城的黑暗、赤贫、绝望和污浊一起赤裸裸地展现在读者面前。

《罪与罚》这部作品标志着作者艺术风格的成熟，是一部卓越的社会心理小说。

《茶花女》

亚历山大·仲马（1824年—1895年），19世纪法国著名小说家、戏剧家，著名作家大仲马的私生子，又称小仲马。

《茶花女》是小仲马的代表作，是作者根据亲身经历所写的一部力作。这本书的第一页就是小仲马写的一首诗，名叫《献给玛丽·杜普莱西》。玛丽·杜普莱西就是书中茶花女的原型。小说中主要描述了巴黎妓女玛格丽特和纯情青年阿尔芒之间缠绵悱恻、缱绻动人的爱情故事。

这部小说自1848年发表后，立即获得巨大成功，小仲马于1852年将其改编成剧本上演，再次引起巨大轰动，人们交口称赞。意大利著名作曲家威尔第于1853年把它改编成歌剧，歌剧《茶花女》风靡一时，成为世界著名歌剧之一。《茶花女》从小说到剧本再到歌剧，三者都有不朽的艺术价值，这恐怕是世界上独一无二的文艺现象。

《包法利夫人》

居斯塔夫·福楼拜（1821年—1880年），19世纪法国文学大师，是继巴尔扎克、司汤达之后，批判现实主义文学的第三位代表人物。

《包法利夫人》是福楼拜的代表作。小说描写的是一位小资产阶级妇女爱玛因为不满足平庸的生活而自甘堕落的过程。作品虽然写的是一个很常见的桃色事件，但是作者的笔触涉及了旁人尚未涉及的敏感区域。爱玛的死不仅仅是她自身的悲剧，更是那个时代的悲剧。作者用很细腻的笔触描写了主人公从纯真到堕落，从堕落到毁灭的过程，揭露资本主义制度腐蚀人的灵魂的罪恶本质。

● 小资产阶级妇女形象

《包法利夫人》成为继《人间喜剧》和《红与黑》之后，19世纪批判现实主义的又一部杰出作品。《包法利夫人》不仅思想上具有强烈的现实意义和批判效果，而且在艺术风格上也取得了革新性的成果，在法国甚至世界文坛上，都获得了普遍赞誉和高度评价。

《战争与和平》

列夫·尼古拉耶维奇·托尔斯泰（1828年—

1910年），俄国批判现实主义文学最伟大的代表，世界文学史上最伟大的作家之一。

《战争与和平》是托尔斯泰创作的第一部卷帙浩繁的长篇小说。这部巨著以史诗般广阔雄浑的气势，生动地描写了1805年至1820年间俄国社会的重大历史事件和生活的各个领域。作者对生活作出了大面积的涵盖和整体的把握，充分揭示了个别现象与整体、个人命运与世界的内在联系，使这部小说的思想性和艺术容量极强。作者把战争与和平、战线前后方、国内外、军队与社会等等连结起来，既全面反映了时代风貌，又为各式各样的典型人物创造了广阔的环境。

托尔斯泰对人物的形象描写既复杂又丰满，常用对比的艺术方法来表述，这种体裁在俄国文学史上是一种创新，也超越了欧洲长篇小说的传统规范。《战争与和平》问世至今，一直被人称为“世界上最伟大的小说”。

◎《穷人》

《穷人》是列夫·托尔斯泰的一部短篇小说。讲述了渔夫和他的妻子桑娜在邻居西蒙死后，主动收养她的两个孩子的故事。《穷人》一文的写作年代，正是俄国历史上阶级矛盾空前激化的时期。封建农奴制一步步地崩溃瓦解，广大人民对沙皇专制的反抗斗争日趋高涨，逐渐形成了俄国资产阶级民主革命的高潮。作品真实地反映了沙皇专治制度统治下的社会现实，同时也表现了桑娜和渔夫勤劳、善良，宁可自己受苦也要帮助别人的美好品质，反映了当时人民的悲惨生活和穷人的善良。作品对人物的心理活动描写非常细腻，感人至深。

《安娜·卡列尼娜》

在世界文学的巍巍群山中，能够与莎士比亚、歌德、巴尔扎克这几座高峰比肩的俄国作家当首推列夫·托尔斯泰。他是一位有思想的艺术家，也是一位博学的艺术大师，他的作品展现了极为广阔的社会画面，其所蕴涵的思想之丰饶，融会的艺术、语言、哲学、历史、民俗乃至自然科学等各科知识之广博，常常令人叹为观止。《安娜·卡列尼娜》是一部既美不胜收而又博大精深的巨著。

《安娜·卡列尼娜》是列夫·托尔斯泰的一部现实主义长篇小说。小说通过女主人公安娜在追求爱情的过程中屡遭失败的悲惨命运和列文在农村进行改革这两条主线，描绘了俄国从莫斯科到外省乡村广阔而丰富的社会画面，是一部社会百科全书式的作品。

《复活》

《复活》是托尔斯泰创作晚期最重要的作品，写于1889年至1899年，取材于一件真实事件。男主人公聂赫留道夫是一个贵族公子，他在诱奸了玛丝洛娃后将其抛弃，使她受尽了屈辱。十年后，当他以陪审团的身份出庭审理玛丝洛娃的案件时，内心受到了强烈的谴责，决心用自己的行动来赎罪。聂赫留道夫对人民苦难的同情，对本阶级罪恶的忏悔，以及在忏悔过程中的矛盾彷徨心理，既概括了当时部分进步贵族知识分子的精神面貌，也反映了作家本人的思想矛盾。女主人公卡秋莎·玛丝洛娃起初是一个备受欺凌的下层女性，后来逐步觉醒并走向新生。这个形象已经超越出当时一般作家用同情的笔触描写下层人民不幸遭遇的格局，而且深刻地展现出社会底层人民不可摧毁的坚强意志。

《复活》显示出了作者“撕下一切假面具”的决心和彻底揭露旧社会黑暗的激情，小说对沙俄的法律、法庭、监狱，以及整个国家机器和官方教会，都给予了无情的抨击。

《怎么办》

尼古拉·加夫里诺维奇·车尔尼雪夫斯基（1828年—1889年），俄国革命家、哲学家、作家和批评家。

长篇小说《怎么办》是车尔尼雪夫斯基在狱中创作的，写于1863年。小说中的女主人公薇拉反对买卖婚姻而离家出走，嫁给罗普霍夫。为此罗普霍夫，放弃了自己的学业和当教授的前途。婚后薇拉按照空想社会主义思想创办缝纫工厂，与丈夫的朋友吉尔沙洛夫产生了感情。三人之间都表现出要为对方的幸福着想的高尚品质。罗普霍夫以假自杀退出了三角关系，几年后回国重新结了婚。两家人融洽地住在了一起。

这部小说具有的显著特色就是以欢乐的情调、明朗的画面展示了新人的故事。人物新、故事新、思想新，正是俄国解放运动进入第二阶段的反映。小说一问世就在评论界和读者中引起强烈的反响，造成轰动效应。

《格兰特船长的儿女》

儒勒·凡尔纳（1828年—1905年），19世纪法国著名的科幻小说和冒险小说作家，被誉为“科幻小说之父”。

凡尔纳的著名三部曲包括《格兰特船长的儿女》（1868年）、《海底两万里》（1870年）和《神秘岛》（1873年），这三部曲是其科幻小说中的精品。

《格兰特船长的儿女》是三部曲的第一部，小说的主要情节是：邓肯号船主格伦纳凡偶然发现一个漂流瓶，瓶中装着一个名叫格兰特的船长发出的求救信。格伦纳凡在格兰特船长的儿女罗伯特和玛丽的请求下，决定驾驶自己的邓肯号出航寻找。同行的还有格伦纳凡的妻子海伦娜、好友麦克那布斯上校和地理学家帕加内尔等人。他们爬冰川，登高山，过沼泽，遭遇到地震、洪水和野兽的侵袭，最后还与匪徒进行了殊死的斗争，终于在一个荒岛上找到了格兰特船长。

凡尔纳的故事生动幽默，妙语横生，激发了人们尤其是青少年热爱科学、向往探险的热情，故而百余年来，一直受到世界各地读者的欢迎。

《海底两万里》

凡尔纳三部曲的第二部名为《海底两万里》。小说叙述了法国生物学家阿龙纳斯乘坐潜水船在海洋深处旅行的故事。故事背景发生于1866年，主人公阿龙纳斯在追捕海上怪物时落在了怪物的背上，其实这怪物是船长尼摩在荒岛上秘密建造的奇妙潜水艇。于是阿龙纳斯在船长尼摩的陪同下，开始了奇妙而又惊险的海底历险。

《海底两万里》是凡尔纳流传最广、深受好评的世界经典科幻小说之一。作品的故事情节曲折紧张、扑朔迷离；丰富真实的科学知识和逼真的美妙幻想融为一体，读起来引人入胜，欲罢不能。其独特的科学魅力吸引着无数青少年的目光，成为世界文学史一部不朽的名著。

《小妇人》

路易莎·梅·奥尔科特（1832年—1888年），美国著名女作家。她的书信集《医院速写》的出版使她在文学界崭露头角，自传体小说《小妇人》使她大获成功。

1868年，在波士顿的出版商建议她以耳熟能详的人物和事件创作一部给女孩子看的小说。这就是《小妇人》的创作初衷。小说以家庭生活为描写对象，以家庭成员的感情纠葛为线索，描写了马奇一家四姐妹的奋斗和情感经历。虽然她们的理想和命运各不相同，但是她们都有自强自立的共同特点。

《小妇人》在出版后很快获得了巨大成功，以致出版商无法在短期内印刷大量小说，交付订单。自问世一百多年来，多次被搬上荧屏，并被译成多种文字，成为世界文学宝库中的经典名著，本书也被当成了妙龄少女的必读之书。

《哈克贝利·费恩历险记》

马克·吐温（1835年—1910年），原名塞缪尔·朗赫恩·克列门斯，美国幽默大师、小说家、作家，也是著名演说家。

《哈克贝利·费恩历险记》是马克·吐温的重要作品之一，与其姊妹篇《汤姆·索亚历险记》一起，成为世界青少年读者深爱的文学作品。主人公哈克贝利是一个善良、聪明、勇敢的白人少年。他向往自由的生活，因此从家中出逃，在途中偶遇黑奴吉姆。吉姆是一个勤劳朴实、热情而又忠心耿耿的黑奴，他出逃的原因是为了逃脱被主人再次卖掉的命运。二人成为朋友，一起漂流在密西西比河上，过着自由自在的生活。哈克贝利为了吉姆的自由历尽艰辛，最后得知，吉姆的主人已在遗嘱中解放了他。

小说中现实主义描绘和浪漫主义抒情交相辉映，尖锐深刻的揭露、幽默辛辣的讽刺以及浪漫传奇的描写熔为一炉，形成了马克·吐温独特的艺术风格。

● 马克·吐温

《汤姆·索亚历险记》

马克·吐温的作品不少取材自童年的生活，特别是他在密西西比河上的生活。《汤姆·索亚历险记》和《哈克贝利·费恩历险记》，均是以密西西比河及河边小镇为背景的。《汤姆·索亚历险记》描写了19世纪密西西比河畔一个小镇人民的生活，可以说是当时美国社会生活的一个缩影。

主人公汤姆是个聪明又淘气的孩子，他和他的朋友哈克讨厌看似“文明”的生活，用逃学、恶作剧，结成“海盗帮”出外冒险以示反抗。小说看似儿童历险故事，实则揭示、讽刺了美国当时学校教育和社会“文明”对儿童心灵、天性的摧残。

该书以其浓厚的深具地方特色的幽默和对人物的敏锐观察，成为一首美国“黄金时代”的田园牧歌，同时，无论是小孩子们还是成年人，都能从作品中找到熟悉的感觉，因此该书出版后一跃而成为世界最伟大的儿童文学作品之一。

《斯巴达克思》

拉·乔万尼奥里（1838年—1915年），意大利民主主义作家、历史学家、文艺评论家。他一生创作了多部历史小说，长篇小说《斯巴达克思》是其代表作。

此书讲述了公元前73年由斯巴达克思领导的古罗马奴隶起义：奴隶起义军在卓越的军事统帅斯巴达克思的指挥下，在三年多时间里转战南北，出奇制胜，所向披靡，屡屡击溃处于优势的敌人。小说运用现实主义和浪漫主义相结合的手法，热情地歌颂了奴隶们为争取自由而战斗的壮举和他们的崇高品格，出色地塑造了领袖斯巴达克思的光辉形象。

《斯巴达克思》是意大利乃至欧洲文学史上描写劳动人民武装领袖形象的为数很少的优秀作品之一。自问世以来，赢得了世界各地读者的喜爱，曾先后被译成数十种语言。

《萌芽》

左拉（1840年—1902年），19世纪后期法国重要的批判现实主义作家，自然主义文学大师。

《萌芽》是左拉的代表作之一。故事发生在法国蒙苏煤矿，主人公艾蒂安·郎蒂埃原是一个铁路工厂的机械师，因打了工头一个耳光被开除，不得已来到蒙苏煤矿。在那里他看到了矿工艰难的生活状态，思想觉悟高的艾蒂安在公司老板残酷的剥削和压榨下忍无可忍，联合工人发动了罢工，由此引发了一系列深层次的变革。小说首次以史诗般的气势反映了资本主义社会劳资双方你死我活的矛盾，以全景图式的画卷再现了煤矿工人罢工的过程，它是法国文学史乃至世界文学史上，第一部正面描写产业工人罢工斗争的长篇小说。

左拉在创作上极力倡导自然主义的写实手法，他继承巴尔扎克的文学事业，致力于为新时代的需要创建新文学，为法兰西文坛创建起又一座壮观的艺术大厦。

◎ 家族小说史

左拉的文学成就主要体现在包含了20部长篇小说的家族史小说《卢贡·马卡尔家族》上。左拉的小说写作计划，是用一个姓氏为卢贡·马卡尔的家族作代表，写这个家族自身的直系亲戚和他们的亲戚朋友的故事。从1868年就开始执行这个写作计划，着手写第一部《卢贡家族的家运》，继续创作了二十五年，在1893年，完成了这个“家传”的最末一部：《巴士加医生》。这部恢宏的巨著真实地再现了19世纪下半叶法国从资本主义向帝国主义过渡的社会场景，反映了当时法国一系列重大事件和社会矛盾，《小酒店》、《娜娜》、《崩溃》、《金钱》、《萌芽》等是其中最著名的长篇小说。

《德伯家的苔丝》

托马斯·哈代（1840年—1928年），19世纪英国非常杰出的现实主义作家。

《德伯家的苔丝》是哈代非常有名的“威塞克斯系列”中的一部力作。小说主人公苔丝是一位美丽的农家少女，因受东家恶少亚雷·德伯的诱迫而失身怀孕。从此，这一耻辱的事实剥夺了她接受真正爱情的权利，在新婚之夜，遭到丈夫安玑·克莱的无情遗弃。安玑·克莱抛弃苔丝后一个人去了外国，在巴西历尽磨难，贫困交加，于是后悔遗弃苔丝的鲁莽行为，决定返回英国与苔丝言归于好。但这时苔丝家遭变故，亚雷乘虚而入，无耻地用金钱诱逼苔丝和他同居。绝望中的苔丝杀死亚雷，在与克莱在荒原度过几天逃亡的快乐生活后，走上了绞刑台。克莱遵照苔丝的遗愿，带着忏悔的心情和苔丝的妹妹开始了新的生活。

苔丝的悲剧，不仅仅是社会悲剧和性格悲剧，也是命运的悲剧。苔丝已经成为世界文学长廊中最优美迷人的女性形象之一。

《羊脂球》

莫泊桑（1850年—1893年），法国作家。他与契诃夫是欧洲19世纪创作中短篇小说最杰出的两位大师。

莫泊桑的名篇《羊脂球》在生活细节的精心选择和高度简洁传神的描写上有突出表现。小说描绘了1870年普法战争期间，一辆法国马车在离开普军占区时，于关卡受阻。一名普鲁士军官要车上一个绰号叫羊脂球的妓女陪他过夜，否则全车人就不能通过。羊脂球出于爱国心断然拒绝，可是和她同车的一群贵族、政客、商人、修女等高贵者为了自己的利益考虑，逼她为了大家作出牺牲，羊脂球无奈只好让步。可当第二天早上马车出发时，那些昨天还苦苦哀求的乘客们却突然换了一副嘴脸，个个疏远她，不屑再与她讲话。

小说反衬鲜明，悬念迭生，引人入胜，生动地写出了法国各阶层在占领者面前的不同态度，揭露了贵族资产阶级的自私、虚伪和无耻。无论在思想性，还是艺术性方面，都堪称短篇小说的楷模。

《漂亮朋友》

莫泊桑是世界上著名的短篇小说大师，正因为如此，他的长篇小说成就才被其短篇小说的艺术光芒所掩盖，较少受到人们的重视。其实，莫泊桑在长篇小说创作上也是颇有建树的，他创作的《漂亮朋友》（又译作《俊友》）便是一部代表性作品。

《漂亮朋友》是一部具有很强揭露性的小说，在1885年5月出版后立即引起轰动，此部书在几个月的时间内再版达30余次。作者通过塑造一些现代冒险家的典型，揭露了法国上流社会的荒淫、空虚和堕落，展现了资产阶级政客的厚颜无耻与丑恶的灵魂，反映了法国第三共和国的政治与经济的复杂现象，对黑暗的社会现实进行了有力的批判，为读者展开了一幅19世纪末法国的社会历史画卷。

《漂亮朋友》在世界上有着十分深远、广泛的影响，具有极强的现实意义。可以说，这部作品代表着莫泊桑的最高思想和艺术水平。

《福尔摩斯探案全集》

阿瑟·柯南道尔（1859年—1930年），英国著名侦探小说家。

夏洛克·福尔摩斯是柯南道尔笔下的侦探怪杰，这个虚构的人物形象如真实人物一样，在全世界众多读者心中留下鲜活的印象。福尔摩斯不但头脑冷静、观察力敏锐，更具有无人能及的推理能力。他平时总是待在伦敦租住的贝克街211号B室，利用一切资料和机会研究有关侦探的经验和科学。一旦有案情发生，他和他的朋友华生马上展开行动，开始锁定目标，将整个事件抽丝剥茧、层层过滤，直到最后真相水落石出。

1928年至1929年间，柯南道尔将所有关于福尔摩斯的故事如《血字的研究》、《驼背人》等小说力作结集为《福尔摩斯探案全集》出版，它的影响长久而深远，获得了各个层次读者的喜爱，直到现在仍然有无穷的魅力。

《麦琪的礼物》

欧·亨利（1862年—1910年），本名威廉·西德尼·波特，欧·亨利是他的笔名，20世纪初美国著名的批判现实主义作家，世界短篇小说大师之一。

欧·亨利一生创作了270多个短篇小说和一部长篇小说，还有数量很少的诗歌，其中使他亨有国际声誉的是他的短篇小说，尤其是《麦琪的礼物》、《最后一片叶子》、《警察与赞美诗》等28篇脍炙人口的精品，代表了其作为一个小说家的最高成就。《麦琪的礼物》描写在圣诞节前一天，一对小夫妻互赠礼物。为了给丈夫买一条白金表链，妻子卖掉了一头秀发。而丈夫为了让妻子的长发更漂亮，卖掉了祖传金表为她买了一套发梳。尽管彼此的礼物都失去了使用价值，但他们从中获得的情感却是无价的。

欧·亨利的小说妙趣横生，别具一格，其技艺技巧被誉为“欧·亨利手法”而风靡世界文坛。

《牛虻》

艾·丽·伏尼契（1864年—1960年），爱尔兰女作家。

1897年，伏尼契的《牛虻》在伦敦出版。小说讲述了一个生动而感人的青年革命工作者的故事。主人公牛虻原名亚瑟，是比萨神学院哲学系的学生。19世纪的意大利在奥地利的统治之下，亚瑟和同胞一起，加入拯救祖国于水火的革命中。年轻的亚瑟受到诱骗透露了他们的行动和战友的名字，只身流亡到南美洲。十三年后亚瑟化名牛虻，重投革命洪流，赢得大家尊重。

《牛虻》问世后在英国文坛并没有很快引起反响，但是随着时间的流逝，小说跨出国界，在苏联、中国等社会主义国家产生了巨大的轰动效应，并最终在全世界范围内赢得了不朽的声誉。小说主人公牛虻作为一个生动的爱国志士形象已经深入人心，成为世界文学艺术画廊中的典型形象。

《变形记》

弗朗茨·卡夫卡（1883年—1924年），奥地利著名作家，与法国的马塞尔·普鲁斯特和爱尔兰的詹姆斯·乔伊斯等人被公认为是西方现代主义文学的鼻祖。

《变形记》是卡夫卡的代表作品之一，创作于1912年，发表于1915年。小说描述了一个小职员格里高尔·萨姆沙在一个清晨突然变成一只让家人都厌恶的大甲虫的荒诞情节，撕破了人与人之间交往的面具，即表面上亲亲热热，内心里却非常孤独和陌生，详细而深刻地再现了资本主义社会中人与人之间的冷漠。小说超越时空的限制，对事件的交代非常模糊，既不指明具体的时间，也没有具体的地点和背景，甚至模糊了幻象与日常生活之间的界限，让虚幻与现实有机地结合成一个整体。

● 弗朗茨·卡夫卡

卡夫卡通过小说并不只是单纯阐述事实，而是在追寻人类人性的完善。作品折射出了西方人当时真实的生存状态，不同的读者从不同的角度会对其创作主题有不同的理解。

《审判》

卡夫卡在其小说《审判》中表现出了对于建筑的浓厚兴趣，创造出普通空间的特殊功能关系。在小说中，卡夫卡将审讯庭放进了穷人居住的公寓。公共的市政空间与私密的居住空间混建在一起，于是便有了主人公K在居民楼中上上下下寻找审讯庭的情景。又因为K不愿直接询问审讯庭的所在，更使他在居楼内的历程变得扑朔迷离。他一直未能确定自己的位置与目的地到底是接近了还是远离了，就像在一个迷宫里。正如迷宫中的典型遭遇，K每敲开一扇门，看到的情景总是一样的：一间房间，妻子在做饭，丈夫躺在床上。卡夫卡通过这种功能的非常嫁接，创造了这样一个典型的城市性的垂直迷宫。

《审判》这部长篇小说标志着卡夫卡独特艺术风格的形成。他的许多小说已被许多其他小说家拿去分析研究，被人们说成是“需要用心去阅读的作品”。

《伊豆的舞女》

川端康成（1899年—1972年），日本新感觉派作家。1968年，他凭借《雪国》、《千羽鹤》及《古都》获得诺贝尔文学奖，成为获得该奖项的首位日本作家，也是继泰戈尔之后，第二位获此奖项的东方作家。

《伊豆的舞女》是川端康成早期的代表作，带有自传性质，也是一篇杰出的短篇小说，在读者中产生广泛的影响。作品没有鸿篇大论，只是描述了一名高中生在伊豆独自旅游时邂逅一位年少舞女的故事。伊豆的青山秀水以及少男少女之间纯洁的爱慕之情交织在一起，互相辉映，使读者产生一种清新之感，心灵似乎也得到了净化，进入一个空灵美好的唯美世界。

《雪国》

《雪国》是川端康成的代表作，也是他最负盛名的中篇小说。整个小说的创作过程延续了十四年，其间作家的创作思想逐渐趋于成熟，还几度前往伊豆旅行，与小说人物的原型进行了深入的交谈。

小说的基本情节是写一个舞蹈艺术评论家岛村，在不到三年的时间里，三次从东京赴雪国旅游，并与山村艺妓驹子交往的故事。期间，另一位女主角叶子闯入了岛村的情感世界。当岛村和驹子都觉得两人的关系不可能有所发展，甚至难以维持下去准备分手的时候，叶子却在一场突如其来的大火中死去了。

《雪国》是川端康成独特的创作风格成熟的标志，并成为其小说艺术的巅峰之作。

《老人与海》

厄内斯特·海明威（1899年—1961年），美国著名小说家，他的小说《太阳照常升起》、《永别了，武器》、《丧钟为谁而鸣》等，都是世界文学史上的著名作品。

海明威发表于1952年的《老人与海》，因其突出的艺术成就获得1953年普利策奖和1954年度诺贝尔文学奖。这部小说是根据一位古巴渔夫的真实经历而创作的。主人公圣地亚哥是一位老渔夫，他经过重重艰险，捕获了“一条不止一千五百磅重的大马林鱼”，但这条大马林鱼却被鲨鱼吃光了，圣地亚哥只拖回了一副鱼的骨架。小说以摄像机般的写实手法记录了主人公捕鱼的全过程，塑造了一个在重压下仍然保持优雅风度、在精神上永远不可战胜的“硬汉”形象。

《老人与海》创下了人类出版史上48小时售出530万册这样空前绝后的纪录。人们评价其为美国历史上里程碑式的32本书之一和影响历史的百部经典之一。

《丧钟为谁而鸣》

《丧钟为谁而鸣》是海明威篇幅最大的一部小说，也是海明威流传最广的长篇小说之一。

全书的情节安排得非常紧凑，仅局限于三天之内（1937年5月底一个星期六的下午到星期二上午）。美国青年罗伯特·乔登在西班牙内战爆发后，志愿加入西班牙政府军，进行敌后的爆破活动。在短短的几天之内，罗伯特经历了爱情与职责的冲突以及生与死的考验，人性得到了升华。为掩护炸桥的战友，罗伯特被炮弹炸断了大腿，独自留下狙击敌人，最终为西班牙人民的解放事业献出了宝贵的生命。

小说凭借其深厚的人道主义精神力量，感动了一代又一代人。作者成功地塑造了一位反法西斯战士的形象，罗伯特·乔登在临牺牲前说道："我为了我的信念已经战斗了一年……用不着再抱怨了，只愿有办法把我学到的东西传下去。"

◎ 反战作品

1936年初秋至1939年春爆发的西班牙内战，现在早已成为历史陈迹，已不大为人们所提及。然而，它实际上是第二次世界大战爆发前欧洲发生的大规模局部战争，是欧洲战线的序幕，也是全世界民主进步力量和德意法西斯政权之间的第一次较量。由于种种复杂的历史原因，进步力量在这场斗争中并没有取得胜利，但是战争的结局对西班牙和整个欧洲局势产生了深远影响。以文学形式来反映这一页历史的作品并不多，而今天尚被人推崇的，恐怕就只有这一部《丧钟为谁而鸣》了。

《永别了，武器》

《永别了，武器》系海明威早期代表作，书中爱情与战争两条主线相交叉，阐述了作者对战争及人生的看法和态度。

主人公弗雷德里克·亨利在第一次世界大战期间志愿到意大利北部战争担任救护车驾驶员，期间与英国护士凯瑟琳·巴克莱相识并相恋，两人一起度过了一段美好的时光。亨利随军撤退途中被当做逃兵抓住，他趁机逃跑。找到凯瑟琳后，二人逃往瑞士，又度过了一段短暂的幸福时光，但最终，凯瑟琳还是在难产中死去，只留下亨利一人独自在外流亡。

海明威在作品中谴责了战争的种种罪恶，以及帝国主义宣传的虚伪性。整部作品的情节反映了亨利对世界失望、对战争的厌恶情绪，这种人生如梦的悲观绝望，从根本上否定了资产阶级社会的文明。因此该书在美国文学史乃至世界文学史上都占有重要地位，被誉为现代文学的经典名篇。

《洛丽塔》

弗拉基米尔·纳博科夫（1899年—1977年），出生于俄罗斯，美国小说家、诗人、文学批评家、翻译家、文体家，曾被公认的20世纪杰出小说家和文体家。

《洛丽塔》是纳博科夫流传最广的作品，小说的绝大部分篇幅为死囚亨伯特的自白，叙述了一个中年男子与一个少女的恋情。其极具争议的取材和描写，导致它在出版之时，曾一度被视为离经叛道的色情小说而未获准在美国发行，1955年才得以首次被欧洲巴黎奥林匹亚出版社出版。1958年《洛丽塔》终于出版了美国版，作品一路蹿升到《纽约时报》畅销书单的第一位。《洛丽塔》已被改编成电影。

事实上，《洛丽塔》不仅仅是一本关于畸恋的普通畅销书，书中那些精妙绝伦的写作技巧、奇特迷人的文字雕凿、富含莎士比亚性质的悲喜剧意韵，令读者叹为观止。

《飘》

玛格丽特·米切尔（1900年—1949年），美国著名小说家。

米切尔对1861年至1865年美国南北战争的历史作过深入的研究，并想将研究体会和成果用小说的形式反映出来展现给世人，于是她花了十年的时间，创作出轰动全世界的《飘》。故事发生在美国南北战争期间，生活在南方的少女郝思嘉从小深受传统文化的熏陶，但她的身体里却流淌着野性的叛逆血液。随着战事的扩大和环境的恶化，郝思嘉在一系列的挫折中改造了自我，也改变了个人甚至整个家族的命运，成为时势造就的新女性形象。

小说《飘》描述了男女主人公之间的爱情经历，成为经久不衰的爱情经典。同时描绘了特定时期的人物生活，勾勒出南北双方在政治、经济、文化各个层面的异同，具有浓厚的史诗风格，堪称美国历史转折时期的真实写照。

《毁灭》

法捷耶夫（1901年—1956年），苏联优秀革命作家。他一生从事了多方面的社会活动，不仅是作家、文学批评家，还是文艺工作的组织者。他的主要著作有《毁灭》、《青年近卫军》，以及没有写完的《最后一个乌兑格人》，还有大量有关文艺理论问题的著作、报告、演说和读书札记。

《毁灭》是苏联革命文学中最优秀作品之一，写于1925年至1926年间。主要情节很简单，1919年夏秋间，知识分子出身的莱奋生领导一支百余人的由农民、矿工、牧民组成的游击队伍，在西伯利亚的苏羌地区，与日军和科尔却克军展开了对抗。数番激战过后，游击队遭到毁灭性打击，只有莱奋生等十九人生还。

小说在1927年出版后，立刻引起苏联文学界普遍的关注，它与福尔曼诺夫的《恰巴耶夫》、绥拉菲莫维奇的《铁流》一起，被称为苏联20世纪20年代文学中三部具有“里程碑”意义的作品。

《钢铁是怎样炼成的》

尼古拉·阿历克塞耶维奇·奥斯特洛夫斯基（1904年—1936年），苏联作家。

《钢铁是怎样炼成的》是奥斯特洛夫斯基所著的一部长篇自传体小说，主人公保尔·柯察金的原型就是作者本人。这部小说创作于1933年，可以说是一本人生的教科书。小说以十月革命前后这一段历史时期为背景，真实生动地反映了当时社会风貌，描绘了社会变革、阶级斗争和各阶层人物的心态。小说通过对主人公保尔·柯察金一生经历的叙述，塑造了一个生命不息、奋斗不止的布尔什维克形象。小说形象地告诉青年一代，什么是共产主义理想，如何为共产主义理想去努力奋斗，以及革命战士应该有一个什么样的人生。

● 影视剧中保尔·柯察金（右）的形象

小说出版后引起巨大反响，主人公保尔不仅成为苏联国人学习的榜样，也激励了广大中国青年自强不息的奋斗精神。1935年底，苏联政府授予奥斯特洛夫斯基列宁勋章，以表彰他在文学方面的创造性劳动和卓越的贡献。

◎ 奥斯特洛夫斯基其人

奥斯特洛夫斯基出生于贫困家庭，11岁便开始当童工。1919年加入共青团，参加国内战争，曾担任乌克兰边境地区共青团的领导工作，1924年加入共产党。由于长时间参加艰苦斗争，他的健康受到严重损害。1927年底，他着手创作一篇关于科托夫斯基师团的“历史抒情英雄故事”。遗憾的是，唯一一份手稿在寄给朋友们审读时被邮局弄丢了。残酷的打击反而使他更加顽强地同疾病作斗争。1929年，他全身瘫痪、双目失明。1930年，他以自己的战斗经历做素材，以顽强的意志开始创作长篇小说《钢铁是怎样炼成的》。

《静静的顿河》

米哈依尔·亚历山大·肖洛霍夫（1905年—1986年），苏联著名作家。

《静静的顿河》是肖洛霍夫的一部史诗性质的长篇小说。此书一共分为四部分，共用了十几年的时间才创作完成。小说以俄国顿河地区哥萨克多姿多彩的生活为背景，乡土气息浓厚，生动地描写了动荡历史年代中顿河哥萨克人的生活和斗争。小说的内容和主题都十分深刻，它囊括了广大的现实，揭示了生活过程的深度，刻画出不同人物的性格，深刻发掘了主人公的内心世界，并且使用多方面综合运用语言技术的技巧，成为一部既磅礴壮观又委婉细腻、扣人心弦的鸿篇巨制。

肖洛霍夫这部处女作一经问世，立刻引起国内外的轰动，被人称作“取得空前成就的苏联文学”。此书于1941年获得斯大林奖金，1965年肖洛霍夫因此书获得了诺贝尔文学奖，并成为第一位获此殊荣的苏联作家。

散文

散文有广义和狭义两种概念。广义的散文，在古代指一切不押韵的文章，但是“散文”这个名称是直到“五四”时期才出现的。现代广义上的散文包括了除诗歌、小说、戏剧、影视文学之外的一切叙事性、议论性、抒情性的文体，因此有了抒情散文、叙事散文和议论散文等的分类。狭义的散文则专指抒情散文。

《论语》

《论语》是儒家经典著作之一，它以语录体和对话文体为主，比较真实地记录了孔子及其弟子的言行，由孔子的弟子及其再传弟子编撰而成。《论语》中集中体现了孔子“仁”、“礼”的政治主张，以及其他伦理思想、道德观念及教育原则等，与《大学》、《中庸》、《孟子》并称“四书”。

通行本《论语》共20篇。《论语》首创语录之体，汉语文章的典范性亦发源于此。《论语》中的“论”是论纂的意思，“语”即话语、经典语句、箴言，“论语”即是论纂（先师孔子的）语言。作为一部优秀的语录体散文集，它采用言简意赅、含蓄隽永的语言，记述了孔子的言论，所记孔子循循善诱的教诲之言，或简单应答，点到即止；或启发论辩，侃侃而谈，富于变化，而又娓娓动人，其中有许多言论至今仍被世人视为至理箴言。

《庄子》

《庄子》，又称《南华经》，为道家经典之一，系庄周及其后学的著作集。庄周（约前369年—前286年），战国时期宋国蒙人（今河南商丘东北），著名思想家、哲学家、文学家，道家学派的代表人物。

据《汉书·艺文志》记载，《庄子》共52篇，现存33篇，分内7篇、外15篇、杂11篇，为郭象注本。内篇的思想、结构、文风都比较统一，一般认为是庄周自著，是全书的核心，最集中表现了庄周的哲学观点。外篇和杂篇思想观点与前多有出入，这与兼有其后学之作甚至加入其他学派的个别篇章有关。

《庄子》汪洋恣肆的文学，雄浑飞越的意象，奇特丰富的想象，滋润旷达的情致，均带给人以超凡脱俗的美妙感受，在中国文学史上独树一帜。《庄子》的文章体制已经脱离了语录体形式，标志着先秦散文已经发展到成熟的阶段。

《洛阳伽蓝记》

《洛阳伽蓝记》是南北朝时期（420年—581年）记载北魏首都洛阳佛寺兴衰的地方志，共5卷。关于《洛阳伽蓝记》作者的姓名，目前该书各种版本、校注本，各类文史工具书，以及名人学者的著述，几乎都记为“杨衒之”（杨姓，另有羊或阳之说），东魏北平郡（今中国中部河北卢龙）人。

东魏迁都邺城后，作者于武定五年（547年）再到洛阳，见当地由于遭受东、西魏战争的严重破坏，已是满目疮痍，呈现一副破败景象，于是感慨万千写下这本书。书中回忆了魏孝文帝元宏迁都后，都城洛阳的繁荣昌盛景象。按城内、城东、南、西、北的次序，以四十多所名寺院为纲，兼顾所在里巷、方位以至名胜古迹，同时叙述相关事迹。

此书的文学价值很高，另外，书中内容包括了政治、经济、社会、文学、艺术、思想、宗教等各个方面，具有极高的史料价值。

《陶庵梦忆》

张岱（1597年—1679年），字宗子，又字石公，号陶庵，自号蝶庵居士，山阴（今浙江绍兴）人，明末清初散文家，著作有《琅嬛文集》、《石匮书后集》、《陶庵梦忆》、《西湖梦寻》数种。

《陶庵梦忆》是张岱传世作品中最著名的一部。成书于甲申明亡（1644年）之后，直至乾隆四十年（1775年）才初版行世。全书共8卷，文123则。所记载的大部分内容是作者亲身经历的种种杂事，将世态百相如茶楼酒肆、说书唱戏、养鸟斗鸡、放灯迎神以及山水风景、工艺书画等等真实生动地展现在世人面前，形成了一幅明代社会生活风俗画卷，可以说是江浙一带的《清明上河图》，成为研究明代物质文化的重要文献。

《陶庵梦忆》中的小品文有百余篇，短的只有百余字，长的五六百，无不生动活泼，特色独具。《湖心亭看雪》、《柳敬亭说书》等，都是脍炙人口的绝妙文章。

《古文观止》

《古文观止》是于康熙三十三年（1694年），由清人吴楚材、吴调侯选定的散文集。两人均为浙江绍兴人，长期设馆教徒，此书是为学生编的教材，除本书外，二人还编著了《纲鉴易知录》。

《古文观止》是自清代以来最为流行的古代散文选本之一。选录了上起先秦、下迄明末近800篇古文，大体反映了这一漫长历史时期散文发展的大致轮廓和主要面貌。其中包括《左传》34篇、《国语》11篇、《公羊传》3篇、《礼记》6篇、《战国策》14篇、韩愈文17篇、柳宗元文8篇、欧阳修文11篇、苏轼文11篇、苏辙文3篇、王安石文3篇等等共222篇。入选之文全部是语言短小精悍、易于传诵的佳作；衡量文学价值的标准，基本上思想性与艺术性兼顾；以古文为正宗，也不排斥其他而收入骈文4篇。在文章中间或末尾，有一些夹批或尾批，对初学者理解文章有一定帮助；体例方面一改前人按文体分类的习惯，而是以时代为经，以作家为纬，值得肯定。

《朝花夕拾》

《朝花夕拾》，原名《旧事重提》，是鲁迅所作的唯一一部回忆散文集（1926年），素来得到极高的评价。鲁迅自言，这些文章都是“从记忆中抄出来”的“回忆文”。

《朝花夕拾》共收入十篇作品，其中前五篇写于北京，后五篇写于厦门，具体为《狗·猫·鼠》、《阿长与〈山海经〉》、《二十四孝图》、《五猖会》、《无常》、《从百草园到三味书屋》、《父亲的病》、《琐记》、《藤野先生》、《范爱农》。十篇散文较为完整地记录了鲁迅幼年、青年时期的生活经历，生动地展现了清末民初的社会生活，是研究鲁迅早期思想和生活以及当时社会的重要艺术文献。

《朝花夕拾》将往事的回忆与现实的生活紧密结合起来，充分显示了作者关注人生、关注社会改革的巨大热情。这些散文笔意深沉隽永，是中国现代散文中的经典之作，其中很多作品如《从百草园到三味书屋》等被纳入初中课本。

《吾国与吾民》

林语堂（1895年—1976年），原名和乐，后改玉堂，又改语堂，福建龙溪人，中国当代著名学者、文学家、语言学家。林语堂著有《吾国与吾民》、《京华烟云》、《风声鹤唳》等文化著作和长篇小说。

《吾国与吾民》，又名《中国人》，是林语堂在美国期间，用英文写的一部重要著作，是其第一部在美国引起巨大反响的英文著作。全书共10章，林氏在书中用坦率幽默的笔触、睿智通达的语言，娓娓道出了中国人的性格、心灵、精神与向往，以及中国的社会、文艺与生活情趣等，剖释得非常美妙，并与西方人的性格、理想、生活等做了相应的广泛深入的比较。

● 林语堂

这部著作深刻剖析了古老的中国，向西方人提供了一个健康、真实的中国形象，让西方人清楚了什么是真正的“中国文明”，出版之后便在海内外引起轰动。美国许多知名人士推崇备至，被译成多种文字，在西方广泛流传。

《背影》

朱自清（1898年—1948年），字佩弦，现代著名诗人、散文家、学者、民主战士。原籍浙江绍兴，生于江苏东海，后随祖父、父亲定居扬州。朱自清的写景散文在现代文学的散文创作中占有重要地位，其中艺术成就较高的有《背影》、《荷塘月色》、《绿》等。他的散文不仅以描写见长，并且还能够达到情景交融的高超艺术境界。

《背影》是朱自清的第一本散文集，1928年10月由开明出版社出版。分甲乙两辑，并有《论现代中国的小品文》序文一篇，文章有《女人》、《背影》、《荷塘月色》、《旅行杂记》等。其中影响最大的是《背影》，这篇散文描绘了一幅父子车站送别的图画，父子之间的深切感情激发了无数读者心中的共鸣。另外，他炉火纯青的文字功底在《荷塘月色》这篇经典散文中更是表现得淋漓尽致。

《缘缘堂随笔》

丰子恺（1898年—1975年），原名丰润、丰仁，后改子恺，并以此行世，浙江崇德人，我国现代著名画家、散文家、美术和音乐教育家、翻译家，是一位在多方面都卓有成就的文艺大师。丰子恺曾从李叔同学习音乐和绘画，李叔同出家对他的思想产生很大影响。1924年，他的画作《人散后，一钩新月天如水》在文艺刊物《我们的七月》4月号首次发表。其后，他陆续发表了其他画作，并冠以“漫画”的题头，自此中国始有“漫画”这一名称。丰子恺的散文在我国新文学史上也有较大的影响，主要作品有《缘缘堂随笔》、《缘缘堂再笔》、《随笔二十篇》等。

《缘缘堂随笔》是丰子恺的第一本散文集，1931年由开明书店出版。书中主要内容包括《渐》、《东京某晚的事》、《华瞻的日记》、《给我的孩子们》等，隽永疏明、语淡意深，能够波动读者心弦，令人倍感亲切。

◎ 丰子恺漫画

丰子恺的绘画、文章在几十年的沧桑风雨中，始终保持一贯的雍容恬静的风格，其漫画作品更是脍炙人口。丰子恺漫画作品流传极广，失散也很多，即便是结集出版的五十余种画册，也大多绝迹于市场，对热爱他的读者而言不得不说是极大遗憾。丰子恺的漫画，都是以儿童作为题材的，例如《阿宝赤膊》、《你给我削瓜，我给你打扇》和《会议》。常常寥寥几笔，就勾画出一个意境，例如《人散后，一钩新月天如水》，几个茶杯，一卷帘栊，便有十分心情。

《雅舍小品》

梁实秋（1903年—1987年），原名梁治华，字实秋，号均默，笔名子佳、秋郎、程淑等，祖籍浙江杭州，出生于北京，中国著名的散文家、学者、文学批评家、翻译家。他还是国内第一个研究莎士比亚的权威，翻译过《莎士比亚全集》。

梁实秋的代表作品《雅舍小品》初版于1949年，收小品散文34篇；续集于1973年出版，收32篇作品；三集于1982年出版，收37篇作品；四集于1986年出版，收40篇作品。四集合订本亦于1986年出版，共收作品143篇。《雅舍小品》每篇作品不过二千字，题材多是随手拈来的，全书没有统一的主题，都是描写的身边琐事，是一部生活随笔。内容既不涉及政治思想，也不谈中西文化。初看题目，或许给读者以平凡之感，但细看过后却又别具趣味。

《雅舍小品》流波海内外，先后印行了300多版，是一部平凡中见真诚、充满哲理的智慧之作。

《随想录》

《随想录》是巴金在晚年创作的一部杂文集，自1978年在香港《大公报》开辟专栏，写下第一篇文章《谈〈望乡〉》，到1986年8月20日最后一篇《怀念胡风》，共发表150篇，每30篇编为一集，共分为《随想录》、《探索集》、《真话集》、《病中集》、《无题集》五集，全长42万字，统称《随想录》。

巴金写作的出发点十分明确，就是要对“文化大革命”作出个人的反省，文中巴金直面“文革”带来的灾难，直面自己人格曾经出现的扭曲。他用真实的写作，填补一度出现的精神空白。《随想录》堪称一本伟大的书，是巴金用全部人生经验倾心创作的，以此来履行一个知识分子应尽的历史责任。这部对当代中国产生巨大影响的《随想录》，在文学界和思想界都是一座高峰。

《艺海拾贝》

秦牧（1919年—1992年），原名林阿书，又名林派光、林觉夫、林顽石，祖籍澄海东里樟林，我国著名文学大师。

秦牧的散文集《艺海拾贝》发表于20世纪60年代初，几经沉浮，影响了数代人，迄今已发行逾百万册。作品以缜密睿智的哲思，优美活泼的文笔以及生动有趣的故事，介绍了自然科学、社会科学和文学艺术各方面的理论知识，提出了读者所关心的文学创作实践中常见的问题，广泛涉猎古今中外，世间万物；语言或精辟隽永、含蓄深邃，或幽默淡定、轻松洒脱；分析深入浅出，言近旨远，让人们畅游于艺术之海而流连忘返。《艺海拾贝》中折射出的不仅是这位驰名文坛的散文大师的才华和智慧，还体现了他卓越的人品、宽阔的胸襟和长者风范，因此一经问世，就赢得了广大读者由衷的喜爱。

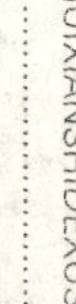

《文化苦旅》

余秋雨，1946年出生于浙江省余姚县。中国大陆著名艺术理论家、散文家。著有《艺术创造论》、《观众心理学》、《中国戏剧史》等多部艺术理论著作和《文化苦旅》、《山居笔记》等经典散文作品，引起世界华文界和文化史学界的强烈反响。

《文化苦旅》是余秋雨的第一部文化散文集，其中一些文章曾在各类文学评奖中获得过奖项。此部散文集的主题是凭借山水风物来寻求人生真谛和文化灵魂，从而探索中国文化的历史命运和中国文人性格的构成。例如其中《道士塔》、《阳关雪》等，便是透过一个个古老的物象，展示了大漠荒荒的黄河文明的盛衰，笔端流露出深邃苍凉的历史感；《风雨天一阁》、《青云谱随想》等，则是直指文化人格和良知，展示出中国文人艰难的心路历程。作品体现了作者渊博的文史学功底、艺术表现力以及丰厚的文化感悟力，不但揭示了中国文化巨大的内涵，也为当代散文创作提供了崭新的范例。

《瓦尔登湖》

亨利·戴维·梭罗（1817年—1862年），美国作家、哲学家，著作有散文集《瓦尔登湖》和论文《论公民的不服从权利》。

《瓦尔登湖》（中国大陆译法，台湾译为《湖滨散记》），是梭罗的著名散文集。该书出版于1854年，书中对作者本人在瓦尔登湖湖畔一片再生林中度过两年零两个月的生活，以及期间的许多思考作出了详尽的描述。本书以春天开始，历经了夏天、秋天和冬天，又以春天结束，体现了一个生命的轮回，记录着自我在微观宇宙历程中的经历。梭罗深受19世纪超验主义的影响，书中明显体现了这一思想。

《瓦尔登湖》是一本宁静、恬淡、充满智慧的书，是一部蕴涵了深刻哲理的散文集，文中分析生活，批判习俗处，句句惊人，字字闪光，见解独特，耐人寻味，探求了该怎样实实在在地生活，怎样体验与经历有意义的生活，为自己，也为广大的同胞，还有当时与后来的读者们。

《巴黎的忧郁》

沙尔·波德莱尔（1821年—1867年），法国著名诗人、散文家。他不仅对本国诗歌创作，甚至对欧美诗歌的创作产生了具有划时代意义的深远影响，被称为现代派文学的鼻祖。

《巴黎的忧郁》是波德莱尔的散文诗代表作，其中包括《巴黎的忧郁》、《人造天堂》、《私人日记》三部作品。波德莱尔虽不是散文诗的创始人，但他却是第一个将散文诗当成一种独立的形式创作，并使之趋于完善的人。在这本散文集里，他描绘了古代生活的奇特、别致，以这种方式来描写现代及抽象现代生活，书中还隐约透露出某些寓意深刻但又难以捉摸的纤细的思绪。

这部集子无论从哪角度来讲，都是面目一新、独树一帜的，引起社会各界人士的观注。某些人认为它是“怪物般的”，是伤风败俗亵读神明的。但实际上它犹如“光辉夺目的星星”，给法国诗坛带来了“新的战栗”。

《远方与往昔》

威廉·亨利·赫德逊（1845年—1922年），现代英国小说家、散文家、博物学家，尤以突出的散文成就在英国现代文学史上占有一席地位。赫德逊的父母从美国移民到阿根廷，他生于布宜诺斯艾利斯。他在父亲经营畜牧业的牧场种植园中长大，受环境的影响，形成了热爱大自然，细致观察一切自然变化和生物生态的终生习惯。

《远方与往昔》是赫德逊一部极负盛名的童年回忆。这部自传中作者对自己的早年生活作出了极为生动的描写，其关于鸟类生活的研究和记录为世人瞩目。作者回忆了童年时代的阿根廷大草原，那里的树木鸟兽无一不在幼小的心灵留下不可磨灭的痕迹，以至决定了他一生的志向，即投身于对大自然的观察和记录。作品文笔优美，栩栩如生，令读者有身临其境之感。

这本书被《朗曼二十世纪文学指南》称为现代自传文学中“罕有伦比”的作品，也是研究赫德逊的极重要的材料。

《认识东方》

克洛代尔（1868年—1955年），法国诗人、剧作家。他从14岁就开始了文学创作，成年后担任外交官，先后到美国、中国、德国、捷克等地任职，掌握了大量的外国风土人情。1936年回国后，潜心从事写作，宣扬天主教，并主要用诗歌和诗剧来抒发宗教热情。

克洛代尔的主要作品有抒发他在中国生活印象的散文诗集《认识东方》。1895年克洛代尔以外交官的身份来到中国，古老国度的自然与淳朴让他觉得亲切，在此度过的15年间，他怀着好奇心游历了许多地方：园林、宝塔、树木、泉水、寺庙、陵墓、戏台、节日，以及亲眼目睹了鸦片战争之后中国底层残破的社会。克洛代尔将自己的见闻和感慨，以散文诗的形式，运用纯净、富有音乐感的语言精心描绘下来，使读者看到了西方人眼中的中国往昔的一个凝定的面貌。

《人间食粮》

安德烈·纪德（1869年—1951年），法国著名作家，1947年度诺贝尔文学奖获得者。他一生著作颇丰，体裁多样，小说主要有《背德者》、《窄门》；回忆录主要有《如果种子不死》；游记主要有《苏联归来》、《漫游土耳其》；戏剧主要有《萨乌尔》、《俄狄浦斯》等，此外还有大量文论和日记，对现代法国文学产生巨大影响。

● 安德烈·纪德

《人间食粮》是纪德的散文作品集，被称为“不安的一代人的《圣经》”。集子中收录的散文作品包括《人间食粮》、《新食粮》、《日记选》（1887年—1905年）等，它是纪德青春激情的宣泄，文字中充斥着一种本能的、原始的冲动，记录了本能追求快乐时那种冲动的原生状态。《人间食粮》收集的部分作品堪称法国现代文学的丰碑，例如在《新食粮》中，作者甚至修正了“我思，故我在”这一著名哲学命题，代之以“我感知，因此我存在”，将直接感受事物的人生姿态提到前所未有的高度。

《泪与笑》

纪伯伦（1883年—1931年），黎巴嫩诗人、作家、画家，被称为“艺术天才”、“黎巴嫩文坛骄子”，是阿拉伯现代小说、艺术和散文的主要奠基人。

《泪与笑》是纪伯伦第一批散文诗合集，也是他写得最美的散文诗集之一。合集的内容非常丰富，加上“引子”和“结语”共有56篇作品；该集于1913年正式出版，但其中的篇章早在十年前就已写出并发表了。纪伯伦在20世纪20年代前后，已受到尼采哲学的影响，他对作品中流露出的哀怨、痛苦和倾诉已经表现出否定态度，甚至对再次出版表示愧疚心理，但最终在一位名叫阿利达的独具慧眼的出版家的鼓励和坚持下，同意出版。

《泪与笑》展现了纪伯伦最关心的有关爱与美、大自然、生命哲学、人道主义、社会批判、诗人的使命和孤独等等文学主题。这部合集预示了纪伯伦一生的创作方向，也集中反映了他艺术风格的发展趋势。

诗歌

诗歌是有节奏、有韵律并富有感情色彩的一种语言艺术形式，也是世界上最古老、最基本的文学形式。诗歌自由地表现了个体生命心灵深处的超越性追求，它具有永久的审美生命，是文学的最高形式。我国现代诗人、文学评论家何其芳曾说："诗是一种最集中地反映社会生活的文学样式，它饱含着丰富的想象和感情，常常以直接抒情的方式来表现，而且在精炼与和谐的程度上，特别是在节奏的鲜明上，它的语言有别于散文的语言。"

《诗经》

《诗经》是我国最早的一部诗歌总集。《诗经》的作者成分很复杂，产生的地域也很广，春秋时期经孔子编辑整理，共收集了从西周初期至春秋中期约五百年间的诗歌305篇。先秦称为《诗》，或取其整数称《诗三百》。西汉时被儒家奉为经典，始称《诗经》，一直沿用至今。

《诗经》分为风、雅、颂三部分，对中国周代时期的社会生活作出了全面的记录，真实地反映出奴隶社会由盛而衰的历史面貌，鞭挞了统治阶级的荒淫无度，赞美了劳动人民的反抗意识。还有数量不少的爱情诗，表达青年男女对美满婚姻的向往与追求。

《诗经》是中国现实主义文学的光辉源头。其内容之丰富、思想艺术成就之高超，在中国乃至世界文化史上，都占有重要位置。它开创了中国诗歌的优秀传统，对后世文学产生了不可磨灭的影响，是中华民族宝贵的精神文化财富。

《楚辞》

屈原（前340年—前278年），名平，战国时期楚国人，中国最伟大的爱国主义诗人、思想家、政治家。他吸收南方民歌、上古神话、传说精华，融合《诗经》南下的影响，创立了"楚辞"诗体，也开创了"香草美人"的传统。西汉末年，刘向将屈原的作品以及宋玉等人承袭模仿屈原的作品共16篇辑录成集，名为《楚辞》。

《楚辞》是一部收录战国时期楚地诗歌的诗集，是继《诗经》之后，中国历史上第二部诗歌作品集，与《诗经》一样成为中国古代诗歌发展的源头。《楚辞》中以屈原的《离骚》为代表，《离骚》具有的深刻现实性和积极浪漫主义精神对后世产生深远影响，因此，楚辞又称"骚"或"骚体"。《楚辞》在创作风格上，一改《诗经》四字一句的死板格式，采取三言至八言参差不齐的句式，篇幅和容量可根据需要而任意扩充，这对中国古代诗歌发展是一次大的解放，开启了中国诗史上的第二个春天。

《陶渊明集》

陶渊明（365年—427年），名潜，字元亮，浔阳柴桑（今江西九江）人，因宅前种植五棵柳树，故号"五柳先生"，卒后友人私谥"靖节"，世称靖节先生。陶渊明为东晋末年著名诗人，也是我国第一位田园诗人。

陶渊明著有《陶渊明集》，其中收录诗文辞赋等作品共142篇。陶渊明少怀济世之志，但他生活的年代政治昏暗、时局动荡，他的理想与现实产生了极大的冲突，加之魏晋以来玄学的盛行，因此他最终选择了辞官归隐。隐居期间，他写下一些反映战乱给百姓带来痛苦与灾难的诗，但更多的是歌咏归隐生活、描绘农村景色的诗篇，如五言诗《读山海经》、《咏荆轲》、《归园田居》、《饮酒》等，具有清新的风格和恬淡的意境。陶渊明首次将诗的题材扩展到农村日常生活，开创了田园文学的新领域；此外，他也写下一些用意境化手法表现老庄思想和玄学命题的诗。正因如此，陶渊明被称为“古今隐逸诗人之宗”。

《文选》

萧统（501年—531年），字德施，南兰陵（今江苏常州）人，梁武帝的长子，曾被立为太子，未即位便因病去世，谥号“昭明”，世称“昭明太子”。萧统的文学成就当推《文选》的编纂。

《文选》，又称《昭明文选》，是我国现存选编最早的诗歌总集。共30卷，入选文章范围很广，共收录百余名作家作品514题，上起子夏、屈原，下迄当时，唯不录生人。并详细分门别类，体现了萧统对古代文学发展尤其是对文体分类及源流的理论观点。入选之作多比较精，对于当时艳体诗、咏物诗，一概不选，文选中的代表作概括了当时各种文体的大致面貌，使后人研究这七八年的文学史提供了极大的方便。

《文选》自唐初李善加以注释后，就更加广为流传，被视为学习文学的范本。宋代以诗赋取士，《文选》仍是士人的必读之书。

◎《文选》的标准

萧统在文学上主张文质并重，认为文章应该“丽而不浮，典而不野”（《答湘东王求文集及诗苑英华书》）。对于文学和非文学的界线，不把《经书》、《子书》和历史著作采入文选。他认为《经书》很神圣，因此不敢删选；《子书》说明哲学观点，历史著作以纪事为务，和文学作品不同。又认为，史书中的赞论和序述，为“综缉辞采”、“错比文华”之作，可入选；一些应用公文也可入选。入选《文选》的文章应符合“事出于沈（沉）思，义归乎翰藻”的标准。前者指文章的典故和古人言论，都经过仔细的推敲；后者指文章的形式和辞藻必须是华美的。

《玉台新咏》

《玉台新咏》是一部辑录了东周至南朝梁代诗歌的诗歌总集。关于成书作者，历来认为是南朝徐陵。此诗集收诗769篇，计有五言诗8卷，歌行1卷，五言四句诗1卷，共为10卷。除第九卷中的《越人歌》相传作于春秋战国时期外，其余均为自汉迄梁的作品。

《玉台新咏》中所收的作品以写闺情的宫体诗为主，虽有一些情调不太健康，但多数还是表现出真挚的爱情和妇女的痛苦。如《上山采蘼芜》、《陌上桑》、《羽林郎》等作品，都反映了一定的社会现实。《孔雀东南飞》则详尽地描述出一个封建家庭悲剧的全过程。

该书的内容从广泛性来看，不如成书略早的《文选》，但它也有自己的特色。其价值主要体现在它保存了大量汉魏六朝的诗歌资料；另外它成书较早，对校正其他古书的失漏多有参考作用；同时根据内容重新编制了书前的目录，便于今天的读者阅读收藏。

《李太白集》

李白（701年—762年），字太白，号青莲居士，唐代伟大的浪漫主义诗人，素有“诗仙”之称。李白少年时期即颇具诗才，并曾受儒、道、纵横各家影响。一生漂泊流浪，遍游祖国山河。

《李太白集》是李白的作品集。此集中存诗约千首，另外还有少量文赋碑铭。这些诗中的代表作有《南陵别儿童入京》、《行路难》、《望庐山瀑布》、《西岳云台歌送丹丘子》、《蜀道难》、《望天门山》等。古体诗中以七言诗的成就最高，代表名篇有《梦游天姥吟留别》等。《赠孟浩然》、《渡荆门送别》等均为近体诗佳作。绝句如《送孟浩然之广陵》等更是清新自然，深厚隽永。

李白的诗语言工丽，想象奇幻，热情奔放，具有磅礴的气势和波澜壮阔的意境，且广泛地从《诗经》、屈赋、汉魏六朝乐府及文人诗中汲取养分，将我国五、七言诗歌的创作推向高峰，对我国古典诗歌的发展作出重要贡献，在中国文学发展史上有无可置疑的崇高地位。

《王右丞集》

王维（701年—761年），字摩诘，祖籍太原祁（今山西祁县），其父迁家蒲州（在今山西永济），遂为蒲人，因他官终尚书右丞，世称“王右丞”。唐代诗人，山水田园诗派的主要作家，此外在书法、绘画方面也具有很高成就。

《王右丞集》，又名《王摩诘文集》，是王维的作品集。该集收入古诗150首，近体诗282首，其他各体文章72篇。其作品早期风格雄浑，气象开阔，可见建功立业思想，在一定程度上反映了社会现实。晚期作品则多是其隐逸生活的反映，意境清幽，色彩鲜明，节奏谐和，字句凝练。王维的作品多为山水田园之作，在描绘自然美景的同时，流露出闲居生活的情趣，此外还有送别、军旅、边塞题材作品。如《赠裴十迪》、《渭川田家》等诗，犹如一幅幅农家乐的水墨画，给人以美的享受。《送元二使安西》、《相思》等早已成为脍炙人口的名篇。

● 杜甫

《杜工部集》

杜甫（712年—770年），字子美，又自称少陵野老，故世称杜少陵，又因曾任检校工部员外郎，故又称杜工部，祖籍襄阳（今属湖北），生于河南巩县（今属河南）。我国唐代伟大的现实主义诗人，与李白并称“大李杜”，人称“诗圣”。

《杜工部集》，又称《杜少陵集》，是杜甫的诗文集。集中现存诗1400余首，文30余篇。内容广泛而真实地反映了唐王朝自盛而衰的种种社会现实。如《兵车行》、《北征》、“三吏”、“三别”等诸多诗篇，对战争造成民生艰难、黑暗的政治造成的社会动乱作出了深刻的抨击，同时也表达了对下层百姓的深切同情，诗歌中始终流露出忧国忧民的思想，许多诗句如“朱门酒肉臭，路有冻死骨”等均成为千古流传的名句。

杜甫的诗歌立足于忠厚，其风格雄浑高古，自成一家，标志着中国古典诗歌现实主义的最高峰。

《白氏长庆集》

白居易（772年—846年），字乐天，号香山居士，祖籍太原，晚年官至太子少傅，谥号文，世称白傅、白文公。他是晚唐时期著名诗人，在文学上积极倡导“新乐府运动”，主张“文章合为时而著，诗歌合为事而作”。

唐穆宗长庆四年（824年），元稹将白居易的诗文编定为50卷，命名为《白氏长庆集》，后改名为《白氏文集》，共收诗文3800多篇，成75卷，抄写5部。后经唐末兵火战乱，抄本散乱，又经辗转刻写，已非原貌。现存最早的《白氏文集》，是南宋绍兴年间刻本，仅71卷，收诗文3600多篇。白居易曾将自己的诗歌分为讽喻、闲适、感伤、杂律四类，他最为重视的是讽喻诗，也以讽喻诗最为著名，语言通俗易懂，被称为“老妪能解”。长篇叙事诗《长恨歌》、《琵琶行》则代表了他艺术上的最高成就。

《李义山诗集》

李商隐（813年—858年），字义山，号玉谿生，怀州河内（今河南沁阳）

人，晚唐最杰出的诗人，与杜牧并称“小李杜”，与温庭筠并称“温李”。

《李义山诗集》是李商隐的作品集。李商隐的诗歌存世有600首左右，其中大部分诗篇直面社会，触及时政，揭露了牛、李党争、社会腐败和民众疾苦，具有较强的现实主义精神。著名的有《隋师东》、《寿安公主出降》等。此外，李商隐的咏史诗成就颇高，此类诗篇通常是以史为鉴，评说当世，如《汉宫》、《贾生》、《骊山有感》即为代表作。李商隐的无题诗尤其受到后人的重视。这类诗歌多为描述爱情相思之作，立意高妙，情致婉转，声调和丽，辞藻华美，读来荡气回肠。无题诗应自有其寓意，但由于意旨过于幽深隐晦，致使后世解诗者异说纷纭。无题诗是中国诗歌史上独具一格的创新之作，后人给予了很高的评价。

《花间集》

《花间集》，晚唐五代词选集。共10卷，选录唐末五代词500首。编者赵崇祚，字弘基，生平事迹不详。据欧阳炯为其作的序文可知，此集成书于后蜀广政三年（940年），其时赵崇祚为卫尉少卿。《花间集》一直被认为是最早的词选集，直至1900年敦煌石室藏《云谣集》被发现。

花间派，是中国第一个词派。《花间集》内容上虽不尽完善，在词史上却具有里程碑意义，它标志着词体已在文坛正式诞生，与诗歌相比肩了。《花间集》典型而又集中地反映了我国早期文人词创作的主体取向、审美情趣、风格面貌以及艺术成就，体现了早期词由民间状态逐渐向文人创作转换并发展的全过程。《花间词》规范了“词”的文学体裁以及美学特征，最终确立其文学地位，并对后期宋、元、明、清文人的词创作产生了深远影响。

《古文苑》

《古文苑》，中国古代诗文总集。编者不详。相传为唐人旧藏本，北宋孙洙（1032年—1080年）于佛寺经龛中得之。

《古文苑》中所录诗文，均是史传与《文选》所未载录的。南宋淳熙六年（1179年）韩元吉（1118年—1190年）将其整理为9卷。绍定五年（1232年）章樵又加增订，并加注释，重分为21卷。录周代至南朝齐代诗文260余篇，分为20类。虽编录未为精核，然而唐之前一些散佚之文得以赖此书流传。现行刻本分两个系统：一种为宋淳熙9卷本，有清嘉庆十四年（1809年）孙氏仿刻本等，二为章樵21卷本，有明成化十八年（1482年）张世用刻本等。近代有《四部丛刊》影印宋刻本、《万有文库》影印《守山阁丛书》本。清代孙星衍（1753年—1818年）又辑金石、传记、地志和类书中的遗文，自周迄元，编为20卷，名《续古文苑》。

《苏东坡集》

苏轼（1037年—1101年），字子瞻，号东坡居士，眉州（今四川眉山）人，北宋著名文学家、书画家、散文家、诗人、词人。其父苏洵、其弟苏辙，都是北宋著名的文学家，三人并称“三苏”，均被后人列入“唐宋八大家”。

《苏东坡集》，又名《苏文忠公全集》、《东坡七集》。苏轼一生仕途不得志，但在文学上却取得巨大成功，成为继欧阳修之后北宋文坛的领军人物。他在文学上主张“有为而作”、“有补于国”，提倡平易自然的文风。其散文作品无论何种体裁，均议论风生，恣意纵横，且文理自由，透彻明晰，代表了北宋古文运动的最高成就。代表作有《六国论》、《留侯论》、《韩非论》、《晁错论》等历史散文，以及《喜雨亭记》、《超然亭记》、《放鹤亭记》、《石钟山记》等游记。前、后《赤壁赋》，表达了深刻的人生哲理，堪称古今名篇；《念奴娇·赤壁怀古》中的“大江东去，浪淘尽千古风流人物”等句，已成为文学史上的传世经典。

《乐府诗集》

郭茂倩（1041年—1099年），字德粲，郓州须城（今山东东平）人，宋朝人，编有《乐府诗集》百卷传世，以解题考据精博，为历代学术界所重视。

“乐府”，本是掌管音乐的机关名称，汉武帝时初设，南北朝也有设置。其具体任务是制作乐谱，收集歌词和训练音乐人才。后来人们将乐府机关采集的诗篇称为乐府。郭茂倩的《乐府诗集》现存100卷，主要辑录汉魏到唐、五代的乐府歌辞兼及先秦至唐末的歌谣，共5000多首。诗集将乐府诗分为郊庙歌辞、燕射歌辞等12大类；其下又分若干小类，如《横吹曲辞》又分汉横吹曲、梁鼓角横吹曲等类。它搜集广泛，各类有总序，每曲有题解。

《乐府诗集》所收诗歌，多数是文人用乐府旧题所作的诗歌。在现存诗歌总集中，它是成书较早、收集历代各种乐府诗最为完备的一部重要总籍。

◎《木兰诗》

《木兰诗》是我国南北朝时期北方的一首长篇叙事民歌。这首诗产生于民间，在长期流传过程中，有经后代文人润色的痕迹，但基本上还是保存了民歌易记易诵的特色。宋代被编入郭茂倩的《乐府诗集》，在中国文学史上与南朝的《孔雀东南飞》并称“乐府双璧”。诗歌记述了木兰女扮男装代父从军，同男儿一样征战沙场十二年，最后凯旋回朝，建功受封，辞官还家的故事，充满了传奇色彩。诗歌中塑造了木兰这一不朽的人物形象，赞扬了她勤劳善良又坚毅勇敢，淳厚质朴又机敏活泼，爱国爱家的高尚品质。一千多年来，木兰代父从军的故事在我国家喻户晓，木兰的形象一直深受人们喜爱。

《漱玉词》

李清照（1084年—约1151年），号易安居士，齐州章丘（今属山东）人，南宋杰出女词人。历史上，李清照与济南历城人辛弃疾并称“济南二安”，出生于仕宦家庭，其父李格非为当时著名学者，夫赵明诚为金石考据家。

李清照著有《易安居士文集》、《易安词》，已散佚，《漱玉词》是后人辑录其作品而成。李清照早期生活优裕安定，与丈夫共同致力于书画金石的搜集整理，词作多写悠闲生活，词风清丽婉转，如《醉花荫》、《如梦令》等。后其遭遇“靖康之变”，金兵入据中原，随宋室避乱江南，赵明诚病死，陷入孤苦境遇，此间所作词多悲叹身世，情调感伤，有些流露出对中原的思念，如《念奴娇》、《声声慢》等。

李清照的词在群芳争艳的宋代词苑中独树一帜，人称“易安体”，成为中华民族文学史上的一座丰碑。

《唐诗三百首》

蘅塘退士（1711年—1778年），原名孙洙，字临西，晚号退士，江苏无锡人。乾隆二十八年（1689年）春，孙洙与他的继室夫人徐兰英相互商榷，开始选编《唐诗三百首》。选编这本书的初衷是有感于《千家诗》标准不严，体裁不备，体例不一，希望重新选编一本合适的、流传不废的家塾课本。

唐诗在中国文学史上影响极为深远，历朝历代的文人均视唐诗为圭臬，奉唐人为典范。历朝历代唐诗选本众多，其中以《唐诗三百首》影响最大、流传最广，老幼皆宜，雅俗共赏，成为屡印不止的最经典的选本之一。《唐诗三百首》共选入唐代诗人77位，计310首诗，数量适中，内容题材丰富多样，体裁五、七言古风律诗、绝句俱全。《唐诗三百首》自编成以来，迅速成为最成功的儿童启蒙教材和了解中国文化的模范读本，对中国诗歌选编学以及国人的心理构成都有很重要的影响。

《女神》

郭沫若（1892年—1978年），原名郭开贞，字鼎堂，号尚武，沫若是其笔名，四川乐山人，中国现代著名的文学家、诗人、剧作家、考古学家、思想家、古文字学家和著名的革命活动家。

郭沫若的诗歌代表作《女神》是中国现代新诗的奠基作品，出版于1921年8月，全诗共三辑，以第三辑尤为重要，他的很多代表诗篇皆出于此，如《凤凰涅槃》、《天狗》、《炉中煤》、《匪徒颂》等。《女神》中所表达的思想内容，首先是“五四”时期改造旧世界、冲击封建藩篱的要求。主人公是一个追求个性解放的叛逆者，要求挣脱一切封建枷锁，对破坏者进行歌唱。其次歌唱太阳、光明、希望，处处洋溢着积极进取的精神，表达了对祖国深沉的热爱和对美好未来的憧憬。

《女神》在艺术上取得了新诗最辉煌的成就，它具有无以伦比的浪漫主义色彩，是“五四”时期浪漫主义的瑰丽奇峰。

《徐志摩诗全集》

徐志摩（1897年—1931年），名章垿，字志摩，笔名南湖、云中鹤等，浙江海宁人，现代诗人、散文家。1921年，徐志摩赴英留学，深受西方教育的熏陶及欧美浪漫主义和唯美派诗人的影响，并开始创作新诗，著有诗集《志摩的诗》、《翡冷翠的一夜》、《猛虎集》、《云游》，另有多部散文集、戏剧、日记、译著等作品。

徐志摩各个时期的代表诗作已编为《徐志摩诗全集》出版，全集中包括《草上的露珠儿》、《明星与夜蛾》、《望月》等，其中《再别康桥》是一首脍炙人口的抒情诗。徐志摩的诗字句清新，韵律谐和，运用丰富的想象力和新奇的比喻技巧，刻画出神思飘逸、富于变化的优美意境。他追求艺术形式的华美和整饬，艺术个性非常鲜明，为新月派的代表诗人。他的散文也自成一格，其成就不亚于诗歌。

《死水》

闻一多（1899年—1946年），原名闻家骅，号友三，生于湖北浠水，我国现代著名的诗人、学者和民主战士。他创作的诗集主要有《红烛》、《死水》两部。

《死水》是最能代表闻一多思想、艺术风格的诗作。诗集《死水》中收辑的作品无论从思想性还是艺术性方面，相比于《红烛》集中的作品都有明显的提高。其中《发现》、《一句话》、《死水》等诗篇，有的悲痛、有的激愤、有的豪迈热烈，均抒发了诗人对祖国命运的深切忧虑与关切，表达出强烈的爱国热情。闻一多的诗歌创作追求艺术构思上的严谨奇特，这使得他的作品大多富有浪漫幻想的气息和火山爆发式的激情，灵活运用了各种修辞方法。

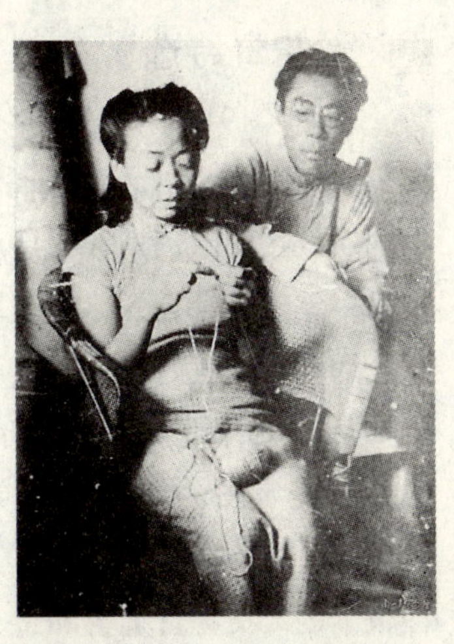

● 闻一多和妻子的生活照

闻一多在我国新诗创作理论建设上也取得了很

高成就，他有感于“五四”以来新诗过于自由散漫，因此提倡一种新格律诗，该理论被后人称为现代诗学的奠基石。

◎ 七子之歌

20世纪20年代前期，刚刚走出清华大学校门的闻一多远赴美国留学。独居异国期间，闻一多对祖国和家乡产生了深深的眷恋，在西方“文明”社会中亲身体会到种族歧视的屈辱，更激起了他强烈的民族自尊心。正是在这样的背景下，闻一多写下了《七子之歌》等多篇爱国思乡之作。其中，《七子之歌》是一首组诗，“七子”是指当时被列强霸占的七块土地，分别是澳门、香港、台湾、威海卫、广州湾、九龙、旅大（旅顺、大连）。我们常听的《七子之歌·澳门》，仅仅是七首之中的第一首。

《繁星》

冰心（1900年—1999年），原名谢婉莹，笔名冰心女士、男士等，原籍福建长乐，现当代女作家、儿童文学作家。1919年，冰心发表了第一篇小说《两个家庭》，首次使用了“冰心”这个笔名，之后相继发表了《斯人独憔悴》、《去国》等探索人生的“问题小说”。由于受泰戈尔《飞鸟集》的影响，冰心开始写作无标题的自由体小诗，结集为《繁星》和《春水》出版，人称“春水体”。

《繁星》是诗集，由164首小诗组成，这些小诗晶莹清丽、轻柔隽逸，体现了女性特有的纤柔情感心理。在这部诗集中，冰心不断唱出爱的赞歌：歌颂大自然、歌颂童心、歌颂母爱、歌颂人类之爱，尤其歌颂了母爱和童年时代所熟悉的大海。

《繁星》中的很多诗都蕴涵着深刻的哲理，并且文字轻柔雅丽，韵律自然天成，意境优美清丽。

《艾青诗选》

艾青（1910年—1996年），原名蒋海澄，号海澄，曾用笔名莪加、克阿、林壁等，浙江金华人，中国现代诗人。1929年，艾青赴法国勤工俭学，在学习绘画的同时，接触欧洲现代派诗歌，深受比利时诗人凡而哈仑的影响。1932年艾青创作第一首诗《会合》，在上海期间被捕，狱中翻译凡尔哈仑的诗作并创作了名篇《大堰河——我的保姆》，该诗感情真挚，诗风清新，轰动了诗坛。

从1936年起到新中国成立后，艾青出版了多达20余部的诗集，有《欢呼集》、《宝石的红星》、《海岬上》、《春天》、《归来的歌》、《彩色的诗》、《域外集》、《雪莲》、《艾青叙事诗选》、《艾青抒情诗选》，以及数种版本的《艾青诗选》和《艾青全集》等，还著有论文集《诗论》、《新文艺论集》、《艾青谈诗》，以及散文集和译诗集各一本。他的作品被译成十余种文字在国外出版。1985年，艾青获法国文学艺术最高勋章。其诗作《北方》、《我爱这土地》、《大堰河——我的保姆》被选入中学语文教材。

《荷马史诗》

荷马（约前9—前8世纪），生平事迹不可考，古希腊最著名和最伟大的诗人。相传盲人荷马将民间口头传说的公元前12至前11世纪的特洛伊战争以及有关海上冒险故事，进行了不断的补充和修改，最后加工整理成《荷马史诗》。公元前6世纪中叶，第一次形成文字被记录下来。

《荷马史诗》是两部长篇叙事史诗《伊利亚特》和《奥德赛》的统称。《伊利亚特》讲述的是特洛伊战争进行到第十个年头的一个片段，全诗分为24卷，共15963行。《奥德赛》讲述了在特洛伊战争结束后伊塔卡国王奥德修斯经历十年漂泊，终于重返家园的故事，共24卷，12110行。

《荷马史诗》是早期英雄时代的全景记录，也是艺术上的绝妙之作，它展现了整个希腊及四周的汪洋大海的自由情景，并为日后希腊人的道德观念（进而演进为整个西方社会的道德观念）的形成立下了典范，成为“希腊的圣经”。

《罗兰之歌》

《罗兰之歌》，法国英雄史诗，中世纪以帝王将相武功为内容的叙事诗的代表作品，起初都是吟游诗人在深宅大院、通衢大道吟唱的歌谣，后来才编写成书。该书约写于11世纪，关于作者，一般认为是法兰西人。

英雄史诗是法国最古老的文学，主要分为帝王系、纪尧姆·德·奥郎日系和敦·德·梅央斯系，《罗兰之歌》是帝王系的主要作品。全诗共分为291节，长4002行，以当时民间语言罗曼语写成。史诗的主要人物之一是罗兰骑士，他的身上集中体现了人民英雄勇敢、无私、热爱祖国等等优秀品质。另一个主要人物是查理大帝，他代表人民心目中理想的君主形象。

整部史诗在艺术上达到了较高的完美，比较典型地反映了中世纪英雄史诗的特点。它与德国的《尼伯龙根之歌》、西班牙的《熙德之歌》，被统称为“中古欧洲的三大英雄史诗”。

《鲁拜集》

欧马尔·海亚姆（1048年—1122年），全名阿普尔·法塔赫·欧马尔·本·易卜拉辛·海亚姆·内沙浦里，波斯大诗人、数学家和天文学家。他做过宫廷御医，著有《代数学》等著作，还于1079年修订波斯历法，制成哲拉里历，这个历法比现今通行的格列高利历更为精确。

欧马尔·海亚姆的著作《鲁拜集》（意译为“四行诗”），传世的共有101首诗，曾风靡全球。诗的内容否定来世和宗教信条，谴责了僧侣的伪善。《鲁拜集》的诗体形式为一首四行，第一、二、四行押韵，第三行大多不押韵，和我国的绝句相类似。近代全世界的知名学者均把它列为世界上必读的50本书籍中信仰类之首本，并批注其为“信仰的归宿，灵魂的良药”。

《神曲》

但丁（1265年—1321年），意大利中世纪的政治思想家、修辞学家、哲学家，意大利文艺复兴的先驱，也是世界上最伟大的诗人和作家之一。在西方文学史上，但丁享有同荷马、歌德、莎士比亚齐名的美誉，被恩格斯赞誉为“中世纪最后一位诗人，又是新世纪最初一位诗人”。

但丁的旷世之作《神曲》，代表了中世纪文学的最高成就。《神曲》中叙述的是诗人自己想象中的经历，是一部比较特殊的史诗。诗人采用了中世纪流行的梦幻文学形式，分“地狱”、“炼狱”和“天堂”三个部分展开了故事的叙述。每部由33首“歌”组成，加上全书的序曲，总共有百余首歌之多，计14000多行。

《神曲》是一部奇书，书中运用大量象征和比喻，以及层出不穷的典故，内容博大精深，可谓是一部中世纪的百科全书，在世界文学史上占据承上启下、继往开来的地位。

《草叶集》

瓦尔特·惠特曼（1819年—1892年），美国历史上最伟大的诗人之一。

《草叶集》是惠特曼一生中唯一的一部诗集，它代表了美国浪漫主义文学的高峰，是世界文学宝库中的精品。从1855年初版的12首诗发展到1891年至1892年“临终版”第九版的401首，记录着诗人一生的思想和探索历程，也反映出他的时代和国家的面貌。惠特曼的创作不是为了附和宗教与现行制度，也不屑于附庸上流社会的琐碎风雅，他歌颂的对象都是社会底层的普通劳动者。惠特曼在诗中站在激进的资产阶级民主主义立场上，讴歌美国这块“民主的大地”，对美国的前途充满了信心，是一位真正的民族诗人。

《草叶集》包含了丰富而深刻的思想内容，充分反映了19世纪中期美国的时代精神，是惠特曼一生创作的总汇，也是美国诗歌史上一座灿烂的里程碑。

《恶之花》

夏尔·皮埃尔·波德莱尔（1821年—1867年），法国19世纪最著名的现代派诗人，象征派诗歌先驱。

波德莱尔的诗集《恶之花》，奠定了其在法国文学史上的重要地位。这部诗集在1857年首次问世时，仅收录100首诗。1861年再版时，增加了29首，之后多次重版，不断有所增益。该诗集曾一度被认为是淫秽读物，其中有6首诗被当时政府禁行并处以罚款，此事对波德莱尔震撼颇大。诗集《恶之花》从题材上看，揭露生活的阴暗面，歌唱丑恶事物，似乎愤世嫉俗，对现实生活采取厌倦和逃避的态度，而实质上是对现实生活进行着绝望的反抗。波德莱尔认为应该写丑，从中“发掘恶中之美”，表现“恶中的精神骚动”。

波德莱尔破除了千百年来的善恶观，以独特的视角来观察恶，认为它既有邪恶的一面，又散发着一种特殊的美。他的诗是对资产阶级传统美学观点的冲击和创新，这种美学观点，成为20世纪现代派文学遵循的原则之一。

《使徒》

裴多菲·山陀尔（1823年—1849年），匈牙利伟大的革命诗人，也是匈牙利民族文学的奠基人，资产阶级革命民主主义者。裴多菲的主要文学贡献是在诗歌尤其是抒情诗歌创作方面，除此之外，还写有政论、戏剧、小说和散文等。鲁迅十分推崇裴多菲，欧洲一些文艺评论家称赞他是“马扎尔的抒情诗王”。

裴多菲一生写了8部叙事长诗和约1000首抒情诗，长诗中最著名的有《使徒》和《雅诺什勇士》（一译《勇敢的约翰》），对匈牙利文学的发展影响深远。《使徒》写于1848年，是一部带有政纲性的、总结性的长诗，也是诗人民主革命思想发展到高峰的标志。诗中的主人公希勒万斯特是匈牙利文学史上第一个资产阶级革命者的形象。

裴多菲的革命斗争精神受到马克思、恩格斯的深度关切与赞扬，他的诗作也为全世界被压迫民族留下了极为宝贵的文学遗产。

《吉檀迦利》

罗宾德拉纳德·泰戈尔（1861年—1941年），享誉世界的印度杰出诗人、小说家、戏剧家。他的文学创作生涯长达六十年，共创作了50多部诗集，12部中、长篇小说，100多篇短篇小说，20多个剧本，此外，还写有大量关于文学、语言、宗教、哲学、历史、政治等方面的论著，奠定了印度近代文学的基础，也为整个东方文学赢得了广泛的世界声誉。

● 泰戈尔与甘地

《吉檀迦利》在印度语中是“献诗”的意思，它由103首诗歌组成，是泰戈尔中期诗歌创作的高峰，也是最能代表他思想观念和艺术风格的作品，于1913年获得诺贝尔文学奖，泰戈尔也成为获得此奖项的第一个亚洲人。这部宗教抒情诗集风格清新自然，带着泥土的芬芳，是一份“奉献给神的祭品”。作品不仅表现了诗人对神的虔诚，也反映了自己希望通过与神交流达到认识人生的目的。

《吉檀迦利》对20世纪文坛产生深远而广泛的影响，全世界都被其优美的旋律、柔和的色彩所折服。

《飞鸟集》

《飞鸟集》是一部富有哲理的英文格言诗集，是泰戈尔的代表作之一，也是世界上最杰出的诗集之一，创作于1913年，初版于1916年完成。诗集中收录了325首清丽的小诗，其中一部分是由诗人翻译自己的孟加拉文格言诗集《碎玉集》，另一部分则是诗人1916年造访日本时的即兴之作，大多只有一两行，篇幅简短，但是充满了深刻的智慧。这部思绪点点的散文诗集，内容包罗万象，涉及范围广泛：白昼和黑夜、溪流和海洋、自由和背叛，均在泰戈尔的笔下合二为一。然而，就是在这种对自然、对人生的点点思绪的抒发之中，诗人以抒情的笔触，写下了对自然、宇宙和人生的哲理思索，引领世人探寻真理和智慧的源泉。

自从《飞鸟集》出版之后，中国诗坛上一种表现随感的短诗就流行了起来，如冰心作的《繁星》、《春水》等便是受其影响。

◎《飞鸟集》经典名句

天空没有翅膀的痕迹，而我已飞过。

使生如夏花之绚烂，死如秋叶之静美。

人是一个初生的孩子，他的力量，就是生长的力量。

如果你因失去了太阳而流泪，那么你也将失去群星了。

世界上最远的距离，不是生与死的距离，而是我站在你面前，你不知道我爱你。

我的心把她的波浪在世界的海岸上冲激着，以热泪在上边写着她的题记：“我爱你。”

我说不出这心为什么那样默默地颓丧着。是为了它那不曾要求，不曾知道，不曾记得的小小的需要。

《先知》

纪·哈里尔·纪伯伦（1883年—1931年），黎巴嫩诗人、作家、画家，阿拉伯现代小说、艺术和散文的主要奠基人，20世纪阿拉伯新文学道路的开拓者之一，被称为“艺术天才”、“黎巴嫩文坛骄子”。以纪伯伦为中坚形成的阿拉伯第一个文学流派——叙美派（即“阿拉伯侨民文学”），全球闻名。纪伯伦著有散文诗集《泪与笑》、《先知》、《沙与沫》等。

1923年，纪伯伦发表了散文诗《先知》，这部杰作在西方已成为销量仅次于《圣经》的经典。纪伯伦是阿拉伯近代文学史上第一个使用散文体裁的作家，《先知》被公认为是他的“顶峰之作”。文中的主人公是一位即将乘舟回归东方故园的智者，他在临别赠言中，论述了爱与美、生与死、罪与罚、婚姻与家庭、法律与自由等一系列社会人生问题。

纪伯伦的东方智慧，体现出高尚情操和光明理想，又饱含神秘超脱和积极进取的双重色彩，令西方人感到新奇和炫目，无疑是其为人类贡献的宝贵精神财富。

戏剧

戏剧作为人类文化的一个组成部分，与其他文化成分的联系十分紧密。无论是欧洲的戏剧，还是东方国家的民族戏剧，其起源都可以追溯自古代的祭祀性歌舞。现在，在世界范围内得以保存下来的戏剧文化体系有三种：古希腊罗马的古典戏剧（悲喜剧），古印度的梵剧和中国的戏曲。这三种戏剧和日本的能剧并称为“四大样式”。

《窦娥冤》

关汉卿（约1220年—约1300年），号已斋叟，大都（今北京）人（一说河北、山西人），元代著名的杂剧作家。

《窦娥冤》，全名《感天动地窦娥冤》，是中国十大悲剧之一的传统剧目，为关汉卿所作。题材源于《汉书·于定国传》和干宝《搜神记》中的《东海孝妇》，主要描写的是幼女窦娥被卖给蔡婆家为童养媳，丈夫夭亡后，窦娥被无赖诬陷，又被官府错判斩刑的冤屈故事。

窦娥的悲剧，是封建时代社会现实的真实写照。关汉卿通过窦娥形象，强烈地抒发了长期受压迫的人民群众的无可诉告的反抗情怀，具有震撼人心的艺术魅力，盛演不衰。《窦娥冤》是一出具有较高文化价值、广泛群众基础的名剧，据统计，我国约86个剧种上演过此剧。

《救风尘》

《救风尘》，全名《赵盼儿风月救风尘》，杂剧剧本，是一部杰出的现实主义古典喜剧，关汉卿著。此书描写的是恶棍周舍骗娶了年轻不懂事的妓女宋引章后又加以虐待，宋引章的结义姐妹赵盼儿见义勇为，设计将宋引章搭救出的故事。故事的结局是周舍受到杖刑责罚，宋引章与安秀才结为夫妇。

剧本反映了当时社会下层妇女辛酸而悲惨的命运，歌颂了赵盼儿聪明、机智、见义勇为、患难相助的可贵精神。赵盼儿这一侠义形象的塑造，不仅对当时下层人民的斗争是一个鼓舞，而且在我国文学史上也有很高的美学价值。王国维曾评价此剧说："布置结构，亦极意匠惨淡之致，宁较后世之传奇，有优无劣也。"（《宋元戏曲史》）《救风尘》一剧，迄今还保持着不朽的舞台生命力。解放后，不少地方剧种改编上演过这个剧目，如：昆剧、越剧的《救风尘》，评剧、川剧的《赵盼儿》等。

《墙头马上》

白朴（1226年—1295年），字仁甫，一字太素，号兰谷，山西河曲县人，元代著名的文学家、杂剧家，元曲四大家之一。

《墙头马上》，全名《裴少俊墙头马上》，是白朴最出色的作品，与关汉卿的《拜月亭》、王实甫的《西厢记》、郑光祖的《倩女离魂》合称为"元代四大爱情剧"。故事主要写的是尚书裴行检之子裴少俊，奉唐高宗命由长安去洛阳买花时，遇见洛阳总管李世杰的女儿李千金，私定了终身。两人共同生活了七年，育有一子一女，不想被裴行检发现，逼迫少俊休妻。后来裴行检得知了李千金是他旧交李世杰的女儿，夫妇二人言归于好，重返裴家。

这个故事揭露了封建社会的卫道者，歌颂了李千金大胆追求婚姻自由的勇气，塑造了一个敢于反抗封建礼教的妇女形象，对封建婚姻制度进行了有力的鞭挞。

《汉宫秋》

马致远（约1250年—约1324年），号东篱，一说字千里，大都（今北京）人，元代戏曲作家，散曲家。

《汉宫秋》全名《破幽梦孤雁汉宫秋》，元代杂剧作品。本剧取材于王昭君出塞的历史故事，但情节改动很大。昭君出塞的故事，从西汉到元初，经历了一个演变过程。它最早见于《汉书·元帝纪》和《匈奴传》。《汉宫秋》主要写的是西汉元帝受匈奴威胁，被迫送爱妃王昭君出塞和亲。全剧四折一楔子，以汉元帝和王昭君的爱情为主线，同时揭露了汉朝君臣的昏庸和无能，塑造了王昭君这一爱国者的形象。这一形象成为后来戏曲中汉明妃的定型。

马致远创作《汉宫秋》，对历史有吸收、有改造，并作了大胆的超越。他抓住古与今的契合点，使之既符合艺术规律，又实现借古讽今的目的，成为一部富有现实意义的历史悲剧。《汉宫秋》曾被译成英、法、德、日等文字，流传海外。

《西厢记》

王实甫（1260年—1336年），字德信，大都（今北京）人，元代著名杂剧作家。他一生写作了14种剧本，《西厢记》是他的代表作，被誉为“西厢记天下夺魁”。

《西厢记》，全名《崔莺莺待月西厢记》，大约写于元贞、大德年间（1295年—1307年）。在人物形象上，作者浓笔重塑了张生、莺莺、红娘等性格鲜明的形象，而塑造得最为成功的是“红娘”这一形象，历来家传户喻，受到人们的广泛称赞。

《西厢记》对戏曲发展史影响深远，明代李日华将其改编成南曲《西厢记》，清后昆曲、京剧等地方戏都有演出。《西厢记》对后世创作也产生深远影响，汤显祖的《牡丹亭》和曹雪芹的《红楼梦》都受其影响。历代文人对《西厢记》也甚是青睐，现传明、清刻本不下百种，为古典剧作之冠。《西厢记》于拉丁文、英文、法文、德文、俄文、意大利文、日文等均有译本，影响遍布全球。

《琵琶记》

高明（约1307年—约1359年），字则诚，自号菜根道人，浙江瑞安人，元代戏曲家。

《琵琶记》是中国元代南戏作品，高明撰，根据民间长期流传的《赵贞女蔡二郎》的故事改编而成，共42出。戏中主人公书生蔡伯喈新婚不久便赴京应试，得中状元，被牛丞相招赘。蔡伯喈的原配赵五娘，在家侍奉公婆，尽心尽力，不想连年荒旱，公婆相继饿死，她只好身背琵琶，沿途乞讨进京寻夫。高明的《琵琶记》对原故事作出改动，将蔡伯喈塑造成孝义两全的正面形象。二人重聚后，一夫二妇归家服丧三年，全剧以一门旌表作结。

《琵琶记》成为南戏创作的范本，获得“曲祖”（魏良辅《曲律》）、“南曲之宗”（黄图珌《看山阁集闲笔》）的称誉，对后世的戏剧创作产生了深远的影响。《琵琶记》在中国戏曲史上长期被视为上乘佳作，并流传海外，被译成法、英、德、日等多种文字，影响很大。

《赵氏孤儿》

纪君祥（生卒年不详），生平事迹不详，元代戏曲家，作有杂剧六种，现仅存《赵氏孤儿》。

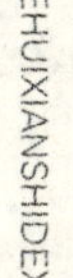

《赵氏孤儿》，全名《冤报冤赵氏孤儿》，又作《赵氏孤儿大报仇》，取材于《史记·赵世家》、汉代刘向《新序节·士篇》、《说苑·复思》等书。晋灵公昏庸，上卿赵盾遭大将军屠岸贾的诬害。赵盾的妻子庄姬公主避入宫中，生有一子。程婴用亲生儿子作替换，保全了赵氏孤儿，许多人也都为此献出生命。二十年后，孤儿成人，程婴将赵家冤案始末绘成图卷对他讲说，孤儿决意擒杀屠岸贾报仇。全剧慷慨悲歌，气氛炽烈，悲壮感人，诚挚歌颂了拯救无辜的正义精神，表现了一种壮烈的自我牺牲的情怀。

清代各种地方戏均改编《赵氏孤儿》演出，以京剧、秦腔影响较大。《赵氏孤儿》成为传入欧洲的第一部中国戏剧，1735年被译成法文本，德国诗人歌德将其改编为《埃尔佩诺》，意大利作家P.梅塔斯塔齐奥改编时题为《中国英雄》。

《看钱奴》

郑廷玉（生卒年不详），彰德（今河南安阳）人，元代戏曲作家。

《看钱奴》全名《看钱奴冤家债主》，简名又作《冤家债主》，是我国现存的第一部讽刺喜剧，全剧共四折一楔子。本剧取材于晋干宝《搜神记》中“张车子”故事，但有不少加工创造。剧中写了贫民贾仁偶得周荣祖的祖财而暴富，后又廉价买得周荣祖之子为养子，最后钱财重归周家的故事。剧中用夸张而又有生活气息的细节描写，刻画守财奴贾仁悭吝刻薄的性格，生动深刻，入木三分，具有典型意义，历来为人称道。此剧虽然宣扬了贫富在天、因果报应等封建道德和宗教迷信的说教，但对社会丑恶的批判讽刺却是辛辣的、深刻的，淋漓尽致地刻画了贾仁这个“看钱奴”的嘴脸。

《看钱奴》流传版本有：《元刻古今杂剧三十种》本、《元曲选》癸集本、《元人杂剧全集》本等。

《长生殿》

洪昇（1645年—1704年），字昉思，号稗畦，又号稗村、南屏樵者，钱塘（今浙江杭州）人，清代戏曲作家、诗人。他与孔尚任齐名，有“南洪北孔”之美称。

清末茶楼演出《长生殿》（吴友如绘）

《长生殿》是洪昇花费毕生精力，历经十余年，三易其稿才创作完成的。剧本取材自唐代诗人白居易的长诗《长恨歌》和元代剧作家白朴的剧作《梧桐雨》。故事讲诉了唐玄宗和贵妃杨玉环之间的爱情故事，但他在原来题材的基础上加以发挥，演绎出两个重要的主题，一是极大地增加了当时的社会与政治方面的内容；二是改造和充实了爱情故事。在艺术手法上，用人间与天上、现实与虚幻交错的戏曲艺术手法，将这对帝妃之间的恋情描绘得出神入化、凄婉动人。

《长生殿》一经问世，便成为剧坛竞相传抄和演出的剧目，同时以其宏大深刻的主题和独特的艺术魅力，成为中华民族歌颂爱情的古典文学杰作。

◎ 新剧风靡京城

《西厢记》、《牡丹亭》、《长生殿》、《桃花扇》，被公认为中国古代四大戏剧。其中描写唐明皇与杨贵妃爱情故事的《长生殿》，是洪在康熙二十七年（1688年）完成的，洪三易其稿，“专写钗盒情缘，以《长生殿》题名”。在此之前，洪在戏曲界已颇有声名，这部《长生殿》又是他呕心沥血之作，因此新剧一出，立刻风靡京城。戏剧艺人争相搬演，前来观剧的人多如蜂蚁，朱门绮席，酒社歌楼，无一不奏此曲以示追捧。《长生殿》与《桃花扇》并称为清初“剧坛双璧”。

《桃花扇》

孔尚任（1648年—1718年），字聘之，又字季重，号东塘，别号岸堂，自称云亭山人，山东曲阜人，孔子六十四代孙，清初诗人、戏曲作家。

《桃花扇》是孔尚任经十余年苦心编著，三易其稿而写出的一部传奇剧本作品，在清康熙三十八年（1699年）完成，数百年来一直受到好评。此剧共有40出，舞台上常演的有《访翠》、《寄扇》、《沉江》等几折。故事的背景发生在明代末年，通过对男女主人公侯方域（朝宗）和李香君的爱情故事的描写，反映了南明灭亡的历史，表现了丰富复杂的社会历史内容。

孔尚任创作《桃花扇》之时，正值清初考据学最为盛行时期，这影响了作者忠于历史的态度。但它并不是一部历史书籍，剧中加入故事情节和人物感情刻画，从深度和广度反映现实，具有高超的艺术表现力，是一部对后世影响很深的优秀历史剧。

《雷峰塔》

方成培，约生于清雍正年间，卒年不详，字仰松，号岫云词逸，徽州（今安徽歙县）人，清代戏曲家。

《雷峰塔》是方成培的传奇作品。方成培将当时流传于民间的《雷峰塔》传奇梨园演出本，删改重编成一出完美的爱情悲剧。此本在乾隆三十六年（1771年）刻版刊行。《雷峰塔》以白娘子和许仙之间的爱情波折为主线，揭示了深刻的社会矛盾。白娘子本是蛇精，却善良多情，她不受世俗的束缚，大胆追求爱情，但她的所作所为违反和破坏了封建统治秩序。因此，以法海为首的一系列社会和神权势力把她视为“妖邪”，必欲将其置之死地而后快。双方的斗争以白娘子的失败而告终。

方成培在《雷峰塔》中塑造了白娘子这个具有美好品质和叛逆精神的悲剧形象，反映了人民的愿望，符合广大观众的审美趋向，在几百年里流传广泛，成为舞台演出的经典版本，也是源源不断的改编的模本，成为中国古典十大悲剧之一。

《茶馆》

《茶馆》是一部非常著名的话剧，剧作者是中国现代著名文学家老舍。

《茶馆》创作于1956年，共三幕，每幕戏都取同一个场景，即旧北京城一家叫做“裕泰”的茶馆。作者调用了自己对于旧中国社会生活极为厚实的观察和积累，在这部不足五万字的话剧中，运用独特的艺术手法，将三个历史时期的中国社会变迁状况，用话剧的形式生动地表现了出来。话剧中共有70多个人物，其中50个是有姓名或绰号的，这些人物的身份差异巨大，三教九流中形形色色的人物在茶馆中汇聚，构成了一个完整的“社会”层次，也暴露出那个时代的病态现实。

话剧《茶馆》具有很高的艺术价值，它不仅通过一个茶馆反映了特定历史时期的社会变革，同时也反映出社会变革对茶馆经济和茶馆文化的影响。从20世纪70年代末到现在，北京人艺已重排《茶馆》达500余次，创造了中国话剧史上最受观众喜爱的记录。《茶馆》还深受世界人民的赞赏，被称为“东方舞台上的奇迹”。

《雷雨》

曹禺（1910年—1996年），原名万家宝，祖籍湖北潜江，中国现代杰出的戏剧家。

《雷雨》这部四幕话剧创作于1933年，是当时还在清华大学读书的曹禺的处女作。《雷雨》在短短一天之内集中写了周、鲁两个家庭八个人物间发生的故事，并牵扯了过去的恩恩怨怨，表现了新旧两种思想斗争和阶级矛盾。这种矛盾不仅是伦常的矛盾、阶级的矛盾，还有个体对于环境、时代强烈不谐调的矛盾。剧作在种种剧烈的冲突中完成了人物的塑造，揭示了悲剧的根源。

剧本的情节扣人心弦，语言简练含蓄，人物性格鲜明、各具特色，矛盾集中，戏剧性强。在自然景物、肖像描写方面，《雷雨》特别重视音响和色彩效果，不惜用浓墨重彩表现。同时，还注意对人物的声音、气味、眼睛进行夸张的处理。《雷雨》的人物刻画、结构方式和台词技巧一直为人称道，它奠定了曹禺在中国现代戏剧史上的大师地位，同时也是中国话剧艺术成熟的标志。

《日出》

四幕话剧《日出》也是我国现代杰出戏剧家曹禺的代表作之一，创作于1935年。《日出》以鲜明的时代性和深刻的历史内容在曹禺剧作中居于领衔地位。剧本是以交际花陈白露和乡村教师方达生为中心，以陈白露的客厅和三等妓院为活动场所，塑造了都市群丑和下层被侮辱被剥夺者的形象，将社会各个层面各色人等的生活真实地展现出来。一方面是剥削者、“有余者”贪得无厌，醉生梦死；另一方面是被损害者、“不足者”备受侮辱。双方面的强烈对比，揭露出剥削制度“损不足以奉有余”的本质。

在艺术创作上，作者采用横断面的描写，力求写出社会生活的真实面貌，因而《日出》具有纪实性特点，一切都像生活本身而不像“戏”。《雷雨》和《日出》的发表，促进了大型多幕戏剧以及话剧从“案头剧”向“剧场剧”的发展，是中国话剧创作成熟的标志。

《俄狄浦斯王》

索福克勒斯（约前496年—前406年），雅典著名悲剧作家，与埃斯库罗斯、欧里庇得斯并称古希腊三大悲剧作家。在长达七十年的创作生涯中，他共写出130多部悲剧和滑稽剧。但是其作品流传至今的只有7部，即《埃阿斯》、《俄狄浦斯王》、《安提戈涅》、《厄勒克特拉》、《特拉喀斯少女》、《菲罗克忒忒斯》和《俄狄浦斯在科罗诺斯》。

《俄狄浦斯王》是索福克勒斯的代表作，也是最能反映其创作才能的戏剧作品。它取材于希腊神话传说中关于俄狄浦斯弑父娶母的故事：俄狄浦斯是忒拜王拉伊奥斯的儿子，拉伊奥斯预知儿子会杀父娶母，因此一出生就将他抛弃。但是，俄狄浦斯被科林斯王收养，长大后果真应验了神的预言，俄底浦斯受到了命运的惩罚。

亚里士多德曾对这部戏剧大加赞誉，称之为“十全十美的悲剧”和“戏剧中的典范”，可见其在文学史上的成就。

《美狄亚》

欧里庇得斯（前485年—前406年），古希腊三大悲剧作家之一。据说他共写过92部作品，得过5次奖，流传至今的有18部。

《美狄亚》发表于公元前431年，是欧里庇得斯最有名的作品。美狄亚是这部戏剧中的主人公。在希腊神话中，她是科奇斯岛会施法术的公主，也是太阳神赫利俄斯的后裔。她与来岛上寻找金羊毛的伊阿宋王子一见钟情。不料后来对方移情别恋，美狄亚由爱生恨，将自己亲生儿子杀害以泄私愤，最后酿成了悲剧。她是古往今来最著名的复仇女神，也是所有受背叛、嫉妒所苦的女性的守护神。

该剧直接取材于荷马史诗，经过作者的渲染和突出，反映出当时社会贫富分化的加剧和社会道德的堕落。剧作着重刻画了美狄亚的复仇心理，对妇女的卑微地位和不幸遭遇表示了深切的同情。语言接近口语，擅长描写人物心理，充满了浪漫情调和闹剧气氛，对后代剧作家有很大的影响。

《阿卡奈人》

阿里斯托芬（前446年—前385年），古希腊著名的喜剧作家。他具有强烈的政治倾向，是政治讽刺喜剧的创始人。一生写过44部喜剧作品，被恩格斯称为“喜剧之父”。

《阿卡奈人》是阿里斯托芬第一部成功的喜剧。该剧于公元前425年演出，此时的雅典和斯巴达的内战已经打了六年，本剧的中心思想就是主张和平，反对内战。阿里斯托芬正是从这个思想高度去俯视脚下的现实，才把生活中丑陋的本质挖掘出来，尽情地加以嘲笑，但在嘲笑中反映出阿提刻农民对战乱的无奈以及对和平的渴望。

《阿卡奈人》具有明显的政治作用，它希望能达到扫除雅典公民中的主战心理、号召订立和约的目的。诗人在剧中指出，战争只对政治煽动家和军官有利，于人民有害；他认为战争双方都存在过错，主张各城邦团结友好，发扬马拉松精神，共同对付波斯的侵略。

《沙恭达罗》

迦梨陀娑（约330年—约432年），印度古典梵语诗人、剧作家。他是1956年世界和平理事会号召纪念的十位世界文化名人之一，有“印度的莎士比亚”之称。现存公认属于迦梨陀娑的作品有7部：抒情短诗集《时令之环》，抒情长诗《云使》，叙事诗《鸠摩罗出世》和《罗怙世系》，剧本《摩罗维迦与火友王》、《优哩婆湿》和《沙恭达罗》。

七幕诗剧《沙恭达罗》是迦梨陀娑的代表作。剧中的女主人公沙恭达罗，是一个集自然美、朴质美和青春美于一身的古代理想女性形象。她与行猎途中的国王豆扇陀相爱并结婚。不久豆扇陀留下戒指为信物，返回了京城。沙恭达罗思夫心切，怀着身孕去寻夫，无意间得罪过路仙人，受到仙人的诅咒，经历了一系列的磨难后，终于和丈夫言归于好。

剧作语言优美，风格爽朗，富有浪漫主义气息，是梵文古典文学代表作之一。20世纪50年代以后，中国曾先后两次将该剧搬上舞台。

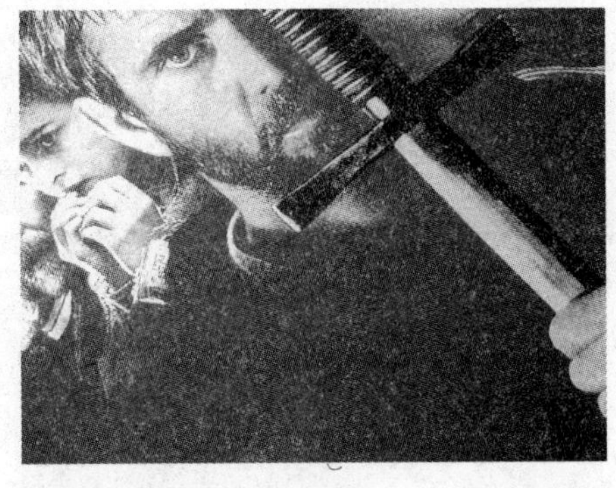
●《哈姆雷特》剧照

《哈姆雷特》

《哈姆雷特》，全名《丹麦王子哈姆雷特的悲剧》，又名《王子复仇记》、《哈姆莱特》，是英国文艺复兴时期杰出的戏剧家和诗人威廉·莎士比亚最负盛名的剧本，同《麦克白》、《李尔王》和《奥赛罗》一起，构成莎士比亚"四大悲剧"。

《哈姆雷特》中主要讲述了丹麦王子哈姆雷特为父报仇的故事。哈姆雷特的叔父克劳迪斯毒死了他的父亲，篡夺了王位，还娶了他的母亲。老国王的鬼魂显现，将自己被害的经过告诉哈姆雷特。哈姆雷特决心替父报仇，但又顾虑重重，苦苦思考"生存还是毁灭"这个问题，这句著名的内心独白不仅道出了盘亘在他心中的矛盾与困惑，于今天的人们仍然有着深刻的现实意义。最后，哈姆雷特在一场由克劳迪斯安排的与雷厄提斯的比剑中死去，在临死前，哈姆雷特刺死了克劳迪斯，但他改变现实的重大理想并未实现。

此剧自问世以来，对哈姆雷特悲剧性格的探讨始终是人们感兴趣的话题，《哈姆雷特》也成为享誉世界的戏剧名篇。

◎ 哈姆雷特经典台词

生存还是毁灭，这是一个值得考虑的问题；默然忍受命运的暴虐的毒箭，或是挺身反抗人世的无涯的苦难，通过斗争把它们扫清，这两种行为，哪一种更高贵？死了；睡着了；什么都完了；要是在这一种睡眠之中，我们心头的创痛，以及其他无数血肉之躯所不能避免的打击，都可以从此消失，那正是我们求之不得的结局。

《李尔王》

《李尔王》是莎士比亚的四大悲剧之一。故事取材于英国的古代历史传说：上了年纪的李尔王想把王国分给三个女儿，但由于年老昏聩，信任虚伪的大女儿里根、二女儿贡纳莉，却把诚实率直不会取悦父王的小女儿驱逐出国。怎料大女儿和二女儿在达到目的后，原形毕露，居然不给老父栖身之地，李尔王只好到荒郊野外，饱受颠沛流离之苦。在一个雷电交加的暴风雨之夜，被逼疯癫的李尔王在旷野上对苍天呼喊着自己的悲愤与无奈。莎士比亚笔下的大段对天独白，在向观众展现一个痛苦心灵的同时，也揭示了这个曾被权利力化的君主人性觉醒的过程。小女儿考迪丽霞得知李尔王的遭遇，起兵讨伐两个姐姐，不幸战事不利而被杀死，李尔王守着心爱的小女儿的尸体悲痛地死去。

莎士比亚通过描述王室家族的内乱和李尔王境遇的起落，对资本主义社会伪善的人伦关系作出了批判，同时也肯定了同情、博爱的人道主义原则。

《麦克白》

《麦克白》（1605年）是莎士比亚的四大悲剧之一，也是其戏剧中心理描写的佳作。这是一部没有次要情节的戏剧、一部极端的戏剧：极度的野心、极度的对比、极度的较量，使得全剧弥漫着一种阴郁可怕的气氛。

在戏剧中，莎士比亚通过对一个曾经屡建奇功的英雄麦克白变成残忍暴君整个过程的描述，批判了膨胀的野心对良知的巨大侵蚀作用。本性善良的麦克白本想做出一番大事业，但是受到女巫的蛊惑和妻子的影响，雄心蜕变成了野心，野心得逞又引发了一连串新的犯罪，结果是倒行逆施，导致走向死亡的必然结局。在迷信、罪恶、恐怖的氛围里，莎士比亚不时让自己笔下的罪人深思、反省，剖析自己的内心，使得麦克白夫妇弑君前后的心理变化层次分明，这就更增加了悲剧的深度。

《威尼斯商人》

《威尼斯商人》是莎士比亚早期的重要作品。16世纪90年代晚期，英国社会的各种矛盾逐渐尖锐，莎士比亚开始感觉自己的人文主义理想和社会现实之间的矛盾，此时创作的几部喜剧中，虽然基调还是愉快乐观的，但社会讽刺因素已有所增长，《威尼斯商人》便是一部具有极大讽刺性的喜剧。

该剧本约创作于1596年至1597年，主题歌颂了仁爱、友谊与爱情，同时也反映出资本主义社会早期的商业资产阶级与高利贷者之间的矛盾，也体现出莎士比亚对资产阶级社会中金钱、法律和宗教等问题的人文主义思想。剧中的安东尼奥和夏洛克是两个对立的人物形象，他们对待金钱和人情的态度是截然相反的。安东尼奥是莎士比亚理想的“商人王子”，慷慨仁厚，尊重友谊不惜牺牲生命。夏洛克爱财如命、唯利是图，受到损害就要加以灭绝人性的报复。这一高利贷者的典型形象的塑造，是这部剧作的一个重要文学成就。

《罗密欧与朱丽叶》

《罗密欧与朱丽叶》是莎士比亚著名的戏剧作品。但这个悲剧故事并不是莎士比亚的原创，而是改编自阿瑟·布卢克1562年的小说《罗密欧与朱丽叶的悲剧历史》。

剧中描述了在14世纪的威隆纳，凯普莱特的爱女朱丽叶与他的世仇蒙泰欧家族大公的儿子罗密欧之间感人肺腑的爱情故事。此剧虽然属于悲剧，但整个作品又与作者同时期的喜剧精神相通，人物形象鲜明生动，情节既单纯又复杂。其中两个主人公在月夜阳台上的对话，一直被人们奉为赞美青春与爱情的经典颂歌。

《罗密欧与朱丽叶》在伦敦演出后，引起轰动，观众像潮水一样涌进剧院观看。本剧曾被多次改编成歌剧、交响曲、芭蕾舞剧、电影及电视作品，在世界范围内被广泛移植，经久不衰。如法国作曲家古诺曾将此剧谱写为歌剧，著名的音乐剧《西城故事》亦改编自本剧。尽管情节略有改动，但是其艺术魅力始终不减。

《伪君子》

莫里哀（1622年—1673年），法国喜剧作家、演员、戏剧活动家，法国芭蕾舞喜剧的创始人，本名约翰·巴狄斯特·波克兰，莫里哀是他的笔名。

《伪君子》是莫里哀的代表作，写于1664年。剧本的锋芒指向教会，具有强烈的揭露效果。剧本的情节简单，地点始终没有离开巴黎富商奥尔恭的家，事件发生在二十四小时之内。全文用古典主义的“三一律”诗体写成，剧中人物明显分为两个对立的集团，以宗教骗子答尔丢夫和他的两个崇拜者为一方，以女仆陶丽娜以及奥尔恭家中的其他成员为另一方。莫里哀在答尔丢夫这个人物身上集中表现出封建贵族和教会势力的伪善本性，对此进行了辛辣的讽刺和深刻的揭露。

文中骗子答尔丢夫的形象是著名的艺术典型，这个名字后来成为“伪君子”的同义词。《伪君子》也成为世界喜剧中的经典之作。

《悭吝人》

《悭吝人》（又译《吝啬鬼》），五幕喜剧，是莫里哀的另一部代表作，可以与《伪君子》相媲美，剧作的主要情节是从古罗马喜剧家普劳图斯的《一坛黄金》脱胎而来的。1668年，《悭吝人》首次上演。

《悭吝人》的主人公阿巴贡是个高利贷商人，认为“世上的东西，就数钱可贵”。他为了攒钱，对客人、仆人、家人，甚至自己都异常苛刻。他老提防着别人算计他的钱，把一万金币埋在花园里。他想娶年轻姑娘玛丽雅娜，没想到却是儿子克莱昂特的情人。阿巴贡气得暴跳如雷，又发现埋在花园里的金币丢了，顿时痛不欲生。阿巴贡追到了管家瓦赖尔身上，并发现他竟是自己女儿的情人。最终化解误会，两对年轻人喜结良缘。

《悭吝人》发表后历经数个世纪，至今仍在世界各地盛演不衰，无可争议地成为世界戏剧殿堂中一部不朽的经典剧作。在法语中，“阿巴贡”已成为“吝啬鬼”的同义词。

《费加罗的婚礼》

博马舍（1732年—1799年），18世纪后期法国最著名的喜剧作家。

博马舍的《费加罗的婚礼》是他创作的总称为“费加罗三部曲”中的第二部，以费加罗为主人公的第一部戏剧为《塞维勒的理发师》，1772年完成；第三部为《有罪的母亲》，完成于1792年。《费加罗的婚礼》于1784年4月27日在巴黎法兰西剧院首演，时值法国处于大革命前夕，这部喜剧对揭露和讽刺封建贵族起了很大的作用，在整个欧洲都获得好评。剧本的冲突在费加罗和伯爵之间展开，作品把伯爵放在人民的对立面，暴露了贵族的腐朽堕落，同时也反映出强烈的反封建色彩，用嬉笑怒骂的语言，突出强烈的喜剧效果。

《费加罗的婚礼》为法国和欧洲的戏剧发展积累了新的经验，并且成为莫扎特歌剧创作的蓝本。莫扎特用两年时间谱曲，保留了原作的基本思想，成为莫扎特最杰出三部歌剧之一。

《浮士德》

诗剧《浮士德》是德国作家歌德最伟大的著作，第一部完成于1808年法军入侵的时候，第二部完成于1831年8月31日，此时的歌德已是83岁高龄。歌德写作《浮士德》花了六十多年的时间，同时也凭借这部著作成为与莎士比亚相并肩的伟大作家。

诗剧用多种诗体的韵文写成，第一部（25场）和第二部（27场）共12111行，这部不朽的巨著以德国民间传说为题材，以文艺复兴以来的德国和欧洲社会为背景，通过浮士德这个人物的种种经历，勾勒出文艺复兴以来欧洲三百年历史活动的轨迹，是一部现实主义和浪漫主义结合得十分完好的诗剧。歌德以其无比广阔的知识面和奇诡的想象力，将主人公引向各个领域和层面，使这部巨著成为一幅巨型的历史和民俗画卷。

《浮士德》具有非常高的思想性和艺术成就，被世人列入世界伟大名著之列，可与荷马的史诗、但丁的《神曲》和莎士比亚的《哈姆雷特》相媲美。

《玩偶之家》

亨利克·易卜生（1828年—1906年），19世纪挪威最伟大的戏剧家，欧洲近代戏剧新纪元的开拓者。他在戏剧史上享有和莎士比亚和莫里哀一样不朽的声誉，一生共写20多部剧作，都以常见而又重大的社会问题为题材，通常被称为“社会问题剧”。

《玩偶之家》是易卜生的著名社会剧，作于1879年。女主人公娜拉深爱着自己的丈夫海尔茂：为替海尔茂治病，她曾冒名举债，无意中伪造了字据遭到要挟。她的丈夫却是个虚伪自私的资产阶级市侩，刚刚谋求到银行经理一职，在知道娜拉的举债行为危及到自己的社会名声和地位时，便一反常态，大骂她是“犯罪女人”，还扬言要对她进行制裁。后来债主被说动，退回冒名借据时，他又马上转变一副慈爱的嘴脸。经过这种波折，娜拉终于看清了自己的“玩偶”的处境，毅然离开了这个“玩偶之家”。

● 易卜生

《玩偶之家》被比做“妇女解放运动的宣言书”，对“五四”时期的中国文坛产生巨大影响。

◎ 娜拉走后怎样

主人公娜拉是个具有资产阶级个性解放思想的叛逆女性。她对社会的背叛和离家出走，被誉为妇女解放的“独立宣言”。然而，在一向把妇女当做玩偶和附属的社会里，娜拉能够求得真正的独立解放吗？茫茫黑夜，她又能走向何处？针对易卜生《玩偶之家》中体现的这个问题，鲁迅先生曾于1923年12月26日在北京女子高等师范学校文艺会上发表了名为《娜拉走后怎样？》的讲稿。他通过对剧本中人物的分析，来阐明对妇女解放问题的意见。讲稿中说：“从事理上推想起来，娜拉或者其实也只有两条路：不是堕落，就是回来。”这确实是问题的症结所在。

《圣女贞德》

乔治·萧伯纳（1856年—1950年），英国现代杰出的现实主义剧作家、评论家。他是世界著名的擅长幽默与讽刺的语言大师，是英国文学史上，继莎士比亚之后又一位伟大的戏剧家，1925年因作品具有理想主义和人道主义获得诺贝尔文学奖。

《圣女贞德》是萧伯纳著名的一部历史悲剧，剧中描写了法国青年女爱国者贞德在英法百年战争中领导农民反抗英军被俘牺牲的事迹，共分为六场，并附有尾声。主人公贞德在历史上确有其人，她是15世纪法国著名的民族英雄。她原本是一个农村姑娘，15世纪时英法两国爆发了战争，法国的大片领土已经被英国占领，命运岌岌可危。这时，贞德挺身而出，领导一支军队大败了英军，把法国从亡国的险境中解救出来。然而，英国人操纵的教会法庭以异端等罪名宣判她有罪，并于十四个月后将她烧死，当时贞德只有19岁。

《圣女贞德》受到世界读者的喜爱，并被改编成同名歌剧和电影，直到今天仍发挥着它的巨大魅力。

《巴巴拉少校》

《巴巴拉少校》是萧伯纳的另一部著名戏剧作品。剧中以喜剧的形式表现，并以救世军为题材，反映了贫富差异和劳资冲突等尖锐的社会问题。主人公巴巴拉是救世军中的少校，一个虔诚的基督教徒，一个理想主义者，她认为宗教是整个社会的基础，世上的人都是上帝的儿女，她的理想就是在救世军中拯救穷人的灵魂。救世军进行慈善活动需要金钱，而巴巴拉的父亲安德谢夫是个军火商，他认为金钱就是万能的，国家只不过是为资本家服务的机器而已，他从个人私利出发，要解决救世军经费短缺的困难。巴巴拉与父亲产生了冲突，这是经济和信仰的冲突、理想和现实的冲突。最终巴巴拉的幻想破灭，终于屈服，相信是“威士忌大王”鲍吉尔和军火商救活了穷人。

巴巴拉的精神苦闷，表达了一些与上流社会有千丝万缕联系的青年知识分子的苦闷。该剧本的内容丰富，具有影响力。

《秃头歌女》

尤金·尤涅斯库（1912年—1994年），法国剧作家，荒诞派戏剧的创始人。他自幼酷爱戏剧，年仅13岁时就写过一部爱国主义戏剧。1949年他开始真正的戏剧创作，一生发表了40多个剧本。

《秃头歌女》是尤涅斯库的代表作，它是尤涅斯库主张反对传统形式戏剧，自成一套“反戏剧”理论的第一部作品。该歌剧在1950年在巴黎首演之时，引起人们的广泛关注和争论。《秃头歌女》是一部独幕十一场剧，前后出场的共有六人，剧中描写了一对典型的英国中产阶级夫妇与他们的朋友，另一对夫妇之间的无聊的对话，讲的都是一些离奇反常的事情。

尤涅斯库通过几人之间反复的对话，表述了自己认为的“人生是荒诞不经的”看法。看似无聊而又荒唐的对话，却印证出他极为深刻的人生体验，进而揭示了人类精神生活的空虚和相互之间的不理解。以《秃头歌女》为开端，荒诞派戏剧成为西方现代派艺术的重要组成部分。

童话寓言

童话是儿童文学的一种体裁，通过丰富的想象、幻想和夸张的写作方式，创作出适合儿童阅读的故事。童话语言亲切，贴近儿童生活，多反映一些儿童喜闻乐见的故事，具有深刻的寓意。而寓言这种文学作品体裁，是以比喻性的故事寄寓意味深长的道理，给人以启示。平淡的人生，通过童话寓言的斑斓想象，会使人拥有富足的心灵。年轻的生命，透过童话寓言的缤纷幻想，也能够参透人间百味。

《阿凡提的故事》

《阿凡提的故事》是中国维吾尔族民间幽默故事集，讲述了发生在机智人物纳斯尔丁·阿凡提身上的一系列故事。阿凡提是维吾尔族劳动人民在长期的反抗残暴统治阶级和封建世俗观念的斗争中，逐渐塑造出来一个理想化的人物，在维吾尔族人民中家喻户晓：他勤劳、勇敢、幽默、乐观，充满了智慧和正义感，敢于蔑视残暴的统治阶级和一切腐朽势力。他的身上体现出劳动人民的优良品质和爱憎分明的感情，反映了广大劳动人民的利益和愿望，是一个深受新疆各族人民喜爱的艺术形象。

有关阿凡提的故事题材广泛，言简意赅，构思奇巧，妙趣横生。1958年以后，中国先后用汉、维、蒙、哈、藏5种文字出版了14种版本的《阿凡提的故事》，其中戈宝权主编的版本收入故事393则，是迄今为止较全的版本。阿凡提的故事也在阿富汗、土耳其等国广泛流传。

《稻草人》

叶圣陶（1894年—1988年），原名叶绍钧，字秉臣，江苏苏州人，中国现代著名的作家、教育家、文学出版家和社会活动家，也是中国现代童话创作的拓荒者。

叶圣陶的著名作品《稻草人》，是新中国第一本为儿童创作的童话集。他的童话构思新颖独特，描写细腻逼真，富于现实内容。童话集中的著名童话《稻草人》，通过一个富有同情心而又无能为力的稻草人的所见所思，真实地描写了20世纪20年代中国农村风雨飘摇的人间百态，表现出对广大劳动人民苦难的同情，但有时流露出低沉和悲哀的氛围。叶圣陶在创作童话方面的语言特色始终是别具一格的，他的语言简洁、朴素，用散文来写童话，充满诗意，富有听觉和视觉形象的美。

鲁迅曾评价此部童话集说，叶圣陶的《稻草人》“是给中国的童话开了一条自己创作的路”。

《宝葫芦的秘密》

张天翼（1906年—1985年），原名张元定，字汉弟，号一之，笔名张天净、铁池翰，祖籍湖南，出生于江苏南京。他曾任《人民文学》主编、《儿童文学》

编委等职，为我国儿童文学事业的发展作出了重要贡献，是我国公认的童话大师之一。其代表作有《秃秃大王》、《大林和小林》、《奇怪的地方》、《宝葫芦的秘密》等作品。

《宝葫芦的秘密》讲了一个有趣的故事。小主人公王葆整天梦想着能拥有一个神奇的宝葫芦，有一次在梦中，他终于得到了。宝葫芦果然能满足他的心愿，能替他做各种事，但是意想不到的麻烦也很快随之而来。故事说明了只有靠自己的努力取得进步才能得到真正的快乐这个平实而深刻的道理，能让孩子们在愉快的阅读中轻松领悟。

《宝葫芦的秘密》曾在20世纪60年代和2007年两度被搬上银幕，在广大儿童中间引起了轰动，影响了整整两代人。

《伊索寓言》

《伊索寓言》原书名为《埃索波斯故事集成》，是古希腊民间流传的众多讽喻故事经后人加工而成的合集，是世界上最早的一部寓言故事集。

相传其中一些故事是一名埃塞俄比亚黑人奴隶所作。伊索，约生活于公元前6世纪，善于讲动物故事，“伊索”即是“埃塞俄”的谐音。从整篇作品来看，时间跨度大，各篇的倾向也不完全一样，可以看做是古希腊、古罗马人在漫长的历史时期内的集体创作，后人统归汇集在伊索名下。

《伊索寓言》中的小寓言故事都很简短而精练，平易近人，富有哲理性，能够体现出日常生活中那些不为人们察觉的真理。在世界范围内的读者甚多，作家、诗人、哲学家、普通百姓都能从中得到启发和乐趣。《伊索寓言》在文学史上也具有重大影响，几千年后的今天，已成为西方寓言文学的范本，是世界上流传最广的经典作品之一。

●《一千零一夜》电影海报

《一千零一夜》

《一千零一夜》（旧译《天方夜谭》）是中古阿拉伯文学中一部规模宏大、内容丰富的民间故事集。相传古阿拉伯有个国王，每天娶一个女子，第二天就杀掉。宰相的女儿为拯救无辜女子，自愿嫁给国王，给国王讲故事，这些故事一个比一个精彩，吸引国王听下去。这样她一直讲了一千零一夜，终于使国王感动，不再杀人。

《一千零一夜》是古代劳动人民的集体创作，从口头流传到编订成书，经历了一个漫长的历史过程。据阿拉伯原文版统计，全书共有大故事134

个，每个大故事又包括若干小故事，组成一个庞大的故事群。里面的故事情节曲折，想象丰富，有些已经成为世界范围内家喻户晓的故事，如《阿里巴巴和四十大盗》、《神灯》、《辛巴德航海历险记》等等。

《一千零一夜》多侧面、广泛地反映了古代阿拉伯及周围地区国家的社会现实，被称为中古阿拉伯社会一面“一尘不染的明镜”，也是世界文学史上一颗璀璨的明珠。

◎《一千零一夜》组成

《一千零一夜》中的众多故事由三部分组成。第一部分是一部名为《赫左尔·艾夫萨乃》（即《一千个故事》）的古代波斯故事集，其故事源于印度，最初是梵文，后译成波斯文，之后再译成阿拉伯文，同时加入一些阿拉伯故事，成为《一千零一夜》的核心部分；第二部分源自于伊拉克的阿巴斯王朝，特别是哈伦·拉希德统治时期的故事；第三部分是有关埃及麦马立克王朝的故事。

《列那狐传奇》

《列那狐传奇》是源自于法国民间的一部长篇叙事诗，是中世纪市民文学中最重要的反封建讽刺作品，约形成于12—13世纪，作者有很多人，绝大多数已经难以查考。作品问世后，德国、意大利等国都有译本或模仿的作品。近代很多法国和欧美作家把列那狐的故事改写成散文，成了一部部生动优美的童话，流行于全世界，现在流传最广的版本是法国女作家季浩妇人改写的散文体故事。

故事以列那狐为中心，采用拟人手法，讲述了许多充满讽刺意味，又充满了神奇色彩的童话故事。列那狐是机智善辩的市民和富裕商人的象征，故事通过列那狐的各种经历，形象地反映出封建社会市民与上层社会，以及市民之间的内部矛盾。

列那狐的故事在中世纪法国家喻户晓，“列那”这一名词成了“狐狸”的专有代称。《列那狐的故事》对后世文学创作影响很大，法国著名诗人拉封丹的许多寓言就明显从中获益。

《拉封丹寓言》

让·德·拉封丹（1621年—1695年），法国古典文学的代表作家之一，著名的寓言诗人。他于1668年出版《寓言诗》第一集，当时便引起强烈反响，树立了自己在文学界的声誉，此外还出版了5卷《故事诗》。他的寓言创作对后来欧洲寓言作家有很大影响。

《拉封丹寓言》是拉封丹用其毕生精力写成的一部不朽之作，是诗歌体寓言的顶峰之作。拉封丹的寓言诗虽然大多取材自古代希腊、罗马和印度的寓言以及中世纪和17世纪的民间故事，但是它成功地塑造了贵族、教士、法官、商人、医生和农民等的典型形象，涉及各个阶层和行业。在这部书中，拉封丹塑造了约496个角色，其中动物125个、人123个、神话人物85个，构成了以宇宙为背景、以人类为角色的“百幕大喜剧”，描绘出人类的各种思想和情欲，因此是一面生动地反映17世纪法国社会生活的镜子。拉封丹也因此被法国文学评论家泰纳誉为“法国的荷马”。

《克雷洛夫寓言》

伊凡·安德烈耶维奇·克雷洛夫（1769年—1844年），俄国著名的作家、寓言家。1806年后专写寓言，1809年出版了第一本寓言集，获得了巨大声誉。他的主要成就是出版了《克雷洛夫寓言》9卷，共206篇。他的作品生前就被译成十几种文字，成为与伊索、拉封丹齐名的寓言作家。

克雷洛夫的寓言写的都是鸟兽鱼虫、山水花草，但是都表现了现实的内容，将俄国社会的生活动态、人生世相，作了最浓缩、最紧凑的概括，极具感染力。在表现手法上，语言朴素简洁、幽默风趣，并吸收了大量民间谚语和俗语，使文章具有亲切感。其中著名的作品如《狼和小羊》、《蜜蜂和苍蝇》、《狐狸和葡萄》、《狗的友谊》等，都已经是老少皆知的寓言故事。

《克雷洛夫寓言》在世界范围内享有广泛的声誉，现在已被译成五六十种文字，有的还被收入教材，由此可见其影响是极其深远的。

《格林童话》

雅各布·格林（1785年—1863年）和威廉·格林（1786年—1859年）是德国著名的民间文学研究者、语言学家、民俗学家。哥哥是严谨的史家，弟弟文笔优美，兄弟俩兴趣相近，合作研究语言学，收集和整理民间童话和传说，因此世人并称他们为“格林兄弟”。他们共同编成《儿童与家庭童话集》，即《格林童话》。

1812年《格林童话》出版了第一集，其中包含86篇童话故事，第二集增加了70个故事，之后内容不断扩充，至二人逝世前的第七版中故事辑有200则，加上圣徒传说多达210则，再加上补遗就有215则。其中《灰姑娘》、《白雪公主》、《小红帽》、《睡美人》、《糖果屋》、《青蛙王子》、《渔夫和他的妻子》、《野狼和七只小羊》、《大拇指》、《勇敢的小裁缝》等都是世界著名童话名篇。

《格林童话》是世界童话宝库中的经典之作。

《爱丽丝漫游奇境记》

刘易斯·卡罗尔（1832年—1898年），原名查尔斯·勒特威奇·道奇森，是一位数学家，长期在牛津大学任教，发表过数本数学著作。卡罗尔由于有口吃，故不善与人交往，但他兴趣广泛，对小说、诗歌、逻辑均颇有造诣，还是一个优秀的儿童像摄影师。

《爱丽丝漫游奇境记》是他的随性之作，是为朋友罗宾逊的女儿爱丽丝所讲的故事，用文字记录下来后加上自己绘的配图送给了她。后来在罗宾逊的鼓励下，卡罗尔将手稿加以修订、扩充、润色，于1865年正式出版。故事讲述了一个名叫爱丽丝的小女孩，在梦中追逐一只兔子而掉进了兔子洞，开始了漫长而惊险的冒险之旅。最后与扑克牌王后和国王发生顶撞，急得大叫一声，才从梦中醒来。

《爱丽丝漫游奇境记》是一部公认的世界儿童文学经典童话，这部童话突破了西欧传统儿童文学道德说教的刻板模式，被翻译成多种文字，走遍了全世界。

《安徒生童话》

汉斯·克里斯蒂安·安徒生（1805年—1875年），丹麦19世纪著名童话作家，世界文学童话的创始人。他写过小说、剧本、游记、诗歌，从30岁开始专心从事儿童文学创作，并以童话闻名于世。

安徒生一生共写下168篇童话，如《丑小鸭》、《皇帝的新装》、《夜莺》和《豌豆上的公主》等，都是世界读者心目中的经典。安徒生的童话已经超越了童话创作的一般境界，不但成为童话文学界的骄傲，也成为丹麦文学最伟大的代表。

安徒生首次将“童话”从幼稚粗糙的民间传说故事，发展成为优美的、凝结作者内心情感的文学童话，为后世童话作家的创作提供了经典范文。1954年国际儿童读书联盟第三次大会上，设立了以安徒生的名字命名的世界儿童文学大奖——国际安徒生奖，这个奖项至今仍是儿童文学界的最高荣誉。

《木偶奇遇记》

科洛迪（1826年—1890年），原名卡尔洛·洛伦齐尼，意大利童话作家。科洛迪是他出生的小镇的名字。他精通法文，曾翻译过法国贝罗的童话，深受广大小读者的喜爱。科洛迪一生中，曾写过多部短篇小说、随笔、评论，然而人们印象最深刻的要数他写给小孩子们看的童话故事。

《木偶奇遇记》是科洛迪的代表作，发表于1880年。仁慈的老木匠皮帕诺制作了一个小木偶，给他起名叫匹诺曹。匹诺曹想要成为真正的男孩，他必须要通过勇气、忠心以及诚实的考验。他经历了种种曲折、离奇的历险，最后终于长大了，变成为一个诚实、勤劳、善良的真正的男孩。科洛迪成功地塑造了小木偶的形象，他的故事给世界各国的孩子们以有益的教诲和艺术的感染。

《木偶奇遇记》是意大利有史以来最伟大的童话，是世界最优秀的儿童文学作品之一，也是拥有读者最多、销售量最高的作品之一。

《快乐王子及其他》

奥斯卡·王尔德（1854年—1900年），全名奥斯卡·芬葛·欧佛雷泰·威尔斯·王尔德，英国著名的剧作家、散文家和诗人，英国唯美主义运动的倡导者。他创作的童话比自己其他的作品流传更广，传播到了世界上每一个有孩子的地方。

1888年5月，王尔德出版了第一部童话集《快乐王子及其他》。这本书立刻轰动一时，王尔德也成为人们注目的中心。集子中包括《快乐王子》、《夜莺和玫瑰》、《自私的巨人》、《忠诚的朋友》和《神奇的火箭》五篇童话，其中以《快乐王子》和《自私的巨人》最为著名。虽然作品中明显带有安徒生作品的痕迹，流露出消极、悲观的思想，但是，因其所表现出来的快乐的幽默感和结构美，而被载入英国儿童文学的史册。

《快乐王子及其他》童话集曾多次再版，直到今天依然是英国最著名的童话作品之一，同时也深受世界读者的喜爱。

历史

历史，囊括了人类发展过程中的一切成功的规则与失败的教训。可以说，人类的进步与人们对历史的了解与解读有着密切的关系。历史，就如同法律上的一个个案例一样，可以使人们对现在的生活有了参照物和判断的准绳。人们阅读历史、解读历史，目的就是为了从中寻找到对现在生活的借鉴。

《尚书》

《尚书》，原名为《书》，《尚书》是汉代时改用的称谓，意为上代之书。《尚书》相传由孔子编撰而成，但有些篇章是后来儒家补充进去的。西汉初期存28篇，因用汉代通行的文字隶书来抄写，故又称《今文尚书》。

《尚书》是一部历史典籍，从另一方面，就其文学地位而言，它还是中国古代散文已经形成的标志，向来被文学史家称为我国最早的散文总集，是能够与《诗经》相媲美的一个文体类别。据《左传》等书记载，在《尚书》之前，有《三坟》、《五典》、《八索》、《九丘》，但是这些书都没能够流传下来，《汉书·艺文志》中均未见著录，因此，先秦散文当从《尚书》开始。这些散文，用今天的标准来看，绝大部分应属于当时官府处理国家大事的公务文书，准确地讲，它应是一部体例比较完备的公文总集。

《春秋》

《春秋》是儒家的经书，传统上认为是孔子的作品，也有人认为是鲁国史官的集体之作。《春秋》记载了鲁国的历史，上起鲁隐公元年（前722年），下自鲁哀公十四年（前481年），是中国现存最早的一部编年体史书。

《春秋》中的文字记载非常简略：最少一字，如僖公三年六月“雨”；或二三字，如僖公三年夏四月“不雨”、八年夏“狄伐晋”；即使是字数最多的“定公四年春三月”，叙述也不超过45个字。三国曹魏时张晏计算原文共有18000字，晚唐人徐彦的计算亦与张晏的计算相同，至南宋王观国《学林》记载则减少为16500字，现存版本仅有16000多字。《春秋》所记载的鲁国十二代的世次年代完全正确，所记日食与西方学者著《蚀经》比较，互相符合的有30多次，足可以定为信史。

《春秋》一书的史料价值很高，虽然存在不完备之处，仍是儒家经典之一。

◎ 春秋之传

古人为《春秋》写过一些对书中记载进行解释和说明的著作，称之为“传”。据《汉书·艺文志》记载，为春秋作传者共5家，分为：《左氏传》30卷、《公羊传》11卷、《谷梁传》11卷、《邹氏传》11卷、《夹氏传》11卷，其中后两种现已不存。《公羊传》和《谷梁传》成书于西汉初年。二者与《左传》有很大的不同：《公羊传》、《谷梁传》讲“微言大义”，试图阐述清楚孔子的本意，有人认为一些内容有牵强附会之嫌；《左传》以史实为主，补充了《春秋》未记录的大事，一些纪录和《春秋》有出入。有人认为《左传》的史料价值大于《公羊传》和《谷梁传》。

《左传》

《左传》，原名《左氏春秋传》，又称《春秋左氏传》或《左氏春秋》。旧时相传是春秋末年左丘明为解释孔子的《春秋》而作，司马迁和班固都在著作中证实了这一点。左丘明（约前502年—约前422年），姓左，名丘明（一说复姓左丘，名明，也有说姓丘，名明），春秋末期鲁国人。但现在也有学者提出质疑，认为是战国初期人士所作。

《左传》与《春秋公羊传》、《春秋谷梁传》合称“春秋三传”，是我国现存的第一部叙事详细的编年体史书，此外，它的文学价值也很高。《左传》上自鲁隐公元年（前722年），下迄鲁悼公十四年（前453年），以《春秋》为蓝本，通过记述春秋时期具体史实来说明《春秋》的纲目，是一部重要的儒家经典。《左传》对后世的影响突出体现在历史学方面，它不仅发展了《春秋》的编年体，还引录保存了流行于当时的一些应用文，为后世应用写作的发展提供了借鉴。

《国语》

《国语》是中国最早的一部国别史著作。关于其作者，自古以来学术界多有争论，至今也未形成定论。旧传春秋时左丘明撰，现一般认为是先秦史家编撰各国史料而成。

《国语》按照一定顺序分国排列，在内容上偏重于记述历史人物的言论，这是其体例上最大的特点。《国语》全书共21卷，分《周语》、《鲁语》、《齐语》、《晋语》、《郑语》、《楚语》、《吴语》、《越语》八个部分，其中以《晋语》最多。记录上起周穆王十二年（前990年）西征犬戎（约前947年），下至智伯被灭（前453年）之间的历史，包括各国贵族间朝聘、宴飨、讽谏、辩说、应对之辞以及部分历史事件与传说。其内容可与《左传》相参证，故又称《春秋外传》或《左氏外传》。

《国语》在内容上有很强的伦理倾向，突出忠君思想，并且具有浓重的民本进步思想。同时记录了春秋时期的经济、财政、军事等各种内容，对研究先秦历史有非常重要的意义。

● 司马迁

《史记》

司马迁（约前145年—约前86年），字子长，西汉时期伟大的史学家、文学家和思想家。

《史记》是司马迁撰写的史学名著，是中国第一部纪传体通史，被列为“二十四史”之首，与后来的《汉书》、《后汉书》、《三国志》合称“前四史”。《史记》记载了上自上古传说中的黄帝时代，下至汉武帝元狩元年（前122年），共三千多年的历史。全书包括记历代帝王政绩的本纪12篇，记诸侯国和汉代诸侯、勋贵兴亡的世家30篇，记重要人物的言行事迹，主要叙人臣的列传70篇，大事年表10篇，记各种典章制度，记礼、乐、音律、历法、天文、封禅、水利、财用的书8篇，共130篇，526500余字。

《史记》对后世史学和文学的发展均产生深远影响：其首创的纪传体编史方法为后来历代“正史”所传承；同时，《史记》还是一部优秀的文学著作，在中国文学史上有重要地位，被鲁迅誉为“史家之绝唱，无韵之《离骚》”。

《战国策》

《战国策》是一部国别体史书，原有《国策》、《国事》、《事语》、《短长》、《长书》、《修书》等名称和版本，西汉末年刘向（约前77年—前6年）编定为33篇。因其书中所记录的多为东周后期诸国征战之时，纵横家为其辅佐之国的政治主张和外交策略，故刘向将书定名为《战国策》，而这一时期也因此被史学家称为战国时代。

《战国策》按东周、西周、秦国、齐国、楚国、赵国、魏国、韩国、燕国、宋国、卫国、中山国依次分国编写，共33卷，约12万字。该书是我国古代记载战国时期政治斗争的一部最完整的著作，展示出战国时代的历史特点和社会风貌，是研究那一时期历史的重要典籍。另外书中文辞优美，语言生动，富于雄辩与运筹的机智，描写人物绘声绘色，是先秦历史散文成就最高，影响最大的著作之一，在我国古典文学史上亦占有重要地位。

《汉书》

班固（32年—92年），字孟坚，扶风安陵（今陕西咸阳）人，东汉史学家、文学家。

《汉书》，又称《前汉书》，班固编撰，是中国第一部纪传体断代史，“二十四史”之一。《汉书》是继《史记》之后我国古代又一部重要史书，与《史记》、《后汉书》、《三国志》并称“前四史”。《汉书》中主要记述了上起西汉的汉高祖元年（前206年），下至新朝的王莽地皇四年（23年），共二百三十年的历史。全书包括纪12篇、表8篇、志10篇、传70篇，共100篇，后人划分为120卷，共80万字。《汉书》行文语言庄严工整，多用排偶、古字古词，遣辞造句典雅深远，与《史记》平畅的口语化文字形成鲜明的对比。

《汉书》开创了我国断代纪传表志体史书模式，奠定了修正史的编例。历来，“史之良，首推迁、固”，或史班并称，两书各有所长，同为中华史学名著，为治文史者必读之史籍。

《三国志》

陈寿（233年—297年），字承祚，巴西安汉（今四川南充）人，西晋时期史学家。

陈寿编写的《三国志》是一部主要记载魏、蜀、吴三国鼎立时期史实的纪传体国别史，详细记载了从魏文帝黄初元年（220年）到晋武帝太康元年（280年）共六十年的历史。《三国志》全书65卷，其中《魏书》30卷，《蜀书》15卷，《吴书》20卷。陈寿是晋朝大臣，晋承魏而得天下，因此《三国志》尊魏为正统，单独为曹操写了本纪，而《蜀书》和《吴书》只为刘备为和孙权作传。《三国志》不仅是一部史学巨著，还具有较高的文学价值。陈寿在尊重史实的基础上，以简练、优美的语言描绘出一幅幅三国人物肖像图。

陈寿在写《三国志》之时，秉承慎重选材之原则，史料均经过认真考订和慎重选择，对于不可靠的资料，不妄加评论和编写。这虽然使《三国志》具有了文辞简约的特点，但也造成了史料不足的缺点。

《后汉书》

范晔（398年—445年），字蔚宗，顺阳（今河南淅川）人，南朝宋时文学家、史学家。

《后汉书》由范晔编撰，是一部记载东汉历史的纪传体史书，“前四史”和“二十四史”之一，同时也是继《史记》、《汉书》之后又一部私人撰写的重要史籍，与《史记》、《汉书》并称“三史”。全书主要记述了上起东汉的汉光武帝建武元年（25年），下讫汉献帝建安二十五年（220年），共一百九十六年的史事。范晔的原《后汉书》有纪10卷和列传80卷，北宋时，有人把晋朝司马彪《续汉书》志30卷与之合刊，成为今天的《后汉书》。此部史书在沿袭《史记》、《汉书》原有体例的基础上有所创新。在帝纪之后添置了皇后纪，还增加了《党锢传》、《宦者传》、《文苑传》、《独行传》、《方术传》、《逸民传》、《列女传》七个类传。

《后汉书》具有史学和文学方面的双重价值。

《史通》

刘知几（661年—721年），字子玄，彭城（今江苏徐州）人，唐朝史学家。

唐景龙四年（710年），刘知几的《史通》编撰完成，这是我国第一部系统性的史论专著。《史通》共20卷，包括外篇和内篇两部分，各为10卷。《史通》对我国古代史学进行了全面的总结，提出了较为系统的史学理论，是唐代以前我国史论的集大成者。刘知几的一些思想，以及如反对“历史的宿命论”、反对以成败论英雄之正统历史观，甚至不主张“内中国而外夷狄”的大汉族主义的历史观，都是值得肯定和重视的。他敢于质疑，纠正史料，敢于非圣，打破成见，这些都是他可贵的科学精神。

《史通》兼有史学理论和史学批评两方面内容，是集唐以前史论之大成的宏伟巨著。当然，由于受时代和阶级的局限，《史通》中有维护封建名教、诬蔑农民起义等一些论述，说明刘氏并没有超出封建史家的立场和观点。

《通典》

杜佑（735年—812年），字君卿，京兆万年（今陕西西安）人，唐中叶宰相、史学家。杜佑出身于名门大族，文化修养很高，又有丰富的政治经验，这使得他能以史学家的眼光处理政治经济问题，又以政治家的见地撰写历史著作，从而写出了重要的典章制度专史《通典》。

《通典》始作于唐代宗大历元年（766年）左右，完成于德宗贞元十七年（801年），整书的修撰用了三十五年的时间，成为我国第一部，也是成就最高的一部典章制度专史。全书共200卷，分为食货、选举、职官、礼、乐、兵刑、州郡、边防等八门，编排有序，结构严谨，逻辑性强。其下又各分子目。杜佑叙述各种制度及史事，大体按时间顺序，在相关事目之下还引录前人评论，或自己观点。这种评述结合的写作方法，提高了《通典》的学术与经世致用价值。

《通典》是典章制度专史的开创之作，在历史编纂学史上占有重要地位。

《资治通鉴》

司马光（1019年—1086年），字君实，号迂叟，世称涑水先生，陕州夏县（今山西运城）人，北宋时期著名的政治家、史学家、散文家。

◎《通鉴纪事本末》

《通鉴纪事本末》是南宋史学家袁枢（1131年—1205年）在严州任教授时所撰，其时由于袁枢职掌清闲，可以从容论著。由于司马光的《资治通鉴》采用的是编年体，使事件被切割分散，阅读起来头绪纷乱，难窥全貌。于是袁枢用完整的记录事件本末始终的方式整编了《资治通鉴》，此即《通鉴纪事本末》。史书中每个故事都是完整的，情节连贯地向前推进，给阅读带来极大方便。可以说《通鉴纪事本末》是进入《资治通鉴》的大门，同时也开创了以“事”为纲的本末体史书模式。

《资治通鉴》，简称“通鉴”，是司马光和他的助手刘攽、刘恕、范祖禹、司马康等人，耗时十九年编纂而成的一部规模空前的编年体通史巨著。全书294卷，约300多万字，另有《考异》、《目录》各30卷。书中记载了自周威烈王二十三年（前403年），直到五代后周世宗显德六年（959年）征淮南，计跨16个朝代，共一千三百多年的详细历史。

《资治通鉴》的内容以政治、军事和民族关系为主，兼及经济、文化和历史人物评价，书中编者总结出许多经验教训，供统治者借鉴，即“鉴于往事，资于治道”，因此定名为《资治通鉴》。它是中国第一部编年体通史，在中国史书中有极为重要的地位。对于《资治通鉴》的称誉，除《史记》之外，几乎没有任何一部史著可与其媲美。

《历史》

希罗多德（约前484年—约前424年），古希腊著名的历史学家，被誉为“历史之父”。

希罗多德所著《历史》一书，是西方历史上第一部比较完备的历史著作。全书共9卷，分为两大部分：从第一卷至第五卷共28章为第一部分，叙述了西亚、北非及希腊诸地区之历史、地理及民族习俗、风土人情；第五卷第29章起为第二部分，主要叙述波斯人和希腊人在公元前478年以前数十年间的战争。全书以描述希波战争为主要内容，因此又名为《希波战争史》。

希罗多德在欧洲史学界最早对史料采取了一定程度的分析批判态度，而不是盲目相信所有传闻，并且创造了把记载史实和阐释有机结合起来这种叙述历史的新方法，成为西方历史著作的正宗，也是世界历史文库中的瑰宝。同时书中众多人物性格鲜明，语言生动，具有很高的文学价值。

《伯罗奔尼撒战争史》

修昔底德（约前460年—前396年），古希腊历史学家。他的历史学水平足以代表希腊古典史学的最高水平，是西方史学史上第一位真正具有批判精神和求实态度的历史学家，被称为“求真的人”。

修昔底德倾其毕生精力撰写了《伯罗奔尼撒战争史》。巨著中将长达二十七年（前431年—前404年）之久的伯罗奔尼撒战争作为一个整体、严格按时间顺序来叙述，而且以理性主义的精神对待历史，对一些重要的军事问题作出了较为合理的解释。传世的本子分为8卷，第一卷回溯希腊远古的历史；第二、三、四卷记述战争第一年至第九年的事情；第四卷记述作者亲历的安菲波利斯事件；第五卷记述第十年至第十六年的事情；第六、七卷记述第十六年至第十九年的历史；最后一卷记述第十九年至第二十一年的历史。

修昔底德的这部著作被认为是有关伯罗奔尼撒战争的第一手的、最早的，也是最翔实可靠的材料。它的译本在很多国家已成为古典读物。

《高卢战记》

●《恺撒大帝》剧照

恺撒（前100年—前44年），古罗马伟大的统帅、政治家、作家。

公元前58年至前52年，恺撒统帅四个军团对高卢地区（今法国、比利时等地）发动了八次远征，《高卢战记》就是恺撒记述他在高卢作战经过的一部纪实体文学作品。全书共7卷，每年的事迹写成一卷，是由恺撒亲自执笔的。其中最精彩的属第七卷，写了第八次远征。另有第八卷，是他的手下续写而成，写的是公元前52年至前50年年底的事迹。

《高卢战记》叙事翔实精确，文笔清晰简朴，结构严谨，历来受到爱好罗马历史、拉丁文学和军事史等各方面人物的推崇，特别因为恺撒是罗马共和国时代第一个亲身深入到外高卢地区、亲眼目睹当地山川地形和风俗人情的人，给后世留下当时第一手直接资料，成为后世研究原始社会和民族学的重要依据。革命导师恩格斯的一些伟大著作，都把本书当做重要的参考文献。

《内战记》

恺撒的《内战记》是继《高卢战记》之后的又一部历史著作。《内战记》中记述了恺撒征服高卢后，与罗马世界的另一个巨头庞培之间的战争，其内容与《高卢战记》紧密衔接。从恺撒和元老院之间的往来交涉讲起，到渡过鲁比孔河得到意大利人支持，打败庞培；再分别叙述在西班牙、马西利亚和阿非利亚的战事；最后叙述恺撒与庞培在东方战场的最后正式决战。

《内战记》是古罗马历史名著，同时也是拉丁语黄金时期的散文代表作和富有战略战术的兵书，对西方史学界、文坛和兵家，都产生了巨大的影响。书中坚持和谈为先、争取社会舆论的高超政治手段，颇有特色，深受古今有识之士所称道。恺撒的两部作品《高卢战记》和《内战记》，以及其余三部作者不详的小战记《亚历山大里亚战记》、《阿非利加战记》、《西班牙战记》常常被合在一起，称做《恺撒战记》。

《亚历山大远征记》

阿里安（生卒年不详），古希腊历史学家。

《亚历山大远征记》是阿里安的著名作品。此书是对亚历山大这位国王中的国王、勇士中的勇士征战四方的忠实记录，是一本不可不读的经典名著。全书共分8卷，叙述了从公元前334年至前323年，亚历山大率军亲征波斯帝国，最后建立强大的马其顿帝国的整个过程。叙述的视角沿征战的路线，广阔而宏伟：先沿地中海东岸南下直抵埃及（当时这一带皆属波斯），后回兵小亚细亚东征波斯本土，直至印度西北部（相当于今巴基斯坦全境）。

作品记录亚历山大远征，采用严谨的态度以及可靠的资料，成为希腊早期著作中最为完整的代表作。同时，它也是一部文学名著。这本书以传记形式，文笔平直幽默，措辞亲切，中肯有力，具有古典主义的文学风格。书中还收录了远征途中所经历的地理状况、风土习俗和历史状况等，因此它也是一部通志。

《罗马史》

阿庇安（95年—165年），古罗马历史学家。他写过自传，但已佚失，后人只能从他自己的作品和他与友人弗龙托的通信中了解其人。

阿庇安的巨著《罗马史》共有24卷，全书的内容始于罗马历史上的王政时代，止于公元2世纪初的图拉真统治时期，所涉及的时间跨度将近九百年，堪称为罗马通史。原书以希腊文写成，直至1452年才首次被翻译成拉丁文。留传至今的《罗马史》只有十卷完整，一卷属于基本完整，其余部分则是由从他人著作的引文中辑录出来的片断汇编而成的（其中主要来源是950年编纂的拜占廷的两部著作《使节》和《美德与恶行》）。现在存留下来的部分大约是原书的一半，也是这部《罗马史》最有价值和最重要的部分。

阿庇安在写作中运用一种按民族或重大历史事件分门别类、每卷自成体系、分别叙述各自的历史进程及其前因后果的编纂形式，成为西方史学中纪事本末体的创始者。

《罗马十二帝王传》

盖乌斯·苏维托尼乌斯·特兰克维鲁斯（约1世纪—2世纪），古罗马著名的纪传体历史作家。他详细地记载了许多别人的故事，却没有留下关于自己的事迹。

苏维托尼乌斯写有著名的《罗马十二帝王传》（简称《帝王传》）和《名人传》（文学著作）、《名妓传》等。其中《罗马十二帝王传》是纪传形式的史学著作，发表于120年，它的完整传世奠定了苏维托尼乌斯作为历史学家的地位。此书包括罗马帝国最初12个元首（即所谓“恺撒”），从朱里乌斯·恺撒到图密善的传记，所写的是处于历史中心地位的人物，很少记载重大的历史事件，诸如恺撒在高卢的征战只写了短短的一节。苏维托尼乌斯对于资料搜集的目标，似乎不是正史所传的东西，而是帝王们日常的政治活动和私人生活，其中有不少奇闻逸事，类似秘史。这实际上反映出当时盛行的人们对杰出人物个人生活的探寻心理。

《长征记》

《远征记》是古希腊著名历史学家色诺芬最出色、流传最广泛的著作。该著作是根据他率领一支希腊雇佣军远征波斯帝国的腹地，在失利之后历尽艰辛回到希腊的悲壮经历而写成的。虽然色诺芬在书中对自己的能力做了夸张描写，但是《长征记》为后世人提供了许多有关希腊雇佣军与波斯帝国战争的真实细节，而且还记录了雇佣军长征过程中所经过的地区的地理风貌和人情习俗，具有很高的史料价值。

色诺芬在书中还集中阐述了自己的军事伦理思想，因此此书成为一部不可多得的古代军事教科书。它向后人提供了古代希腊人的用兵之道以及实际战例，对后来的希腊兵法产生了深远的影响。这部《远征记》为色诺芬赢得了军事家的英名。

色诺芬以逼真的手法描述自己的亲身经历和感受，使作品产生了一种强烈的戏剧性感染力，从而使之成为古希腊文的范文之一，也为他赢得了文人的盛誉。

《法兰克人史》

格雷戈里（538年—594年），法兰克王国第一位著名的历史学家，也是墨洛温王朝时期法兰克王国唯一的历史学家。格雷戈里因曾担任过都尔城的主教，后人就称之为“都尔的格雷戈里”或“圣·格雷戈里”。

格雷戈里大概从575年开始撰写《法兰克人史》，至他去世之年完成最后一章，前后历时二十年。全书用不成熟的拉丁文写成，共有四种手抄本传世，到16世纪才被印刷出版。格雷戈里撰写这部史著怀有明显而深刻的宗教动机，书中体现出“善举”获得成功和“恶行”遭报应的基督教精神。书中的内容按时间先后顺序编写，第一卷始自“创世纪”，最后一卷终于591年，事件越近则记述越详尽。从书中大部分内容跨越的时间来看，它可以被称作格雷戈里时期的当代史。

《法兰克人史》是格雷戈里在广泛收集史料的基础上写成的，内容十分丰富，史料价值很高，而且颇有文化史家的风范，因此后人称他为“蛮族王国的希罗多德”。

《英吉利教会史》

比德（约673年—735年），英国历史上最早出现的卓越学者、历史家，是英国史学的奠基人，被后人称为“英国史学之父”。

《英吉利教会史》是比德最重要的成果，也是英国史学史上的首创之作。此书除以开头的半卷篇幅追记罗马不列颠时期外，其余部分叙述盎格鲁—撒克逊人入侵以后的历史，直到731年为止，全面而系统地阐述了基督教在不列颠传播的早期历程和英国教会的早期发展状况。同时还涉及当时英国社会多方面的情况，并在最后附一个综合大事年表。作者为搜集材料，煞费周章，因此使得大量珍贵史料得以保存。

比德进一步完善和规范了“基督纪元”纪年方法，将基督纪元固定地称作“我主纪年”，简缩为“AD”，是在历史著作中规范使用基督纪年的开始。此外还提示出了以基督诞生为标准向前推算历史年代的思路，为后来基督纪元体系的完善和发展作出了不可磨灭的贡献。

《史集》

拉施特（1247年—1317年），又译“拉希德丁”，全名拉施特丁·法兹勒阿拉赫·伊本·阿布勒海尔·阿里·哈马达尼，波斯著名历史学家。

14世纪初，拉施特担任伊利汗国宰相，奉伊利汗合赞和合儿班答之命，主持编撰历史巨著《史集》，历时十年编成。《史集》又名《集史》，是中世纪著名的世界通史著作，用波斯文写成。在编撰过程中，拉施特除亲自任主编和撰写部分内容外，还直接请教了蒙古、中国、印度等国各民族的学者。参考资料除了当时波斯、阿拉伯文有关著作如《突厥语词典》、《世界征服者史》外，还参阅了伊利汗宫廷所藏《金册》等档案。这使得《史集》具有极高的史料价值，被誉为“历史百科全书”、“中世纪最重要的文献之一”，成为研究中世纪蒙古、突厥及中亚、中国各民族历史、民族关系史、地区史、伊斯兰教史的重要文献。19世纪以来，该书被译成多种文字，为史学界所引用。

《佛罗伦萨史》

尼可罗·马基雅维利（1469年—1527年），意大利的政治哲学家、音乐家、诗人和浪漫喜剧剧作家，是意大利文艺复兴时期的一位巨人。

马基雅维利的《佛罗伦萨史》是文艺复兴时期人文主义历史学的巨著。全书共分8卷，每卷又分为若干章。在文章结构上，作者没有沿用以往排列史实的编年史写法，而是用具体生动的文笔记叙了意大利佛罗伦萨从建立城邦直到1492年止的历史；他一反以往教士修史充满宗教迷信的方法，而是运用人文主义观点，写人的历史，用人的行动来解释历史的发展变化，这也是《佛罗伦萨史》一书最重要的特点。书中提供的一些史料都非常生动，增强了作品的文学价值。

马基雅维利的学说发表后，引起了不同的反响：有些国家的大臣采用了这种治术，有的思想家发表著作与之呼应，但也遭到一部分人的反对。不过，这并不妨碍《佛罗伦萨史》成为一部著名的历史学著作。

精神世界的指引航标

人的种种行为需要受到精神思想的指引。作为一种群体活动的生物，原始社会时期生产力低下，人类在与自然界斗争时处于弱势地位，宗教就是在这样的背景下产生，并成为人们共同遵守的社会规范。宗教作为一种具有培养和加强人的社会性作用、使人的内心精神世界得到支撑的社会行为，成为社会的必需。随着人类社会历史的发展和文明程度的不断提高，人类更是需要寻求一种精神上的寄托、追求和指引。于是在社会生产和文化进步、科技革新等发展到一定程度时，哲学亦通过集体或个人的智慧总结而产生。它以一定的社会、自然、思想发展规律为基础，是人类人文发展的历史积淀，也是人类智慧的结晶，成为一种能够指导人们正确认识世界和改造世界的思想意识。一个群体或是人类一旦缺失了哲学思想的指导，就有可能在茫茫的人类历史发展过程中迷失自我，而误入歧途。心理学对心理现象进行了描述，对心理现象进行了说明，揭示了人类内心的发展规律，从而使人类更加深刻地认识了解自己。

因此，记载了诸多精神思想的相关著作，至今仍闪耀着智慧的光辉，成为现代人们的精神世界的指引者。

2

宗教

宗教学基本理论的重要内容之一，就是科学地、实事求是地全面研究和阐明宗教的社会作用问题。在人类社会发展过程中，宗教具有政治作用、道德教化作用、文化传播作用和社会交往作用等多层面的社会作用。正是由于宗教自身有着为人们所需要的特定功能及其社会作用，宗教现象才能够伴随着人类历史长期地存在，并将继续存在下去。

《般若波罗蜜多心经》

《般若波罗蜜多心经》是佛教经典，简称《般若心经》或《心经》。它由唐玄奘译，知仁笔受，为般若经类的精要之作。

现存该经的异译本共有六种，分别是：唐代法月翻译的《普遍智藏般若波罗蜜多心经》；唐代般若、利言等人译的《般若波罗密多心经》；唐代智慧轮翻译的《般若波罗蜜多心经》；唐代法成翻译的《般若波罗蜜多心经》；敦煌发现译本《唐梵翻对字音般若波罗蜜多心经》；宋朝施护翻译的《圣佛母般若波罗蜜多经》。其中把玄奘译本、失译本和敦煌本称为“小本”即只有正文。其余被称为“广本”，有序、正、流通三分。玄奘所译本为通常流行本。

全经主要阐述五蕴、三科、四谛、十二因缘等皆空的佛教义理，而归于“无所得”即不可得，认为般若能度一切苦，得究竟涅槃，证得菩提果。由于经文短小精粹，便于持诵，在我国内地和西藏均甚流行。近代该经又被译为多种文字在世界各地流传。

◎ 玄奘西行

玄奘自出家以后，便萌生过前往天竺学习佛法的计划，但多次都未实现。627年，玄奘终于由长安启程只身前往天竺，沿着西域穿过帕米尔高原，历经种种艰难险阻后到达天竺。在天竺的十多年间，玄奘跟随多位著名僧人学习佛法，向那烂陀寺的主持和印度佛学权威戒贤法师学习佛经。此后玄奘徒步考察了整个南亚次大陆，在一次佛学讲座中名扬天竺，被当地僧人尊称为“大乘天”。643年，玄奘启程回国，并将当地的约657部佛经带回中土。

《金刚经》

《金刚经》是佛教经典，全称《能断金刚般若波罗蜜经》，又称《金刚般若波罗蜜经》。此经由教主释迦牟尼佛亲口讲述，内容主要是和弟子须菩提的对话。复述者是阿难尊者，记录者是他座下弟子，翻译者很多，最通行的版本是鸠摩罗什译本。

●《金刚经》卷首图

《金刚经》是以一实相之理为体，以无住为宗，以断疑为用，以大乘为教相。此经的精髓在于卷末的四句偈文：“一切有为法，如梦幻泡影，如露亦如电，应作如是观。”它是以空、慧为体，主要说一切法无我的佛理，经中的篇幅适中，浩瀚与简略相当，历来弘传甚盛，尤其为惠能以后的禅宗所重视。《金刚经》的梵文译本在中国、日本、巴基斯坦、中亚等地都有发现，我国吐鲁番等地并有和阗、粟特等文字的译本出土。

《金刚经》也深受西方人的喜爱，当此经传入西方后就被译成多种文字。关于《金刚经》的释论也非常多。

《六祖坛经》

惠能（638年—713年），中国禅宗第六代祖师。

《六祖坛经》是我国佛教禅宗典籍，也称为《六祖大师法宝坛经》，简称为《坛经》，是由禅宗六祖惠能述说，弟子法海集录而成。坛经的内容主要记载了惠能一生得法传宗的事迹以及启导弟子的教训，文字通俗，内容丰富，是研究禅宗思想渊源的重要依据。由于历代辗转传抄版本众多，根据流通较广的金陵刻经处本，品目分为自序、般若、决疑、定慧、妙行、忏悔、机缘、顿渐、护法、付嘱等十品。

《六祖坛经》的中心思想是“见性成佛”，即所谓“唯传见性法，出世破邪宗”；认为禅者修禅的实践方法是“无念为宗，无相为体，无住为本”；主张“顿悟”说；强调“法即无顿渐，迷悟有迟疾”，“迷闻经累劫，悟在刹那间”；指出“法即一种，见有迟疾”，“法无顿渐，人有利钝”；还发挥了唯心净土思想。我国佛教教著作尊称为“经”的，仅此一部。

《抱朴子》

葛洪（284年—364年），字稚川，丹阳句容（今属江苏）人，两晋时学者、文学家。

《抱朴子》为葛洪撰，东晋道家理论著作，由“内篇”、“外篇”两部分组成。今存“内篇”20篇，论述神仙、炼丹、符箓等事，自称“属道家”。该书集汉晋金丹术之大成，并杂有医药、化学等知识，是研究我国古代道教史和科学技术史的重要资料。“外篇”50篇，论述“时政得失，人事臧否”，自称“属儒家”，反映了葛洪先儒后道的思想发展轨迹。“外篇”的撰写时间与问世，均早于“内篇”，另外“外篇”中的《钧世》、《尚博》、《辞义》、《文行》等篇，有关于文学理论批评的内容。

《抱朴子》在道家体系中具有重要地位，葛洪本人也被认为是道家的重要人物，影响了道家学派的发展。书中总结了战国以来神仙家的理论，将玄学与道教、神学与道学、方术与金丹、儒学与仙学纳为一体，确立了道教神仙理论体系。

《圣经》

《圣经》是基督教的经典，是教义和神学的根本依据，是生活在亚欧非三大洲交界处的古代希伯来民族数千年历史长河中集体智慧的结晶。《圣经》的成书是一个漫长、复杂而又神奇的过程，据考证先后有40多位作者。随着基督教的传播，《圣经》被翻译成各种文字，据说是现在被翻译最多的书。

《圣经》共66卷，分为《旧约》39卷和《新约》27卷。“约”是指上帝与人立约，《旧约》是上帝通过摩西与以色列人立约，《新约》是通过耶稣基督与人（相信的人）另立的新约，全称《新旧约全书》，现在都称为《圣经》。《圣经》内容包括有历史、传记、律法、诗歌、论述、书信等，收集了大量珍贵的文献史料和文学作品，从多方面反映了巴勒斯坦地区古代的经济、政治和思想状况，以及这一地区的人民在原始公社制末期至奴隶社会的生活和斗争。

同时《圣经》还是其他文学、美术、建筑、音乐等杰作的源泉，成为取之不尽的宝藏，至今仍有极高的阅读价值。

《塔木德》

《塔木德》是一本犹太人终生研读的书籍，是犹太教口传律法的汇编。《塔木德》分3世纪在巴勒斯坦编撰的耶路撒冷版和6世纪改订、增补后的巴比伦版，今天的《塔木德》指的巴比伦版。其主体部分成书于2世纪末至6世纪初，为公元前2世纪至5世纪数百年间犹太教有关律法条例、传统习俗、祭祀礼仪的论著和注疏的汇集，是犹太律法、思想和传统的集大成之作。

《塔木德》凝聚了千余年来2000余名犹太学者对本民族历史、文化、思想的发掘、思考和提炼，将分散于世界各地的犹太人紧紧联系在一起，成为整个犹太民族生活方式的航图，是世代犹太人的精神支柱。犹太人从《塔木德》中需求解答，获得灵感，看到希望。同时，《塔木德》也是其他民族走进犹太文化、接触犹太智慧的一扇必经大门。

《古兰经》

《古兰经》（旧译《可兰经》、《古尔阿尼》等），是伊斯兰教唯一的根本经典。它是穆罕默德在二十三年的传教过程中陆续宣布的“安拉启示”的汇集（穆斯林认为它是真主阿拉的语言，通过大天使吉卜利里传授给穆罕默德）。“古兰”一词系阿拉伯语“Quran”的音译，有“宣读”、“诵读”或“读物”之意。

《古兰经》共有30卷，114章，6236节，每一章以一个阿拉伯词语作为名词。它的全部内容确立了伊斯兰教的基本教义和制度，同时也反映了穆罕默德时代阿拉伯半岛希贸兹地区的社会现实和伊斯兰教传播过程中的斗争情况。因此《古兰经》不仅是一部宗教经典，更是关于人类社会的法则。

《古兰经》表现了6世纪和7世纪初期，阿拉伯人的理性生活和文艺生活，那个时期中的典雅的文章、各种的旨趣和文体，都是以《古兰经》为先导。加之《古兰经》是阿拉伯语文中第一部典籍，所以研究阿拉伯文学史的人，必须研究《古兰经》。

《上帝之城》

奥古斯丁（354年—430年），古罗马帝国时期基督教思想家，欧洲中世纪基督教神学、教父哲学的重要代表人物。

《上帝之城》是奥古斯丁的一部晚期著作，全书共22卷，可分为两大部分。前10卷为第一部分，主要批驳异教徒对基督的责难，重新认识罗马史，认为罗马的毁灭是咎由自取，与基督教无关。后12卷为第二部分，较为系统地阐述历史观：第十一卷至第十四卷阐述人类社会的起源，或“上帝之城”与“世俗之城”的来源；第十五卷至第十八卷阐述人类历史的发展过程；第十九卷至第二十二卷阐述人类历史的结局。

《上帝之城》篇幅巨大，其中的内容融会了奥古斯丁一生中的主要思想，因此可以说是“奥古斯丁思想的成熟之花”，是他一生思想的结晶，在整个中世纪对基督教学说和观点产生了深刻的影响。

《论三位一体》

《论三位一体》为奥古斯丁所著。在书中，奥古斯丁从基督教神学的观点出发，同时吸收了新柏拉图哲学的思想形成神学哲学，认为在神的启示下的哲学真理具有直接意识的权威。奥古斯丁从上帝三位一体自身的角度来阐述神人关系，认为圣父、圣子、圣灵不可分割，同为一个实体。同时，他也论述了人类灵魂实体通过内省获得的事实，以及自我的感觉情绪是真实存在，不容怀疑的，认为记忆、理智（理解）和意志三者是灵魂的主要官能，这三者是一种活动，从一个心灵所发出，在经验上形成统一体。不过，三者中意志的作用尤为重要，同时又是各自独立活动的。这就成为中世纪广为流传的神学官能心理学思想。

奥古斯丁的思想，不仅为后来的经院哲学家托马斯·阿奎那继承发展（提出“二重真理说”），而且得到17世纪法国笛卡儿进一步发展（提出心物两者独立的二元论），其内省概念也成为后来内省主义的先驱思想。

《神学大全》

托马斯·阿奎那（约1225年—1274年），出生于意大利，是中世纪基督教神学家，经院哲学最著名的代表人物。他成功地将基督教的神学思想和亚里士多德的哲学融为一体，建立起庞大的经院哲学体系。

《神学大全》是托马斯撰写的最知名的著作，是基督教自中世纪以来最重要的教学基础，是必读的古典书籍。它是将神学知识加以论证和系统化的书籍，共分为三个部分：第一部分论述了上帝；第二部分论述了人的行为；第三部分论述了基督。书中以亚里士多德式的逻辑，从哲学的认识论、本体论的角度，深刻阐释了上帝、灵魂、道德、法和国家。

在托马斯去世后，雷钜纳神父将其论作梳理成大全的补编，详实讨论了所有天主教信仰中的主要教义。数百年来，《神学大全》拥有世界各主要语言的版本，几乎每隔一段时间就有修订本的问世。因此被誉为第二个一千年中，对人类文明历程最有贡献的著作之一。

《圣训明灯》

“圣训”，是阿拉伯语“哈底斯”的意译，指的是先知穆罕默德的言行录，它在伊斯兰教中的重要性仅次于《古兰经》，是伊斯兰教的第二法源。

◎ “六大家”圣训集

9世纪，圣训的编辑整理工作更加成熟、辉煌，被后人誉为著名“六大家”的圣训集，都是在这一时期先后呈现的，它们分别是：《布哈里圣训实录》（编者布哈里，810年—870年）、《穆斯林圣训实录》（编者穆斯林，821年—874年）、《艾布·达吾德圣训集》（编者艾布·达吾德，817年—889年）、《提尔密济圣训集》（编者提尔密济，824年—892年）、《伊本·马哲圣训集》（编者伊本·马哲，824年—887年）、《奈萨仪圣训集》（编者奈萨仪，839年—915年）。

《古兰经》是伊斯兰教的立法原则，是穆斯林在宗教领域与世俗生活中立法制宪最主要的依据。但是人们学习《古兰经》时，常常对其深刻的含义体会不准确，而“圣训”是对天经的具体阐述，是理解和贯彻《古兰经》最可靠、最权威的辅导材料。

《圣训明灯》即是汇集了六大圣训集等各大圣训经的精华。这是一部中世纪流行于伊斯兰教逊尼派的著名的圣训选集，原名《麦萨比哈》，最初的编辑者是呼罗珊圣训学家艾布·穆罕默德·侯赛因·本·麦斯欧德·百格维，后来由波斯的晒海瓦利丁·穆罕默德圣训学家增补，重命名《米施卡特·麦萨比哈》，全书共选圣训5945段，分门别类，被辑为25篇，299章。

《论宗教》

弗里德里希·施莱尔马赫（1768年—1834年），又译为“士来马赫”，德国基督教新教神学家、哲学家。他以神学思想为中心，探讨了历史、伦理、哲学等方面的问题，对新教神学思想的发展产生了深远影响。主要著作有《论宗教》、《独白》、《批判至今为止的伦理学说》等。

《论宗教》问世于1799年。施莱尔马赫以个人主义情感来说明宗教的起源及其普遍性和必然性，认为宗教是“从有限中获得的对无限的感觉”，宗教就是人类普遍具有的“绝对依存感”。他认为这种情感是普遍存在的，但在基督教里得到了最充分的体现。人从这种情感中，领受上帝之实在性，而对上帝的意识，只在耶稣基督中得到最完整的体现。因此，基督教是宗教之最高形式。

施莱尔马赫的这种阐释方式，使宗教脱离了形而上学和道德学的领域，同时开创了宗教哲学非理性主义的传统，成为宗教人本学的先驱。

《基督教的本质》

路德维希·安德烈斯·费尔巴哈（1804年—1872年），19世纪德国唯物主义哲学家，德国古典哲学最后一个伟大代表。

《基督教的本质》是费尔巴哈的重要宗教哲学著作。全书从人本学唯物主义的立场出发，分三部分，第一部分是《导论》，概述人和宗教的本质；其余两部分论述了宗教的人本学本质以及批判宗教的神学本质。书后附有费尔巴哈续写的解释、注释和引证。1841年，该书在莱比锡首次出版，两年后发行第二版，1848年第三版编入《费尔巴哈全集》第七卷，并于50年代至60年代先后出版法文、英文和俄文等译本。

● 马克思与恩格斯

《基督教的本质》一书问世后在德国思想界产生了巨大影响，还影响到了旅居法国的德国工人。恩格斯说它直截了当地恢复了唯物主义的决定性地位。同时，马克思和恩格斯也分析批判了著作所表现出来的人本学及宗教哲学的局限性。

《宗教学导论》

弗雷德里赫·麦克斯·缪勒（1823年—1900年），英国语言学家，西方宗教学的创始人。

麦克斯·缪勒将比较语言的方法运用到宗教研究中，创立了比较宗教学。他一生著述甚丰，主要有《吠陀与波斯古经》、《比较神话学》、《中国的宗教》等等。此外，麦克斯·缪勒从1876年起开始主持编译《东方圣书集》，完成了51卷，该书较为系统地收集和翻译了东方古代宗教经典，极具学术价值。

在麦克斯·缪勒的众多著作中，最具有影响力的当属《宗教学导论》。1870年2月至3月，麦克斯·缪勒在英国科学研究所作了关于宗教学的讲座，共四次，讲演词经过一些删节后，发表在同年的《弗雷瑟杂志》上。1873年，麦克斯·缪勒将其结集出版，补充删节内容，并增加《注解和例证》，定名为《宗教学导论》。书中首次提出“宗教学”这一概念，因而被国际学术界公认为是西方宗教学的奠基性著作。

《宗教经验之种种》

威廉·詹姆士（1842年—1910年），美国哲学家、心理学家，美国机能主义实用主义哲学和心理学的先驱，美国心理学会的创始人之一，1875年建立美国第一个心理学实验室。他在哲学界提倡时效主义，在心理学领域提出关于情绪的学说。其主要著作有《心理学原理》、《对教师讲心理学和对学生讲生活理想》、《实用主义》、《多元的宇宙》、《宗教经验之种种》等。

《宗教经验之种种》是一部从个人经验角度观照宗教作用的著作。作者以伏尔泰、惠特曼、爱默生等思想家的宗教经验为例，对皈依、悔改、神秘主义等宗教经验进行了深入探讨。虽然讨论的是严肃的宗教哲学问题，但是书中分析了大量的个体传记资料，叙述生动，情节跌宕，充满了小说的趣味。

美国宗教哲学家约翰·史密斯曾评价：“本世纪有关宗教题材的著作，就最初轰动和持续影响而言，没有哪一部能与威廉·詹姆士的《宗教经验之种种》相媲美。”

《宗教生活的基本形式》

爱米尔·迪尔凯姆（1858年—1917年），又称涂尔干，法国社会学家，社会学的奠基人之一。

《宗教生活的基本形式》是迪尔凯姆的最后一部巨著，反映出迪尔凯姆晚年思想的重要转向。此书于1912年出版，书中援引了大量人类学资料，从图腾制度出发，讨论了宗教生活构成的基本原理以及命题，归结出一个社会构成的最基本要素有神圣与世俗之分、图腾崇拜、仪式、节庆活动、氏族等要素。书中论述了宗教的基本特征，对传统宗教起源作了批驳，并从信仰和仪式两方面对澳大利亚氏族社会中原始宗教特征做了描述和分析，揭示了宗教的起源和基础。从书的结论部分可以看出，迪尔凯姆是在运用他的“社会事实”的概念以及“社会有机体论”的框架对宗教问题进行分析的。

《宗教生活的基本形式》堪称迪尔凯姆所有作品中最精湛的作品，也是最能代表其思想取向的文献。

《道德与宗教的两个来源》

亨利·柏格森（1859年—1941年），法国哲学家。其著作文笔优美，思想富于吸引力，曾获诺贝尔文学奖。

《道德与宗教的两个来源》一书是柏氏最重要的宗教著作之一，出版于1932年，是经过多年潜心研究而完成的有关道德和宗教问题的专著。

该书是柏氏哲学思想在人文社会领域的一次集中运用，这一运用使“柏格森哲学”的完整体系得以形成。因此该书成为了解柏氏关于社会问题的见解的首要著作。

在书中，作者对道德与宗教存在的依据和性质进行了探讨。根据柏氏的考察，道德的来源有两种：一是作为“义务”的道德；一是作为“抱负”的道德。这两种道德形式都是应生命进化的要求而产生的。作者认为，宗教是自然为对付“理智”所可能带来的危险而采取的一种防范手段，其在本质上也是生物学的。

《新教伦理与资本主义精神》

《新教伦理与资本主义精神》为马克斯·韦伯（1864年—1920年）著，最初以论文形式发表（1904年—1905年），1920年被收入《宗教社会学论文集》第一卷。1930年经帕森斯翻译出版后广泛流传。

韦伯在该书的“导论”中，简要地说明了他的研究目的和基本着眼点，并且还以谦虚的态度提醒读者不要过分夸大他所作研究的价值。韦伯提出了一个知名的论点，那就是清教徒的思想影响了资本主义的发展。一般宗教的传统往往排斥世俗的事务，尤其是经济成就上的追求，但这种观念并没有发生在新教里。韦伯在书中解释了这个悖论，进而得出近代资本主义的产生于新教伦理有这一种内在亲和关系的结论。这一思想不仅奠定了韦伯宗教社会学理论的基本框架，而且成为理解其整个社会学思想体系的主线。

这部著作的"注释"部分篇幅很长，其重要性不亚于正文，有些注释长达几千字。英译者帕森斯也为该书加入了一些注释。

《神圣者的观念》

鲁道夫·奥托（1869年—1937年），德国宗教学家、哲学家、基督教神学家。他的研究领域包括西方哲学、系统神学、《新约》和《旧约》宗教史学、印度学等问题，其对"神圣"这一宗教范畴的研究影响深远，对宗教现象学的发展创造了条件。代表作有《神圣者的观念》、《路德的圣灵观》等。

《神圣者的观念》中反映了奥托对"神圣"的理解，作者从宗教哲学和宗教心理学意义上深化了对"宗教之人"的认识，启发人们从"神人交感"这种神秘的体验上来揭示宗教现象的神秘。全书的内容具体包括：理性与非理性、"神秘"与"神秘者"、"神秘者"的诸因素、"令人畏惧的神秘"、"类比和联想感受"等21章内容。

奥托在书中对宗教感情作出了经典的论述："此类感情或许有时犹如一阵和缓的潮汐连绵而来"，"也许过后又变成了一种更稳定、更持久的心灵状态"，"它有其野蛮的、恶魔般的形式，能沦为一种近乎狰狞的恐怖与战栗"。

哲学

哲学到底是什么，这个问题至今尚未有定论，因为这个问题实在是太大、太难了。哲学承担着非常艰巨的任务，它要处理的是科学方法迄今还不能够解决的问题，诸如善与恶、美与丑、秩序与自由、生与死等。它是对未知事物的假说性解释（如形而上学），或是对不确切认识的事物的假说性解释（如伦理学或政治哲学），它是追求真理的开路先锋。哲学具有一种乐趣，即便是形而上学的海市蜃楼，也具有引人入胜的魅力，柏拉图称之为"那种可爱的娱乐"，比肉欲的享受和世俗的追求要高尚得多。

《周易》

《周易》，又名《易经》。周易古经成书于殷周之际，春秋战国时期孔子及其弟子熟读周易古经，创作《周易大传》。《周易大传》是一部通过一定的筮法起卦和占断的占筮书，即利用六十四卦和三百八十四爻的变化来预测吉凶，但在其神秘的形式中蕴涵着较深刻的理论思维和朴素的辩证观念。《周易》将蕴藏在占筮之中的哲理提出来，并且发挥得淋漓尽致，使之成为一本内容关乎宇宙和人的充满伟大哲理的书，标志着哲学从神学中脱胎出来的人类新觉醒。

自汉武帝废黜百家独尊儒术之后，《周易》一跃而为“六经”（诗、书、礼、乐、易、春秋）之首，成为中国传统文化的首要代表。《周易》，包括经（易经）和传（易传），作为一本充满着中国古代人智慧的重要经典，其中的思想已经渗透到中国人生活的方方面面。

《道德经》

老子（约前600年—前500年），姓李名耳，字伯阳，春秋时期楚国人，我国古代著名的思想家。

◎《道德经》中的宇宙观

“道生一、一生二、二生三、三生万物。”

“有物混成，先天地生。寂兮寥兮，独立不改，周行而不殆，可以为天下母。吾不知其名，字之曰道，强为之名曰大。大曰逝，逝曰远，远曰返。道大，天大，地大，王大。域中有四大，而王处一。人法地，地法天，天法道，道法自然。”

“无，名天地之始；有，名万物之母。故常无，欲以观其妙；常有，欲以观其徼。此两者同出而异名，同谓之玄。玄之又玄，众妙之门。”

“天下万物生于有，有生于无。”

“有无相生，难易相成，长短相较，高下相倾，音声相和，前后相随。”

《道德经》，原称《老子》，又称《道德真经》、《五千言》，传说是老子（似是作者、注释者、传抄者的集合体）所撰写，是道家哲学思想的重要来源。《道德经》分《道经》和《德经》两大部分，分为81章。虽然仅五千言，却包含着十分丰富深刻的哲学思想，是中国历史上首部完整的哲学著作。老子哲学的核心是“道生万物”的宇宙生成说，把宇宙看成是一个自然产生、自然演变的过程，天地万物是依照自然的规律发展变化的，而“道”是世界的本原。老子思想的精髓是他的朴素辩证法思想，认为天地万物都是相反相成的。另外，提出“无为而治”的政治主张和“小国寡民”的历史观。

● 老子

老子的哲学思想影响了其后中国哲学史的发展，以及整个封建社会的意识形态。

《墨子》

墨子（前468年—前376年，一说前479年—前381年），中国先秦墨家学派创始人。关于墨子的生平，司马迁在《史记·孟子荀卿列传》中仅有寥寥数语记录："盖墨翟宋之大夫，善守御，为节用。或曰并孔子时；或曰在其后。"

战国末期，墨家后学将该学派的著作汇成《墨子》（又称《墨经》或《墨辩》）一书。据《汉书·艺文志》载，当时《墨子》有71篇，现仅存53篇。《墨子》的内容广博，包括了政治、军事、哲学、伦理、逻辑、科技等方面，是研究墨子及其后学的重要资料。

《墨子》一书，文章逻辑严密，论证有力，语言质朴有说服力。书中记录了前期墨家"尚力"、"非命"与"天志"、"名鬼"的思想矛盾，阐明了以"众之耳目之实"为认识来源的唯物主义经验论以及"兼以易别"的社会观，反映了后期墨家在认识论、逻辑学和自然科学方面的重要贡献，在我国哲学史和逻辑史上均占有重要的地位。

《孟子》

孟子（约前372年—前289年），名轲，字子舆，战国中期邹国人，著名的思想家、政治家、教育家。

《孟子》是儒家经典之一，记述了孟子及其弟子的言论，由孟子及其门人所著。《孟子》现存7篇，具体内容大力宣扬孔子学说，把孔子的"仁学"思想发展为"仁政"学说，还提出"性善论"，作为"仁政"学说的理论基础；他主张法尧舜，制井田，提倡"尚贤"、"薄赋"、行"王道"；在君民关系上，他主张"民贵君轻"。孟子传承和发扬了孔子的儒家思想，其思维的广度，给人以聪慧的点拨，特别是《孟子》中许多关于事物辨析性的语句，不仅显露了孟子的风采，而且闪烁出朴素的哲学思想的痕迹。他对如何做人有着充满智慧和哲理的论述和阐释，形成了独立的人生哲学。

南宋朱熹将《论语》、《孟子》，以及《大学》、《中庸》合称为《四书》。宋神宗熙宁四年（1071年），《孟子》首次被列入科举考试科目，成为中华民族传统文化精华之一。

《中庸》

《中庸》是儒家经典"四书"之一，原是《礼记》第三十一篇，内容写成约在战国末期至西汉之间，宋朝的儒学家对其思想内容非常推崇，将其从《礼记》中抽出独立成书。关于《中庸》的作者尚无定论，一说是子思，一说秦代或汉代的学者所作。

《中庸》一书是儒家阐述“中庸之道”，并提出关于人性修养的理论著作。书里强调“中庸之道”是人们片刻也离不开的。“中庸”在字面的解释是“执中”，而“执中”又当求“中和”，在一个人还没有表现出喜怒哀乐时的平静情绪为“中”，表现出情绪之后经过调整而符合常理为“和”。

中庸之道是很难达到的完美境界，若要实行“中庸之道”，必须尊重天赋的本性，还有依靠后天的学习，这正是《中庸》所说的“天命之谓性，率性之谓道，修道之谓教”。

《论衡》

王充（27年—约97年），字仲任，会稽上虞（今浙江上虞）人，东汉时期杰出的唯物主义思想家。

王充所作的《论衡》，约成于汉章帝元和三年（86年），现存文章85篇，是一部闪耀着朴素唯物主义思想光辉的哲学著作。《论衡》一书，首先破除了对天神的迷信。东汉时期，儒家思想在意识形态领域里一直占有支配地位，那时的儒家思想掺进了谶纬学说和神秘主义色彩，使儒学变成了“儒术”。《论衡》就是对这种儒术和谶纬说进行批判。书中从自然主义唯物论出发来论述整个社会历史发展，论述微言大义，解世俗之疑，辨是非之理，是评定当时言论价值的天平。

《论衡》极具战斗性，涉及自然科学、哲学、伦理学、宗教和社会国家生活等诸多方面，阐明了以唯物主义为基本特征的世界观，明确表达了其著书目的“冀悟迷惑之心，使知虚实之分”。因此，它是一部不朽的唯物主义文献。

《奥义书》

《奥义书》是印度最经典的古老哲学著作，是一部用散文和韵文阐发印度教最古老的吠陀文献的思辨著作。现在已知的《奥义书》约有108种之多，最早的出现于公元前9世纪左右，较晚的产生于公元后。较早的《奥义书》有《广林奥义书》、《歌者奥义书》、《他氏奥义书》、《由谁奥义书》等13种。

◎《吠陀》

《奥义书》是印度古代哲学典籍《吠陀》的最后一部分。《吠陀》是印度上古时期的文献总集，包含了人类最早的文明史迹和文学创作，为研究人类文明进程提供了丰富的资料，历来被认为是印度教最古老的经典，奠定了印度宗教、哲学、文学和文明的基础。作品产生年代可上溯到公元前1500年，最晚约在公元前6世纪。“吠陀”含有“知”、“知识”的本义，狭义的“吠陀”指最古的四部集，广义指四部本集及附加文献（主要包括由散文写成的《梵书》、《森林书》、《奥义书》等）。

“奥义书”顾名思义，即含义深刻的典籍。《奥义书》中记载印度教历代导师和圣人的观点，并提出“梵我和一”理论，根据这一理论，在所有不断变化着的物质形式背后，是永恒的，无始无终、无边无际的“梵”。《奥义书》是千年不衰的印度圣书，它不仅是古代印度圣贤对弟子进行传道授业的秘传，并且还是印度人思考自我和宇宙的源泉。印度的宗教哲学多是从其发展而来，几千年来对印度文化和西方文化均产生了巨大影响，因而有印度的《论语》和东方的《沉思录》之誉。

《理想国》

柏拉图（约前427年—前347年）。古希腊伟大的哲学家，也是西方哲学乃至整个西方文化最伟大的哲学家和思想家之一。

《理想国》一书是柏拉图的一篇重要对话录，书中涉及柏拉图思想体系的各个方面，包括哲学、伦理、教育、文艺、政治等内容，主要是探讨理想国家的问题。柏拉图的理想国是人类历史上最早的乌托邦。柏拉图以苏格拉底之口，通过与他人对话的方式设计了一个真、善、美相统一的政体，即可以达到公正的理想国。柏拉图指出理想国里的统治者必须是哲学家，他认为现存的政治都是坏的，只有真正的哲学家才能拯救当时城邦所处的危机，而人类的真正出路即在于哲学家掌握政权。这种信念成为柏拉图成熟的政治哲学体系的核心。他眼里的“哲学家”有着特殊的内涵：哲学家是最高尚、最有学识的人，而这种贤人统治下的政体才是最好的政体。因此，只有以哲学家为国王的国家才是最理想的国家，这个国家就是存在于天上的模范国家。

● 亚里士多德塑像

《形而上学》

亚里士多德（前384年—前322年），古希腊最伟大的思想家、哲学家，还是一位百科全书式的科学家。柏拉图称其为“学园之灵”，恩格斯称其为“最博学的人”。

亚里士多德对古希腊人已知的所有学科的知识进行了整理，并提出创造性见解。而作为一位哲学家，他对哲学的几乎每个分支学科都作出了贡献。《形而上学》便是叙述了亚里士多德哲学体系的一部重要著作，成为诸多西方哲学家获取灵感的源泉之一。全书共14卷，是亚里士多德的学生根据其笔记整理而成，书中重点阐述了存在论、目的论的宇宙体系等问题。亚里士多德认为，事物被称为“存在”有偶然的属性、必然的本质、确实性以及潜在性四种意义，由此引出亚里士多德形而上学的核心，既实体学说。

亚里士多德的思想对西方文化的根本倾向和内容产生了深远的影响。他的《形而上学》是西方思想传统中最重要的经典文本，从根本上奠定了西方哲学思想的基本概念和问题。

《物性论》

卢克莱修（约前99年—前55年），古罗马哲学家。

《物性论》是卢克莱修的哲学长诗，于1473年整理出版，是现存唯一一部系统阐述古希腊、古罗马的原子唯物论的著作。在此之前的原子论哲学家留基波和德谟克利特只留下一些残句，伊壁鸠鲁也只留下三封信札和一些格言。卢克莱修不仅系统地论述了伊壁鸠鲁的哲学，还以自己精确的观察、丰富的科学知识和卓越的诗歌技巧，使这个哲学获得了新的生命。全书共6卷，依据德谟克利特开创的原子唯物论，用大量事实阐明了伊壁鸠鲁的学说，批判了灵魂不死、轮回说及神创论，将朴素唯物主义的观点贯彻于自然、社会和思维领域，在与唯心主义学说的斗争中丰富了唯物主义和辩证法思想。书中还表现出生物进化论的思想。

《物性论》一书是对古代原子论哲学的最完善、最有系统的论述，对研究原子唯物主义有重要的参考价值，并对唯物主义的发展产生了深远影响。

《圣教论》

乔荼波陀（约640年—690年），吠檀多不二论早期的奠基人，较系统的表述者。其主要著作有《蛙氏奥义颂》（又称《圣传书》）等。

《圣教论》是乔荼波陀的作品，也是当代印度哲学流派——吠檀多派的经典和权威性哲学著作。《圣教论》全书用颂诗体裁写成，共四章，215颂。分别为圣教章第一（39颂）、虚妄章第二（38颂）、不二章第三（48颂）、炭灭章第四（100颂）。纵观《圣教论》四章内容，可以看出乔荼波陀是在努力构建一个与《奥义书》中解释不同的全新的吠檀多理论体系，这个体系基本上包括本体论、认识论、方法论、范畴论、解脱论或目的论等内容。书中专门为《蛙氏奥义》作了注解，阐释了奥义书哲学。乔荼波陀对奥义书哲学和佛家大乘学说深入研究，于本书中提出一系列新的见解，构建了一个新的多哲学体系。因此说，本书不仅是一部关于《蛙氏奥义》的权威注释，也是一部自成体系的古印度哲学专著。

《新工具》

《新工具》是近代欧洲哲学中关于科学的认识理论和方法的重要著作，作者为弗兰西斯·培根。全书的内容包括序言和两卷正文。

在序言中，培根说明了写作的目的，即给人类的理解开辟一条新的途径。上卷有箴言130条，着重分析批判经院哲学，提出著名的“四假相说”。“四假相说”具体包括种族假相、洞穴假相、市场假相、剧场假相四种，是妨碍人们正确认识的错误观念。下卷有箴言52条，阐述了培根的唯物主义自然观，尤其是关于简单性质和形式的理论，论证了归纳法得以实施的基础。在运用归纳法时，他使用“三表法”，归纳出一个肯定、真实、定义明确的结果。

《新工具》论述了唯物主义经验论哲学思想，提倡运用实验调查法，创立了自然科学的归纳法，称之为“新工具”，用来区别于亚里士多德以演绎法为主的《工具篇》。此书奠定了近代归纳逻辑的基础，开启近代唯物主义经验论之先河，是欧洲近代哲学史上第一部系统批判中世纪经院哲学、探讨科学认识方法的不朽著作。

《哲学原理》

笛卡尔（1596年—1650年），法国伟大的哲学家、物理学家、数学家、生理学家，解析几何的创始人。

笛卡尔的《哲学原理》可谓是近代哲学的奠基之作，同时也是法国新兴资产阶级创立新哲学的标志，在欧洲哲学史上具有重要意义。笛卡尔在书中批判了经院哲学，重视认识论和方法论的研究，以理性主义反对经院哲学的信仰主义，以理性的演绎法代替经院哲学的繁琐推理，这使他成为唯理论的创立者。他在书中提出的哲学思想，促进了科学和认识的发展，为以后法国和欧洲大陆的哲学开辟了广阔的空间和多元化发展的方向，也为人类哲学思想的发展开辟了新的道路。

在《哲学原理》中，笛卡尔还提出怀疑一切的“系统怀疑的方法”，提出“我思故我在”的原则，强调不能怀疑以思维为其属性的独立的精神实体的存在，并论证以广延为其属性的独立物质实体的存在。

◎ 我思故我在

“我思故我在”是笛卡尔哲学的第一原理，也是其哲学思想最集中的凝练表述。笛卡尔从各种感觉的怀疑入手，指出依照普遍怀疑的原则，人们可以对所有一切提出质疑：可以设想没有上帝、苍天、物质，甚至可能没有人的身体。但是在怀疑这些事物的真实性时，却不能假设人类本身是不存在的，也就是说，唯一不能怀疑的就是“我在怀疑”。因为怀疑怀疑者的存在是一个自相矛盾的命题。“我”在怀疑时表明了思想的运行，因此这个正在思想的自我是存在的。我思故我在，成为一个有逻辑判断的人能体会到的第一个确定知识。

《人类理智论》

约翰·洛克（1632年—1704年），17世纪英国著名的政治思想家、哲学家和教育思想家。

《人类理智论》是洛克一生中最重要的哲学著作，于1690年出版。书中阐述了洛克的哲学认识论体系，主张将人类理智自身的考察作为哲学的开端，同时探讨了人类知识的起源以及范围，对天赋观念说进行了批判，肯定知识直接来源于经验，并在系统论证中提出了第一性的质和第二性的质的学说。洛克强调人的理性是有限度的，这也是他写《人类理智论》的根本宗旨。此外，洛克还非常有远见地看到了语言、符号在人的认识中的作用和影响。他在书中的整个第三卷专门讨论了这一问题。

《人类理智论》一书对18世纪法国唯物主义哲学及休谟、康德等人产生了深刻的影响。洛克哲学的坦诚、谨慎、不妄作结论的风格及勇于探索的精神，鼓舞了整个18世纪乃至19世纪思想家前进的勇气。

《哲学通信》

《哲学通信》是法国启蒙思想家伏尔泰的重要哲学著作。出版于1734年，伏尔泰在生前曾多次修改并做重要补充，因此《哲学通信》无疑是伏尔泰的政治思想的最好入门书。

《哲学通信》以书信形式撰写而成，共21封信，每封信讨论了一个方面。书中伏尔泰向读者介绍培根、洛克和牛顿的思想，从而表达出自己的哲学思想，宣扬了自然神论和开明的君主制度。伏尔泰以其繁睿的、深刻的哲学视觉，才华横溢的笔触，对哲学、宗教、自然科学、文学、历史等学科，进行了不偏不倚而又犀利深刻的评述。他的论点大胆新颖，充分体现了保持平衡的主导思想，恰当地辨别了各个方面的“优缺点”：如牛顿的伟大与迷信；英国悲剧的无趣味，却刺激了法国戏剧界，等等。《哲学通信》一书是伏尔泰众多著作之中最受人喜爱的、影响最大的作品，被人们称为“投向旧制度的第一颗炸弹”。

《人性论》

大卫·休谟（1711年—1776年），英国哲学家、历史学家，经验主义哲学心理学代表之一，欧洲不可知论的著名代表。

休谟的主要哲学著作《人性论》是在1734年到1737年间，在法国居住时写的。共分为四个部分，分别是引论和论知性、论感情、道德学三卷。前两卷出版于1739年，第三卷出版于1740年。第一卷讨论了人的观念问题，第二卷讨论了理性的对立面，即情感问题，第三卷又对道德学问题进行研究。书中最重要的部分是《关于知识和或然推断的论述》一节。休谟认为，因果关系是人为的，人的因果性观念完全来自感觉经验中对“相似性”例证的观察，因此不具有确实性。但休谟并没有批判习惯，他指出“习惯就是人生的伟大导师”，是对人类有益的。

《人性论》发展了贝克莱哲学，它的经验主义、怀疑主义以及不可知论对康德以后的西方哲学产生了广泛、深远而又复杂的影响，成为西方哲学著作中的经典。

《纯粹理性批判》

伊曼努尔·康德（1724年—1804年），德国哲学家、天文学家，星云学说的创立者之一，德国古典唯心主义的创始人。康德与柏拉图、奥古斯丁一起，被人们称为“永不休止的哲学奠基人”。

《纯粹理性批判》是康德的代表作，是一部篇幅巨大、艰深难懂而又具创造性的哲学名著。所谓“纯粹理性”，指的是独立于一切经验的理性；所谓“批判”，是指对这种纯粹思辨的理性进行考察，从而为建立一个科学的形而上学奠定基础。书中围绕“先天综合判断如何可能”这个问题，通过对先天直观形式以及先验知性范畴的考察，说明数学、自然科学是如何可能的，然后通过对理性的纯粹推论的考察提出了自然科学是如何可能的，接着提出将知性范畴运用于理性推论必然导致的二律背反，由此确立了现象与本体的“二元论”。

康德的《纯粹理性批判》是西方哲学史上一本具有划时代意义的著作，它推翻了旧形而上学的统治，被称作哲学上的“哥白尼革命”。

《逻辑学》

格奥尔格·威廉·弗里德里希·黑格尔（1770年—1831年），德国古典哲学最著名的代表。他的主要哲学著作有《精神现象说》、《逻辑学》、《哲学全书》等。

《逻辑学》是黑格尔的主要哲学著作之一。为了区别于他的另一部著作《哲学全书》的第一部分“逻辑学”，通常称《逻辑学》为“大逻辑”、后者为“小逻辑”。《逻辑学》由客观逻辑和主观逻辑两部分组成：客观逻辑包括“存在论”和“本质论”，这两编分别出版于1812年和1813年；主观逻辑即“概念论”，1816年出版。《逻辑学》既是一部关于唯心主义辩证法的著作，也是一部阐述认识论的著作，因为黑格尔认为，辩证法也是绝对理念自我认识的基本规律和原理。《逻辑学》一书体现了逻辑、认识论和辩证法的统一。

黑格尔的《逻辑学》受到马克思、恩格斯和列宁的重视，马克思在写《资本论》时，即运用了《逻辑学》中辩证方法的思想。

《非此即彼》

● 亚瑟·叔本华

索伦·克尔凯郭尔（1813年—1855年），19世纪丹麦哲学家、神学家，是现代西方存在主义和存在哲学的思想先驱之一。

《非此即彼》是克尔凯郭尔的代表作，为一部主要讨论美学的哲学作品，由四篇各自独立而又内在统一的文章组成。“性爱或音乐性爱诸阶段”阐明了莫扎特的歌剧《唐璜》何以是一部经典音乐作品而不可能被超越的问题；“影子戏”讨论了《唐璜》和歌德作品《格拉维各》、《浮士德》中四个女人的性格中体现的“反思性悲伤”主题；《初恋》对斯格里博的独幕戏剧《初恋》进行评论，并探讨了其创作艺术的种种问题；《勾引者日记》描述了“勾引者”精致的心理过程。作者在全书中阐明了自己的美学思想，引进了“勾引者”这一关键词，还原了人类恰切的原始心理，因此成为现代哲学向“作为个体的个人”方向转变的开创者。

《精神现象学》

《精神现象学》是德国哲学家黑格尔全部著作最有独创性的作品，同时还是在整个西方哲学历史上最富于新颖独创性的著作之一。

黑格尔的《精神现象学》是他所处时代的精神的反映，黑格尔用哲学的方式表达了他自己的政治态度和阶级立场。在书中黑格尔分析了他所关心的政治局势，即法国革命，指出“绝对自由和恐怖”是由上一阶段注重抽象理智和自由平等，以及个人权利的启蒙运动的必然结果，而它又必然会过渡到无自由、靠武力镇压和个人专制的反面。因此他对于主观任性的自由和各种各样的个人主义，采取了比较接近资产阶级民主的态度，分析批判意识形态发展过程中应受到扬弃的历史发展过程，强调伦理的国家和全体。

本书集中体现了黑格尔的超常哲学才华，形成一个庞大而有机的哲学体系，奠定了黑格尔哲学王位的坚实基础。

《哲学的贫困》

卡尔·海因里希·马克思（1818年—1883年），德国政治家、革命家、哲学家，马克思主义的创始人之一，国际无产阶级运动的领袖。

《哲学的贫困》是马克思于1847年写成并发表的哲学著作。本书是用来批判普鲁东（1809年—1865年）于1846年发表的《贫困的哲学》（又名《经济矛盾的体系》）的。这部重要著作是马克思主义经典文献中发表最早的文本，以马克思的看法，马克思主义的新世界观以及马克思主义经济科学的“决定性的东西”，都是通过这一文本首次公开问世的。它首次运用马克思主义的哲学观点研究经济现象，并在历史唯物主义的基础上阐明了政治经济学的对象、方法和范畴，因此它标志着崭新的为无产阶级利益服务的马克思主义政治经济学的诞生，也标志着政治经济学领域中的马克思主义时代已经开始。《哲学的贫困》是马克思主义政治经济学发展过程中一个具有决定意义的阶段。

《德意志意识形态》

弗里德里希·恩格斯（1820年—1895年），德国哲学家，马克思主义创始人之一，国际无产阶级运动的领袖。

《德意志意识形态》是恩格斯与马克思共同完成的关于创立历史唯物主义理论体系的一部巨著。这部巨著作于1845年至1846年，马克思、恩格斯对费尔巴哈、鲍威尔和施蒂纳为代表的各式各样唯心史观的思想进行了深刻的分析和批判，并在此基础上，首次系统地阐述了历史唯物主义的基本原理，如社会存在决定社会意识、生产方式在社会生活中起决定作用、生产关系必须适应生产力发展等，是马克思主义哲学成熟的标志，也是唯物史观创立的标志。作品中对唯物史观的经典表述，在马克思主义理论宝库中占有极为重要的地位，对历史唯物主义理论体系的确立及其基本原理的确定起到了非常重要的作用。

《查拉图斯特拉如是说》

《查拉图斯特拉如是说》是尼采的里程碑式的作品，几乎包括了他的全部思想。创作于1883年至1885年间，在这部著作中，尼采阐述了著名的“同一性的永恒轮回”理论（尼采两个主要思想体系中的一个，另一个“趋向权力的意志”的构思，由于他的身心崩溃而半途夭折）。著作首次提出著名的“超人”理想和“末人”形象。通过“超人”查拉图斯特拉之口，宣讲未来世界的启示，在世界哲学史和诗歌史上均占有独特的不朽地位。这本以散文诗体写成的杰作，以振聋发聩的奇异灼见和横空出世的警世智慧，宣讲了“超人哲学”和“权力意志”，鞭挞了基督教教条造成的精神奴性的各个方面，谱写了一曲自由主义的人生壮歌。

人类思想史上的惊世之语“上帝死了”和让尼采饱受责难的“去女人那里吗？别忘了你的鞭子”，便出自此书。甚至作者本人也评价此书“占有特殊的地位”，“是我给予人类的前所未有的最伟大的馈赠”。

《悲剧的诞生》

尼采与马克思、弗洛伊德一样，是对20世纪人类的精神生活具有巨大影响力的思想家。《悲剧的诞生》便是尼采一鸣惊人的巨作，写于1870年至1871年间，是尼采第一部较为系统的哲学和美学著作，也是读者理解尼采哲学和美学的入门书籍。

在这部著作中，尼采用日神阿波罗和酒神狄俄尼索斯的象征说明了艺术的起源、本质、功用以及人生的意义。全书共25节，第一节至第十五节讨论了古希腊艺术的起源和发展、悲剧的诞生、主要特征，以及悲剧的灭亡等问题。第十六节至第二十五节，结合近代文学艺术和文化的发展，尤其是结合近代德国艺术与社会的现实，讨论了悲剧与音乐艺术形式之间的关系，悲剧的再生，以及在悲剧的再生中德意志民族所起的作用等问题。

尼采曾自称这是一本为那些兼有分析和反省能力的艺术家而写的书，书中充满了心理学的创见和艺术的奥秘，是“一部充满青年人的勇气和青年人的忧伤的青年之作”。

◎ 对《悲剧的诞生》的评论

在存在主义的演讲过程中，尼采占着中心的席位。如果没有尼采的话，雅斯贝尔斯、海德格尔和萨特是不可思议的。并且，加缪《西绪弗斯的神话》的结论，听来也像是尼采遥远的回音。

——考夫曼教授，美国普林斯顿大学

当然，能够只是送出去，也不算坏事情，一者见得丰富，二者见得大度。尼采就自诩过他是太阳，光热无穷，只是给与，不想取得。然而尼采究竟不是太阳，他发了疯。

——鲁迅《且介亭杂文·拿来主义》

《西方哲学史》

伯特兰·阿瑟·威廉·罗素（1872年—1970年），英国哲学家、数学家、社会学家，是20世纪西方最著名、影响最大的学者。罗素的主要哲学贡献在于数理逻辑方面，他是逻辑原子论和新实在论的主要创始人之一，在此基础上的现代分析哲学在西方近代哲学史上具有重要的地位。其代表作有《西方哲学史》、《神秘主义与逻辑》、《怀疑论》、《婚姻与道德》等。

罗素《西方哲学史》可以说是了解哲学理论的最佳选择之一。由于罗素没有受过专业的哲学教育，也没有从前辈哲学家那里学习过哲学，而是由一个科学家的思维自己专研出来的，因此他对哲学的观点没有科班出身的哲学家那样的学究气。因此他的《西方哲学史》没有标准哲学史的晦涩难懂，而是深入浅出，通俗易懂，文辞优美，生动有趣。

罗素曾凭借《西方哲学史》获得诺贝尔文学奖，因此本书是一部既具有思想深度，又具有文学才情的哲学史。

文艺学、美学

文艺学是一门以文学为对象，揭示文学基本规律，介绍相关知识的学科。文艺学研究文学的性质和特点及其发生、发展的规律，属于社会科学范畴。文学理论、文学史、文学批评，是文艺学的三个主要组成部分。美学是以对美的本质及其意义的研究为主题的学科，是哲学的一个分支。美学与文艺学均以文学艺术为研究对象，因此，它们研究的问题常常会有某些交错，譬如文学艺术作品中所表现出来的审美意识、审美理想、审美创造和审美欣赏的一般规律等，是二者都要研究的问题。

《文心雕龙》

刘勰（约465年—约532年），字彦和，东莞莒县（今属山东）人，南朝梁著名的文学理论批评家。他精通儒学和佛学，在文学方面也有卓越见地，不仅超越了前人，同时也对后期的文学，特别是批评文学提供了可供借鉴的方法和依据。

刘勰所撰的《文心雕龙》，是中国古代杰出的文学理论著作。成书于南朝齐和帝中兴元年至二年（501年—502年）间，全书共10卷，50篇，分为上下两编，各25篇。全书内容包括总论、文体论、创作论、批评论四个部分，发展了前人进步的文学理论批评，抨击当时创作界片面追求形式的风气，体系较为完整，是中国文学理论批评史上第一部系统的文学理论批评著作。在论述具体的文学创作活动时，抛弃了经学家的抽象说教，表现出朴素的唯物主义文学观，见解精湛透辟，富有独创性。

《文心雕龙》奠定了我国古代文学批评的理论基础，被誉为“艺苑之秘宝”。

《诗品》

钟嵘（生卒年不详），字仲伟，颍川长社（今河南长葛）人，南朝梁文学批评家。

钟嵘的《诗品》是梁武帝天监十二年（513年）以后写成的，是继刘勰《文心雕龙》之后出现的一部品评诗歌的文学批评名著。当时诗风的衰落已经非常严重，钟嵘就仿汉代“九品论人，七略裁士”的著作先例写成这部品评诗人的著作，欲借此纠正当时诗坛的混乱局面。

《诗品》所论的范围以五言诗为主。全书共品评了两汉至梁代的诗人122位，并分上、中、下三品进行评论，计上品11人，中品39人，下品72人。从《诗品》序言中可以看出钟嵘对诗的两点看法：其一是强调赋、比、兴的相济为用，另一是强调内在的风力与外在的丹采应同等重视。这与刘勰的观点大致相同，仅在对比兴的解释和重视程度上略有差异。在《诗品》正文中，钟嵘提倡风力，反对玄言；主张音韵自然和谐，反对人为的声病说；主张“直寻”，反对用典。从而提出一套较为系统的诗歌品评标准，为中国文学理论批评史留下一部重要而有影响的著作。

《书谱》

孙过庭（活动于7世纪后期），字虔礼，吴郡（今江苏苏州）人，一说为富阳（今属浙江）人，一说为陈留（今河南开封）人，唐垂拱年间（685年—688年）书法家、书学理论家。其生平事迹不详，仅陈子昂《虔礼墓志铭》有些许记载。孙过庭工行草书，北宋米芾评价说：“唐草得二王法，无出其右。”孙过庭著有《书谱》。

《书谱》是我国书法史著名的书学论著，内容主要为书学体验、书谱撰写要旨及学习书法的一些基本原则。一般认为上卷为“序”，宋元明时分为两卷，入严嵩之手时，装为一卷。下卷为“谱”，孙过庭生前未能完成。《书谱》的上卷主要谈“运笔”，书中详细论述了正、草二体的笔法与章法。在笔法运用方面，孙过庭要求骨力与遒丽、劲速与淹留、浓与枯等对立方面相济。在书体风格方面，要求真草兼通。孙过庭认为，书法兼具形质美和情性美，可以“达其情性，形其哀乐”，是一种高级的审美活动。因此《书谱》不仅是草书艺术中的典范，还是一部文辞优美的书学理论。

《二十四诗品》

司空图（837年—908年），字表圣，河中虞乡（今属山西）人，晚唐诗人、诗论家，著有《二十四诗品》、《司空表圣文集》，存词23首。

司空图的《二十四诗品》是一部探讨诗歌创作，尤其是诗歌美学风格问题的理论著作。书中不仅对各种诗歌风格

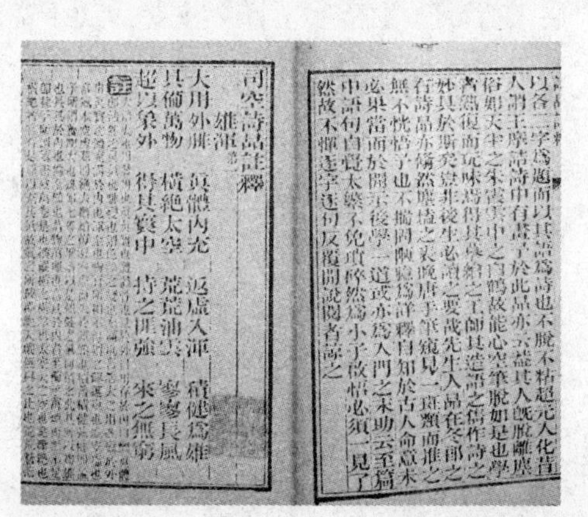

● 司空图《二十四诗品注释》书影

的特点作出了形象的概括和描绘，并且还从创作的角度深入探讨了各种艺术风格的形成原因，对诗歌创作、评论以及欣赏等方面有重大贡献。《二十四诗品》既被当时诗坛所重视，也给后世以极大的影响。《二十四诗品》的产生，对中国文学史产生了极为深远的影响，后世历代各种丛书均有辑录，另外，在中国近古文学史上标榜"性灵"与"神韵"的两个重要流派，都从其中寻找自己的理论依据。现代学者研究中国文学批评史和中国美学史，也都把《二十四诗品》作为意境诠释的典范。不仅如此，《二十四诗品》还远播外国，产生了世界性的影响。

《林泉高致》

郭熙（1023年—1085年），字淳夫，河阳温县（今河南温县）人，中国北宋时期著名画家。

郭熙的《林泉高致》是北宋时期论山水画创作的重要专著。共6篇，由郭熙的儿子郭思编述其父创作经验和艺术见解而成。在绘画理论史上，郭熙是最早明确而具体地提出"山水画家应当努力创造一种美的境界"观点的画家，还总结出山水的"意态"美与人的感情与自然景物的交流密切相关。他与同时代的苏轼，共同看到了诗画在意境上的相通之处。郭熙强调画家不应单纯模仿某家某派，也不应拘泥一时一地之景，而应"饱游饫看"，广泛摄取山水美的"精粹"，然后加以熔铸和创造，这与西方绘画中强调实景写生的方法截然不同。郭熙在探求山水画的艺术美的过程中创立了的高远、深远、平远"三远"说，在理论上阐明了中国山水画所特有的三种不同的空间处理和由此产生的意境美、章法美。他适应山水画的发展趋势，及时从创作理论和实践等方面对绘画方法作出总结，对后世影响深远。

《沧浪诗话》

严羽（生卒年不详，主要活动于南宋理宗在位期间），字丹丘，一字仪卿，自号沧浪逋客，邵武（今属福建）人，南宋诗论家、诗人。

严羽在诗歌创作方面没有突出的成就，但《沧浪诗话》却是一部极为重要的诗歌理论著作。《沧浪诗话》自成书以来，引起了无数的关注和争议。其书分诗辨、诗体、诗法、诗评、考证五门，以第一部分为核心。全书没有涉及诗与儒道的关系及其在政治、教化方面的功能，而重视诗的艺术性和由此造成的对人心的感发，这与理学家的文学观恰成对立。《沧浪诗话》的出现，不仅承继了前代诗话的批评传统，更重要的是开创了以禅喻诗的新风气。

《沧浪诗话》是中国文学理论史上最重要的宋人诗话，成为后人研究诗学的重要依据。《沧浪诗话》因为涉及到一系列诗歌理论的根本问题，对明、清，甚至整个后期封建时代的诗学都产生了重大影响。

《画禅室随笔》

董其昌（1555年—1636年），字玄宰，号思白，又号香光居士，华亭（今上海松江）人，明代著名的书画家，重要绘画流派“华亭派”的主要代表。

《画禅室随笔》是董其昌作的关于书画创作、评鉴的理论著作。实际上，是经明末清初画家杨补辑录董其昌未收入《容台集》的零篇散帙之作而成。全书共分四卷。卷一包括论用笔、评法书、跋自书、评古帖各节；卷二包括画诀、画源、题自画、评旧画各节；卷三和卷四则为作者记事、评诗文等的杂言随笔，与书画内容无关。本书中评论书法主张巧用笔墨，强调字的间架结构，临帖时重在领会其精髓，提倡“以意背临”，谓书家妙在能合，神在能离；论绘画以南北宗论为中心，提倡文人画，尊崇文人书画传统所积淀成的韵致。其画论对清代“四王”画派具有决定性的影响。

◎ 以禅喻诗的价值

以禅喻诗具有两个方面的价值：首先，以禅道悟诗道，引发中国诗学的“兴趣”说、“妙语”说，学盛唐，宗李、杜，注重诗歌独抒性灵的审美独特性，进而对唐诗尤其是盛唐诗歌的美学风格进行了总结、概括；其次，以禅趣、禅理解诗趣、诗理，进而对宋诗的美学风格进行了评价和归纳。禅学引入诗学，拓展了中国诗学的思维空间，也为其带来了生机，对后世诗歌理论和创作产生了深远的影响。

《人间词话》

王国维（1877年—1927年），字伯隅、静安，号观堂、永观，浙江海宁人，我国近现代在文学、美学、史学、哲学、古文字学、考古学等各领域成就卓著的学术巨子，国学大师。

《人间词话》是王国维关于文学批评的著述中最重要的一部作品，作于1908年至1910年间。王国维在接受了西方美学思想洗礼之后，以全新的视角对中国旧文学作出评论，他尝试将某些西方思想中的一些重要概念融入到中国传统批评中。从表面上看，《人间词话》与中国沿袭已久之诗话、词话一类作品在体例、格式上并没有明显的差别，但实际上它已初具理论体系，在旧日诗词论著中称得上是一部屈指可数的作品，甚至在以往词论界里，许多人把它奉为圭臬，把它的论点作为词学、美学的根据。

王国维的《人间词话》是晚清以来最有影响的著作之一，作品中剔发出来的关于中国哲学的智慧，对于理解中国哲学的基本特征，以及建构未来的中国哲学，具有不容忽视的学术意义。

《西方美学史》

朱光潜（1897年—1986年），字孟实，笔名孟实、孟石，安徽桐城人，我国著名美学家、文艺理论家。他是中国现代美学的开拓者和奠基者之一，毕生从事美学教学与研究工作，重要著作有《文艺心理学》、《西方美学史》、《悲剧心理学》等，并有多种美学译著行世。

《西方美学史》是朱光潜最重要的一部美学理论著作，也是中国人写的第一部西方美学史，在学术领域占有重要地位。自1963年出版以来，一直作为高等院校文科教材。1978年作者曾作过修订。全书分“古希腊罗马时期到文艺复兴”、“十七八世纪和启蒙运动”和“十八世纪末到二十世纪初”三部分，对西方国家的美学史进行了探究。可以说《西方美学史》并不是单一、纯粹的美学理论史，还是人类心灵自我展现的历史，在那些看似抽象的理论背后，读者能感受到各个时代人类精神跳动的脉搏，这是一种精神的还乡历程。

《谈美书简》

《谈美书简》是朱光潜在82岁高龄时写就的“暮年心血”之作，它既是对自身漫长美学生涯和美学思想的一次回望和整理，也是“给来信未复的朋友们”，尤其是热衷美学的青年们的一次回复。

《谈美书简》没有采用一般的高头讲章形式，而采用书信体，语言亲切自然，给人以娓娓道来之感，将很多深奥的美学知识通俗化。全书由13封书信结集而成，对怎样学习美学、马列主义美学体系，以及美感、典型、形象思维、创作方法等美学范畴，作了生动而详细的阐释。书中，朱光潜就热爱美学的青年们普遍关心的美和美感、美的规律、美的范畴等一系列问题展开了深入探讨，同时也对文学的审美特征、文学的创作规律及特点作出详尽的阐释，既是思想上的，又是方法上的。《谈美书简》有关于美学具体问题的论述，以及提出冲破文艺创作和美学研究的禁区，这对于初学美学、接触美学的青年更具有解决实际问题、排除疑惑的重要作用。

《美学散步》

宗白华（1897年—1986年），原名宗之櫆，字伯华，江苏常熟人，哲学家、美学家、诗人，我国现代美学的开拓者之一。

《美学散步》是一代美学宗师宗白华的代表作，也是他生前唯一一部美学著作。这个集子里的文章，最早写于1920年，最晚作于1979年，几乎汇集了其一生最精要的美学篇章。文中词句典雅优美、充满诗意，是中国美学经典之作和必读之书。书中作者没有刻意构建一个美学体系，而是教给读者和世人如何欣赏艺术作品、如何建立一种审美的态度，直至形成艺术的人格，而这正是中国艺术美的精神所在。一代美学宗师那种源于传统文化、洋溢着艺术灵性和诗情、深得中国美学精髓的精神，以及保持住人间的诗意和生命的憧憬，给如今繁忙社会中的现代人以无限的启迪。

《美学四讲》

李泽厚（1930年—），现代著名哲学家，湖南长沙人。其主要著作有《批判哲学的批判——康德述评》、《我的哲学提纲》、《中国〈古代、近代、现代〉思想史论》、《美的历程》、《华夏美学》、《美学四讲》、《走我自己的路》、《世纪新梦》、《论语今读》、《己卯五说》等。

《美学四讲》是李泽厚全面系统地论述自己美学思想的专著。作者从“自然的人化”的观念出发，立足于“人类学本体论”（主体性实践哲学），构建了一个结构严密、气魄恢宏的理论体系。全书共分四部分，依次回答美学是什么、美是什么、美感是什么、艺术是什么四个问题。作者站在哲学的高度，以主体的实践和积淀，统一社会与自然，探讨了美与人的本体存在、美感与心理情感的“数学方程式”等问题，提出了美学与人类命运相关联的前景。

作品文笔简洁有力，浓缩凝练，而又旁征博引，娓娓引领读者走进金碧辉煌的美学宫殿。

《美的历程》

《美的历程》是李泽厚的又一部美学经典，全书共分10章。作者认为，艺术趣味和审美理想的转变，并非艺术本身所能决定，而是由现实生活起到了决定作用，要考察一个时代的文艺，必须首先考察那个时代的社会经济、政治状况，因此整部著作既不是一部普通意义上的艺术史，也不注重于具体艺术作品的细部赏析，而是以人类学本体论的美学观点将审美、艺术与整个历史进程有机地联系起来，点面结合，揭示出各种现实因素对审美和艺术的作用和影响，对中国古典文艺的发展作出了概括的分析与说明。书的每一章都大致遵循着这一思想构架而展开。

李泽厚的思想洞见和文字魅力在《美的历程》一书中表现得淋漓尽致。该书1981年出版后，十年之内印了8次，成为最畅销的学术著作，甚至成为一个时代的标志，被评价是对中国美学、文学，乃至哲学最精练浓缩的概括。

《诗学》

《诗学》，原名《论诗》，是古希腊文艺美学大师亚里士多德的一部重要美

●《雅典学院》（局部）

学专著。据说是亚里士多德的讲义，有佚失，有人认为佚失的第二卷可能是讨论喜剧的。现存26章，可分为五大部分，主要讨论悲剧和史诗，并且以悲剧为核心。

在《诗学》中，亚里士多德认为，艺术的本质是模仿，模仿是将艺术与技艺制作区别开来的基础，也是学术分类和界定个别艺术本质的基础。他还深信，模仿是人的本能，人在模仿中既可满足自己的求知欲，又可获得审美的愉悦，艺术就起源于人的这种天性。

《诗学》一书从内容上继承和进一步阐释了柏拉图的“模仿说”，成为雄霸西方千年的艺术理论，被后世奉为经典。同时《诗学》还是西方美学史上第一部最系统的美学和艺术理论著作，它对西方后世文艺理论和文学创作的发展产生过极其深远的影响，其中的一些观点曾被近代新古典主义奉为金科玉律。

《文艺对话录》

《文艺对话录》是古希腊柏拉图的著名作品。本书是一部对话体著作，共有40篇左右，内容所涉及的问题很广泛，主要讨论了政治、伦理教育以及当时争辩剧烈的一般哲学上的问题，有些关于美学问题，只是作为这众多问题的一部分，零星地散布在大部分对话中。专门谈美学问题的只有他早年写作的“大希庇阿斯”一篇，此外涉及美学问题较多的有“伊安”、“高吉阿斯”、“普罗塔哥拉斯”、“会饮”、“斐德若”、“理想国”、“斐利布斯”、“法律”诸篇。文中柏拉图用模仿说法来解释文艺与现实之间的关系，认为理念世界是第一性的，现实世界是第二性的，而艺术世界只是第三性。然后用这个理论去检验古希腊时期的文艺，得出了唯心主义结论：认为文艺是不真实和伤风败俗的，不能给人以真理。柏拉图还认为灵感是文艺创作的源泉，还对创作技巧、喜剧的特点等加以论述。

柏拉图的文艺理论直接影响了中世纪的教会神学文艺，形成了新柏拉图主义，在文艺复兴和浪漫主义运动时期，都是文艺研究的重要对象。

《诗艺》

贺拉斯（前65年—前8年），古罗马帝国诗人、批评家。贺拉斯自称继承了罗马讽刺诗的传统，但他的讽刺诗缺少政治色彩，主要是道德说教，宣扬中庸之道和合理享乐。

《诗艺》是贺拉斯写给罗马贵族皮索父子的一封诗体信简，共476行。信中结合当时罗马文艺的现状，提出关于文艺创作的原则性问题，认为诗和戏剧的创作要遵循这样三点：一是符合自然创造，切近真实；二是符合观众心理，切合众望；三是符合艺术规则，运用适度。并由此归纳出一条总原则：适宜，即合乎情理。贺拉斯信简中还认为艺术是天才和技艺的共同创造，并且明确提出“寓教于乐”的观点，认为寓教于乐“既劝谕读者，又使他喜爱，才能符合众望”。

《诗艺》体现了一种在继承传统中求创新的现实主义精神，它上承亚里士多德，下开文艺复兴和后来的古典主义理论之先河，对16世纪到18世纪的文学创作，尤其是戏剧与诗歌影响深远。

◎ 寓教于乐

在希腊化时期，诗依据社会作用的不同分成三派：其一是斯多葛派，或称坚忍学派，认为人生应该摒弃享乐、恬淡寡欲，强调诗的内容和教育意义；其二是伊壁鸠鲁派，或称享乐派，主张追求个人幸福和人生的安宁愉快，强调诗的娱乐性和优美词句的吸引力；第三派是亚里士多德派，或称散步学派、逍遥学派，极言诗的内容和形式同等重要，其教育作用和娱乐作用不可偏废。贺拉斯可以说是这一派的传人，他的“寓教于乐”思想对18世纪启蒙运动以及古典主义的文艺理论和文艺创作产生了深远的影响，至今仍是衡量艺术作品优劣的标准之一。

《论崇高》

朗吉努斯（生卒年不详，大约晚贺拉斯一个世纪），古希腊杰出的文艺理论家。

《论崇高》是唯一一部保存下来的朗吉努斯的作品。它是给罗马贵族的一封信，共44章。在信中，朗吉努斯明确提出崇高是古希腊文化中最重要的精神，是渗透在整个作品中的作家的道德力和想象力，并将其解释为“精神伟大的反映”。因而，文学作品中的伟大性关键在于作家的内在品质，一个热衷名利和权势的人不可能有伟大的灵魂，也不可能有伟大的作品，缺少天才和文学的衰落是追求享受、精神退化的结果。他还认为天赋是产生崇高风格的基础，技巧是保证实现天赋的条件，二者互相依存、缺一不可。

本书被公认为是伟大创新作品之一，朗吉努斯将崇高一词引入美学，由此崇高被确认为美学的一个重要范畴，并为后新古典主义者所继承，为法国古典主义理论纲领的建立作出巨大贡献。《论崇高》是罗马时代除《诗艺》之外，对后世影响最大、最广泛的一部文艺理论著作。

《美学》

鲍姆加登（1714年—1762年），又译鲍姆嘉通，德国哲学家、美学家、教育家。鲍姆加登被称为“美学之父”，主要著作有《关于诗的哲学默想录》、《美学》、《形而上学》等。

《美学》一书是鲍姆加登最重要的著作，全书分为二卷。在书中，鲍姆加登表达了自己的美学观点：美学是以美的方式去思维的艺术，是关于美的艺术理论，它所研究的对象是“凭感官认识到的完善”。完善是事物的一种属性，它既可以凭理性认识到，也可以凭感官认识到，因此“美学”一词可以被用之于感性知识的全部领域。鲍姆加登认为“艺术模仿自然”的传统说法必须修正，艺术家必须通过将感觉要素加到现实中去，有意识地改变自然，才能反映世界的创造过程。

在美学史上，鲍姆加登是第一个赋予审美以范畴地位的人，认为美学是一门研究感觉与情感规律的学科，他创造“美学”一词，从此，“美学”作为独立学科诞生。

《美学》

黑格尔是德国古典哲学和美学的集大成者，《美学》是他的一部重要美学著作，也是他的艺术哲学思想的集中体现。但本书并不是由其本人出版，而是他的学生根据他在海德堡大学的讲课记录和教学提纲整理而成的。

《美学》是黑格尔整个哲学体系中的一个有机组成部分，它本身相对独立，共同形成完整而严谨的体系：它有着自己的中心思想和贯穿线索，有独特的主干与分支。这部洋洋百余万字的巨著涉及面极广，黑格尔在全书绪论中首先提出了艺术美高于自然美的论断，然后从美学的对象、方法和美、美感、自然美、艺术美等美学基本问题，到艺术创造与鉴赏、艺术史与艺术分类，无不作了多层次多侧面的详尽分析和探索。

恩格斯对黑格尔的《美学》很赏识，认为这部著作在美学领域里“起了划时代的作用”。《美学》是黑格尔后期成熟的美学思想的汇集和总结，它集西方古典美学优秀传统之大成，代表着德国古典美学的顶峰，也是世界上最早的成体系的美学科学专著之一。

心理学

心理学虽然是一门相当年轻的学科，但其源起，却可追溯到人类思想的萌芽时期。18世纪以前的心理学思想，散见于中国哲学家、古希腊、伊斯兰教和基督教的官能心理学家、科学革命时期的机械论者等著述中。到十八九世纪，在前人研究的基础上，包括联想主义、自然主义、实证主义等若干重大的理论和实践，加速了心理学从哲学之中的分化，为心理学成为一门独立的学科奠定了基础。到了20世纪，心理科学得到了真正的发展。

《论人的本性》

希波克利特（前460年—前370年），古希腊医生，西方医学的始祖。

《论人的本性》是希波克利特的著作。这部著作是一部论及有机体内部构造决定人的体质的作品。书中从唯物论出发，根椐物质结构概念，认为医学判断的出发点是身体本身：人体各部分统一起来的整体影响各个部分，各个部分也影响整体；人的身心健康又同地理环境、气候、季节及人的生活方式有关。书中提出了著名的"体液学说"，认为人体的生命或本质决定于脑、肝脏、胃、心脏产生的四种不同的体液。这种学说后来演变成著名的气质学说，得到了古罗马医生加伦的继承和发展，并曾受到世界著名的俄国生理学家巴甫洛夫的支持，巴甫洛夫在从神经类型来说明人的气质时，肯定了希波克利特在这方面的历史贡献。

在与该著作有关的身心健康学说中，希波克利特强调体内外诸因素和谐的思想，也是人类思想史和生物学史上的宝贵财富。

《论灵魂》

古希腊哲学家亚里士多德的《论灵魂》是西方历史上第一部论述各种心理学的著作。

亚里士多德按其"四因说"，在书中阐述了心理实质概念。他不同意柏拉图把灵魂分成知、情、意三部分的说法，而是认为灵魂是整体存在的，不能被分割，只能以其功能分为理性（认知）和非理性（动求）两种功能。他还认为，灵魂和肉体是形式和质料的统一，这就如同于"刃"之于"刀"，没有质料，形式也就不存在了。这是承认先有物质、质料，后有精神、灵魂的唯物观。但亚里士多德认为形式是最终决定者，它决定物体的性质，则又陷入唯心观。此外，亚里士多德还认为灵魂功能以使有机体能更好地自我保存为目的，心理学就是要研究有机体如何达到目的的功能，因此他以为心理学具有生物学的特点。

作者的"心灵白板论"先驱思想，为17世纪英国唯物论者洛克继承和发展，他认为感觉印象只是外物的形式这一观点，则为中世纪经院哲学家托马斯·阿奎那的神学所利用。

《灵魂的热情》

《灵魂的热情》为法国哲学家笛卡尔著。这是笛卡尔继《方法谈》和《形而上学的沉思》之后，于1650年出版的又一部名著。

在书中，作者围绕着心物二元论与心身交感论的两个基本观点，将情绪、情感同脑髓、血液、“元气”、生命器官的运动联系起来，认为情绪来源于两个方面：一是来自灵魂的作用，如理智上的喜悦，对上帝的热爱，这是灵魂自身的事；另一方面，源于身体对灵魂的影响，例如对外物的爱憎，这是通过身体得以实现的，它包括喜爱、惊奇、憎恶、欲望、悲哀、快乐六种基本情绪的经验和冲动，共同组合构成所有可能存在的情绪状态。笛卡尔还认为，每种情绪都由一定对象引起，如惊奇由新鲜事物引起等。

笛卡尔关于情绪与身体、外界之间联系的思想观点，不仅开创了心理学研究情绪的唯物论先河，更是为当时在基督教神学的统治下的哲学和科学争取到一块研究阵地，因此具有不朽的历史意义。

《心理学原理》

《心理学原理》是英国著名哲学家、社会学家赫伯特·斯宾塞的重要心理学著作，1855年出版。该书1870年和1872年出版两卷本时，增入进化论的联想主义心理学思想，此第二版的影响更大。

◎ 斯宾塞思想的影响

与斯宾塞同时代的美国人詹姆士，曾用斯宾塞的《心理学原理》为教本，以实用主义立场将二者加以综合，创立了自己的心理学和实用主义哲学体系，由此成为现代美国机能心理学的先驱和实用主义哲学的创始人之一。1870年，俄国生理学家谢切诺夫发表了《思想要素》，书中承认接受了斯宾塞思想的影响。在20世纪瑞士心理学家皮亚杰的《结构主义发生认识论》中，也能寻到斯宾塞关于综合、分化，再综合、再分化这一发展过程的思想痕迹。

本书是作者十卷本《综合哲学体系》中的第四、五卷。作为进化联想主义心理学的创始人，斯宾塞是将进化论引入心理学的第一位学者。书中以心理进化论的观点阐述了生物种系心理的进化和有机个体的构造演变是平行的。因为联合经常重复产生遗传趋势，而这种遗传趋势可以世代积累，所以作者总结出在个体发展过程中，频繁的观念联合可以累积、巩固成为后代的心理活动。在种系心理进化史上，本能是由反射动作演化而来的，反射动作是心理生活的基础。

● 赫伯特·斯宾塞

斯宾塞的这种心理进化思想与达尔文的生物进化思想相互补充、相互呼应，成为19世纪后半叶西方思想史上一大思潮，影响广泛而深远。

《心理学教科书》

《心理学教科书》是德国教育理论家、心理学家约翰·赫尔巴特的著作。出版于1816年。此书和作者另一部《科学心理学》（1824年—1825年）一起，成为西方心理学史上创建心理科学的首次尝试。

作者在书中肯定了心理学是一门科学。心理学以经验、形而上学和数学为基础，意识是整体的、主动的，人们只能通过对自身的意识观念活动经验感受到心理现象。观念之间的融合与冲突虽然不能进行实验和分析，但可以用列数学公式推断的方式来计算：凡是互相和谐的观念会形成系统的知识而融合成统觉团，不和谐的观念则被排斥、抑压在意识阈之下，无法进入意识阈而形成统觉团。但不和谐的观念并不消失，而是下意识地活动着，等到和统觉团中的观念和谐之时，就立刻上升进入意识阈，成为系统知识的组成部分。

虽然赫尔巴特的这种数学心理学终未得到科学界的支持，但他提出的下意识和阈值等概念对后来的费息纳和弗洛伊德的学说产生了重要影响。

《遗传的天才》

法兰西斯·高尔顿（1822年—1911年），英国19世纪人类学家、优生学家。他知识渊博，涉猎广泛，在探险、地理、发明、气象、统计、心理学等各个领域均取得重要成就。

1863年至1868年间，作者在调查和系统研究了英国的首相、将军、文学家和科学家等共977人的家谱后发现，很多名人出身于望族。于是在1869年发表了著作《遗传的天才》，提出人类的才能通过遗传能够延续的观点。他在书中断定：遗传的力量比环境的影响更为重要；存在优越的天赋，这个人既生长在最好的环境里，又肯努力奋斗，必会成为名人。他将这种遗传决定论思想引申到种族差异上，阐述了黑人智力不及白人的原因，并在1883年提出“优生学”这一概念，主张用人工选择改良人种。

一百年多年来，尽管人们对高尔顿的优生学思想存在种种不同的理解，甚至是非议，但是其优生优育的观点是值得肯定的。

《人类与动物心理学论稿》

威廉·冯特（1832年—1920年），德国心理学家、哲学家，第一个心理学实验室的创立者，构造主义心理学的代表人物。

冯特的《人类与动物心理学论稿》刊布于1863年，这是近代心理学史上一部极为重要的著作。全书内容是根据作者在施佩耶尔博物学会的天文学组内演讲以及在海德堡的名为“自然科学的心理学”的演讲稿整理而成的。书中涉及了实验心理学多年来重点研究的问题，如人差方程式和反应实验、知觉的地位、当时出现不久的心理物理法，另有许多系统的材料，成为作者后期著述《生理心理学》的基础。书中记录了作者心理学思想的形成过程，以及由哲学向心理学的转折，史称该书为“生理学家的朴素心理学”。

此书刊行后不断再版，每次再版均作修订，前后历经六次再版，其中以第二版的修订量最大，且直到冯特去世后还见重印发行。

《生理心理学原理》

威廉·冯特的《生理心理学原理》，出版于1873年至1874年。这部著作是冯特由生理学家进而成为心理学家的标志，更重要的，它是心理学脱离哲学成为独立科学的标志。

书中体现了一种以实验资料为依据的心理学体系。作者在书中强调心理学是一门经验的科学，它以意识的直接经验为研究对象。冯特反对形而上学的思辨，而采用内省的实验方法，通过这种方法，将心理学的研究对象分析为最简单的心理元素，即感觉和情感，然后将其通过联想复合而成复杂的心理内容，并从中研究心理现象的规律。不过冯特认为，只有低级的心理过程（如感知觉）能进行实验，复杂的高级心理只能通过历史产品的分析法来研究。

该部著作的出版，在心理学发展史上具有划时代的意义和不可磨灭的功绩，欧美各国的青年学者纷纷前往德国向冯特学习心理学。但是，作者将完整的心理分为低级和高级两类，且残存了浓厚的哲学气息，反映出其历史局限性和唯心论思想体系。

《民族心理学》

威廉·冯特不仅是实验心理学的创始人，还是宗教心理学，尤其是民族宗教心理学的奠基人。他的关于民族宗教心理学的理论，集中体现在《民族心理学》、《民族心理学诸问题》和《民族宗教心理学纲要》三部著作中。

冯特的十卷巨著《民族心理学》包括四个主要部分：原始人、图腾制度、英雄与神的时代、人性的发展。他用心理学的理论和方法分析了宗教的本质、起源和发展，建立了民族宗教心理学的基础，这是其对近代宗教学的独特贡献。他还认为，民族是各种文化的创造者，宗教、神话，以及语言、艺术都是各个民族的高级精神产品，本质上是人类心理活动的产物。

冯特的《民族心理学》为心理学的研究开拓了一个十分广阔、亟待开展的新领域，因此在全世界学术界极负盛名，近年来，亦引起了我国学术界的关注。

《梦的解析》

奥地利精神分析学家西格蒙德·弗洛伊德的《梦的解析》，该书出版于1900年。被誉为是改变人类历史的著作，是弗洛伊德精神分析理论体系形成的一个重要标志，也是心理学的经典之作。

《梦的解析》是弗洛伊德对人类学、宗教、心理学和文学著作进行了五六年的研究，又连续两年对自己所做的梦作了分析之后写出来的。全书共7章，分述历史上有关梦的研究、梦的解析的方法，梦是愿望的达成以及改装，梦是材料与来源、运作方式以及梦的心理过程。弗洛伊德认为，人格的构成可分为本我、自我和超我三种。在这部独创性的著作中，弗洛伊德通过对梦的科学探索和解析，发掘了人性的另一面——“潜意识”，揭开了人类心灵的奥秘。

1956年，美国唐斯博士把《梦的解析》列为“改变历史的书”、“划时代的不朽巨著”之一，这是一部与达尔文的《物种起源》、哥白尼的《天体运行论》并列为导致人类三大思想革命的书。

《精神分析引论》

《精神分析引论》是弗洛伊德的另一部重要著作，精神分析学说最重要的著作之一。

该书是作者以1915年至1917年在维也纳大学授课的讲稿付印而成，它比较系统地、深入浅出地介绍了精神分析理论的一般理论，对于初学此理论或从未接触过的入门者，可得以循序渐进地掌握精神分析理论，因此被认为是标准的精神分析学的入门教材。

在这部著作中，弗洛伊德以“心理冲突”和“泛性论”观点，依照三项专题，对日常生活中人们的行为进行了深入的分析和系统的阐述。第一编“失误动作”，介绍了失误动作观，指出其绝非偶然，而是有自己的意义；第二编“梦”，系统阐述了梦的实质、内容、工作原理以及释梦的技术等；第三编“神经症通论”，在阐明有关神经症的理论和治疗技术之外，又深入讨论了精神分析心理学的基本原理。

《超越快乐原则》

本能和冲突一直是精神分析的基本问题之一，早期精神分析学重点关注性本能冲动与自我间的冲突，但这却无法解释“一战”后社会变化及有关人的问题。

弗洛伊德也意识到在性及其相关的快乐原则之外，还有其他本能影响着人类行为。

《超越快乐原则》出版于1920年，是弗洛伊德在试图坚持冲突这个基本问题的前提下，修正其本能冲突理论而产生的。他认为，本能的基本是保守的，其最终目的是解除张力，回归原始状态，一切生物的最终目标是死亡。据此，每个人身上都有一种回归无生命状态的本能，即死本能；另一方面，性本能又指向生命的再生和延续，倾向于生物体的完整和机能，即生本能。来自一个人身体内部这两种力量相互斗争，冲突就产生了。此外，弗洛伊德还由此提出了侵略的起因这个多年来一直争论的问题，还重新修正了他的潜意识理论。总之，该书较为集中地体现出弗洛伊德的后期思想和悲观主义情调。

《性心理学》

霭理士（1859年—1939年），英国作家，在性心理学研究领域与弗洛伊德齐名的泰斗级人物，曾被誉为“最文明的英国人”。他曾主编《人鱼戏剧丛书》、《现代科学丛书》。1894年，他发表了自己的首部两性问题著作《男与女》。

霭理士的主要性心理学代表作为七大本的《性心理学研究录》，对于医生、心理学者和其他的学术专家都可谓是十分重要的参考书。而在这部巨著之外，另有一本比较适合大众阅读的《性心理学》，可以说是《性心理学研究录》的再创本和普及本。它一方面将《研究录》中的内容择要再介绍一遍，一方面补叙了《研究录》问世后二十年中此门学问已获得的新成就。

《性心理学》是一部在性心理学方面具有里程牌意义的著作，是一本教科书性质的著作。霭理士最初是将目标读者界定为普通医学院学生和临床医生，但由于性这个题目关系到每一个人，因此该书后来的实际读者远远超出了医学界的范围。

◎ 潘光旦

“五四”时期，中国《妇女评论》、《妇女周报》等刊物先后刊登了霭理士著作的译文。当时鼓吹霭理士性心理学最有力、影响最大者首推周作人。20世纪30年代后，潘光旦先后译出三部霭理士著作：《性的教育》、《性的道德》和《性心理学》。潘光旦的译文文笔典雅流畅，避免了流行的欧化句式，在译文之外补充大量译注，与原文交相辉映。潘光旦译霭理士著作就分量而言，篇幅之大，无出其右者；从实际影响和贡献来看，说潘光旦为近代译介霭理士性心理学的第一人，并不为过。

《理解人性》

阿尔弗雷德·阿德勒（1870年—1937年），具有世界性影响的奥地利心理学家、神经精神病学家和社会教育家。在心理学领域中，他开创了独树一帜的个性心理学，对后世影响深远。现在，在心理学领域和神经精神症领域的研究和治疗中，仍有很多人沿用他的理论和方法。他所提出的自卑情绪、补偿机制、权力追求等概念，更是融入了现代西方文化和人们的常识之中。

● 阿尔弗雷德·阿德勒

《理解人性》是阿德勒的代表作。该书分“人的行为”、“性格科学”两大部分。作者运用个性心理学原理，对人的性格展开了科学剖析，重点强调人的社会性、社会感，强调在个人性格形成的过程中，其人生观和价值观起到的重要作用。本书体现了作者对人的爱心与关注，其基本观点建立在其长久以来从事心理治疗、社会教育所积累的大量实际观测与调查的基础上，因此具有积极的现实意义，可读性极强。

《自卑与超越》

《自卑与超越》为阿尔弗雷德·阿德勒所作。

在《自卑与超越》（又译为《生活对你应有的意义》）一书中，阿德勒把“自卑与超越”的对立统一作为心理发展的动力。该书出版于1932年，系统阐述了儿童与人格发展（个性形成）中的12个重大问题，具体为：生活的意义、心灵与肉体、自卑感和优越感、早期的记忆、梦、家庭的影响、学校的影响、青春期、犯罪及其预防、职业、人及其同伴、爱情与婚姻。作者认为，人生而有自卑感（器官缺憾者尤甚），但人力图弥补、追求优越，在人生道路上披荆斩棘。

《自卑与超越》是阿德勒从个体心理学观点出发，阐明人生道路和人生意义的通俗性读物，但通俗中包含着极深的哲理和巨大的学术价值。

《人类的学习》

爱德华·桑代克是美国著名的心理学家，动物心理实验的倡导者、联结主义心理学说的建立者，教育心理学体系的创始者。桑代克用猫和狗做实验，在动物身上进行心理实验，创制了非常著名的“桑代克迷笼”。然后，将这种动物研究技术应用于人类学习、教育原理以及心理测验等领域，《人类的学习》便是其将动物心理实验技术运用于人类学习领域的最有代表性的著作之一。

《人类的学习》用通俗易懂的实验方法，多角度地阐释了人类学习的实质，即心理联结。全书论述具体，内容全面，充分体现出作者的学术思想、主要观点和风格流派，既具有理论价值，又具有实践价值，是一本极具参考价值的心理学著作。无论对于广大社科工作者，大学哲学、社会科学专业学生，还是对于心理学爱好者而言，该书都是一本难得的好书。

《心理类型》

卡尔·古斯塔夫·荣格（1875年—1961年），瑞士著名心理学家、精神分析学家。在世界心理学领域享有很高声誉，是现代心理学的鼻祖之一。他原是弗洛伊德的得意门生，后因思想分歧而与弗氏分道扬镳，自建分析心理学。其著作有《无意识过程心理学》、《心理类型》、《记忆、梦、思考》等。

《心理类型》出版于1923年。荣格在1921年前后提出著名的人格类型理论，他提出“内、外倾向性格”的概念：具有外倾性格的人主要关心社会关系，而内倾性格的人则沉浸在自己的幻想世界和身体的活动中。当然，纯粹的内倾和外倾的类型是很少有或没有的，大多数人是混合型的。《心理类型》一书是继性格类型之后，作者按思想原型将人的心理功能分为四种类型，即思维、感知、直觉、感受，这四种类型又与内外倾两种性格搭配，形成八种心理类型。

荣格的人格、心理类型理论，不仅帮助人们了解他人是如何看世界，更推动了人格心理学的发展。

◎ 构造主义心理学

科学的心理学创始于19世纪末，德国哲学家、生理学家冯特是心理学的创始者。作为独立科学的心理学的创始人，冯特建立了现代心理学第一个学派——构造主义，该学派从1879年开始，兴盛了二三十年。构造派认为，人的心理意识现象是由简单的“心理元素”构成的“心理复合体”，它致力于研究心理意识现象“构造”；分析心理意识现象的“元素”，设想心理元素结合的方式。因此，该学派又称为“元素主义心理学”。

《人类心灵现象的分析》

《人类心灵现象的分析》是英国著名的经济学家詹姆斯·穆勒（1773年—1836年）唯一的心理学著作，1822年动笔，1829年出版。

全书共25章。前两章分述了感觉和观念两种心理元素，第三章论联想，此前三章是该著作的重要部分，其余22章分述意识、概念、想象、分类、抽象、记忆、信仰、论断、证据、反省、快乐、痛苦、意志、意向和其他。从各章的标题可以看出当时心理学所关注的问题。在书中，作者用机械力学原理解释联想，认为感觉是一种最简单的心理元素，它衍生出观念，感觉和观念通过联想产生各种心理现象。这就是心理元素主义的联想主义心理学，也称“力学心理学”。

这部著作是当时英国联想心理学和经验哲学的理论思维机械、被动到极点的标志，心理学的思辨再也不能凭借形而上学取得成就，而亟需另找途径才能得到新发展，可以说，它从消极方面促进科学心理学的诞生。

《创造性思维》

韦台海默（1880年—1943年），德国格式塔心理学派创始人。

《创造性思维》，1920年出版德文版，1959年译成英文。作者韦台海默从格式塔心理学观点出发，以不同年龄层次的人解决难度不同的问题——从儿童解决几何问题到爱因斯坦导致相对论的思维过程 ——来验证这个理论。该书还证明了整体占部分的优势这一格式塔心理学原理。作者认为，对于思维过程中表现出来问题的细节，应该而且只应该与整体联系起来考虑，即由整体向部分的方向去考虑才能够解决问题。为此，在实验中必须呈现出问题的全部，使被试者能对问题有个完全概观，而不能把解决问题的方法和途径隐藏起来。

作者在书中不赞同强记学习的教育传统以及反复重复的机械训练，因为一旦养成一种刻板的行为习惯，创造性就会丧失。这时就必须打破旧的习惯模式，重新创立一种新的模式，运用一种创造性思维。

《人的类型》

斯帕朗格（1882年—1963年），德国心理学家。

斯帕朗格的《人的类型》出版于1914年，初版为德文版，英文版于1928出版。作者在继承德国整体心理学的传统思想基础上进行了发展，最早提出人格的类型学说。他认为传统心理学的元素主义研究的生理和心理过程仅仅是低级层面的，他的整体论致力于较高级别的富有意义的行动和态度。他将人格分为这样几个类型：第一种，理论的，追求知识的；第二种，审美的，喜欢文学、音乐和美术工艺之类的人；第三种，经济的；第四种，宗教的；第五种，社会的或同情的；第六种，政治的或管理的。

作者基于社会文化的标准，尝试着对人格进行了分类，引起人们的兴趣并逐渐展开研究，继而出现了众多的人格类型学和诊断学。然而，作者只是从人格主义的现象学方法对人格进行分类，并没有涉及人格的本质特征。

《我们时代的神经症人格》

1937年，霍妮出版的《我们时代的神经症人格》成为精神分析学派新转变的标志。

霍妮修正了正统精神分析学，这主要表现在她以文化决定论取代了弗洛伊德的生物决定论。该书的目的在于刻画神经症患者的内心冲突，患者以不同的形式表现出共同的性格结构。作者认为，产生这种冲突的原因，固然与性压抑、遗传禀赋、童年经历等个人特征有关，但从本质上来讲，却是来源于特定社会文化环境对其施加的影响。人性、人的各种倾向与追求、所经受的压抑和挫折、内心冲突和焦虑，乃至正常人格与病态人格的判别标准等所有一切，都因文化和时代的不同而有差异。在《我们时代的神经症人格》一书中可以看到这种思想。

该书对神经症人格作出了精彩而透辟的分析，对一般读者说来更是非常有趣和引人入胜。

《格式塔心理学原理》

考夫卡·库尔特（1886年—1941年），美籍德裔心理学家、格式塔心理学的代表人物之一。1922年，库尔特发表了关于格式塔观点的论文，题为《知觉：格式塔理论导言》。

库尔特对格式塔方法最全面的说明，是他在1935年出版的《格式塔心理学原理》一书。库尔特认为，心理学是一个最不能使人满意的学科。因为其与其他学科，如物理学、生物学等相比，缺乏强有力的理论原则去面对现实的问题。并且心理学尚没有建立起一个知识系统的基础，也不能说明一个人类个体的行为以及种种的社会行为。但是，正是心理学这些不如意的现状，激发了人们花费时间和精力去探索的热情。库尔特还认为，心理学要讨论的是生物的行为，要解决精神的与非精神的关系问题。他借用物理学中“场”的概念来解释人的行为，这种场分为环境和自我两大系统，二者不可分离。

《发生认识论原理》

让·皮亚杰（1896年—1980年），瑞士著名的心理学家、哲学家，其对生物学、逻辑学也有精湛的研究。皮亚杰自1921年开始，就开始从事儿童心理学的研究，目的在于由此探讨认识论问题。皮亚杰通过儿童心理学把生物学与认识论、逻辑学联系起来，从而将传统的认识论改造成为一门实证的实验科学。

《发生认识论原理》一书是皮亚杰的重要理论性著作，出版于1970年。书中较为集中、系统地阐述了认识论的观点，提出了发生认识论的特有问题以及发生认识论的两个特点（一是研究各种认识的起源，二是它的跨专业性质）。全书共三章。第一章，根据对心理的发生发展的分析，讨论认识的发展和形成。第二章，分析了获得认识的生物学前提，即认识在机体方面的起源和机制问题。第三章，考查了一些古典认识论问题，认为各门科学都应有自己的认识论，但认识总是一种继续不断的建构。

《儿童的语言和思想》

●研究儿童的思想

让·皮亚杰于1955年在日内瓦创建了“国际发生认识论中心”，集合各国著名的哲学、心理学、教育学等领域的专家研究发生认识论，对于儿童各类概念以及知识形成的过程和发展进行多学科的深入研究。其主要著作有《儿童的语言和思想》、《儿童的判断和推理》、《儿童的道德判断》、《儿童智慧的起源》等。

在《儿童的语言和思想》一书中，皮亚杰将儿童思维的发展划分为四个大的年龄阶段，分别是：第一阶段（从出生到两岁左右），是感知运动阶段，这一阶段是思维的萌芽期，是以后发展的基础；第二阶段（从两岁左右到六七岁左右），是前运演阶段，这一阶段的儿童开始以符号作为中介描述外部世界；第三阶段（从六七岁左右到十一二岁左右），是具体运演阶段，此阶段儿童已经具有了一般逻辑结构；第四阶段（从十一二岁左右到十四五岁左右），是形式运演阶段，这一阶段儿童的智慧发展趋于成熟。

教育学

教育是一种有目的地培养社会人的活动，是一种广泛存在于人类生活中的社会现象。为了有效地进行教育活动，必须对其加以研究，通过对各种教育现象和问题的研究揭示出教育的一般规律的学科，即为教育学。尤其在现代社会，随着教育实践的发展，出现了许多需要深入研究的教育问题，例如教育本质问题，教育、社会、人三者关系问题，教育目的、内容、教育实施的途径、方法、形式以及它们的相互关系问题，这对教育学的研究提出更新、更高的要求。

《大学》

《大学》是儒家经典之一，原为《礼记》中的一篇，后被北宋理学家“二程”（程颢、程颐兄弟二人）摘出而独立成书，南宋朱熹将其与《论语》、《孟子》、《中庸》并称“四书”。本书相传为曾子所作，后经学者考证认为是秦汉之际的儒家著作。书中全面总结了先秦儒家关于个人道德修养及其与实现政治抱负，即齐家、治国、平天下的关系。本书以实现“明明德于天下”和“至善”为修养的目标，以“格物”、“致知”、“诚意”、“正心”、“修身”、“齐家”、“治国”、“平天下”为达成修养目标的步骤。

《大学》的文辞并不复杂，但内涵深刻，堪称我国古代道德教育的经典之作。两千年来，无数仁人志士皆由此登入儒家最高理想的殿堂。本书从实用主义角度出发，对现代人为人处世，以及建功立业等均有深刻的启迪意义。

《学记》

《学记》是儒家经典《礼记》的一篇，据说由西汉经学家戴圣编纂（关于作者，尚待进一步考证）。本文既是阐述古代教育思想和教育制度的一篇论著，又是用于教学实践的一部教科书。据学者考证，《学记》的主体思想基本上属于儒家的思孟学派，内容涉及教育的目的与功能、教学主客体之间的关系、教学方法论等诸多方面，对教育与政治、社会文化、伦理道德的关系也有系统论述。本文强调教育移风易俗的作用，符合儒家注重道德教化的核心思想。文中关于循序渐进、引导启发、教学相长等教学经验的论述，至今仍颇具现实意义。《学记》条理清晰、文字凝练，其中不乏“玉不琢，不成器”这样的脍炙人口的名言警句。

《学记》是世界上最早的教育专著，比古罗马教育家昆体良的《论演说家的教育》早三百多年，比近代教育家夸美纽斯的《大教学论》早一千八百多年。

◎ 昆体良

昆体良（约35年—约95年），公元1世纪罗马最杰出的教育家。他出生于西班牙，其父是一位颇有声望的雄辩术教授，昆体良少年时期便跟随父亲到罗马求学，接受雄辩术教育。他当过十年律师，70年在一所国立拉丁语修辞学校任职，并在此学校工作了二十年左右，90年前后退休。由于在雄辩术方面的造诣以及在办学上的突出成就，当罗马帝国在78年设立由国家支付薪金的雄辩术讲座时，他成为该讲座的第一位教师。

《颜氏家训》

颜之推（531年—约595年），字介，琅邪临沂（今山东临沂）人，南北朝晚期的思想家、教育家。颜之推祖上因避“永嘉之乱”南渡而世居建康（今江苏南京），他在554年被南下的西魏军队俘虏，后再北朝几经辗转，最终仕于隋。

《颜氏家训》是颜之推晚年撰写的家庭教育著作，完成于589年隋灭陈统一全国之后，共分7卷20篇。颜之推创作本书的目的是通过记述个人经历、学术思想来告诫子孙，被后世誉为家教的典范，在我国的教育史上影响巨大。

本书作为中国传统社会家庭教育的经典教材，开后世“家训”之先河，是我国古代教育理论宝库中的一份珍贵遗产。颜之推并非历史风云人物，却因本书而流芳千古，唐朝经学家颜师古、书法家颜真卿都是他的后代，其家学之盛可见一斑。

《小学》

《小学》是南宋理学家朱熹编纂的儿童启蒙教育专著，成书于1187年。中国自古以来重视社会道德的建设，儒家更是将道德水准视为人才评价的主要标准。因此，朱熹撰写此书旨在向儿童灌输当时社会的正统道德观念，从而为统治阶级培养人才。本书分内外篇，其中内篇四卷，外篇两卷。内篇主要讲教育的重要性以及方法，强调伦理的意义；外篇辑录了古往今来的著名思想家的言行，作为内篇的补充和说明。

本书的问世，对中国传统启蒙教育及其理论研究都产生了深远的影响，元、明、清三朝学者均对其推崇有加。不但学术界重视此书，统治者更是对书中思想大加宣扬。明太祖将《小学》纳入皇家及太学的教学活动，清朝更是把这部著作摆在几乎与《十三经》和《四书》同样重要的位置，明确规定其为童生入学考试的必考科目。

《劝学篇》

张之洞（1837年—1909年），字孝达，号香涛，直隶南皮（今河北南皮）人，晚清政治家、教育改革家，洋务运动代表人物之一。

《劝学篇》是张之洞在1898年发表的教育专著，其基本思想是以中国传统文化作为教育的基础，以儒家三纲五常作为伦理道德的核心标准，在此基础上吸纳西方先进的科学文化知识，概括起来就是“中学为体，西学为用”。

《劝学篇》出版于维新变法运动风起云涌之时，张之洞以纲常礼教为武器反对君主立宪，其保守性和反动性是非常明显的。但是张之洞并没有盲目否定西学，并将洋务运动的指导思想概括为“中体西用”，因此本书在客观上也促进了近代教育的发展。《劝学篇》由于提倡西学也受到西方学术界的关注，美国传教士塞缪尔·布里吉将其译为英文，题为《中国的唯一希望》，对西方人了解晚清中国人的政治文化思想意义重大。

《傅雷家书》

傅雷（1908年—1966年），著名文学翻译家、文艺评论家。他一生译著宏富，译文以传神为特色，更兼行文流畅，用字丰富，工于色彩变化。

《傅雷家书》是由傅雷写给儿子的书信编纂而成的一本集子，摘编了其在1954年至1966年6月写的186封书信，其中最长的一封信长达7000多字。字里行间，充满了一个父亲对儿子的殷殷挚爱和期望，还不忘对其进行音乐、美术、哲学、历史、文学乃至健康等全方位的教育。但该书的意义，又远远超过了家庭的范畴，其间对国家和世界的高尚情感，对人们的道德、思想、情操、文化修养的启迪作用既深且远。

《傅雷家书》是一本优秀的青年思想修养读物，是素质教育的经典范本，曾获过全国首届优秀青年读物一等奖，还被列为大型丛书《百年百种优秀中国文学图书》之一。它在问世后的二十多年间，发行量已累计达110万册，足以证明其影响之大。

《一个基督教王子的教育》

《一个基督教王子的教育》是文艺复兴时期荷兰人文主义思想家德西德里乌斯·伊拉斯谟的教育论著，撰写于1516年。从书名来看，这部著作似乎是为解决王子的教育问题而写，但伊拉斯谟认为，他所表达的教育思想，不但适用于王子，也适用于王子将要统治的臣民。本书阐述了教育的作用、影响个人发展的因素、环境对人的影响等问题，同时又以古罗马昏君尼禄及其教师塞涅卡的故事说明教育并非万能这一观点。伊拉斯谟认为，遗传本能、教育、习惯和经验是决定人们成长的四个主要因素，后天的教育和训练可以从一定程度上改变一个人，然而不能改变其本质。这种观点虽然值得商榷，但他提出的教育依据人的天性的主张却被后世教育家广为提倡。

本书反映了伊拉斯谟重视青年教育的思想，认为这是一个国家的希望所在，在教育史上占有比较重要的地位。

● 对儿童的教育

《论儿童的教育》

《论儿童的教育》发表于1580年，是法国文艺复兴时期的思想家米歇尔·德·蒙田论述自己教育观的作品。本文是蒙田为他的朋友哥松公爵路易·富华的儿子制订的教育计划，并提出了他的教育原则。这部作品集中反映了蒙田的教育思想，系统全面地表达了他的人文主义教育观，不但适用于当时贵族阶层的家庭教育，也适用于一般儿童的教育。本文共分为三大部分，分别阐述了教育基础、人文主义教育原理、人文主义教育的内容等问题。在教育方法的问题上，蒙田主张教育要顺应儿童的天性，并强调发挥学习积极性、主动性的意义。他对父母和教师也提出了一些忠告，那就是既不要强迫也不能溺爱孩子。

《论儿童的教育》反映的人文主义教育思想对后来的欧洲思想启蒙运动影响巨大，洛克和卢梭都在一定程度上接受了蒙田的教育思想。由于蒙田是一位怀疑论者，因此他认为训练判断能力是教育至关重要的环节，这与现在注重培养儿童独立思维能力的教育观如出一辙。

《大教学论》

约翰·阿莫斯·夸美纽斯（1592年—1670年），捷克著名教育家，西方近代教育理论的奠基人之一。

《大教学论》是夸美纽斯于1632年完成的教育理论著作，最初是用捷克文撰写的，1638年在朋友的劝说下将其译成了拉丁文。1657年，他的《教育论著全集》发表，《大教学论》作为该书的第一卷首次面世。《大教学论》是夸美纽斯在批判地总结前人的研究成果的基础上，经过长期构思和多次修改而写成的教育学论著。作者在书中指出，教育就是要把一切事物教给一切人类的全部艺术。本书的写作目的是尽可能地提高教学的效率，并使学校乃至社会呈现出安宁、光明和快乐的氛围。

本书是夸美纽斯最著名的作品，至今仍是教育理论家从事学术研究的必读书籍。但这部著作很晚才传到中国，虽然20世纪初就有一些中国学者对其内容作过介绍，然而直到1939年商务印书馆才出版了第一部中文译本。

《母育学校》

《母育学校》是捷克教育家夸美纽斯的主要代表作之一，全名《母育学校：论六岁以下儿童的细心教育法》，发表于1632年。从书名可知，这本书讲的是家庭教育，具体来说就是母亲对子女的启蒙教育。在作者看来，家庭教育对学龄前儿童来说是至关重要的，其意义甚至超过学校教育。《大教学论》中曾谈及这本书的写作目的，那就是解决父母照料家务与教育子女之间的矛盾。夸美纽斯在本书中主要论述了六个方面的问题，即儿童的本质、学龄前儿童教育的重要性、幼儿的健康教育、“百科全书”式的启蒙教育、儿童教育的方法、父母准备子女入学的步骤。

本书是夸美纽斯在1628年用捷克文写成的，出版后又被翻译成德、波、英、俄、意等国文字，受到各国教育学界的普遍赞誉。书中论述的儿童家庭教育思想，是作者教育理论体系的重要组成部分，体现了人文主义的关怀和勇于打破陈规的创新精神。

《论教育》

《论教育》是英国著名诗人约翰·弥尔顿撰写的一部教育论著，发表于1644年。弥尔顿作为一位诗人创作了《失乐园》这样在西方文学史上留下光辉一页的华丽诗篇，同时也是英国现实主义教育的重要代表人物。《论教育》体现了他的主要教育观点，并严厉批判了当时英国的学校教育状况。他指出，学校强迫学识有限的孩子去写各种文章和诗歌，这完全是违反常规的做法。此外，日常极少能用到的希腊语和拉丁语却成为学生的主要课程，这浪费了孩子的宝贵青春。因此弥尔顿认为，英国的教育必须进行彻底改革。他建议在全国各城市兴办专科学校，学生可以兼修中学和大学教育，课程包括古典学科和新兴自然科学，应用科学在教学过程中占有重要的地位。

弥尔顿对英国教育状况的批判可谓一针见血，他站在实用角度上提出的建议也极具特色，为西方近代专科教育的发展奠定了基础。

《教育漫话》

《教育漫话》又译《关于教育的思想》，是英国哲学家约翰·洛克阐述其教育思想的代表作，根据作者写给友人的几封书信整理而成，出版于1693年。本书的写作目的是论述“绅士教育”，探讨了如何通过教育巩固英国资产阶级革命的成果。洛克综合分析了“绅士”的特点，提出以体育、德育和智育作为教育的核心部分，因此本书主要谈论的就是这三方面。关于体育，洛克认为塑造健康的精神取决于拥有健康的体魄，体育锻炼有助于培养坚毅的性格。关于德育，洛克认为其基本原则是以理智克制欲望，这或多或少受到了当时流行于欧洲学术界的中国儒家思想的影响。关于智育，洛克主张理论结合实际，重视启发式教学。

本书在西方教育史上第一次将教育分为体育、德育和智育三大部分，并对每一部分都作了系统的论述。这些思想上承文艺复兴时期蒙田的教育理论，下启18世纪法国启蒙运动时期的教育思想，对西方近代教育理论的发展有深远的影响。

《爱弥儿》

《爱弥儿》是法国著名启蒙思想家让·雅克·卢梭的一部名著，1762年在荷兰阿姆斯特丹首次出版。本书不但是卢梭论述其教育思想的专著，也是他阐发资产阶级社会政治学说的作品。卢梭根据人在不同年龄阶段所表现出的不同特点，将教育的原则、内容和方法分为五个部分，因此全书也被分为五卷。

卢梭提出的按年龄特征分阶段进行教育的思想，在教育史上是一个极为重大的进步，对后来西方近现代教育学和教育心理学理论的发展提供了非常宝贵的启迪。然而与英国学者洛克的教育思想相比，本书把体育、德育和智育相互割裂的教育方法却是不科学的。本书出版后即在西欧引起了轰动，后来被译成多种文字流传于世界各地。1923年，商务印书馆出版了根据英文节译本转译的汉译本，后来又推出了根据法文原版翻译的全译本，对我国教育界也产生了重要的影响。

《论人的理智能力和教育》

克劳德·阿德里安·爱尔维修（1715年—1771年），法国哲学家、启蒙思想家，百科全书派代表人物，著有《论精神》和《论人的理智能力和教育》等书。

《论人的理智能力和教育》出版于1773年，反映了爱尔维修的主要教育思想。全书由10篇文章构成，另有前言和摘要。爱尔维修认为，人是教育的产物，并在书中论述了教育对人发挥的重要影响。本书以唯物主义感觉论为立足点，提出了智力平等学说，强调环境和教育对人的发展所起的作用，同时揭露了教会对教育的摧残。爱尔维修主张通过健全的立法来营造完善的教育环境，并认为教育是万能的。

爱尔维修在书中全面阐述了自己的“教育万能论”，这种观点虽然身受意志主宰世界的唯心主义学说的影响，但其强调教育和环境的重要性对教育理论和实践的发展则起到了巨大的推动作用，在教育史上意义重大。

《康德论教育》

《康德论教育》是德国著名哲学家伊曼努尔·康德的教育论著，于1803年出版。康德在1776年至1796年间曾做过四次教育学的讲座，他的学生弗雷德里希·林克将讲稿整理后发表，这就是我们今天看到的《康德论教育》。本书继承了洛克将教育分为体育、德育、智育三个部分的思想，体现了作者希望通过教育实现其哲学思想，从而达到改造人类社会的最终理想。康德认为，教育的目的是发展人的全部自然天性，并使之得以在社会上生存。在资产阶级民主自由呼声高涨的当时，康德指出，解决自由意志与在教育过程中必不可少的必要管束之间的关系是教育的最难课题。因此，他也主张教育应顺应人的天性。

本书总结了前人教育理论的重要研究成果，是作者运用其哲学观点对教育所作的理性分析，对西方近代教育思想的发展所起的作用是不容忽视的。

《普通教育学》

约翰·赫尔巴特（1776年—1841年），德国著名教育理论家、心理学家。

《普通教育学》发表于1806年，是赫尔巴特教育学理论的代表作。作者在本书中论述了对儿童实施教育和管理的目的及方法，并阐明了心理学对教育理论发展的重要意义，进而提出了教学形式阶段的理论。然而，赫尔巴特的教育理论深受当时普鲁士王国军国主义传统的影响，他主张通过体罚惩罚学生，反映了德国专制主义教育的特征。

《普通教育学》的写作目的是把儿童培养成为忠于普鲁士国王的人，赫尔巴特在书中体现出的政治立场是比较保守的。但他以心理学作为建立教学理论的基础，要求教师按照儿童的心理状况及其规律开展教学活动，对西方近代教学论的发展有着非常重要的意义。

《人的教育》

弗雷德里希·福禄培尔（1782年—1852年），德国著名的教育理论家和实践家，近代学前教育理论的奠基人。他一生致力于学前教育的理论和实践活动，其教育理论深受德意志古典哲学和裴斯泰洛齐国民教育思想的影响。

《人的教育》于1826年问世，是一部广泛地论述儿童学前教育和学校教育的著作。福禄培尔在书中主张教育要适应儿童的天性，反对强制教育以及压制儿童个性发展的做法，并强调教育的连续性。本书认为，学前教育在人生整个教育体系中占有非常重要的地位，幼儿期的学前教育则是人的发展过程中的一个至关重要的阶段。因此，福禄培尔把学前教育有机地纳入到人的整个教育体系之中，将其视为人的真正教育的开始。

本书蕴涵了福禄培尔的许多重要教育思想，在教育史上的作用是巨大的。这部著作曾被许多教育理论家仔细研读，至今还在教育理论界发挥着影响。

《幼儿园教育学》

《幼儿园教育学》是德国教育家福禄培尔阐述自己幼儿教育思想的著作，是他对幼儿园教育实验的理论性总结。1837年，福禄培尔在勃兰根堡开办了一所招收1至7岁儿童的学前教育机构，成为世界上第一所真正意义的幼儿园。他把儿童的发展分为婴儿期、童年期、少年期三个时期，并分别制定了不同发展阶段的教育任务。福禄培尔认为，幼儿园的任务就是对学龄前儿童进行教育，使其通过各种必要的活动实现身心的健康发展，并初步认识人与自然，让儿童在游戏中做好入学的准备。

● 孩子们的幼儿园生活

福禄培尔通过讲述寓言故事和教授唱歌开展幼儿教育的寓教于乐的教育手段，对后世幼儿园教育的发展产生了巨大的影响。此书主张建立公共幼儿教育机构，提高了学龄前儿童教育的效率，顺应了历史发展的潮流。

《德国教师培训指南》

弗雷德里希·阿道夫·威廉·第斯多惠（1790年—1866年），德国著名教育家，因其著作《德国教师培养指南》在教育史上的杰出成就而有“教师的教师”之美誉。

《德国教师培养指南》出版于1835年，是第斯多惠师范教育的代表作，在作者生前就曾出版了四次之多。本书从探讨教育理论到论述教师的具体教学活动等各方面均有独到的见解，具有科学的指导意义。这部著作的写作目的是指导教师和立志成为教师的青年提高其知识水平和教学技巧，对授课所选择的教学方法和教学手段也有详细说明。

本书是教育史上第一部真正意义上的师范教育专著，在教育史上有着重要的位置。教育的目的不单是塑造完善的人格、传授正确的知识，更是使教育者拥有健康的身心，感受世界的和谐与美好。

《十二年度报告》

霍拉斯·曼（1796年—1859年），美国教育改革家。他生于马萨诸塞州，1819年大学毕业后开始了教师生涯。1823年至1837年，他以律师的身份先后当选州议会的众议员、参议员和议长。1837年，他放弃了优越的工作，毅然投入到推广公共教育的运动中。在担任州教育委员会秘书的十二年间，他创建了州一级的教育管理体制，积极推动公立学校的发展，并与各种保守势力进行斗争，使马萨诸塞州成为全国教育改革的样板。

《十二年度报告》是霍拉斯·曼在1837年至1848年，即担任州教育委员会秘书期间，每年撰写的教育年度报告的汇编。这12份年度报告涉及了当时美国教育领域的方方面面，并以其旗帜鲜明的观点在美国社会引起了强烈反响。

本书是美国教育史的著名文献资料，霍拉斯·曼以其实际行动赢得了“美国公共教育之父”的美名。

◎ 公共教育新方案

美国传统的公共教育体系是为满足一百年前的劳动力需求而设计的，近期，美国劳动力技能新委员会发布报告指出，如今的公共教育体系已不合时宜，要确保美国的全球竞争力和现有的国民生活水平，再也不能在当前的公共教育制度框架下修修补补，而必须作出“从头到脚”的彻底变革。因此，他们提倡全面革新美国公共教育体系。美国权威期刊《时代》专门为此发表名为《如何把我们的学校带出20世纪》的封面文章。作者在文中写道：全美国围绕教育的讨论将因这份报告而改变。

《大学的理想》

约翰·亨利·纽曼（1801年—1890年），英国教育家，古典人文主义教育思想的代表人物之一。

《大学的理想》的出版经历了较为漫长的过程。1852年，纽曼以都柏林天主教大学校长的身份，就知识、自由教育和大学教育等问题作了几次演讲，又发表了一些文章，后来汇编成书出版。此后，纽曼又相继发表了几次谈论大学教育科目问题的演讲，并于1858年将其中的10篇讲稿结集出版。1873年，他把以上两书合并出版，题为《被界定和说明的大学的理想》。

本书对知识的含义作了系统的分析和精辟的论述，作者首先以整体的眼光来看待人类社会的知识，进而提出了个别学科是作为整体的知识的一个分支这一观点。纽曼认为，一切知识分支都是相互联系、相互交融的，因为知识在本质上是统一的。所以，如果当知识被分得越来越细时，它也就将失去知识的意义。

《教育论》

《论教育》是英国思想家赫伯特·斯宾塞的教育学著作，是西方经典教育学名著之一。本书是斯宾塞先前发表过的四篇教育论文的合集，1860年在美国出版，一年后又在英国出版。本书所阐述的教育思想是以实证主义哲学和达尔文进化论为理论基础的，一定程度上反映了斯宾塞作为一个社会达尔文主义者的保守政治立场。书中的四篇论文分别论述了体育、德育、智育和知识的价值，涉及的方面比较广泛，在教育思想史上颇具代表性。

《教育论》的发表对世界近代教育有较大影响，该书出版不久就先后被译成13种文字，在世界上的主要资本主义国家流传。由于严复对赫胥黎、斯宾塞等持进化论观点的学者的介绍，中国也开始关注这部著作。1923年，《教育论》第一、二篇论文的中文节译本出版，使《教育论》得以在我国广为传播。1962年，人民教育出版社出版了该书的全译本。

《人是教育的对象》

康斯坦丁·季米特里耶维奇·乌申斯基（1824年—1870年），俄国著名教育家，著有《论公共教育的民族性》、《劳动在心理和教育上的作用》和《人是教育的对象》等著作。

《人是教育的对象》是乌申斯基最有代表性的教育学理论专著，出版于1867年。在本书中，作者试图从唯物主义的认识论出发，根据当时的生理学和心理学研究成果，将教育学建立在科学的基础之上。乌申斯基通过本书提出了一系列重要的教学原则和教学方法，并创立了当时世界上最先进的小学教学法。

乌申斯基的教育理论和教学理念在前苏联非常受重视，《人是教育的对象》被认为是奠定俄国教育学研究基础的经典之作。此外，本书最早提出教育人类学的概念，使之后来发展成为一个新兴的独立学科。

《论民众教育》

《国民教育论》是俄罗斯历史上极富盛名的伟大艺术家托尔斯泰的著名的论及教育的文章，于1874年发表在一本教育杂志上。文中较为系统地阐述了他的教育观，是其教育思想的代表作。托尔斯泰看到传统的农奴制对文化造成的影响就是教育的落后与不公平，大多数学校的学费并非普通农民所能承受的，所教授内容也并非文化程度不高的下层民众所能接受，因此他建议成立设施简单的农民识字学校。在这些学校里，教堂的低级神职人员和退伍士兵就可以充任教师，教育成本降低了，而效率则提高了。此外，文章对教学方法也有所论述。

本文对经济发展程度较低的国家开展国民教育具有重要的启迪意义，因此深受各国教育界重视。

《科学与教育》

《科学与教育》是英国学者托马斯·赫胥黎撰写的教育学专著，根据作者在1854年至1887年的三十多年间发表的关于教育问题的演讲和论文汇编而成，全书共17篇文章。本书涵盖的内容非常丰富，集中反映了赫胥黎的科学教育思想。

◎ 科学家和教育家

作为科学家的赫胥黎，在比较解剖学、海洋生物学、人类形态学和古生物学等方面作出了杰出的贡献。他被选为英国皇家学会会长，拥有至少53个海外科学团体授予的荣誉称号……这些足以说明他在科学史上的地位和身份。作为教育家的赫胥黎，对于19世纪下半叶的英国教育改革产生了决定性影响。他提倡科学教育，对传统古典教育进行了尖锐的批判，终生致力于促进自然科学知识的发展，他所提出的一系列科学教育主张和观念，甚至对于当代的科学技术革命都具有借鉴意义。

第一篇文章追述了英国学者约瑟夫·普里斯特利为科学探索奉献一生的事迹，第二篇论述了自然史学科的教育价值，第三篇发出了种族平等和性别平等的呼吁，第四篇论述了自由教育的精髓，第五篇阐述了科学教育的含义，第六篇谈论了科学与文化，第七篇论述了科学和艺术与教育的关系，第八篇描述了现实的和理想的大学，第九篇阐述了理想大学的性质、课程及其与中小学的关系，第十篇论述了生物学的学习方法，第十一篇论述了生理学的基础教育，第十二篇论述了医学教育，第十三篇讲述了医学职业的意义及其与国家发展的关系，第十四篇论述了生物科学与医学的联系，第十五篇介绍了地方教育委员会的职能，第十六篇讲的是技术教育，第十七篇论述了发展技术教育的重要性。

《爱的教育》

埃德蒙多·德阿米琪斯（1846年—1908年），意大利记者、作家。德阿米琪斯自幼喜欢军事，曾入摩德纳军事学院学习，并于1866年参加了意大利第三次独立战争。从军期间，他开始从事文学创作。意大利统一以后，他退伍做了记者，并走上职业作家的道路。

《爱的教育》又名《一个意大利小学生的日记》，是德阿米琪斯根据自己儿子的日记改编的一部小说。这部小说以一个小学四年级男生的眼光，讲述了从10月份开学到第二年7月份期间在校内外的见闻和感想。全书包括100篇文章，除这名小学生的日记外，还包括父母为他写的许多具有启发意义的劝诫性文章，以及每个月老师在课堂上讲的小故事。爱是整篇小说的主旨，包含了人世间各种伟大的爱。

本书虽为一篇小说，却蕴涵着深刻的教育意义，被公认为是一部人生成长中的必读书。

《儿童的世纪》

爱伦·凯（1849年—1926年），瑞典著名教育家、作家、社会活动家。

《儿童的世纪》于1900年在瑞典首都斯德哥尔摩首次出版，1913年再版时，作者对原稿采用的材料作了更换，并进行了较大修改。本书之所以选择在1900年出版，其象征意义在于告诉人们，即将到来的20世纪将是“儿童的世纪”。这部著作主要论述了幼儿教育的相关问题，其中通过优生优育提高人口质量的建议颇具前瞻性。作者爱伦·凯作为一个积极的女权运动参与者，在谈论教育问题的同时，还重点讲述了提高妇女权利、建立美满家庭对儿童成长的重要性。她认为，家庭环境对儿童的影响极大，家庭教育的方式直接关系到儿童的人格发展。

本书出版后反响巨大，为社会各界人士普遍接受，并迅速成为很多父母实施家庭教育的教科书。到今天为止，这部著作已经被译成十几种文字在各国出版，最早的汉译本出版于1923年。

爱伦·凯在《儿童的世纪》中强调家庭对儿童成长的重要性。

《民主主义与教育》

约翰·杜威（1859年—1952年），美国著名哲学家、教育家，实用主义哲学的重要代表人物。杜威将实用主义应用于教育理论，并积极推动美国进步主义教育运动。此外，他对心理学也颇有研究，是功能心理学的先驱者。

《民主主义与教育》是杜威实用主义教育理论的代表作，也是一部阐述“教育哲学”的论著，出版于1916年。杜威试图将西方现代文明的一切成果联系起来，探讨这些因素在教育上的意义。本书对西方教育史上柏拉图、亚里士多德、卢梭、裴斯泰洛齐、赫尔巴特、福禄贝尔等人的教育思想逐一进行了批判性讨论，并结合现代人文科学最新的理论成就，对这些思想进行综合概括，从而形成一个完整的实用主义教育思想体系。

本书提出了“教育即生活”的观点，顺应了西方现代人本主义教育思想的发展潮流，在教育史上占有较为重要的地位。

《实验教育学》

威廉·奥古斯特·拉伊（1862年—1926年），德国教育家，实验教育学的奠基人之一。

《实验教育学》出版于1907年，是拉伊最有代表性的教育理论著作，也是实验教育学的重要代表著作之一。1901年，德国教育家恩斯特·梅伊曼根据当时的心理学研究成果提出了“实验教育学”的概念。拉伊认为之前的教育理论过于空泛，其原因正在于缺少实验这一环节，因此撰写了本书。本书指出，实验教育学是一种科学的、完整的新型教育学，阐明了这一学科的研究方法及性质。作者拉伊主张将生活与学校教育相结合，反对赫尔巴特的主智主义和形式主义教育学，提倡开展“有机的课程”。

本书的发表宣告了实验教育学作为一门新兴学科的诞生。这种通过运用自然科学范式研究教育现象的新学科，在教育学的发展过程中，对教育的理论、实践和研究产生了深远的影响。在这一过程中，拉伊撰写的《实验教育学》发挥了重要的作用。

《蒙台梭利方法》

玛丽亚·蒙台梭利（1870年—1952年），意大利著名教育家，她在开发儿童的创造性潜力和研究儿童的学习动机等发面都取得了很高的成就。1896年，她获得了罗马大学的医学博士学位，这是该校第一次将这一学位授予一位女性。工作的需要使蒙台梭利长期接触低能儿童，《蒙台梭利方法》正是在相关研究的基础上撰写的。

● 玛丽亚·蒙台梭利

蒙台梭利在《蒙台梭利方法》中总结了自己创立的第一所“儿童之家”进行教育实验的经验和研

究成果，论述了儿童肌肉训练、感觉训练、实际生活练习和初步的知识教育等3至6岁儿童的教育方法。书中还谈到了作者对儿童教师以及自由与纪律的关系的看法。蒙台梭利认为，这些原则和方法若能得到拓展，同样会适用于其他教育阶段。

本书是蒙台梭利对自己教育研究工作的全面概括，其中所获得的方法将促进教育学朝揭示人性的本质及奥秘的方向发展。因此，这部著作改变了幼儿教育的方向，并为其带来革命性进展。

◎ 早期教育

儿童教育专家表示，婴幼儿时期是儿童神经系统发育最快、各种潜能开发最为关键的时期，这段时期是进行教育的好时机，因此提出“早期教育”的观点，即：孩子在出生至6岁这个阶段，根据孩子生理和心理发展的特点以及敏感期的发展特点，而进行有针对性的指导和培养。其中，家庭教育对早期教育的影响最重大。早期教育的核心在于提供一个教育营养丰富的环境，对孩子的大脑发育和人格成长进行“激活”，从而为孩子多元智能和健康人格的培养打下一个坚实的基础。

《教育心理学概论》

爱德华·李·桑代克（1874年—1949年），美国心理学家、教育家，动物心理学的开创者，心理学联结主义的建立者，教育心理学体系的创始人。桑代克的著作很多，他共发表了507篇论著，许多是巨著和专著，比较著名的有《动物的智慧：动物联想过程的实验研究》、《教育心理学概论》、《人类的学习》等。

《教育心理学概论》，出版于1914年，由纽约哥伦比亚大学师范学院出版。该书是桑代克三卷本《教育心理学》的缩写本，主要作为大学或师范院校的教科书。全书三卷，共27章：第一卷包括第一至第九章，阐述了人类天赋的本能，认为它是一切教育的起点；第二卷包括第十至第二十章，论述了动物、人类的学习规律，并且认为尽管动物的学习远没有人类的学习复杂，但从其实验研究所揭示的规律对人类的学习同样适用；第三卷包括第二十一至二十七章，探讨了个性的差异以及造成差异的原因。

社会意识的表现形式

由于政治思想和法律思想的关系极其密切，人们总是习惯地把它们联系在一起。政治思想和法律思想都是社会意识的表现形式，这些思想通过政治学著作和法律、军事著作得以体现。人类社会的意识形态可以这样理解，它是一种具有理解性的想象、一种观看事物的方法，存在于整个社会意识形态的共识和一些哲学趋势中，或是指社会中统治阶级对其所统治的所有社会成员而提出的一组观念。各种社会意识之间互相影响、互相作用，其中政治思想和法律思想起到主要的决定作用。

政治学是一门研究政治行为、政治体制以及政治相关领域为主的学科，其本质是人们在一定的经济基础之上，围绕特定的利益，借助于社会公共权力来规定和实现特定权利的一种社会关系。它凭借科学的态度和方法从事研究，并以客观的政治关系为研究对象，而其研究的科学成果和结论对于人们认识政治现象、了解政治规律能够起到巨大的指导作用。法律以法律条文的形式明确告知人们哪些行为是合法的，哪些行为是非法的，这样的明示作用，可以使人们知晓明辨是非，自觉地调整和控制自己的思想和行为。这正表明了它是一种社会意识的表现形式。

3

政治学

政治学，顾名思义，是研究政治的科学，具体说来是以政治行为、政治体制以及政治相关领域为研究对象的社会科学学科。政治的本质，是人们在一定经济基础之上，围绕特定利益，借助社会公共权力来规定和实现特定权利的一种社会关系，因此，政治学就是研究这种特定的社会关系即政治关系及其发展规律的科学。在西方学术领域，政治学的研究也被称为政治研究，或只有政治两字。

《韩非子》

韩非（约前281年—前233年），中国古代著名的哲学家、思想家，政论家和散文家，法家思想的集大成者，后世称“韩子”或“韩非子”，战国时韩国人（今河南省新郑）。他是韩国国君之子，著有很多著作，在他死后，由后人辑集而成《韩非子》一书。

◎《韩非子》中的寓言

《韩非子》中记载了大量脍炙人口的寓言故事，最著名的如“自相矛盾”、“守株待兔”、“讳疾忌医”、“滥竽充数”、“郑人买履”等，蕴涵了深隽的哲理，思想性和艺术性相结合，给人以智慧的启迪，具有较高的文学价值。

《韩非子》现存55篇，约十余万言，大部分为韩非自己的作品。韩非子秉承了其师的“性恶”论，反对孟子的“性善”论；以“严刑”、“重罚”的“法治”制度思想来对治儒家的“德治”、“仁政”制度思想。书中重点宣扬了韩非法、术、势相结合的法治理论，其思想达到了先秦法家理论的最高峰。另外，《韩非子》中还体现了韩非的朴素辩证法思想，如《韩非子·难一》一文中，用矛和盾的寓言故事，说明“不可陷之盾与不可陷之矛不可同世而立”的道理。

● 韩非子

《韩非子》中的法学思想为秦统一六国提供了理论武器，同时，也为以后的封建专制制度提供了理论根据。

《政治学》

《政治学》是古希腊思想家亚里士多德最重要的政治学论著。成书于公元前326年。

全书从人是天然的政治动物这一前提出发，通过对100多个城邦在政制方面的分析比较，系统论述了怎样的国家才是对公民最好的国家。全书共8卷，103章，按内容可分四部分。第一、三卷，探讨城邦、政体等基本理论：认为城邦追求最高最广的善业，是广涵而至高的一种社会团体；人类是天生的政治动物，由家庭、村坊组成城邦；政体按其宗旨及最高统治权执行者的人数，分为正宗与变态两大类。第二卷，反对取消私有财产和家庭的主张，评析当时各种政制。第四至第六卷，论述现实中的平民、寡头、共和等政体的具体形态，以及变革原因和防范措施，提出最稳定的政体是以中产阶级为主体的共和政体。第七、八卷，论述理想城邦中的道德等各种问题。

《政治学》被公认为西方传统政治学的开创篇，其中的政治观点以及所建立的体系，对西方政治思想的发展产生了深远影响。

《国家篇·法律篇》

古罗马著名的政治家西塞罗有不少著作，而最能反映他的政治思想的，同时也最为人们重视的，为“国家篇”和“法律篇”。

西赛罗出身于奴隶主骑士家庭，以善于雄辩而成为罗马政治舞台的重要人物。开始时期倾向平民派，以后成为贵族派。虽然他对于西方政治法律思想传统没有作出杰出的贡献，但是几乎所有的重要的政治法律思想史的著作都不能不提到他，他在西方思想史中占据了一个他人无法替代的地位。这是因为，他几乎是从古希腊时期到欧洲进入中世纪这一历史时期，唯一具有代表性的政治思想人物。《国家篇·法律篇》认为，国家是人民的事务，是人们在正义的原则和求得共同福利的合作下所结成的集体；君主、贵族和民主这三种政体，只是单一政体，理想的政体应该是“混合政体”，即以当时罗马元老院为首的奴隶主贵族共和国。

《论世界帝国》

但丁是意大利文艺复兴时期的著名诗人，也是西方政治法律思想发展过程中由神学转向人文主义传统的过渡性人物。

《论世界帝国》是但丁的一部重要政治理论代表作，在西方政治思想史上占有重要的地位。在这部书里，仅从目录就可以看出其基本观点是赞成基督教的，但丁系统地阐述了他的政治理想，既建立一统天下的世界帝国。全书共分三卷，每一卷阐述了一个基本论题：第一卷，为了世界的福利有必要建立一统天下的世界帝国；第二卷，罗马人有资格掌握这一帝国的权力；第三卷，尘世的君主统治权直接由上帝赋予，而非来自罗马教皇。但丁在书中认为一个人的地位要看他同周围其他人的关系，在这里，但丁看到人的社会性，而不是孤立的个体。书中还强调了司法权的不可分割性，这对后世国家王权的不可分割性有很大的启示。

《君主论》

马基雅维利是意大利文艺复兴中的重要人物，他的《君主论》提出了现实主义的政治理论，深受西方人重视，影响很大，后来衍生了所谓“马基雅维利主义”。

在《君主论》一书中，马基雅维利讨论了一个君主（统治者）应该采用怎样的统治手段保住自己政权的问题。马基雅维利主要关注“新君主”部分，因为新君主为了维持刚刚夺取的土地，要建构一套新的且恒久的权力架构不是一件容易的事。为了稳固政权，君主要对公众保持完美的名声，但私底下必须采取许多本质邪恶的政治手段。君主的统治准则和道德律令是截然分开的，鼓吹国家的强权，在某些情况下可以不必考虑自己的行为是否符合道德。此外，君主应当绝对地控制武器精良和素质优秀的军队。

在马基雅维利的著作中，《君主论》是最小的却是最有名的一本。在其死后的第五年（1532年）首次印行，引起强烈反响，20世纪80年代被列为最有影响和最畅销的世界十大名著之一。

《乌托邦》

托马斯·莫尔（1477年—1535年），英国著名的人文主义者。

莫尔的《乌托邦》是一部世界名著，全名为《关于最完美的国家制度和乌托邦新岛的既有益又有趣的金书》。书中对16世纪初期英国的政治、经济状况进行了深刻的批判，揭示了社会的不平等和广大底层劳动者受剥削的主要原因，即私有制的存在，并鲜明而真实地评述了原始积累带来的经济变化所造成的社会后果，这是社会主义思想史上第一个得出人类社会不平等的现象原因的极其重要的结论。更重要的是，莫尔提出一个独特的、统一的思想体系，勾画了一个在当时认为是理想社会的蓝图，体现了作者关于未来完美社会的全部设想。

马克思在《资本论》第一卷专论资本主义起源的第二十四章中，曾将《乌托邦》中的思想作为史料引用。《乌托邦》是对空想社会主义某些原理加以明确表述的第一本著作，至今仍然具有最珍贵的史料价值。

《国家六论》

让·布丹（1530年—1596年），16世纪法国思想家，近代西方最著名的宪政专家。

1576年，布丹发表了《国家六论》，在西方政治、法律思想史中，他第一个系统地论述了国家主权学说，因此他的《国家六论》被誉为西方关于国家主权学说的最重要论著。《国家六论》中主要讨论了包括宗教自由、国家的起源和定义、主权及对主权的限制等内容。其中重点提出了君主主权思想，这种对国家主权理论的阐发，是布丹最重要的贡献。继而提出了三种政体，即主权掌握在多数人中的民主政体、在少数人手中的贵族政体和在一个人手中的君主政体。布丹的学说反映了中世纪后期法国新兴资产阶级的利益，既要求建立君主专制的中央集权制，又要求维护资产阶级的财产权利。

在西方政治、法律思想史中，布丹的学说与同时代的马基雅维利的学说，被认为具有国家主义、专制主义的倾向。

《太阳城》

托马索·康帕内拉（1568年—1639年），原名乔万尼·多米尼哥·康帕内拉。16世纪末17世纪初意大利杰出的思想家，伟大的空想社会主义先驱。

康帕内拉最主要的著作是《太阳城》。约写于1602年，原文为意大利文。他目睹了人民在皇权和西班牙异族统治下的痛苦，因此在著作中表现出异端气息，这引起了宗教裁判的注意。1598年，他被逮捕，并在狱中度过了整整三十三年的囚徒生活。《太阳城》便是他在狱中写成的，书中以叙事人热那亚的航海家和朝圣香客招待所管理员的对话形式，揭露和抨击了当时意大利的社会制度，构造了一个“公社的哲学生活方式”。

《太阳城》自从狱中传出后，在社会上流传着大量的手抄本。至今在罗马、梵蒂冈、卢加、伦敦等地还珍藏着17世纪初的11份手抄本。1613年，康帕内拉在狱中将其译成拉丁文，1623年这部著作在法兰克福首次出版，之后被译成多种文字。

《利维坦》

托马斯·霍布斯（1588年—1697年），英国哲学家、政治思想家，英国理性主义传统的奠基人，是近代第一位在自然法基础上系统发展了国家契约说的资产阶级启蒙思想家。

《利维坦》是托马斯·霍布斯的代表作，写于1651年，全名《利维坦，或教会国家和市民国家的实质、形式和权力》。该书系统阐述了国家学说，探讨了社会的结构问题。全书共分四部分。第一部分“论人”，开宗明义地宣布了自己的彻底唯物主义自然观和一般的哲学观点；第二部分“论国家”，是全书的主干，主要描述自然状态中人们都享有“生而平等”的自然权利，但是出于理性，人们之间相互订立契约，把大家人格统一为一个人格；第三部分“论基督教国家”和第四部分“论黑暗的王国”，矛头直指罗马教会。

《利维坦》中的无神论、人性论、社会契约论，以及国家的本质和作用等思想，在西方产生了深远影响，是西方最著名和有影响力的政治哲学著作之一。

《为英国人民声辩》

英国资产阶级革命时期的诗人、政论家弥尔顿，他的政论和诗篇一样在英国文学史上占有重要的地位。

1649年，弥尔顿被任命为克伦威尔护国政府的拉丁文秘书，为了反击当时一些反对革命的言论，受革命政府的委托，于1651年发表了著名的《为英国人民声辩》。文中反驳了萨尔马修的国王只对上帝负责的说法，指出国王不过是英国人民的公仆，无论是根据上帝的法律或是根据民族的法律，国王都应该像普通人一样受法律约束。当一个国王变成暴君时，人民有权对他进行审判并将之处死。弥尔顿的书传到欧洲后，君主主义者对其气恼之极，在巴黎和普鲁斯被反动分子焚毁。弥尔顿视力本来就不好，紧张繁重的工作使他双目失明，但他仍在助手的配合下，坚持撰写歌颂革命、反击敌人的论文。1654年，弥尔顿又写了一篇《再为英国人民声辩》，其中包含了一些自我辩护的自传性的段落。

《自由法》

杰拉德·温斯坦莱（约1609年—1652年），17世纪英国掘地派运动的著名领袖和杰出空想社会主义思想家。如果说16世纪英国的社会主义者莫尔是一位来自上层社会代表的话，那么17世纪的温斯坦莱则是来自贫民社会的代表。其主要著作有《新的正义的法律》、《英国被压迫的穷人的宣言》和《自由法》。

● 杰腊德·温斯坦莱

1652年，温斯坦莱发表了他最后一部，也是一生中最成熟的一部著作——《自由法》。这本书主要是为了“敬献”给克伦威尔而写的，他在书中提出建立以自由为基础的“真正的英吉利共和国”的忠告。他认为，真正的自由就是使用土地的自由，这也就是共和国赖以建立的基础。书中还对共和国中的生产、生活方式和政治制度作出了描述，形成了一个符合当时劳动阶级愿望的理想社会模型。

《自由法》被认为是一部早期空想社会主义的重要历史文献，与莫尔的《乌托邦》和康帕内拉的《太阳城》一样著名。

《大洋国》

詹姆士·哈林顿（1611年—1677年），17世纪英国资产阶级革命时期的政治思想家。17世纪中叶的英国政治混乱，在其他政治学家思考如何将国家治理得秩序井然时，哈林顿却在研究造成这种局面迅速变化的社会力量后面的推力。他根据亚里士多德研究财产改革和政权变动的关系的思路，从经济利益对政治发展产生影响角度来寻找原因，并以“财产因素”和“心灵因素”论证自己的政治主张，颇具特色。

哈林顿的代表作是《大洋国》，书中是这样论述了法治：“我们知道，一个共和国之中制定法律的是人。因而主要的问题似乎是：怎样才能使共和国成为法律的王国，而不是人的王国？”他认为，共和国与其他政府形式存在区别的关键是法律的统治，而不是人的统治。法治是与政府方面的任何武断行为绝对相反的，尤其在执政首领方面。政府亦应受它所制定的法律的制裁，更应受它所拥护的较大法律的统治。

《政府论》

约翰·洛克（1632年—1704年），17世纪英国哲学家、政治思想家，英国政界和学术界的重要人物。

◎ 社会契约

洛克提出著名的社会契约论：人类基于社会契约来创建国家，国家的职责之一是保护私有财产不受侵犯。当时的资产阶级正处在原始资本积累阶段，对财富的积累和保护非常重视，在以国王为代表的封建势力的斗争中，资产阶级必须明确指出私有财产的不可侵犯性。这一思想不仅在当时具有反封建的积极意义，并且对后来的资产阶级革命产生了重大影响。在美国的《独立宣言》和法国的《人权宣言》中，都明文规定人拥有财产权，私有财产神圣不可侵犯，即可看出洛克这一思想对历史的推动作用。

洛克的著名政治论著是《政府论》，分为上下两篇，是在1689年和1690年相继写成和出版的。《政府论》是17世纪英国资产阶级革命时代的产物，在西方政治思想史上占有重要地位。洛克的基本政治思想在于对1688年刚刚结束的英国所谓“光荣革命”进行辩护和理论总结。《上篇》着重于驳斥保皇派菲尔麦鼓吹“君权神授”和“王位世袭”的反动论点，《下篇》则从正面阐述了本人关于议会制度的政治理论。当政府的所作所为与这一目的相违背的时候，人民就有权利采取行动甚至以暴力的方式将权力收回。一般公认《下篇》的理论价值更高些，历来人们在探讨洛克政治思想时，主要是针对《政府论》的下篇。

《政府论》汇集了洛克的主要政治哲学思想，不仅使洛克成为古典自由主义思想的集大成者，而且对于后世的现实政治产生了深远的影响。

《神学政治论》

斯宾诺莎（1632年—1677年），荷兰杰出的唯物主义哲学家和无神论者，西方哲学史上重要的理性主义者，与笛卡尔和莱布尼茨齐名。

《神学政治论》是斯宾诺莎的主要著作之一。当时的神学家们援引各种“奇迹”证明《圣经》的神圣性，但是在书中，作者与教会展开了尖锐的斗争，提出研究《圣经》只能以《圣经》本身为根据，即探讨圣书各卷具体作者，他们是在怎样的条件下写的，以及写作原因等等。作者对《圣经》进行了详细的考证，从而驳倒了神学家们的各种神秘的说教，摧毁了教会统治的基础。

本书中提出的所有论点，实际上都是为了论证作者自己的资产阶级政治哲学主张，如天赋人权学说、社会契约说、信仰自由和言论自由，认为“民主政府”是最好的政府等。在资产阶级上升时期反对教会和经院哲学的斗争中，这部著作起到了进步的作用。

《遗书》

让·梅叶（1644年—1729年），法国共产主义者。他是天主教神甫，是18世纪法国空想社会主义的开路先锋。

让·梅叶的主要著作《遗书》，书中的社会政治思想，在反宗教和反封建方面起过重要作用。梅叶认为，世界上所有的人，都是生而平等的，行动平等、平等享受天赋自由、平等使用地面上的财富、平等获得从事劳动而取得的生活必需品。他根据这条“天赋人权”的道德准则，批判了当时社会制度中的一些极为重大的“祸害”。

虽然该书在当时根据法国封建时代巴黎议会和高等审判厅的判决而曾多次遭到焚毁，并且持有此书的人常常有被捕入狱的危险，但是它在问世之后的短短十年之间竟然不胫而走，先后在阿姆斯特丹和伦敦重印了11版之多，可见在当时受读者欢迎的程度。伏尔泰对《遗书》给予很高的评价，他在给达朗贝的信中说：“这部《遗书》应该在一切正直人的口袋中都有一本。”

《社会契约论》

《社会契约论》是18世纪法国杰出的启蒙思想家让·雅克·卢梭最重要的一部著作。

《社会契约论》共四卷，48章，突出表现的主题和中心内容是反对封建专制、倡言民主共和、主张人民主权，并且提出了富于革命性的宪政理论。卢梭强调，人们最初的生活状态是自然状态，行为受自然法支配。在自然状态下，人类享有生存、自由、平等、追求幸福、获得财产和人身、财产不受侵犯等一系列普遍的、永恒的自然权利。自然状态下存在各种弊端，人们须以平等的资格订立盟约，建立国家，以确保每个结合者的各种权利得到国家的保障。

《社会契约论》是世界政治法律学说史上最重要的经典之一，吹响了震撼世界的1789年法国大革命的号角。书中阐述的很多原理不仅在革命之初被载入法国《人权宣言》等重要文献之中，在革命结束后又成为资产阶级的政治法律制度的基石。卢梭的思想对后世思想家理论的形成有重大影响。

《自然政治论》

霍尔巴赫（1723年—1789年），法国18世纪杰出的启蒙思想家、唯物主义哲学家，无神论者。在唯物主义理论体系的建设方面作出了伟大的贡献，他的无神论思想和反封建、反神学的彻底性在当时震撼了整个欧洲。但是与他的同时代人一样，霍尔巴赫亦未能逃脱机械唯物主义的窠臼，最终走向了决定论和宿命论。此外，他还是法国“百科全书派”的领袖狄德罗主编的《百科全书》的主要撰稿人。

《自然政治论》，全名《自然政治论或治国的正确原则》，1773年首次在荷兰阿姆斯特丹出版。在本书中，作者从所谓的“自然法”理论出发，对当时的国家制度、政府、社会、司法行政、外交政策和伦理道德诸多方面进行了猛烈的批判。同时，霍尔巴赫还根据唯理论的观点，提出自己治国安邦的原则，企图建立起一个“理性的王国”。

《自然政治论》一书对于现代人全面了解18世纪法国启蒙思想的内容，对于批判继承人类优秀文化遗产有着重要的意义。

《法国革命论》

埃德蒙·柏克（1729年—1797年），18世纪英国著名的政治家和保守主义政治理论家。主要著作有《美洲三书》、《法国革命论》等。

柏克的《法国革命论》于1790年问世，是他本人晚年的压卷大作。《法国革命论》本是柏克写给一位名叫杜邦的法国人的长信，著作以充满激情而又酣畅淋漓的文笔，猛烈地攻击了1789年爆发的法国大革命的原则。作者甚至把法国大革命看成是人类罪恶的渊薮，是傲慢、野心、贪婪和阴谋诡计的集大成。与之相对应的，作者赞扬英国的“光荣革命”，甚至也在某种程度上支持美国革命，反对英国对北美殖民地的压迫政策。同时，书中也论及了当时伦敦某些团体有关该事件的行动和态度。

《法国革命论》一书，使得柏克成为西方思想界反对法国革命的保守派的首席代表人物，他的名声也渐为后世所知。

《政府片论》

杰里米·边沁（1748年—1832年），英国法理学家、功利主义哲学家、经济学家和社会改革者。他在政治上属于激进派，在英国法律改革运动中也是重要的先驱和领袖。他以功利主义哲学的创立者、一位动物权利的宣扬者及自然权利的反对者而闻名于世，还对社会福利制度的发展有重大的贡献。

《政府片论》是边沁早期发表的一部著作。此书在形式上，是通过对布莱克斯通的《英国法律诠释》（又译《英国法释义》）一书的批判，对十七八世纪启蒙学者主张的社会契约论等提出了异议，并在主权者权力的性质、来源及可能采取的形式等方面，均提出了独到的见解。

《政府片论》是第一部较系统地将功利原则运用于政治思想领域的著作，因而在西方政治思想史上占有一席之地。该书对18世纪中叶英国法律作了系统阐述，在英、美两国曾被采用为大学课本。

《政治正义论》

威廉·葛德文（1756年—1836年），英国政治哲学家、著名作家，一生主要从事著述，撰有政治理论、历史和小说等多方面的著作。

《政治正义论》，全名《论政治正义及其对道德和幸福的影响》，是葛德文的重要政治哲学著作。本书以唯理主义为立论的理论根据，认为理性应当主宰一切，并在唯理论为前提的基础上，批判了资本主义社会制度。从而提出只有承认人类生而平等，才能实现政治正义。葛德文在书中提出自己理想中的未来制度是建立群居的小公社，彼此友爱互助，共享劳动成果。因此有人把他计入空想社会主义思想家之列，并认为《政治正义论》是其最光辉、最精辟的一部政论。

《政治正义论》不仅对当时的英国激进思想产生过巨大的影响，而且在西方政治思想史上，也占有一定的地位。

法学

法学，又称法律学或法律科学，是一门研究法、法的现象以及与法相关问题的专门学科，是关于法律问题的知识和理论体系，属于社会科学领域。春秋战国时期的法家哲学思想是中国法学思想的最早渊源。先秦时期，称其为“刑名之学”，自汉代始有“律学”之称。在西方，古罗马法学家乌尔比安将“法学”一词定义为：人和神的事务的概念，正义和非正义之学。现代法学指的是研究法律的科学。

《唐律疏议》

长孙无忌（约597年—659年），字辅机，河南洛阳人，唐太宗李世民的内兄。永徽二年（651年），长孙无忌奉命与律学士对唐律逐条解释，撰成《律疏》，又名《唐律》，宋以后称《唐律疏议》。

《唐律疏议》是唐朝刑律及其疏注的合编，是中国现存最古老、最完整的封建刑事法典，共30卷。《唐律疏议》总结以往各朝代的立法经验及其司法实践，折中损益，使之系统化、周密化。其立法理论以儒家学说为依据，以封建伦理道德为思想基础，是维护封建经济基础及其上层建筑、调整各方面社会关系的主要工具，亦成为以后历代刑律的蓝本。

《唐律疏议》的律文和疏文反映了唐代社会各阶级、各阶层的法律地位及其相互之间的关系，以及某些政治经济制度，因此是研究唐代历史的重要文献。另外，随着唐朝与周边各国频繁通使和文化交流，其对古代亚洲各国法典亦产生重大影响。国际法制史学者将《唐律疏议》与欧洲的《罗马法》相提并论，并视之为古代“中国（华）法系”的代表。

《汉谟拉比法典》

《汉谟拉比法典》是古巴比伦第六代国王汉谟拉比（前1792年—前1750年在位）颁布的一部法律，被认为是世界上最早的一部比较系统的法典，产生于三千八百年前，是汉谟拉比为了向神明显示自己的功绩而撰集的。

法典全文用楔形文字铭刻，除序言和结语外，正文共有条文282条。法典竭力维护不平等的社会等级制度的奴隶主贵族的利益，比较全面地反映了古巴比伦社会的情况，内容包括诉讼手续、保护私有财产、损害赔偿、租佃关系、债权债务、财产继承、对奴隶的处罚等。法典具有如下三个特点：第一，它明显地维护奴隶主阶级的利益，保护奴隶制的私有制；第二，保存了某些习惯法残余，如“以牙还牙，以眼还眼”的同态复仇原则和神判习惯等；第三，从现代意义上说，汉谟拉比法典并未区分公法、私法（民法）和刑法，诸法合一，法律条例既从民法角度也从刑法角度来确定。

《法学阶梯》

盖尤斯（约130年—约180年），罗马帝国前期著名法学家，罗马五大法学家之一。关于其确切生卒年代、出身和族名都不得而知，古罗马人的姓名由三个名字组成，盖尤斯只是其首名。

盖尤斯以杰出著作《法学阶梯》而蜚声法坛。该书是一部初级法学教材，其语句精炼、分析精辟，深入浅出，简略得当。该书1816年在意大利博伦纳的开普特图书馆被发现。在书中，盖尤斯指出了最重要的人的划分：自由人与奴隶的划分（人法的主要划分是这样的：所有的人，要么是自由人，要么是奴隶），这样就开始了以自由人的身份为对象进行的分析。进而确立了罗马私法的“人、物、诉讼”三大中心。盖尤斯对繁杂的罗马私法体系进行系统、合理的梳理、归纳和排序，把其中最精华的东西以教科书的形式加以编排，使得这部《法学阶梯》成为罗马法历史文献中的经典之作。

《法律篇》

《法律篇》是古希腊哲学家柏拉图生平所著政治法律三部曲（包括《理想国》、《政治家篇》和《法律篇》）中的最后一部力作，它是柏拉图晚年的著作，可以说它集中反映了柏拉图对其生平思想轨迹的反思。

《法律篇》主要围绕着三个人在公元前4世纪中叶一个夏日的讨论展开。共分为12卷，前三卷主要讨论立法的宗旨和立法者必须具有的素养和条件，第四卷到第十二卷分别论述各种法律和法律制度。《法律篇》全面地反映了古希腊，尤其是雅典的城邦的建立、地理位置、政府结构、选举制度等情况，12卷之间存在着一个论题上的递进关系。此书对话内容极广，法律、宗教、教育、历史、哲学、艺术、伦理、外交、贸易、家庭、婚姻、技艺、公民生活等均有提及，涉及国家生活的各个方面。

● 凯旋的查士丁尼

通过研读《法律篇》，挖掘其中所隐寓涵摄的各种法律思想，对于理解古希腊法哲学的基础范畴与基本走向，对于正确评价柏拉图在西方法哲学史中的地位，具有非常重要的意义。

《查士丁尼法学总论》

《查士丁尼法学总论》，又名《法学阶梯》，是东罗马帝国拜占庭皇帝查士丁尼（483年—565年）在位期间（527年—565年）下令编写的一部法学教科书。“法学阶梯”一名取自罗马帝国鼎盛时期大法学家盖尤斯、保罗（121

年—180年），乌尔比安（170年—228年）以及其他法学家弗洛伦丁和马其安的同名著作，并以它们为蓝本，尤其是以盖尤斯的《法学阶梯》和《日常事件法律实践》为蓝本，于533年底编写而成。

“法学阶梯”有法学入门之意。编撰者出于巩固罗马奴隶制生产关系以及奴隶主私有财产的需要，在书中既纳入了历代罗马皇帝所颁布的关于私法的诏令，又收纳了罗马各著名法学家有关私法的学说。因此，《查士丁尼法学总论》是罗马帝国一部最完备的私法，对后世欧洲各国民法的制定和发展产生了很大影响。举世闻名的《拿破仑法典》，就是以它为蓝本制定的。

《论法的精神》

《论法的精神》一书是18世纪上半叶杰出的启蒙思想家孟德斯鸠的最主要著作，被称为是继亚里士多德《政治学》之后“第一本综合性的政治学著作”，也是那个时代“最进步的政治理论书”。

书中对神学和封建专制进行了有力的抨击，其倡导的法制、政治自由和权力分立思想，成为后来资产阶级大革命的政治纲领。孟氏集中讨论了法的精神问题，即法律符合人类理性的规律性和必然性。孟氏认为法律是处于决定地位的，专制只是对人性的蔑视和对自由的践踏，只有法律才能保障广大人民的自由权利。进而深入探讨了自由赖以存在的体制条件，并借此找到“三权分立”的政治制度，以权力制约权力，防止权力滥用，这是一种恢复自由的基本手段。孟德斯鸠主张宪法统率下的权力分立与制衡的政治制度，使法律、自由与宪法结合起来，构建了宪政理论的基本框架，这也是孟氏对政治理论最杰出的贡献。

◎ 分权制衡理论

孟氏在《论法的精神》中第一次正式提出了著名的分权与制衡理论。为防止权力的滥用，必须保障公民的政治自由，这是分权制衡思想的核心价值追求。三权分立、相互制衡，以权力约束权力是其实现分权制衡的根本路径。该理论对近代以来的资产阶级政治实践和思想均产生了直接而深远的影响。经过法国、美国资产阶级革命的实践，已经成为资产阶级国家构建民主制度和政权体制的组织原则。

《论犯罪与刑罚》

贝卡利亚（1738年—1794年），意大利刑法学家，刑事古典学派的创始人。

《论犯罪与刑罚》是贝卡利亚的重要著作。这部著作虽然篇幅不大，但具有宝贵的精神价值，影响极为深远。该书初版于1764年，是人类历史上第一部对刑罪原则进行系统阐述的著作。整本书中洋溢着伟大的人道主义气息，对刑讯逼供和死刑进行了愤怒的谴责，猛烈抨击了当时欧洲大陆的封建司法制度；同时提倡刑法改革，力推罪刑相适应的近代量刑原则。贝卡利亚把他的论点归结成总结性的一般定理：刑罚不应是对付社会某一成员的暴力行为，而应当是公开的、及时的和必需的，在特定案件中应是尽可能地与其罪行成最小比例，并按照法律来决定。

本书问世后，立即给作者带来了巨大声誉，被译成多种文字，书中的刑法主张对欧洲的一些主要国家走上刑法改革的道路起了促进作用。该书被誉为刑法领域里的最重要的经典著作之一。

《革命法制和审判》

罗伯斯庇尔（1758年—1794年），18世纪末法国大革命时期重要的领袖人物，雅各宾派的领袖之一、雅各宾政府的领导人。

《革命法制和审判》是罗伯斯庇尔的代表作。在书中，他重点批判了封建专制制度和专制法律，并且阐述了自己的资产阶级革命法制原则。他认为，要建立革命法制，除要进行法院改革、建立陪审法庭外，必须遵循四原则，即：人民主权原则；立法团体和政权机关的会议对群众公开的原则；三权分立原则；法官、陪审员和证人的意见一致的原则。书中关于自由、平等、博爱的论述，关于参政权、社会权的分析，在实践上为人民提供了摧毁专横、残暴的专制制度的强大武器，也为革命资产阶级理想社会指明了具体的道路，因而比同时代的理论和学说更有实际价值。

《拿破仑法典》

拿破仑·波拿巴（1769年—1821年），法国政治家、军事家，法兰西第一共和国第一执政官，法兰西第一帝国及百日王朝的皇帝。拿破仑于1821年病死于圣赫勒拿岛，他在临死前说："我一生四十次战争胜利的光荣，被滑铁卢一战就抹去了，但我有一件功绩是永垂不朽的，这就是我的法典。"

《拿破仑法典》，亦称《法国民法典》。它是1789年法国资产阶级大革命的产物，1804年由拿破仑任第一执政官时颁布，是典型的资本主义社会的法典，也是资产阶级国家最早的一部民法典。该法典经过多次修订，如今仍在法国施行。法典共2281条，总则划分三篇：第一篇是人法；第二篇是物法，包括财产及对于财产所有权的各种限制；第三篇内容颇为繁杂，包括取得财产的各种方法。

随着拿破仑在欧洲的军事扩张，《拿破仑法典》也被应用到法军所到之处，该法典的系统性、完整性和规范性，对后来其他的资本主义国家的立法产生了巨大影响。

《法理学的范围》

约翰·奥斯丁（1790年—1859年），英国法学家。

奥斯丁有感于“法”这一词语在使用上的混乱，而作《法理学的范围》，意在澄清法学科学应该研究些什么。他将明确概念的方法归为两种，一为定义、一为划分。通常能用“法”一词指称的对象分为四类：第一种，神法或者上帝法；第二种，实际存在的由人制定的法；第三种，实际存在的社会道德；第四种，隐喻意义上的法。法理学的对象，是实际存在的由人制定的法，它是主权者的命令。奥斯丁把休谟关于价值命题与事实命题两分的论述在法学领域予以发挥，还用了很多篇幅来讲什么样的人定的法是最好的法。

就法学而言，奥斯丁的理论具有十分重要的地位。他的理论概括地说，基本体现在《法理学的范围》一书中。这是一本纲领性的、旗帜性的文献，导致了影响深远的分析法学的出现。

《古代法》

亨利·詹姆斯·萨姆那·梅因（1822年—1888年），19世纪英国著名的法律史学家，历史法学派在英国的代表人物，晚期历史法学派的集大成者。梅因的《古代法》，奠定了其英国历史法学派“第一人”的地位。

《古代法》全称《古代法：它与社会早期历史的联系和它与现代观念的关系》，这本书虽然篇幅不长，但涉及的内容却是相当广泛，它不仅是一部专门性的技术性法律史学著作，更是一部涵盖了社会、思想、文化、政治等诸多领域知识的综合性史论。从古代法中，人们不难窥见各种古代文明的面貌。而书中的主要思想，在于扼要地说明在“古代法”中的人类所反映出的最早的某些观念，并指出这些观念同现代思想的关系。

梅因的《古代法》出版后，很快成为欧美法学界普遍研究的经典之作，其中有相当的部分在过去七十年中几乎是学习法律的学生所不可或缺的。

《战争与和平法》

格劳休斯（1853年—1645年），荷兰法学家，世界近代国际法学的奠基人，17世纪古典自然法学派主要代表人。格劳休斯一生共撰写了四部国际法的著作，分别是《海洋自由论》、《捕获法》、《战争与和平法》和《对威廉·威尔伍德批驳海洋自由论第五章的辩解》，其中不到80页的小册子《海洋自由论》基本上形成了今天国际法的体系，格劳休斯也因此被称为“国际法之父”。

《战争与和平法》出版于1625年。该书从立法的角度，深入探讨了如何消灭战争以实现全人类的和平、幸福的问题。与其他启蒙运动时期的代表著作一样，该书的核心思想，凝聚于对人类和平的执著追求，也就是对全人类的爱的方面上。该书事例丰富，论述缜密，其博大精深的思想内涵使其历经三百多年仍然畅销不衰，成为国际法学科领域的必读书目之一。

◎ 公海自由

第一次真正意义上阐述了国际法的概念，提出了公海自由的经典理论，这是格劳休斯的两大杰出贡献。格劳休斯认为“海洋是取之不尽、用之不竭的，是不可占领的；应向所有国家和所有国家的人民开放，供他们自由使用。”其重要地位在1982年得到肯定，《联合国海洋法公约》的问世和六大“公海自由”的规定，可说是格劳休斯传统的胜利。今天，格劳休斯的“公海自由”理论已成为一项国际法原则。荷兰成为现代国际法的中心，同其法学家的历史贡献是分不开的。

《国际法》

拉萨·奥本海（1858年—1919年），德国法学家，近代著名国际法学者，被誉为“现代国际法之父”。

奥本海的《国际法》原著在1905年至1906年出版第一版后，即确立了作为国际法经典著作的地位，其后经过8次修订，是历来最为流行的一种国际法教材，广泛流通。第九版第一卷由詹宁斯和瓦茨修订出版，新版第一卷内容比第八版增加了一倍以上，分为两册五个部分，此举深受国际法学界的欢迎。其中，修订者詹宁斯曾是剑桥大学惠威尔国际法讲座教授、国际法院院长；瓦茨曾是英国外交和联邦事务部法律顾问。新版考虑到国际法的发展，修订者对其范围和内容进行了扩充，具体包括海洋法、外交和领事关系、条约法等。此外，还涉及到外层空间、恐怖主义、环境保护、南极、人权等新问题。新版维持原来的水平和声誉，是进行国际法教学和研究的主要参考著作，对实际工作者也大有裨益。

《法律进化论》

穗积陈重（1856年—1926年），日本法学家，日本资产阶级法学倡导者之一。

穗积陈重一生写下大量的法学著作，《法律进化论》是他的主要代表作。全书共分三册。第一、二册于穗积生前（1924年）出版，第三册是由其亲属和朋友在其去世后整理而出版的（1927年）。穗积陈重受斯宾塞庸俗进化论和达尔文进化论的影响，认为法律和法学也应随着社会的发展而变迁。他认为，法的社会力是人们在共同生活方式中逐渐进化形成的，以至成为独立政治团体的国家，因此它成为人们公认的行为规范。这种抹杀了法律的阶级本质的做法，实际上是为资产阶级国家的法律制度辩护。

《法律进化论》一书中广泛涉猎了世界各个民族早期习俗和社会规范，并大量引用各学科成果，熟练运用历史主义方法和比较方法，使得这本书具有了人类早期法文化史百科全书的性质。

《论经济与社会中的法律》

马克斯·韦伯（1864年—1920年），德国政治经济学家、社会学家，被公认是现代社会学和公共行政学最重要的创始人之一。他对于当时德国的政界影响极大，曾前往凡尔赛会议代表德国进行谈判，并且参与了魏玛共和国宪法的起草设计。

《论经济与社会中的法律》一书是韦伯的遗作，是现代西方法律社会学的经典之作。书中包含了丰富的法律社会学理论，使读者能够从中全面、完整地了解韦伯的法律社会学理论的基本观点。韦伯的社会学，实质上是一种法律文化的比较研究。这不仅需要将制度和所想完美地融合在一起，还必须在一定的经济、政治、历史、地理和宗教文化及语言等社会背景中，用比较的方法考察某种或某些法律文化的产生和发展。

《论经济与社会中的法律》中包含了丰富的社会学原理知识，有助于读者理解西方的法律文化。

《司法过程的性质》

本杰明·内森·卡多佐（1870年—1938年），美国历史上最有影响的法学理论家之一，担任过美国最高法院的大法官。他的主要著作有《司法过程的性质》、《法律的生长》、《法律科学的悖论》等。

《司法过程的性质》发表于1921年，发表之初就极为轰动，一直获得美国法学界和法律界的高度评价。该著作最初是作者在耶鲁大学法学院所作的一个演讲。这部讲演稿不仅是凝结了卡多佐的心血之作，还是卡多佐对自己多年担任法官经验的一个总结，同时也是对美国实用主义司法哲学的一个系统的理论化阐述。本书虽然语言简洁，篇幅不长，但是视野开阔，内涵深刻。

该书现在已经成为美国法律界和法学界最为广泛引用和学习的著作之一，并成为独具特色的美国法律哲学和司法哲学的代表作之一。

《普通法的精神》

罗斯科·庞德（1870年—1964年），美国20世纪著名的法学家。庞德在法律思想史上产生过十分深刻的影响，他以透彻的洞察力，发表了非常多的学术作品，已出版的论著总数已逾2000种。

《普通法的精神》是庞德最出色的著作之一。书中还包括了1921年夏天他在达特茅斯学院所作的精彩演讲。这部创造性的著作，是社会法理学倡导者对这一学说的深刻阐释。庞德在书中通过对普通法在美国的发展历程，来探寻普通法的精神。他分析了影响普通法发展的几个重要的因素，指出普通法是在这些因素的共同作用下形成的，而正是这些因素构成了普通法的精神。

《普通法的精神》第一版发行时，就在广大的法律工作者和普通读者中广为传播，直到今天仍是如此。从书中可以看到普通法在英美国家所具有的绝对权威，普通法的精神就是一个时代的一切社会制度的价值基础。

《法与国家的一般理论》

汉斯·凯尔森（1881年—1973年），原籍奥地利，出生于布拉格。“纯粹法学派”的首创人。

◎ 宪法之父

第一次世界大战后的奥匈帝国四分五裂，奥地利成立了民国，正对时局颇感茫然的凯尔森意外地接到新任民国总理卡尔·伦奈尔的命令：由他主持为新生的民国起草一部宪法。这部以“非政治性宪法”而著称的宪法，自1920年10月1日生效之后，经历了八十多年的历史变迁，其基本原则未发生改变而至今仍然有效，并且这部宪法之中“发明”的宪法法院制度日后被众多国家所效仿。现在的法科学生对宪法法院已是司空见惯，但是在20世纪20年代，设立这样一个机构却实属惊世骇俗之举，可被称为宪法史上的“革命”。

《法与国家的一般理论》是凯尔森的主要著作之一，初版于1945年，由哈佛大学出版社出版。凯尔森在西方法学界是一位久负盛名的人物，他首倡的“纯粹法理论”，是现代西方法律哲学（法理学）中分析实证主义法学的一个主要流派。从《法与国家的一般理论》一书中可以看出，凯尔森在继承和发展19世纪英国奥斯丁的分析法学的基础上，以新康德主义哲学为思想基础，全面地阐述了纯粹法学关于法律、国家以及国际法的基本概念和原理。他将法当做是“纯粹”的、独立自在的规范体系进行研究，认为法律体系最基本的东西是被社会大多数人接受的某种假定（基本规范），并把纯粹的法学理论等同于纯粹的国家理论。

● 对法律的研究

凯尔森的政治法律思想广泛流行于欧美各国，至今仍有较大影响。

《法律、立法与自由》

弗里德利希·冯·哈耶克（1899年—1992年），奥地利裔英国经济学家，新自由主义的代表人物，20世纪杰出的经济理论家和政治哲学家，诺贝尔经济学奖获得者。哈耶克的学术地位极高，他建构了一个宏大的自由主义思想体系，可谓是人类社会自现代以来最重要的思想体系之一。

三卷本《法律、立法与自由》是哈耶克历经十七年的思考和研究，分别于1973年、1976年和1979年发表的最后一部系统性的学术巨著。这部重要著作依据总标题中所关涉的庞大主题大体上相应分为三卷：第一卷“规则与秩序”、第二卷“社会正义的幻象”、第三卷“自由社会的政治秩序”。从哈耶克建构其整体自由主义理论的逻辑上分析，《法律、立法与自由》应该是他经由社会理论过渡到自由理论，再到法律理论，进而试图完成宏大的自由主义社会哲学体系的构建过程中十分重要的一环。

《法律的概念》

哈特（1907年—1992年），英国法理学家，日常语言分析哲学家，新分析实证主义法学创始人，20世纪英语世界最伟大的法学家。他的作品包括《法律的概念》、《法律、自由与道德》、《惩罚与责任》、《法律中的因果关系》（与他人合作）以及《论边沁》。

哈特的《法律的概念》是20世纪法律哲学领域最重要的一部著作，此书对于法律哲学和法理学的发展作出了无以伦比的理论贡献。自1961年问世以来，本书以优美的文笔以及清晰的论证思路，激发了无数学生去思考和法律有关的种种问题，诸如“什么是法律”以及法律、道德与正义的区别。此书1994年由牛津大学出版社出版了第二版，新版本中，哈特重新审视了自己的法哲学基础，并针对著名学者德沃金等人的评论予以回应。

《法律的概念》一书是学习法理学与法律哲学不可或缺的经典，且已经被翻译成许多不同语言的版本。

《法律与革命》

哈罗德·伯尔曼（1918年—2007年），美国当代著名法学家，世界知名的比较法学家、国际法学家、法史学家、社会主义法专家，还是法与宗教关系领域最著名的奠基人物。他对中国当代法学界也产生过重大影响，是中国法学界比较熟悉的外国法学家。

《法律与革命》是伯尔曼花费四十年心血写成的一部力作，着重研究了“西方法律传统”的形成因素。该书由两部分组成，第一部论述了教皇革命与教会法，第二部论述了西方世俗法律制度的形成，包括封建法、庄园法、商法、城市法和皇家法。作者以宏观的视角，描绘了一幅西方法律传统形成和演变的全景图，此图有精细的细节和恢宏的整体气象，融制度与观念于一体。书中对西方法律传统的特质、与社会之间的关系以及所面临的严峻危机均有精辟的论述，并对马克思主义、马克斯·韦伯学说进行了独到的评论。该书不仅是法学界人士的必读书，对于哲学、历史学、社会学、宗教学、文化学等领域的研究也会大有裨益。

《当代主要法律体系》

勒内·达维德，当代法国著名的比较法学家。

《当代主要法律体系》是勒内·达维德的成名作，出版于1964年。全书分四大部，分为11编，具体包括罗马日耳曼法系，社会主义各国法，普通法的历史形成、结构、渊源，以及伊斯兰法、印度法、中国法、日本法、马达加斯加法和非洲各国法等。达维德认为法律是具有国别性的，法学也因此具有了跨国性以及世界性。达维德运用比较法综合分析了各国的法学状况，利用所有国家的经验，揭示出法学的意义和作用，目的是促使各国法学家改革本国法律，摆脱陈规旧习。他提倡世界法律统一主义，提出管理国际关系的方式。他将世界的主要法系分为罗马日耳曼法系、普通法系和社会主义法系三大类，并进行了比较研究。

该书被西方法学家誉为当代比较法学的权威著作，至1982年已出第八版，并被译成多国文字，广为传播。

《法律的经济分析》

波斯纳（1939年—），美国著名的法律经济学家，20世纪70年代以来最杰出的法律经济学家之一。他是美国联邦大法官中有史以来著述最丰富的一位，著作涉猎极广，并且都是上乘之作，有《法律的经济分析》、《反托拉斯法：一种经济透视》、《正义经济学》、《公司法和证券管制经济学》、《最近侵权理论中的集体正义概念》等等。

◎ 法律经济学

波斯纳是法律经济学派的集大成者。他凭借《法律的经济分析》一书而誉满学界，并且在他的努力之下，法学界上下掀起了一场法律经济学运动。它在短短几十年的时间内成为美国法学界的主流，并以极快的速度向世界的其他国家扩张。芝加哥、耶鲁、哈佛、斯坦福、牛津大学等北美和欧洲一些有声望的大学法学院都先后创立了法律和经济研究中心。法律经济学逐渐成为一种国际性法学思潮，经济学理论和方法几乎应用到法律和法学的各个领域。

《法律的经济分析》是波斯纳的成名之作，亦是其最有影响力的作品之一。该书成书于1973年，时年波斯纳34岁。在书中，波斯纳把宪法、民法、刑法、商法、国际法、知识产权甚至总统免责通通进行了经济分析。波斯纳认为，经济学是一门关于世界的理性选择的学科，而法律应该在任何行为领域引导人们从事有效率的活动。他将人们从互相交换中各自获得利益的简明经济理论与经济效率有关的市场经济原理应用于法律制度的研究，为属于非市场行为经济学的、法律经济学的研究奠定了理论基础。

军事

军事，又称军事学，是一门研究战争的本质及规律，并用于指导战前准备与战争实施的综合性科学。早在原始社会就有战争的存在，经历奴隶社会、封建社会、资本主义社会，到帝国主义时期，战争的范围空前扩大，破坏力也空前严重。在每个历史时期，各个民族、各个国家及政治集团为了准备战争和争取胜利，均竭力探索战争的规律，研究武装力量的建设和使用，逐步形成范围广博、内容丰富的军事科学体系。

《孙子兵法》

孙武（约前535年—？）字长卿，中国古代著名军事家。后人尊称其为孙子、孙武子。

孙武作为新兴地主阶级的军事家，亲历数次战争，戎马生涯长达三十年，并撰写了适应当时历史要求的《孙子兵法》。《孙子兵法》，又称《孙武兵法》、《吴孙子兵法》、《孙子兵书》、《孙武兵书》等，成书于春秋末期，全书分为13篇，据司马迁《史记》中记载，是孙武初次与吴王见面时赠送的见面礼。其内容博大精深，思想精邃富赡，逻辑缜密严谨。

《孙子兵法》是我国古代流传下来的最早、最完整、最著名的军事著作，在中国军事史上占有重要的地位，被奉为兵家经典，对中国的军事学发展，甚至政治界、思想界的影响都非常深远，它也是世界上最早的兵书之一。此书现在已被译成日、英、法、德、俄等十几种文字，在世界各地广为流传，享有“兵学圣典”的美誉。

《孙膑兵法》

《孙膑兵法》，又称《齐孙子》，战国中期齐人孙膑撰。孙膑（？—约316

年），是“百世兵家之师”孙武的后代。膑非其本名，本名不传（另有一说：其本名孙宾），因其受过膑刑（剔去膝盖骨），故名孙膑。

据《汉书·艺文志》记载：“《齐孙子》八十九篇，图四卷”，但自《隋书·经籍志》始，便不见于历代著录，约在东汉末年便已失传。1972年，《孙膑兵法》于临沂银雀山汉墓竹简出土，但是已经残缺不全。后经整理考证，文物出版社于1975年出版了简本《孙膑兵法》，共收竹简364枚，分上、下编，各15篇。其中上篇当属原著无疑，下篇内容是否为孙膑及其弟子所著尚无充分证据。

《孙膑兵法》的内容博大精深，理论高度概括，逻辑缜密严谨，不仅是我国古典军事文化遗产中的璀璨瑰宝，也是我国优秀传统文化中的重要组成部分。

◎ 孙膑、孙武是否为同一人

孙膑受到齐威王的重用，带领齐军数次击败魏军，杀死了魏国大将庞涓，“孙膑以此名显天下，世传其兵法”。但是，孙膑的兵法自汉代以后就失传了。宋以后，许多中外学者对是否存在《孙膑兵法》提出了种种怀疑，一些人认为，孙膑和孙武实际上是同一个历史人物。直到1972年，山东临沂银雀山汉墓同时出土了《孙子兵法》和《孙膑兵法》两书的竹简，这样一桩千古历史悬案才得以真相大白。

《吴子》

吴起（约前440年—前381年），卫国左氏（今属山东省）人，战国初期著名的政治、军事家。后世将他和孙子连称“孙吴”。

吴起在政治、指导战争等诸多方面都具有丰富的经验，他把这些经验深化为军事理论，著有《吴子》。《汉书·艺文志》著录有《吴起》48篇，该书在长期流传过程中为后人所整理和删补，有些篇目和内容有所亡佚，今本《吴子》6篇，分别为《图国》、《料敌》、《治兵》、《论将》、《变化》、《励士》，系后人所托，远非全璧。其主要谋略思想是：“内修文德，外治武备”。也就是一方面必须在国家和军队内部实现协调统一的情况下，才能对外用兵，提出如果国家存在“四不和”，就不能对外作战，另一方面，必须加强本国的军事力量。

● 吴起吮卒病疽

《吴子》是一部与《孙子兵法》齐名的军事著作，它与《孙子》又合称《孙吴兵法》，在中国古代军事典籍中占有重要地位。此书现有日、英、法、俄等译本。

《尉缭子》

《尉缭子》是我国古代的著名兵书，《武经七书》之一。其实《尉缭子》是一部杂家著作，除论及兵法外，还包括政治、经济等诸多领域的问题，只因北宋时将其收入《武经七书》，才被归为兵家著作。

《尉缭子》的作者和成书年代一直存在争议，一般认为该书是战国末期魏国人尉缭所著，又经后世重新编订而成。《汉书·艺文志》录有《尉缭》31篇，后来散佚。唐代魏徵编纂的《群书治要》辑有《尉缭子》4篇，对后世考校此书有重要的参考价值。今本《尉缭子》分为5卷24篇。

卷一主要讲了政治、经济和军事的关系，并论述了作战的基本原则，主张依靠人的智慧和主观能动性克敌制胜，反对迷信鬼神。卷二主要讲战争的性质、作用，更重要的是这部分论述了守城的基本原则。卷三主要讲用兵原则、军纪军法和奖惩制度。卷四主要讲战场纪律、指挥方法、军队编组、战斗序列等。卷五主要讲军队的训练方法。

《六韬》

《六韬》又称《太公六韬》、《太公兵法》，旧题“周初太公望”（即吕尚、姜子牙）著，实际上作者已不可考，普遍认为是后人伪托。现一般认为成于战国时期。

《六韬》一书以太公与周文王、周武王对话的方式编成。在军事方面，主张“伐乱禁暴”，强调“知己知彼”，要求战争指导者“行无穷之变，图不测之利”，机智灵活地运用各种战略战术。重视部队的编制和装备，详细记述了古代指挥机关的人员组成和各自的职责，也详细记述了古代武器装备的形制和战斗性能。重点记述了军中秘密通信的方式方法，还重视将帅修养和选拔。

《六韬》是一部集先秦军事思想之大成的著作，对后世军事思想有很大的影响，被誉为“兵家权谋类的始祖”。北宋年间，《六韬》被列为《武经七书》之一，成为武学必读之书。在16世纪传入日本，18世纪传入欧洲，现今已翻译成日、法、朝、越、英、俄等多种文字。

《纪效新书》

戚继光（1528年—1588年），字元敬，号南塘，晚号孟诸，山东登州人，明代著名抗倭将领、民族英雄、军事家、武术家。

《纪效新书》是戚继光撰写的一部军事著作，涵盖了战略、战术、行军、作战、训练、武器、律令以及兵员选拔等诸多方面，是他在东南沿海平定倭寇之乱期间治军和作战经验的总结。此书撰写于1560年，共18卷，戚继光晚年时将其修订为14卷。

《纪效新书》结合东南沿海的地形和敌我双方的实际情况，论述了练兵的必要性和重要性，并提出了一套较为完整的治军理论和计划。该书图文并茂，详细而具体地讲述了从兵员选拔、训练到作战等方面的内容，关于兵器、旗帜、阵法、习艺姿势的插图形象而逼真。

该书是我国古代的著名兵书，理论结合实际，又出于名将之手，因此具有极高价值。

《三十六计》

《三十六计》可以说是家喻户晓。关于成书的年代和作者，学术界一直存在争议。有人认为是秦朝咸阳人杨南柯，也有很多学者认为是南北朝时期的檀道济所著。

全书的编排按计名排列，共分六套，即“胜战计”、“敌战计”、“攻战计”、“混战计”、“并战计”、“败战计”。前三套是处于有利形势下所用之计，后三套是处于不利形势下所用之计。每套各包含六计，总共三十六计。其中每计名称后均附有解说，系依据《易经》中的阴阳变化之理及古代兵家刚柔、奇正、攻防、彼己、虚实、主客等对立关系相互转化的思想推演而成，含有朴素的军事辩证法思想。解说后的按语，多引证宋以前的战例和孙武、吴起、尉缭子等兵家的精辟语句。全书还有总说和跋。

《三十六计》是根据我国古代卓越的军事思想和丰富的斗争经验总结而成的兵书，是中华民族悠久文化遗产之一。它是一部奇书，一部谋略大全。不但在军事方面能使兵家进退自如，于经济发达的现代社会，也能使经营管理者运筹帷幄，抓住一个个商机，成为商场上的成功者。

◎ 三十六计诗

为便于人们熟记三十六条妙计，有位学者在三十六计中每取一字，依序组成一首诗：金玉檀公策，借以擒劫贼，鱼蛇海间笑，羊虎桃桑隔，树暗走痴故，釜空苦远客，屋梁有美尸，击魏连伐虢。全诗除了檀公策外，每字包含一计，依次为：金蝉脱壳、抛砖引玉、借刀杀人、以逸待劳、擒贼擒王、趁火打劫、关门捉贼、浑水摸鱼、打草惊蛇、瞒天过海、反间计、笑里藏刀、顺手牵羊、调虎离山、李代桃僵、指桑骂槐、隔岸观火、树上开花、暗渡陈仓、走为上、假痴不癫、欲擒故纵、釜底抽薪、空城计、苦肉计、远交近攻、反客为主、上屋抽梯、偷梁换柱、无中生有、美人计、借尸还魂、声东击西、围魏救赵、连环计、假道伐虢。

《黄石公三略》

《黄石公三略》是中国古代的一部重要兵书。原名《黄石公记》，旧题黄石公撰，又称《三略》。大多学者认为此书是后人托名伪作，其真实作者已不可考，大约成书于西汉末年。北宋神宗元丰年间被列《武经七书》之一。

《黄石公三略》共分上略、中略、下略3卷，共3800余字。“上略”通过对“设礼赏，别奸雄，着成败”的分析，论述以任贤擒敌为宗旨的治国统军战略思想及其实现方法。“中略”通过“差德性，审权变”，论述君主驭将统众的谋略。“下略”主要内容是“陈道德，察安危，明贼贤之咎”，进一步论述治军统军的原则。此书思想深受黄老学派的影响，是一部专论作战战略的兵书。本书最显著的思想特点是糅合诸子各家思想，兼容博采：主张以道家谋略取天下，以儒家思想安天下，以法家原则御将士，以阴阳家观点认形势，以墨家人才观纳贤士，形成杂取诸家之长而又相辅相成，浑然一体且又独具特色的兵学思想体系。

《论持久战》

毛泽东（1893年—1976年），伟大的马克思主义者、无产阶级革命家，中国共产党、中国人民解放军和中华人民共和国的主要缔造者和领导人。

《论持久战》一书，是毛泽东于1938年5月26日至6月3日在延安抗日战争研究会上的讲演稿。《论持久战》写了21个问题，分为两个部分。文中主要阐述了在我方弱于敌人时或环境不利于我方时应采取持久战的策略，只要采取此策略则必胜。在这种情况下，要杜绝投降论和速胜论，因为在敌强于我时这两种论调就不现实，必然导致客观失败。

在《论持久战》这部光辉的著作中，毛泽东运用辩证唯物主义的立场、观点和方法，精辟地论述了战争的根本问题，制定出指导抗日战争的正确路线、方针、政策和人民战争的战略战术，证明了其无比的正确性。这是一部伟大的马列主义经典军事理论著作，被誉为“世界十大军事名著之一”。

《制胜的科学》

亚历山大·瓦西里耶维奇·苏沃洛夫（1730年—1800年），俄国著名将领，俄国军事艺术的奠基人之一。

《制胜的科学》是苏沃洛夫的代表作，俄国军事思想的杰出著作。作品是苏沃洛夫多年战斗经验的结晶，集中反映了他的治军思想、军事战略和作战原则，也是18世纪俄国先进的军事理论思想的典范。此书最初发表于1806年，后来多次再版。《制胜的科学》分为两部分，第一部分“分队对抗演习或演习前的训练”是供长官用的，主要是阐述苏沃洛夫的训练方法。第二部分是向士兵口授必需的知识，其中包括军人教育的基本原则和有关在不同作战情况下如何进行战斗的指示。

《制胜的科学》对俄国的军事学术起了奠基作用，对后来苏军的作战训练及军事学术的形成有着重要影响，其中很多原则在苏联卫国战争年代广为传播，战后期间仍保持了它的教育意义。

《海国兵谈》

林子平（1738年—1793年），日本江户时代后期著名政治学者。

《海国兵谈》是一部涉及国防战略思想的政论书，由林子平著，全书分为16卷。由于在出版初期遭到幕府没收，林子平改以手抄本的形式传播该书，最终使这部著作得以流传后世。《海国兵谈》紧扣日本地理上的岛国特征，认为如果没有强大的海军和遍布海岸线的炮台，外国势力的入侵就将变得十分轻松。书中指出，江户（今日本东京）是全国的政治中心，一旦遭受敌国来自海上的攻击，全国政局就将陷入混乱，因此主张以忠于幕府的实力派大名镇守江户湾（今东京湾）的入口处。为了引起幕府的警惕，该书大肆鼓吹俄国威胁论。

《海国兵谈》反复强调建设强大海军的重要性，而这要以幕府权力以及经济实力的进一步强化为前提。19世纪初，幕府终于采取了江户湾的海防强化政策。明治维新后，日本走上了以海洋为基础的强国扩张之路，该书所起的作用不可小视。

《战争艺术概论》

安托万·亨利·约米尼（1779年—1869年），瑞士军事理论家，曾任拿破仑三世高级军事顾问。其主要著作有《论大规模军事行动》、《拿破仑的政治与军事生涯》、《战争艺术》、《战争艺术概论》等。

约米尼的军事巨著《战争艺术概论》出版于1838年。全书共7章47节，从战争政策、战略、大战术、勤务学、工程学和初级战术等六个方面论述了关于战争艺术的理论，另有结论、补遗、续编及一些附图。在“告读者”中，主要介绍写作的原因和成书的过程。在“现代战争理论及其作用概论”中，主要介绍了当代战争理论现状，指明在一切战争艺术理论中，唯一合理的就是以研究战史为基础的理论。而整部《战争艺术概论》，就是一本现代战争理论及原则的综合体系。书中总结了法国革命战争和拿破仑战争的经验，根据18世纪末和19世纪初的战争基本原理，提出了许多当时行之有效的作战指导原则、方法和形式。

《战争论》

卡尔·菲利普·戈特弗里德·冯·克劳塞维茨（1780年—1831年），德国军事理论家和军事历史学家，普鲁士军队少将。在德国，一些资产阶级军事家都把克劳塞维茨看做是他们的“开山祖师”，对其著作《战争论》推崇备至。

● 拿破仑在滑铁卢大战中

《战争论》是克劳塞维茨在总结以往战争尤其是拿破仑战争的基础上写成的。全书共3卷，8篇，124章，另有说明、作者自序，及附录（包括作者在1810年至1812年为普鲁士王太子讲授军事课的材料、关于军队的有机区分、战术或战术学讲授计划和提纲等），约共70余万字。正文第一篇，论战争的性质；第二篇，论战争理论；第三篇，战略概论；第四篇，战斗；第五篇，军队；第六篇，防御；第七篇，进攻；第八篇，战争计划。其中第七篇和第八篇均为草稿，该书是一部尚未完成的著作。克劳塞维茨去世后，他的妻子于1832年至1837年整理出版了《卡尔·冯·克劳塞维茨将军遗著》，共10卷，第一卷至第三卷为《战争论》，其余为战史著作。

《拿破仑军事语录》

《拿破仑军事语录》是法国陆军将军布尔诺于1827年根据拿破仑生前留下的书信、日记以及下达的命令等文件整理而成，以语录的形式记述了拿破仑的军事观点，集中反映了拿破仑在战略、战术、作战原则、指挥方法、军队建设等方面的思想。

《拿破仑军事语录》中反映的拿破仑军事思想主要体现在六个方面：一是主张通过积极进攻达到消灭敌军主力的目的；二是强调妥善集中兵力的重要性；三是强调快速机动，认为行动的迅速可以弥补军队实力上的不足；四是强调战争的突然性，主张出奇制胜；五是注重国家军事组织的完善和高级军事人才的培养；六是重视人才的选拔，强调将领的综合素质。

《拿破仑军事语录》对于探讨军事学术的发展和借鉴战争的经验教训来说，具有相当重要的意义。这本小册子在出版的同时，就立即被译成英、德、意、西等多种语言。20世纪以来，该书还被翻译成中文。

《制海权对历史的影响》

阿尔弗雷德·马汉（1840年—1914年），美国历史学家、海军军官。

马汉深入研究了英国长期称霸世界的历史，他发现，人类在海上的机动性超过了陆地，于是在1890年出版了《制海权对历史的影响》一书，并提出著名的

"海洋中心"说。马汉在书中指出：海上军事力量的基础是商船队；海上实力决定了国家实力，哪个国家能有效控制海洋，它就能成为世界强国；要实现对海洋的控制，一个国家要拥有强大的海军以及足够的海军基地，来确保控制住世界上重要的战略海道（对美国而言，重点在于夏威夷群岛和巴拿马地峡）；海军威力等于力量与位置之和，海军的战略法则必须是"集中"，同时要重视"海上交通线"、"中央位置"和"内线"；海军不能消极防御，而是必须积极出击。

马汉的《制海权对历史的影响》一书在美国再版了30多次，并在世界范围内广泛流传。马汉也被后人共同推举为"海权论的鼻祖"。

《制空权》

朱利奥·杜黑（1869年—1930年），意大利将军，著名的军事理论家，制空权理论的倡导者。

杜黑的空军战略名著《制空权》，是其倾尽毕生心血的空军战略研究所结硕果，1921年问世。书中围绕"制空权"这个中心，从战略高度论述了空军建设和作战使用的诸多问题，曾先后多次再版。1921年的初版《制空权》只有"战争的新形式"、"独立空军"、"空中作战"、"空中战争的组织"4章。1927第二版将原有4章合为第一篇，新增一篇，进一步强调制空权的重要性。1932年的第三版，将第二版的两篇合为第一部，新增"未来战争的可能面貌"等三部论著。此版本后来被译成英文，成为《制空权》流传最广的一个版本。1955年，意大利又出版了《制空权》第四版。

《制空权》是一部论述空军战略理论的军事专著，也是地缘政治理论中空权理论的代表作，在军事学术史上占有重要地位。

《装甲战》

约翰·弗雷德里克·查尔斯·富勒（1878年—1966年），英国资产阶级著名的军事理论家、军事史学家。他一生著作颇丰，共出版46部军事专著，且涉猎广泛，无论军事理论还是军事历史，从战略到战术均有独到的研究。

富勒的《装甲战》则是一部早期论述机械化战争论的理论著作，据说德国陆军曾将其视为坦克兵必读的"圣经"，也被苏联军队当做军官的"日常读物"，在英、美等国，则把它视为一种具有明显实用价值的论述战争的文件。

此书写于1932年，原名《野战条令（三）讲义》，并于当年出版，但当时几乎无人问津。但随着战争的发展，尤其是经历战争实践的检验后，其理论价值逐渐为人们所了解和认识。1943年于美国再版时，富勒根据当时正在进行的"二战"作战经验，对第一版的某些内容用注释的方式作出补充说明。

人类行为的研究解释

人类行为与社会环境是相互影响的。人类为什么有自私、逐利的本性？社会为什么存在某种特定的现象？种种“为什么”的背后，是人类无法摆脱的与生俱来的本性。因此人与人之间、人与社会之间的关系，就成为人类学、社会学、伦理学等学科所研究的对象。古今中外的学者们通过对人类行为的研究，对人类行为动机给出了越来越明晰的解释，使得人类更加理性地认识自己。

4

人类学

人类学一词，起源于希腊文字，意为研究人的学科。自从法兰兹·鲍亚士与布朗尼斯劳·马凌诺斯基在19世纪晚期与20世纪早期从事人类学研究后，人类学这个学科就从自然科学和人文学中脱胎出来。它的研究方向有两个：其一是人类的生物性和文化性，另一个则是人类今日特质的演变溯源。

《古代中国的节庆与歌谣》

葛兰言（1884年—1940年），20世纪法国著名的社会学家和汉学家。

《古代中国的节庆与歌谣》是葛兰言的代表作之一。葛兰言基于对欧美人类学的方法和思想的整体反思，通过分析《诗经》中的情歌和其他文献中得以保存，甚至现在中国地方、基层人们的生活中仍保留着的歌谣、节庆等，考察了中国上古时期朴野的习俗（俗）是如何转化为文明的秩序（礼）的。那些古代的宗教习俗和民族信仰成为古代中国营造社会秩序的基本模式。

葛兰言在法国人类学界产生了非常重要的影响，他纠正了西方汉学传统的语文学方法，因此本书对中国社会的研究不仅为法国结构主义人类学的形成奠定了基础，也为“关于文明的人类学”开辟了一条值得当代人类学家继续探索的道路。

◎ 乡野主题

《古代中国的节庆与歌谣》书中着重探讨了我国第一部诗歌总集《诗经·国风》中的诗篇与中国古代节庆、劳动、歌舞、爱情之间相生相成的关系。葛兰言以《诗经》爱情诗的“乡野主题”为切入点，指出这些诗篇在抒发爱情时，总要借助于大自然的形象描绘，而这并非仅为一种艺术手段，还具有一种道德象征。乡野绝非仅仅是背景，它们本身就是诗意的，具有启迪意义。同样，节日也绝非单单提供歌舞吟唱的日期，而是作为词语狂欢化了的诗意，天人合一、情景交融中即兴反复咏唱白热化的欢乐。

《科学的文化理论》

马林诺夫斯基（1884年—1942年），英国社会人类学家，功能学派创始人之一，田野民族志方法的奠基人之一，曾任伦敦经济学院、伦敦大学、耶鲁大学教授。其著有《澳大利亚土著家庭》、《科学的文化理论》（中文译本名为《文化论》）、《巫术、科学与宗教》等。

马林诺夫斯基的《科学的文化理论》一书，是他的文化功能主义理论的比较全面和系统的总结，也是再次重新表述，代表了他对人类学这样一个重要领域的成熟观点。《科学的文化理论》中体现的学术思想，尤其是关于实地调查的方法论，对西方人类学和民族学产生了重大影响。书中以洗练的语言，阐述了作者对文化的基本主张，浓缩了作者对科学文化理论探索的精华，也是早期功能主义人类学最高成就的代表。

《两性社会学》

《两性社会学》是英国社会人类学奠基人马林诺夫斯基的另一本重要人类学著作。马林诺夫斯基具有特殊的语言天分，他花了很长的时间，密切接触并研究了美拉尼西亚的原始社会。这本书便是实地调查的结果。

本书为"心理学哲学及科学方法国际丛书"之一，在伦敦出版，原名《Sexand Repressionin Savage Society》，直译为《蛮野社会里的性及抑窒》，中文译本名为《两性社会学》，副标题为：母系社会与父系社会之比较。全书共分四编，讲述了母权社会的复识与神话、疾病与反常、梦想与行事、猥亵与神话、精神分析与人类学、精神分析与社会科学之间的裂口、一个"被抑窒的复识"等内容。书中不仅讨论了蛮野社会里的性，也讨论了文明社会里的性；不仅研究性的本身，乃是研究性的社会学。书中将蛮野的美拉尼西亚母系社会里的性和文明的欧洲父系社会里的性作了社会学的比较研究，来分析两种社会里的性之间的关系。

《文化模式》

露丝·本尼迪克特（1887年—1948年），美国人类学家、诗人，20世纪初杰出的女性学者，受到老师法兰兹·鲍亚士（现代人类学的开创者之一，被誉为"美国人类学之父"）的影响，同艾德华·萨丕尔共同提出最早的文化形貌论。

本尼迪克特的《文化模式》出版于20世纪30年代。该书阐发了一种新的文化研究理论，即文化模式论。本尼迪克特认为，文化，也即民族性，它在各个民族（部落、族群）的形成都有其自身的发展脉络和历史背景，它表现为一定的文化形态及行为。简言之，就是文化如同个人，具有不同的类型与特征。因而作者引用大量田野资料，塑造出普韦布洛族、多布族和克瓦基特尔族三个不同的文化。

尽管到如今，作者论述的重要性已被其他理论取代，但其著作中提出的问题与关怀，至今仍受到人类学、历史学等学科的重视与关注。

《菊与刀》

本尼迪克特的另外一部重要著作是《菊与刀》。这是作者晚年的作品，成书于1946年，书中详细阐述日本的民族文化。在众多研究日本文化的著作中，该书可谓是一部扛鼎之作，甚至有人认为它开了"日本学"之先河。

● 日本国夷人

第二次世界大战末期，本尼迪克特接受美国政府的委托，从文化的角度对日本人的思维习惯和行为模式进行了研究。她围绕日本人面对理想与现实的两种心态，分别从政治结构、社会阶层划分、消遣娱乐、人情世故，甚至是儿童教育等不同领域进行了剖析。事实证明，书中的观点极大地影响了战后美国对日本的接管政策（如保留日本天皇等方针），并且也都取得了预期的效果。但更重要的是，此著作开启了西方对日本文化研究的热潮，使得战前对日本一无所知的情形彻底扭转过来。因此，尽管该书只有十几万字，但无论从它对一个国家的命运所产生的影响来看，还是从它所取得的学术成就来看，《菊与刀》都是一部名副其实的巨著。

《文化树》

拉尔夫·林顿（1893年—1953年），美国文化人格学派的主要代表之一，曾任威斯康星大学、哥伦比亚大学、耶鲁大学等院校教授，对文化人类学的发展有重要影响。其主要著作有《人类研究》、《文化树——世界文化简史》等。

《文化树》是林顿生前未出版的作品，在其原稿几近完成付梓时，林顿不幸谢世。1948年，温纳—格伦人类学研究基金会提供了研究经费，使此书得以在讲稿的基础上整理而成。该书是作者倾其毕生的研究经验、研读心得和思想的结晶，将人类文化比做一棵盘根错节的大榕树，详细追溯了文化的演进过程，从文化低级阶段的层次、多源头的发轫阶段开始，渐次追溯多线条的发展过程，展示了人类文明和地区文明绚丽无比的图景。它能使读者兴趣盎然地漫游于上下数万年、纵横数万里的文化史画廊之中。作品的权威性、可靠性、可读性，是毋庸置疑的。

◎ 大榕树

拉尔夫·林顿将人类文化比拟为一棵热带大榕树：这棵大榕树植根于悠远的史前文化土壤中，它的气生根和不定根落地之后，生成众多附生的树干；它们枝杈横生，又互相纠结，最终长成一片盘根错节、枝杈交叠、郁郁葱葱的丛林。换言之，人类的文化发源于人类祖先的亚人动物的进化之中，其起源是多源头并行发展的；各种文明相互影响、交相辉映；人类文化的演进并不是一般进化论者所描绘的那种一条主根的进化树，而是附生根众多、枝干绞结的大榕树。

《萨摩亚人的成年》

《萨摩亚人的成年》是美国20世纪20年代人类学中“文化与人格”研究的代表作之一，也是玛格丽特·米德的成名作，该书的出版立刻在文化人类学界引起了轰动，并且迅速成为人类学的经典。

书中作者米德研究了50位生活于萨摩亚的少女的生活和心理状态，通过与美国的青春期少女的比较之后发现，萨摩亚少女并没有出现美国少女所存在的心理上的动荡和不安，而是轻松愉快地度过了青春期，她认为，导致两地青春期少女不同适应效果的原因是这两个社会的文化差异。米德进一步发现，造成这种现象的原因在于萨摩亚社会的随和性，与美国社会相比，萨摩亚社会是一个非常简单的社会，不会提供太多的选择，因此也就不会面临太多的心理和社会压力。

《结构人类学》

克洛德·列维·斯特劳斯（1908年—2009年），法国哲学家，人类学家，结构主义主要代表之一。作为20世纪最伟大的人类学家之一，他的影响波及人类学、语言学、哲学、历史学等诸多领域。其主要著作有《结构人类学》、《野性的思维》。

在《结构人类学》中，斯特劳斯系统充分地表达了自己的结构主义观点，指出：“在研究亲族问题时，人类学家发现自己的处境与结构语言学家很相似。亲族名称也和音素一样是意义的成分：与因素一样，它们也只是在组成一个系统时才有意义。”他认为，不管是神话传说，还是亲属关系，它们都同语言一样暗藏着深层结构，这些都是人类内心中一种无意识的能力或机制所构建的。而人类学与语言学一样，其任务不是单纯地描述人类社会的外部现象，而应是通过结构分析，找出隐藏于这些现象中的深层结构。

本书是作者多年来所发表的文章的合辑，代表了作者在人类学研究中最重要的成就。

《亲属制度的基本结构》

列维·斯特劳斯是法国结构人类学大师，20世纪人类学的集大成者。他主要通过对亲属制度、神话、图腾制度、文化符号等现象的研究，来探究全人类所通用的、能够跨越时空的思维模式，并试图建立普遍的文化“语法”。

在《亲属制度的基本结构》一书中，斯特劳斯主要探讨了婚姻规则是如何影响，甚至创立社会结构的。他以“联姻说”反对“血统说”；解释血缘群体不是社会的基础，只是各群体间婚姻交换关系中的因素；文化的实质是乱伦的禁忌，这种禁忌是与管理婚姻的规则相等同的。在这本书中，他将文化看做一个抽象的概念，不是人们的实际行为，而是一个近乎理想的模式，分为“基本结构”和“复杂结构”两种。

该书和《忧郁的热带》等一系列著述，在20世纪六七十年代，一度形成结构主义思潮，对社会文化研究的很多学科均产生了重大的影响。

《缅甸高原的政治制度》

爱德蒙·利奇（1910年—1989年），英国人类学家，新结构主义社会人类学的主要代表人物之一。利奇早年师从英国著名社会人类学家马林诺大斯基，也偏好法国列维·斯特劳斯的结构主义人类学。其主要著作有《缅甸高原的政治制度：克钦的社会结构研究》、《人类学的再思考》、《文化与沟通》等。

《缅甸高原的政治制度：克钦社会的结构研究》（简称《缅甸高原的政治制度》）一书中突出了这样的中心思想：各种非语言文化，如服装风格、建筑物、食物、音乐等，也都被组织在模式化的系统中，其方式就如同一种自然语言中的语汇、句子和声音，因此关于服饰穿着的法则和讨论规范语言表达的法则具有相同的意义。本书是专门为初涉人类学、文学、哲学等领域的大学生撰写的，可读性强。

《仪式过程》

维克多·特纳（1920年—1983年），英国人类学家，20世纪六七十年代相当活跃的多产的人类学家。

特纳的《仪式过程：结构与反结构》（简称《仪式过程》）是人类学经典著作之一，堪与列维·斯特劳斯和伊里亚德的伟大作品相比肩。

《仪式过程》发表于1969年，在书中，特纳通过在非洲恩丹布部落中的田野考察，诠释了仪式在这个群体中的地位。全书共分五章，分别为“生死仪式中的分类层次”、“恩丹布仪式中的双胞胎困境”、“阈限与交融”、“交融：模式与过程”、“谦卑与等级：地位提升与地位逆转的阈限”。特纳指出：在所有的社会及宗教现象、时间的反结构、艺术中都可以发现“阈限”，并且在当今社会，边缘人处于持续“阈限”或“类阈限”的状态之中。特纳拓展了“阈限”与“交融”的概念，对传统的结构主义进行了发展。

◎ 阈限

同时代的其他人类学家如范·杰内普、马克斯·韦伯、迪尔凯姆等都曾经试图把所有的文化行为都统一在超级结构里，从而提出一种涵盖一切的普遍化模式。特纳则从传统静态的社会结构的研究中挣脱出来，将仪式放在动态的社会过程中进行考察。他认为社会是交融与结构的辩证统一，从而存在一个“分化—阈限—再整合”的过程，是结构与反结构的相互作用的结果。

《象征之林》

维克多·特纳（1920年—1983年），是一位以仪式研究著称的当代人类学家，其最著名的学术贡献就体现在对非洲恩登布人的象征符号和仪式过程研究之中。《象征之林——恩登布人仪式散论》是特纳的代表作之一，是其继《一个非洲社会的分裂和延续：一项关于恩登布人村落生活的研究》之后，又一部有关恩登布人研究的力作。

在该书中，特纳对恩登布人的特殊仪式、象征符号进行了全方位、多角度、深层次的论述和剖析，他认为，仪式象征符号具有浓缩性或多义性、统合性和两极性。严格而论，该书系一部有关恩登布人怎样通过仪式以及相关具有特定象征意义的行为和器物等来实现社会控制、延续的人类学著作，同时也是一部对纠纷、纠纷解决过程进行动态分析、解构、透视的启世之作。在学界，该书被誉为第二次世界大战以后最具有开拓性和影响力的民族志之一。

《洁净与危险》

玛丽·道格拉斯（1921年—2007年），著名的英国女人类学家，出生于意大利。她是继本尼迪克特和米德之后，对整个人文学科产生过重大影响的人类学家之一。

道格拉斯的研究从刚果的部落文化、社会学关心的“制度”问题，到经济学中的“货币”、资本主义的“风险”文化，涉猎广泛。而最杰出的一项贡献，就是在《洁净与危险》一书中对西方学术传统中被认为属于“神学”领域的《圣经》所做的分析。在《洁净与危险》中，道格拉斯辨析出，对洁净的关注乃是处于所有社会关注中心的关键主题。她以清晰、流畅的笔调，揭示出这一主题对人们的社会态度、价值观、宇宙观和知识的全方位影响，向每一位读者展示了洁净对自身的重要意义。

该书最重要的作用，是为每位读者理解人们为何行其所行提供了一种全新的解释。这本书因此被看做是象征人类学的扛鼎之作。

《欧洲与没有历史的人民》

埃里克·沃尔夫（1923年—1999年），维也纳出生，1940年前往美国，进入纽约王后学院求学，“二战”爆发后参军入伍。1946年，沃尔夫获得社会学和人类学硕士学位，1951年获得哥伦比亚大学博士学位，曾在耶鲁大学、芝加哥大学等任教。

《欧洲与没有历史的人民》不是一部传统的上层文化史或国际关系史，而是一部全球凡人的历史，讨论了15世纪以来工商资本主义对单一世界发展的作用。

书中选取1400年这个时间点作为研究的参照点，读者可以欣喜地看到欧洲作为一股新变化趋势的力量正在迅速崛起，欧洲大陆以外的其他不同来源的社会组织和族群逐渐被卷入到这个全球性联结的整体中。作者以马克思关于劳动价值学说的基本观念，围绕生产方式的变化以及在各大洲之间扩展这个核心，考察了不同文化、政治和社会环境的人群对这一巨大变化所作出的回应。

《文化的解释》

克利福德·格尔茨（1926年—），美国文化人类学家、修辞家、符号人类学和释义人类学倡导者，普斯顿大学高等研究院教授。他是一位雄辩的理论家，主要著作有《文化的解释》、《爪哇的宗教》、《地方性知识》等，对于人类学界内外的众多学者产生了重要的影响，被誉为20世纪一位“具原创力和刺激力的文化人类学家，也是致力于复兴文化象征体系研究的知识运动的前沿人物”。

格尔茨的《文化的解释》是其文化人类学研究论文精选集，是一部在学术界享有盛誉的名作。该书中收入的论文，按论述的对象被分为5编，共15章。作者在书中对文化人类学研究领域里的误区进行了全面的梳理，对文化的概念、文化和宗教的关系、文化和意识形态等的关系进行了深入的研究。所有论文基本上都是从每个个案中提出的独特观点，阐明了什么是文化以及文化在社会生活中扮演怎样的角色等问题。

《地方性知识》

克利福德·格尔茨的论文集《文化的解释》和《地方性知识》在西方文化学理论界影响非常深远，堪为经典和理论楷模，格尔茨也因而被称为阐释人类学的大师和开山者，划时代的理论大师。其著作在西方被广泛应用于哲学、人类学、文化学、社会学、历史学、心理学、文学研究、考古学、符号学、语义学、神话学、民俗学、语言学、戏剧学、宗教学等多学科以及交叉研究的领域。

《地方性知识》出版于1983年，其命题旨在认知的具体性、穿透性和阐释性，作为格尔茨成熟期的作品，该论文集中的文章大致体现了格尔茨三个方面的命题：其一是取其符号性强、文化认知意蕴比较深厚的命题；其二是取赋深度层次化，以便展示阐释学分析、论辩之长的命题；其三则是体现“深度描写”的理论阐发和进一步推导的命题，这是作者对自己最得意的强项。

《土著如何思考》

马歇尔·萨林斯（1930年—），美国当代著名的人类学家之一。他的研究领域使他得以游历了充满异国情调的土耳其、斐济和新几内亚。1978年，他成为美国艺术和科学院院士。

● 土著民

萨林斯对于夏威夷人民的人种史学进行了极其广泛的研究，《土著如何思考》这本著作便是这种研究的一个顶峰，是值得所有对人类学和历史学真正感兴趣的人阅读的一部专著。在书中，萨林斯提出了许多令人感兴趣的话题，如西方学者能否真正了解非西方人民的行为方式和思想观念从而替其表述观念，以及在1779年来自英伦的库克船长的第三次太平洋航行探险中，夏威夷土著是否真的把库克船长误认为他们的罗诺神。全书以这些问题为中心，展开了精彩的讨论。同时，萨林斯还针对另一位著名的人类学家奥贝塞克拉在同一问题上的相左意见，作出了针锋相对的辩论。

◎ 独特的附录

《土著如何思考》的一个突出特点是大篇幅的附录，其内容主要是对自18世纪以来各种相关英文和夏威夷文献的详细讨论，占全书的近三分之一。如此的安排，证明了学术辩论中的“言之有据”。而对一篇文本的解读，就如同在听很多人讲故事，让库克船长在夏威夷遭遇的种种逐步地呈现在读者面前，读者以自己的理解在头脑中形成一个完整的故事，从中折射出夏威夷文化的面貌。这不失为一次难得的研究展示。

《文化与实践理性》

《文化与实践理性》是马歇尔·萨林斯的代表作之一，出版于1972年。书中前言的第一句话，作者就开门见山地点明了全书的主旨，即：“本书是对某种观念进行的一种人类学批判。这种观念认定，文化是从时间获得以及实践活动背后的实用利益中逐渐形成的。”全书从人类学的角度，将马克思主义的历史唯物主义与英国、法国的结构主义，同形形色色的人类学进行了深入的比较研究；对西方文化的意义和实质等作出深入的剖析；同时还梳理了人类学内部关于实践理性和文化理性的战争。萨林斯试图提出与“实践论”相对性的另外一种理性，即“象征理性”或“意义理性”，两种理性的根本区别在于，实践和文化在社会生活中究竟哪一方面起着决定作用。

萨林斯在书中提出的很多见解，如关于物质和精神之间的关系、唯物论与唯心论的关系、主体和客体的关系等都非常的深刻和独到，对晚近西方人类学乃至整个社会科学领域都产生了较大的影响。

社会学

社会学起源于19世纪晚期，是一门利用经验考察，运用批判分析方法来研究人类社会结构与活动的学科。社会学与经济学、政治学、人类学、心理学等一起，同属于社会科学范畴。社会学的研究对象范围广泛，小到几个人面对面的日常互动，大到全球化的社会趋势及潮流。同时因其兴起的历史背景，其研究方向很大程度上倾向于现代社会中的各种生活实态，或是社会如何形成演进至今日的过程，不但注重描述现况，也关注社会变迁。

《乡土中国》

费孝通于20世纪40年代后期在西南联大和云南大学授课期间，应《世纪评论》杂志之约而写成分期连载的14篇文章，并于1947年集结成册，命名为《乡土中国》。本书对20年代至30年代的社会史论战中所涉及的中国社会的国情和民风这一重要问题进行了科学的解答。作者说："这里讲的乡土中国，并不是具体的中国社会的素描，而是包含在具体的中国基层传统社会里的一种特具的体系，支配着社会生活的各个方面。"

《乡土中国》提出了"礼治秩序"和"差序格局"的概念，这是对传统中国农村生存环境和农民生活状态的最深刻提炼，在当今社会仍有指导意义。

《社会静力学》

赫伯特·斯宾塞（1820年—1903年），英国著名哲学家、社会学家，社会进化论和社会有机体论的早期代表人物。

《社会静力学》是斯宾塞研究社会和政治学说的主要著作之一，他在书中以大量篇幅来论述其"第一原理"。斯宾塞"第一原理"的提出具有深刻意义，他是斯宾塞社会有机论的重要表现。

作者在全书的开始论述了"最大幸福"的概念，这个概念是当时社会的热点话题。作者认为，幸福即机体的所有功能全部得到满足。在对"最大幸福"的论述中，作者引出了一个重要的原理，那就是"每个人都享有要求最充分自由地运用其各种机能的权利，前提是与所有其他人相同的自由不发生矛盾"这一理论。斯宾塞称，这部著作"包含了从1850年以来已有的具有发展前景的一些思想或思想萌芽"。

《社会学研究》

《社会学研究》出版于1873年，是英国学者赫伯特·斯宾塞发表的社会学著作，其理论特点是将社会与生物有机体进行类比。受1859年出版的《物种起源》的影响，斯宾塞开创了被称为“社会达尔文主义”的社会进化论和社会有机体论学说。该书认为，进化是一个普遍规律，不但存在于大自然，也存在于人类社会。斯宾塞认为，社会的进化与生物的进化是一样的，优胜劣败、适者生存的法则同样适合人类社会。这种理论主张遵循事物的自身规律，进而反对社会福利和国家计划，也反对社会改良及革命。

本书对我国近代新思想的萌发影响巨大，著名学者严复在1897年至1903年间将其译成汉语，译名为《群学肄言》。《群学肄言》的翻译和出版，对社会学在中国的传播起了重要的推动作用。

◎《群学肄言》

《群学肄言》出版于1903年。在“译余赘语”中，严复这样解释他翻译此书的原因：“窃以为其书实兼《大学》、《中庸》精义，而出之以翔实，以格致诚正为治平根本矣。每持一义，又必使之无过不及之差，于近世新旧两家学者，尤为对病之药。”严复在戊戌变法的时候没有直接参与康梁的政治活动，变法失败后，他虽然继续提倡西学，但政治态度日趋保守，侧重推崇中国旧学。这里的“新”，即指以孙中山为首的革命派，严复欲以斯宾塞的阶级调和论去抵制当时的革命运动。

《社会学原理》

《社会学原理》是英国哲学家、社会学家赫伯特·斯宾塞的社会学主要代表作之一。1876年至1896年出版。全书共三卷。第一卷，主要论述各种形成和影响社会现象的因素。第二卷，着重研究针织组织的起源和发展，把它看成是总进化中的一部分。第三卷，论述了社会上各种职业的职业制度。书中阐述了社会进化的两种理论：一是社会是从基于强制合作的军事型社会向基于自愿合作的工业型社会进化；二是社会是通过功能分化从简单社会向复杂性社会进化。这种进化思想对后人产生了重要影响，直接影响了萨姆纳以及一些社会达尔文主义者，结构分化理论对当代的文化人类学和发展社会学产生了较大影响。迪尔克姆、马林诺夫斯基等人以及社会系统论的倡导者们则吸收了贯穿于全书中的功能思想。

《社会学原理》是第一次阐明社会学分析的系统著作，被誉为社会学理论的开山之作。

《普通社会学总论》

维尔弗雷多·帕雷托（1848年—1923年），意大利社会学、经济学家，因通过社会调查得出意大利20%的人口掌握着80%的财富而出名，其理论被称为帕雷托法则。

《普通社会学总论》一书出版于1916年，系统地阐述了社会精英阶层理论，成为开创西方社会分层研究的先驱者之一。本书的主要论点包括两个方面，一是异质系统社会，二是精英理论。帕雷托认为社会是个异质系统，由政治组织、经济生产和社会情绪三个循环系统构成，进而提出了“所有社会体制都存在相应的等级集团”的观点。对于社会精英，帕雷托将其分为执政的精英和不执政的精英两大类，重点是关注社会财产和政治权力的分配。

帕雷托提出的精英理论是一种历史循环论，在他看来，人类的历史就是少数精英分子轮回更替的舞台。这种理论对墨索里尼以及法西斯主义影响很大。

《共同体与社会》

斐迪南·滕尼斯（1855年—1936年），德国著名哲学家、社会学家，现代社会学理论的奠基人之一。他的社会学专著众多，尤以《共同体与社会》最为著名，这本书的基本思想和概念，对社会学的影响很深。

本书对社会学的最主要贡献是发现在人类的群体生活中的两种结合的类型，并对其进行了深刻的阐述。作者用二分法的概念，从人类结合的现实中，抽象地概括出共同体与社会这两种类型。滕尼斯认为，共同体这一类型主要是在宗族、家庭等建立在自然的基础之上的群体里实现的，它也可能在村庄、城市等较小的、历史形成的联合体以及在人际关系之类的思想的联合体里实现。他指出，共同体是建立在有关人员的本能的意向或者习惯性制约的适应以及相关思想的共同的记忆之上的。由此可见，在人类的发展史上，共同体这种结合的类型早于人们有的放矢建立的社会类型。

《社会学方法的准则》

埃米尔·迪尔凯姆（1858年—1917年），法国著名社会学家，社会学理论的重要奠基人之一。1858年，迪尔凯姆生于法国埃皮纳尔一个小镇上的犹太教神职人员家庭，早年曾子承父业做一名拉比。1898年，他创建了法国的《社会学年鉴》，围绕这个刊物，一批年轻学者组成了一个社会学家的团体，即社会学年鉴派。1902年后，迪尔凯姆在巴黎大学任教。1917年，迪尔凯姆逝世于巴黎。

● 埃米尔·迪尔凯姆

《社会学方法的准则》是迪尔凯姆的代表作，书中以大量篇幅论述了观察和说明社会事实的原则，同时提出了功能分析以及因果分析的思想，并介绍了这种思想的功能与历史的区分。

本书是迪尔凯姆乃至社会学年鉴派的经典著作，首次将社会现实作为重点研究对象，从而使社会学成为完全独立于哲学、心理学的重要学科。

《社会分工论》

《社会分工论》是法国社会学家埃米尔·迪尔凯姆1893年写成的博士论文，堪称其社会学理论的开山之作。他在这部著作中旗帜鲜明地表达了反对单一功利主义思维的立场，进而指出社会是朝多元化方向发展的，并且是由多种矛盾的共同作用构成的。所以，要适应相互矛盾的各种需要，就必须有一种限定与平衡。从书名来看，迪尔凯姆选取的是一个经济学对象，但他却要从中找出制约社会发展的非经济因素。本书的中心思想是劳动分工并非纯粹的经济现象，其英译本的书名“社会劳动分工”更直接地体现了这一点。

在劳动分工不发达的社会里，个人与社会之间的关系是机械的，集体观念根植于每一个社会成员的意识中，并影响着他们的感情和倾向。因此，本书可以看成是一部阐述人类社会进化历程的精辟之作。

《货币哲学》

西美尔（1858年—1918年），又译“席美尔”或“齐美尔”，德国社会学家、哲学家。他是19世纪末20世纪初反实证主义社会学思潮的主要代表人物之一。其著作有《历史哲学问题》、《货币哲学》、《宗教》、《社会学的根本问题：个人与社会》等。

《货币哲学》是西美尔为数不多的大部头著作之一。该书初版于1900年，1907年修订后再版。该书是西美尔针对现代社会生活特征的归总式论述，分为“分析卷”和“综合卷”两大部分，共六大章节。其中，“分析卷”从社会生活着手，剖析了货币的本质和产生货币的需求，以及货币所满足的需求。“综合卷”则反之，综合考察货币对整个人类生活的影响。

在书中，作者本着深厚的康德哲学渊源的形而上的悲观——寂静主义，凭借其独特的形式互动理论，通过详尽研究以货币为媒介的交换关系产生的社会后果，揭示了互动对社会关系本质的影响。

《心灵、自我与社会》

乔治·赫伯特·米德（1863年—1931年），美国哲学家、社会学家、心理学家，美国实用主义学派的重要代表人物之一。米德在1883年获得了奥柏林学院的学士学位，并于1888年至1891年间在德国莱比锡大学和柏林大学钻研哲学和心理学，后来回到美国，在芝加哥大学担任教授和哲学系主任。德国哲学家黑格尔和英国生物学家达尔文的学说都对他产生了不小的影响。

《心灵、自我与社会》于米德死后的1934年出版，是美国哲学家查尔斯·威廉·莫里斯根据米德生前留下的几篇未发表作品和课堂讲义整理出版的。该书凝结了米德三十年社会心理学研究的心血，以进化论学说为基础，提出了人的心灵、自我由社会而生的理论，特别强调了个体与社会、有机体与环境相互影响的观点。

本书所提出的理论通常被学术界称为“符号互动论”，标志着社会心理学的诞生，也是米德最重要的社会学研究成果，有“符号互动学说的圣经”之称。

《儒教与道教》

马克斯·韦伯（1864年—1920年），德国著名社会学家，社会学创始人之一，主要研究领域是统治社会学和宗教社会学。韦伯也是一位政治活动家，第一次世界大战后曾出任巴黎和会德国代表团的顾问。

《儒教与道教》是马克斯·韦伯研究中国传统哲学对社会发展所产生影响的重要著作。他在书中对世界各主要文明的经济伦理原则进行了深入研究，着重对儒教和道教的社会伦理原则进行了重点分析，通过分析和对比论述了中国没有产生资本主义理性精神的原因。

本书是海外学者研究中国文化和中国社会时经常参考和引用的名著之一。由于中国文化不是他的主要研究方向，然而本书的见解又颇为独到，因此他被西方汉学家界称为中国传统文化研究领域的一位“伟大的外行”。

《经济与社会》

《经济与社会》是德国社会学家马克斯·韦伯最有影响力的著作，全书为两卷，是在他去世之后的1921年至1922年间，由其夫人玛丽娅娜整理后出版的。韦伯生前并没有为此书制订出一个总体结构的计划，因此各章的先后顺序只能由玛丽娅娜和她的同事们来安排和决定。所以，某些没有完成的章节，就只好保留原貌了。作者在书中全面而系统地阐述了他的社会学观点以及对现代文明本质的看法。首先，他对社会学的基本概念、研究对象、研究方法作了详细的介绍和解释。其次，他又交叉地论述了他的经济社会学、政治社会学、法律社会学和宗教社会学思想。

韦伯社会学的理论基础建立在理解人的社会行动的主观意义上，通过对不同社会生活领域的行为类型进行系统比较和分析，实现对文明本质的解释这一研究目标。该书英文版由多位韦伯研究专家合作翻译，于1968年出版。

《支配的类型》

《支配的类型》是德国著名社会学家马克斯·韦伯撰写的学术专著，本书通过分析人类的历史经验，将理念型支配归纳为三种类型，即卡理斯玛型支配、传统型支配和法制型支配。研究和关注不同支配类型的正当性基础、运作方法、管理模式及其影响，对于一个社会朝理性化方向发展是很有帮助的。作者以此为出发点，将支配类型研究与其宗教、法律与经济的研究相贯穿，并构成一个完整的体系。

韦伯说："我们可以想象到的一切制度，都不能不通过权力来维持和运转，因此支配就成为可能了。"本书的独到见解及其对现代化进程中的资本主义的深刻论述，将会对我国社会学界进行理论研究提供些许帮助。

◎ 社会学三大奠基人

尽管马克斯·韦伯在当时主要被视为历史学家和经学学家，但因其在社会学领域的突出贡献，与卡尔·马克思、埃米尔·迪尔凯姆一起，并称为现代社会学的三大奠基人。迪尔凯姆遵循孔德的研究方式，倾向于实证主义。而韦伯以及他的同事维尔纳·松巴特（德国社会学另一位知名的代表人物）采用相对应的，也就是反实证主义的路线。韦伯的早期著作通常与工业社会学有关，但他最知名的贡献是其后来在宗教社会学和政治社会学上的研究。他的著作强调社会科学与自然科学在本质上的差异，引发了反实证主义在社会科学界的革命。

《人类本性与社会秩序》

查尔斯·霍顿·库利（1864年—1929年），美国社会学家、社会心理学家、传播学先驱。

《人类本性与社会秩序》出版于1902年，是库利的代表作。本书通过探讨个人与社会之间的关系，揭示了社会作为一个有机体，实质上指的是一个通过互动而存在和发展的各种过程的复合体。作者指出，作为个体的人应该稳固自我，但也要不时接受环境的影响。

本书根据这种互动观提出了一个迄今仍被学术界广泛引用的概念，即"镜中之我"，并以此强调个人与社会之间存在的有机而稳定的联系。这部著作在反映西方现代思想学术独创性与思维深邃性的同时，尤其重视思想及其内涵的启迪价值。本书以一种全新的观点来探讨人类的本性与社会秩序的关系，堪称社会学理论研究的精典之作。

《工业文明的社会问题》

乔治·埃尔顿·梅奥（1880年—1949年），出生在澳大利亚的美籍哲学家、心理学家、管理学家，行为科学和人际关系学说的奠基人，美国艺术与科学院院士。他在20岁时获得了澳大利亚阿福雷德大学的逻辑学和哲学硕士学位，曾在昆士兰大学讲授逻辑学、伦理学和哲学，后来赴欧美进行精神病理学的学习和研究。

《工业文明的社会问题》出版于1933年，是梅奥的代表作，这部著作标志着人际关系学说的正式创立，并首次涉及到了影响员工生产积极性的社会与心理方面的因素，探讨了人际关系因素在生产和管理环节中的作用。梅奥强调人类社会的和谐与平衡，该书认为，工业社会的根本问题在于产生于工业的飞速发展的一系列社会反常状态。作者一针见血地指出，工业革命取得的科技进步和物质成就使社会失去了原有的和谐与平衡。

本书最大的价值就在于作者以社会学的视角看待企业管理问题，从而在更深的层次找到解决问题的途径。

《意识形态与乌托邦》

卡尔·曼海姆（1893年—1947年），德国社会学家，知识社会学的创始人和主要代表人物之一。他于1893年出生在匈牙利的布达佩斯，此后曾就读于柏林大学、巴黎大学和海德堡大学等著名院校，1918年获得了哲学博士学位。1930年，曼海姆担任法兰克福大学的社会学教授，三年后因受纳粹迫害而逃往英国，任伦敦经济学院讲师。

《意识形态与乌托邦》是曼海姆在1929年发表的作品，全书共分为五个部分，篇名分别是《问题的初步探讨》、《意识形态与乌托邦》、《科学政治学的前景——社会理论与政治实践之间的关系》、《乌托邦思想》和《知识社会学》。在这部著作中，曼海姆将马克思、韦伯与胡塞尔的理论实证研究的方法相结合，提出了社会境况决定论，使知识社会学发展成为一门独立的学科。

本书是曼海姆的代表作之一，他在本书中系统论述了知识社会学的主要问题，对今天的学者们分析和研究社会现象仍有极其重要的参考价值。

《变革时代的人与社会》

《变革时代的人与社会》是德国社会学家卡尔·曼海姆于1934年发表的学术著作，书中提出了以改造人作为改造社会的基础这一文化社会学信念。曼海姆认为，人的意识将不可避免地依赖于他的社会地位。本书探讨了现代人类社会的冲突问题，作者深信其根本性的出路在于社会计划，制订社会计划的基础是培养有计划思维能力的新型人才，塑造这样的人才就成了社会学在理论上所要解决的基本课题之一。由于提倡人的价值，曼海姆强调在探讨政治、经济冲突的起因时，兼顾社会文化层面上的人在成长的过程中所发生的冲突。

曼海姆希望在《变革时代的人与社会》中建立知识社会学的理论基础，既强调历史上真理形成的前提，又重视精神的社会制约性对精神彻底解放所产生的影响。对于书中提及的计划，社会上的精英人物担负着特殊使命。

● 与卡尔·曼海姆有关的书籍

《社会世界的现象学》

阿尔弗雷德·舒尔茨（1899年—1959年），出生在奥地利的美国哲学家、社会学家，现象学社会学的代表人物。

《社会世界的现象学》是舒尔茨现象学社会学理论的代表作，本书以胡塞尔和柏格森的思想为基础，对马克斯·韦伯的社会学研究方法及其基本概念进行了批判，从而建构出一种全新的社会学理论。20世纪60年代，美国社会学界兴起了一股反自然主义思潮，舒尔茨撰写了此书以支持这种学术观点，并以德国哲学家胡塞尔的先验现象学、舍勒的知识社会学作为理论基础。

本书在理论上提出的基本问题，是找到一种更加富有成效的社会现象研究方式。舒尔茨批判地接受了胡塞尔的意向性理论，尝试将主体间性和生活世界等概念引入社会学，从而把当代西方社会学理论引向一个新方向。

《社会行动的结构》

塔尔科特·帕森斯（1902年—1979年），美国社会学家，结构功能主义的代表人物。他在1924年获得文学士学位后赴欧洲深造，先后在英国伦敦经济学院和德国海德堡大学学习经济学和社会学，1927年获博士学位。回国后，帕金斯一直在哈佛大学从事教学与理论研究工作。

《社会行动的结构》是帕森斯社会学研究的代表作，于1937年在纽约出版。帕森斯在本书中对社会学家迪尔凯姆、帕雷托、韦伯和经济学家马歇尔的思想进行了逐一的评价，总结出一套唯意志论的社会行动理论。帕森斯认为，该理论应该表现出分析因素与经验事实之间的逻辑联系，同时社会学应把这种理论作为重要的研究对象。

该书的出版，确立了帕森斯在美国社会学界中的地位，其行动理论也成为当时最流行的社会学理论，作者自己也称这部著作是他社会理论研究工作的参考基点。

伦理学

伦理学，又称道德哲学、道德学，是一门对人类道德生活进行系统思考和研究的学科。它是哲学的一个分支。其起源于西方社会，历史十分悠久，源头可以追溯到最古老的史诗与神话。伦理学试图从理论层面建构一种指导行为的法则体系，即“我们应该怎样处理此类处境”，“我们为什么或依据什么这样处理”，并且对其进行严格的评判。

《孝经》

《孝经》是中国古代儒家经典，也是为数不多的几部专门阐述伦理道德的著作之一。本书一度被认为是孔子所作，但南宋以来的学者经考证得出了其成书于秦汉之际的结论。西汉至魏晋南北朝以来，为该书作注者达上百家。今本《孝经》是唐玄宗注、宋代邢昺疏的版本，全书共分十八章，《古文孝经》为十九章。本书以孝为核心，集中阐述了儒家的伦理思想。《孝经》还把道德规范与法律刑罚联系起来，提出要借用法律的权威，维护封建宗法等级制度和社会道德秩序。

《孝经》在唐朝时被列入经书，南宋以后为“十三经”之一，对传播和维护封建纲常起到很大的作用。书中不乏传世名句，如“夫孝，天之经也，地之义也，人之行也”，“人之行，莫大于孝”，“身体发肤，受之父母，不敢毁伤”等至今仍为人们所熟知。

《尼各马可伦理学》

《尼各马可伦理学》又称《亚里士多德伦理学》，是古希腊著名哲学家亚里士多德的传世名著之一，也是西方伦理学史上第一部伦理学专著。本书大约成书于公元前335年至前323年间，相传是由亚里士多德之子尼各马可编订，因而得名。这部著作曾为亚里士多德的门人收藏、传习、校勘和注释，因此得以保存至今。亚里士多德在书中批判了柏拉图的神秘主义、禁欲主义以及当时社会上流行的利己主义、享乐主义等思想倾向，探讨了伦理道德行为发展的各个环节和道德关系的各种规定，阐述了人性形成的过程、道德规范和人生理想等方面内容。

本书系统论证的“人性的本质在于合乎理性的活动”以及“至善即幸福”等

观点，成为西方伦理思想发展的主要渊薮。

《论幸福人生》

吕乌齐斯·塞涅卡（？—65年），古罗马哲学家，斯多葛学派代表人物，罗马帝国朱里亚·克劳狄王朝末代皇帝尼禄的老师和政治顾问。塞涅卡擅长写作，不仅能够写戏剧作品，还撰写了《论仁慈》、《论发怒》、《论幸福人生》等哲学和伦理学专著，这三篇文章并称“塞涅卡三论”。

◎ 塞涅卡三论

《论仁慈》、《论发怒》、《论幸福生活》是塞涅卡的三篇政治道德论文，并称为“塞涅卡三论”。《论仁慈》主要阐述国王统治国家时对百姓、对下级仁慈的重要性，并论证了仁慈与残忍、怜悯的区别等问题；《论发怒》主要阐述发怒对他人、社会以及国家的危害性，同时还讨论了如何从哲学上来治疗发怒这种精神疾病；《论幸福生活》主要阐述了斯多葛主义的幸福观，幸福的生活包括与自然协调一致、对一切无动于衷、只求心灵恬静等。塞涅卡在该书中还就人们对他的言行不一的种种指责作了辩解。

《论幸福人生》收录了塞涅卡写给他的朋友吕西里阿的124封信，主要阐述了斯多葛学派的幸福观，即幸福人生与自然和谐共存，不受外物干扰，只求内心的恬淡和宁静。塞涅卡在书中还就人们对他的种种指责一一作了辩解。本书内容涉及人生的各个方面，以论述友谊为主线，但很少提及他所擅长的哲学和文学。

本书作为“塞涅卡三论”之一，集中体现了塞涅卡对人生和人性的理解，语言轻松愉快，毫无严肃枯燥的说教气。书中有大量名言警句，对西方文学和伦理学的发展影响巨大。

《伦理学》

《伦理学》是荷兰哲学家斯宾诺莎最杰出的著作，全名《依几何次序所证伦理学》，简称《几何伦理学》或《伦理学》。全书共分为五个部分，第一部分主要论述其实体学说，第二部分主要论述其唯理论的认识论，第三部分主要论述人的情感和意志的性质及起源，第四部分论述道德基础和善恶标准，第五部分论述道德修养的途径。本书是斯宾诺莎一生哲学思想的结晶，也是他道德观念的集中体现。

●《伦理学》书影

本书所阐述的实体、认识论等学说，是对17世纪西欧唯物主义哲学思想发展的系统总结。斯宾诺莎以几何学的框架阐述其道德哲学命题，结构虽然略嫌死板，内容却十分生动，是西方近代哲学和伦理学著作中的典型代表。

《道德原则研究》

《道德原则研究》出版于1751年，是英国哲学家大卫·休谟根据《人性论》第三卷“论道德”的部分改写而成的作品。与《人性论》相比，《道德原则研究》不但在文字表述上有了很大的改进，而且在思想的系统性、连贯性和分析论证的严密性方面均有重大改观，可以看做是作者对前作的重要发展。本书认为，道德研究的目的是探寻对人们行为进行道德遣责或赞誉的赖以存在的一般性原则，这种原则部分是基于人的同情心，部分是基于社会效用。

休谟的思想对当时欧洲盛行的启蒙运动的发展起到了推波助澜的作用，为西方近代道德哲学研究提供了理论支持。本书自出版以来就深受学术界的重视，至今已经有多种语言的译本问世，汉译本通常是根据1826年在苏格兰爱丁堡出版的《休谟哲学著作集》第四卷翻译的。

《道德情操论》

亚当·斯密（1723年—1790年），英国经济学家、哲学家，古典政治经济学的代表人物之一。斯密于1723年出生在苏格兰，曾就读于牛津大学。1751年至1764年间，他在格拉斯哥大学任哲学教授，在此期间发表的一系列作品使他赢得了学术界的赞誉。

《道德情操论》出版于1759年，是斯密在格拉斯哥大学任教期间所作的伦理学专著。这部著作在当时非常受欢迎，在他去世前就再版了五次。全书共分为七卷，主要阐释了道德情感的本质以及道德评价的性质。斯密在书中继承和发展了法兰西斯·哈奇森的道德感学说和大卫·休谟的同情论思想，并形成了自己的道德情操理论。他反对神学家们以神的启示来解释道德起源的立场，而将人性中所有具备同情心的情感作为阐释道德的出发点。

本书以同情论思想来解释人类的正义感等道德情操的根源，来说明道德评价的性质，从而揭示各种基本美德的特征。

《道德形而上学原理》

《道德形而上学原理》又译《道德形而上学基础》，是德意志古典哲学的奠基人伊曼努尔·康德于1785年撰写的伦理学著作。一般认为，本书是康德的另一部著作《实践理性批判》的总提纲。全书分为三个部分，主要论述了绝对命令、善良意志、人是目的和意志的自律者等思想。本书认为道德上的善恶和行为上的正当与否的标准是超经验的，因为人具有理性，所以应该自我立法，故而道德自律纯粹出于义务，不该与任何利益有关。书名中提及的所谓“道德形而上学”即绝对命令，其实指的就是研究道德的超经验的普遍形式。

本书在西方伦理思想史上，第一次系统地阐发了纯粹理性主义的自律伦理学说，对后世西方伦理学的发展影响很大。本书问世以后，先后被译成英、法、俄、日等多种文字，现在通行的汉译本是于1937年由1911年的英译本转译而成。

《道德与立法原理导论》

《道德与立法原理导论》出版于1789年，是英国功利主义哲学家杰里米·边沁的伦理学和法理学著作。由于边沁力求言之有物和尽善尽美，因此该书在1780年成书九年后才出版。他认为书中对刑法和民法之间区别的表述并不理想，因此试图以一种更好的方式来阐释法律和立法原则的逻辑结构。本书开篇即介绍了作者的功利主义思想，并将伦理与立法原则相联系，力求找到道德与法律之间的平衡点。边沁将功利主义思想贯穿全书，声称“功利原理是本书的基石”。他认为，人性的规律就是追求快乐、躲避痛苦，而快乐指的就是“功利”。

本书作为一部法理学著作，不但使边沁在立法原则方面成为权威，而且为他在伦理学领域赢得了声誉，因此他被称为“伟大的功利主义者”。

《伦理学的两个基本问题》

《伦理学的两个基本问题》由德国哲学家阿图尔·叔本华的两篇论文组成，是其自由意志哲学思想的集中体现。构成本书的这两篇论文分别是《论意志自由》和《论道德基础》，原本是互相独立的，然而由于它们之间存在着互补关系，并构筑为一个伦理学的基本体系，且同属应丹麦科学院有奖征文活动而作，因此被合编为一本书于1841年出版。《论意志自由》阐述了自由意志和自我意识的概念，《论道德基础》在批判康德伦理学的基础上提出了一些新的见解。

本书中的两篇文章在当时的社会上并未引起太大轰动，《论道德基础》甚至没有得到丹麦科学院的认可，但其对伦理学研究所作出的贡献是不可磨灭的。悲观主义哲学家叔本华的精神世界虽然孤独，但他却开启了以非理性主义阐述伦理学的大门。

《幸福论》

《幸福论》是德国唯物主义哲学家路德维希·费尔巴哈于1867年至1869年间撰写的伦理学著作，提出了生活中所具有的一切都属于幸福范畴的观点。这部著作首次发表于1874年，此时费尔巴哈已经去世两年了，1911年被收入《费尔巴哈

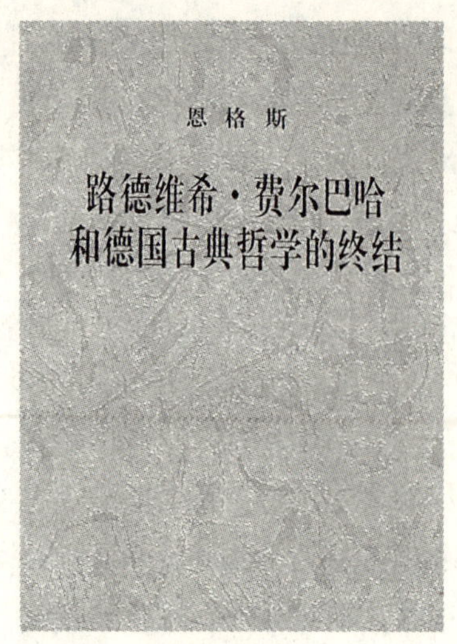

● 关于费尔巴哈的作品

全集》。费尔巴哈在书中指出，意志和追求幸福的意愿之间存在着密不可分的统一性，而追求幸福和逃避痛苦是一个事物的两个方面，因此逃避痛苦也可以看做是追求幸福。这种观点与英国哲学家边沁的功利主义思想十分相似，因此他们二人的学说被冠以“伦理自然主义”的名称。费尔巴哈认为，建立爱的宗教是追求幸福首要的和最有效的途径。

本书在西方哲学和伦理学发展史上占有重要的地位，费尔巴哈对前人的学术成果也进行了深入研究，他批判了康德的义务论伦理学，继承了边沁的功利理论，发展了幸福论伦理学思想。

《功利主义》

约翰·斯图亚特·穆勒（1806年—1873年），英国批判现实主义哲学家。虽然他起初反对边沁的功利原则发展成为一种系统的伦理体系，但后来随着对圣西门关于人类历史发展秩序思想的接触，逐渐走出了边沁功利主义的利己主义倾向，并将自己的伦理体系命名为“功利主义”。

穆勒阐述其理论的代表作《功利主义》出版于1861年。全书主要包括概论、功利主义的含义、功利原理的终极约束力、功利原理的证明、功利与正义等内容。总体来说，作者一方面继承了边沁的功利原则，认为功利原则或最大幸福原则是所有行为的目的。但另一方面，他不完全赞成边沁关于快乐只是存在量的区别的主张。边沁的功利主义强调当事人的功利，而穆勒则更重视总体的功利。例如快乐不仅有量的区别，更是存在质的差异，智力上的快乐比单纯的感官快乐更高尚、更好。

《进化论与伦理学》

托马斯·亨利·赫胥黎（1825年—1895年），英国著名博物学家、哲学家和教育改革家，是达尔文主义的坚定支持者和进化论学说的积极宣传者。1859年达尔文的《物种起源》出版后不久，他就被深深地折服了。此后他曾撰写许多科普读物，以扩大达尔文进化论的影响力。

《进化论与伦理学》是一部以进化论解释人类社会发展状况的伦理学著作，在阐述了达尔文进化论观点的同时，将这一观点应用于人类社会，论述伦理道德的演化。赫胥黎认为，社会竞争与自然界的优胜劣汰、适者生存是一致的。

本书开西方进化论伦理学之先河，对实证主义哲学、无政府主义运动乃至法西斯主义思想都产生过影响。1894年，我国清末著名学者严复将《进化论与伦理学》翻译为《天演论》，并在其中加入了很多自己的思想，对中国近代资产阶级启蒙思想的传播起到了推动作用。

◎ 天演论

《天演论》是严复为旧中国翻译过来的第一部西方科学理论著作。《天演论》并不是完全照搬《进化论与伦理学》的语言，而是反驳了赫胥黎的理论，把优胜劣汰的进化观点运用到社会发展的进程当中。在新旧思想交替的特殊历史时期，该书不仅以优美而琅琅上口的桐城古文形式，获得了旧中国广大知识分子的喜爱，更重要的是有目的、有针对性地在书中发出了他忧国忧民的救亡政见，指出了当时人们亟需救国治国的历史重任。自《天演论》之后，国人纷纷开始用进化及竞争的目光，为近代处于危难之中的中国寻找出路。

《互助论》

彼得·阿列克塞维奇·克鲁泡特金（1842年—1921年），俄国无政府主义理论家、社会活动家、革命家，“无政府共产主义”理论的创始人。

《互助论》是克鲁泡特金在1902年发表的一部伦理学著作，全名《互助论：进化的一种要素》。克鲁泡特金在书中描绘了一个没有权威、没有压迫的理想社会，这种描绘比各种流派的社会主义理论家所提出的构想还要完善。互助论即互助的进化论，是进化论伦理学的重要流派。克鲁泡特金认为，道德根源于自然界，是动物的固有本能，是为相互交往而产生的。所以，他指出人的互助完全出于天性。

本书是进化论伦理学的代表作，对19世纪末20世纪初各国社会革命的指导意义不次于赫胥黎的《进化论与伦理学》。克鲁泡特金在继承了达尔文主义适者生存的自然法则的同时，还强调合作互助的重要性，这对于社会伦理学来说是一个重要的发展。

《论道德的谱系》

《论道德的谱系》是德国哲学家弗雷德里希·尼采的伦理学著作，发表于1887年。本书集中体现了尼采重新评估一切价值的主张，以考察道德偏见的起源为出发点，重点批判了善恶、好坏等传统道德价值取向。本书是尼采理论最为完备、思想最为成熟的著作。尼采认为，人有强弱之分，强者价值取向有好坏之分，弱者则有善恶之分。强者否定一切虚弱的事物，因此认定其为坏的。弱者惧怕强权，故而定义其为邪恶的。尼采认为自己的批判对象终将走向虚无和没落，又认为虚无主义终将被强者战胜和支配。

本书阐述了强者与弱者的道德谱系，是作者超人哲学思想的具体反映。这部著作有结构紧凑、论题鲜明、论述充分、条理清晰等特点，堪称社会科学理论学术专著的典范。

《伦理学体系》

弗雷德里希·包尔生（1846年—1908年），德国著名哲学家、教育家，“形而上学泛心论”的代表人物之一。他是康德哲学思想的继承者，长期在柏林大学任教。作为一名学者，包尔生撰写了数量众多的著作，如《哲学导论》、《哲学史》、《教育学》、《教育史》、《康德传》、《伦理学体系》等。

《伦理学体系》于1889年在柏林首次出版，以后多次修订再版，是包尔生最有代表性的伦理学著作。全书共分四大部分，分别论述了人生观与道德哲学、伦理学体系的基本概念与原则、人的道德品性与义务论，以及国家和社会理论纲要。本书通过叙述西方人伦理道德与人生价值取向的历史演变，提出了一套源于亚里士多德自我实现论和康德义务论的伦理观，显示出作者非凡的洞察力和概括力。

本书历史与现实兼顾、理论与实践并重，曾在欧美国家产生过广泛的影响，至今仍不失为传统伦理学的一部经典著作。

《文明及其缺憾》

西格蒙德·弗洛伊德（1856年—1939年），奥地利心理医生、思想家、精神分析学派创始人。弗洛伊德于1856年出生在奥地利帝国摩拉维亚（今属捷克共和国）的一个犹太人家庭，1873年入维也纳大学就读，1881年获医学博士学位。求学期间，他努力钻研治疗歇斯底里症的催眠疗法，后来创立了精神分析学派。

《文明及其缺憾》是弗洛伊德最具影响力的一部涉及伦理问题的著作。在本书中，弗洛伊德运用他的潜意识学说重新审视人类文明，认为标志着人类进步的文明其实一直在严重地压抑人性。

本书指出了人类文明的缺憾在于压抑本我和制裁快乐原则，得出了潜意识本身所暗含着的文明与本能的冲突这一结论，对西方现代哲学、心理学甚至文学艺术都产生了深远的影响。

《伦理学问题》

莫里茨·石里克（1882年—1936年），德国哲学家、物理学家，逻辑实证主义维也纳学派的创始人之一。他对认识论和科学哲学颇有研究，与普朗克、爱因斯坦等物理学家和维特根斯坦等哲学家均有密切来往。

《伦理学问题》创作于1926年至1930年间，是石里克站在分析哲学的角度研究伦理学的一部著作。本书认为，伦理学作为一门探讨道德问题的学科，同时也是建立在事实基础上的科学，因为道德判断通常以经验的事实为依据。在石里克看来，伦理学的核心问题实际上就是一个纯粹的心理学问题。

石里克认为哲学既非科学，亦非某种知识体系，而是一种探究命题意义的活动。因此，本书主张建立一种有经验事实根据的幸福论，并将给人类带来幸福作为伦理学研究的基本原则。

《五种伦理学理论》

查理·邓巴·布劳德（1887年—1971年），英国哲学家。布劳德于1906年考入剑桥大学著名的三一学院，先后学习了化学和哲学。20世纪20年代起，他开始在一些高等院校任教。布劳德主要从事认识论、科学哲学、哲学史、伦理学以及现象学等领域的研究，代表性著作有《知觉、物理及实在》、《五种伦理学理论》和《伦理学与哲学史》等。

《五种伦理学理论》出版于1930年，着重研究了斯宾诺沙、休谟、康德、西季威克等人的伦理学思想。在讨论了这些伦理学家的著作和思想之后，作者就伦理特性的分析、情感问题、意志和动机问题、知识论问题等伦理学常见问题提出了自己的见解。通过这些见解，作者表达了一种义务论直觉主义的思想倾向，这明显受到了康德的影响。

本书没有运用历史和哲学等传统观点来研究这些学者的伦理学思想，而是围绕着某些观点的正确与否来展开讨论，以期开创一条伦理学研究的新思路，这是不同于大多数伦理学史著作的。

◎ 三一学院

英国剑桥大学的三一学院是由英国国王亨利八世于1546年所建，其前身是1324年建立的迈克尔学院以及1317年建立的国王学堂。三一学院不仅是剑桥大学中规模最大、财力最雄厚、名声最响亮的学院之一，还拥有全剑桥大学中最优美的建筑与庭院。今天学院中依然可见到其历史能够追溯到中世纪时期国王学堂所使用的学院钟楼。三一学院的教堂是由亨利八世的女儿玛丽·都铎于1554年修建的，教堂前厅摆放着从三一学院毕业的著名毕业生的雕像，其中包括牛顿、培根、拜伦、罗素等人。

《道德的人与不道德的社会》

雷因霍尔德·尼布尔（1892年—1971年），美国著名神学家、思想家，基督教现实主义的奠基人，新正统派神学的代表人物。

《道德的人与不道德的社会》是尼布尔发表于1932年的伦理学著作，他在书中应用基督教伦理思想对现实社会进行了综合的分析和深入的研究。他对个体道德和群体道德加以较为严格的区分，认为二者之间联系和差异并存。尼布尔认为，若无法正确认识二者间的差异，就将会造成社会道德的沦丧。因此，不能用个体道德去规范群体行为，仅以群体道德要求个体的做法也不可取。尼布尔指出，这两种道德的差异源于人性中自私和非自私的两种冲动。虽然人具有与低等动物一样的利己冲动，但同时还具有对他人的同情与关怀。

在本书中，尼布尔试图以原罪思想等基督教传统教义扭转当时充斥美国学术界的乐观风气和社会上的享乐主义倾向。他的学术思想对20世纪的美国社会影响巨大，甚至成为冷战时期美国对外政策的哲学依据。

《儿童的道德判断》

让·皮亚杰（1896年—1980年），瑞士著名心理学家、教育学家，发生认识论的创始人，心理学史上可以与弗洛伊德相提并论的大师。他所提出的发生认识论是欧洲机能主义心理学研究的重大发展，为这一学科开辟了一个新领域，对当代西方心理学和教育学的发展具有极其重要的影响。

《儿童的道德判断》出版于1928年，是皮亚杰的儿童心理学著作，但书中重点阐述的道德判断这一问题却属于伦理学范畴。本书共分为四个部分，分别论述了儿童对规则的态度、儿童对行为责任的道德判断、儿童的公正观念和儿童心目中的惩罚等问题。皮亚杰认为，儿童的道德发展阶段是一个不变的顺序。在道德发展的过程中，前一阶段是后一继阶段的必要组成部分，儿童必须经历前面的所有阶段才能发展到下一阶段，因此所有阶段呈现着连续不断的形态。

本书集中体现了皮亚杰的儿童道德认知发展论思想，在心理学和伦理学领域均占有重要地位。

内心世界的逻辑展现

经济学研究的是如何利用有限的资源生产出有价值的物品和劳务，并将它们在不同的人之间进行分配的问题。随着社会化大生产的不断推进，产生了研究如何通过合理的组织和配置人、财、物等因素，提高生产力水平的管理学。经济学和管理学的研究均基于理性分析，是对人类行为的一种理性梳理。同时人作为经济管理活动中的主导因素，与经济、管理学的发展之间存在相互促进的关系。在经济高度发达、社会分工越来越细的现代社会，经济管理工作也是越来越复杂化、精细化，信息多元化和知识发展的日新月异，对经济管理工作提出了许多更高的要求。

经济学和管理学，在现代经济社会中，尤其成为企业、经济组织和政府部门遵循的标准。

5

经济学

经济学是现代的一个独立学科，它是在资本主义产生和发展的过程中形成的。经济学研究的对象，是一个社会如何利用有限的稀缺资源，生产出有价值的物品和劳务，并将它们在不同的人中间进行分配。经济学是对人类各种经济活动和各种经济关系进行理论的、应用的、历史的以及有关方法的研究的各类学科的总称。

《新人口论》

马寅初（1882年—1982年），浙江绍兴人，出生于浙江省嵊县（今嵊州），著名经济学家、教育学家、人口学家。

《新人口论》最早发表于1957年7月5日的《人民日报》，是马寅初1955年根据在浙江、上海等地进行的人口调查提出的科学预见。1957年4月，马寅初在北京大学发表了题为《控制人口与科学研究》的演讲，后整理成文发表在《人民日报》上，题目改为《新人口论》。文章批判了马尔萨斯的人口论，同时也看到了中国人口增殖太快和资金积累较慢的矛盾所产生的问题。他尖锐地指出，控制人口刻不容缓，否则日后的问题益形棘手，愈难解决。并且提出了定期举行人口普查，把人口增长纳入第二个、第三个五年计划的建议。

《新人口论》虽然一度受到批判，但其科学的预见性和人文关怀却使其经受住了实践的考验，对我国制定符合国情的基本国策产生了积极的影响。

●《赋税论》封面

《赋税论》

威廉·配第（1623年—1687年），英国资产阶级古典政治经济学的创始人，统计学家。马克思评价他为“最有天才和最有创造的经济研究家”和“现代政治经济学的创始者”。配第写过许多关于医学、数学、物理和统计方面的著作，主要有《赋税论》、《献给英明人士》、《政治算术》等。

《赋税论》，全名《关于税收与捐献的论文》，写于1662年。全书结合爱尔兰当时社会状况及社会问题，主要阐述了几个重要税收类型的性质和职能，同时也在行文中穿插了几个与税收相关的概念。书中提出三个重要经济观点：其一，是从生产过程角度来考察资本主义经济发展的过程，将劳动视为财富的源泉。配第的名言："土地为财富之母，而劳动则为财富之父和能动的要素"，便出自这里。其二，是把劳动时间作为衡量价值的尺度和基础。这是劳动价值论的一个基本观点。其三，地租是从农产品中扣除生产费用（工资与种子的和）以后的余额。

《经济表》

魁奈（1694年—1774年），法国古典政治经济学的著名代表人物，重农学派的创始人。

18世纪50年代，路易十五继续推行重商主义政策，魁奈在这种社会背景下，开始试图探索和研究社会总资产的再生产和流通过程。1758年，魁奈的《经济表》产生了。该书对社会资本再生产学说和经济体系作出了全面总结。《经济表》大致有复杂模式和提要模式这两种模式，前后是个演变的过程。在《经济表》第一、二、三版以及与米拉波1790年合著的《人类之友》中所采取的是一个曲折连接线的复杂模式，后来提要模式取代其成为《经济表》的基本模式。魁奈《经济表》所阐述的主要内容，是把整个流通过程归结为包括商品和货币流通的五次交换行为，这也是魁奈在经济学说史上的一个杰出的贡献。

在经济学尚处在初级发展阶段和法国当时重商主义氛围下，魁奈的《经济表》可算得上是一个具有创建性的卓越尝试，是经济学家对资本主义宏观经济分析的第一次天才探索。

《国富论》

亚当·斯密（1723年—1790年），英国著名经济学家，经济学的主要创立者。

◎ "一鸣惊人"的出版

在18世纪结束以前，《国富论》就已出了九个英文版本。人们用"一鸣惊人"来形容《国富论》的出版，并一致公认亚当·斯密是政治经济学这门新学科的创始人。亚当·斯密因此声名远扬，被誉为"知识渊博的苏格兰才子"。据说当时许多英国政府要员都以能成为"斯密的弟子"为荣。国会议员们在讨论法律草案或进行辩论时，常常征引《国富论》的句子，而且一经引证，反对方大多停止了反驳。《国富论》发表后被译成多国文字，传到国外，一些国家制定政策时都将书中的基本观点作为依据。

《国富论》是亚当·斯密的著名经济学著作，全名《国民财富的性质和原因的研究》。亚当·斯密从1768年开始着手著述，1773年基本完成，之后花了三年的时间润饰，于1776年第一次出版。全书共分五卷。它从劳动这一国民财富的源泉，讲到增进劳动生产力的手段，即分工，因分工产生交换，继而论及交换媒介货币，再探究了商品的价格，以及包括工资、地租和利润在内的价格构成。书中对各国资本主义初期发展的经验作出了总结，批判吸收了当时的重要经济理论，也系统描述了整个国民经济的运动过程，被誉为“第一部系统的伟大的经济学著作”。

《国富论》的首次出版，是经济学作为一门独立学科诞生的标志，在资本主义社会的发展方面，《国富论》起了重大的促进作用。

《人口原理》

托马斯·罗伯特·马尔萨斯（1766年—1834年），英国18世纪末19世纪初的资产阶级人口学家，庸俗政治经济学家，东印度学院的历史和政治经济学教授，英国教会的牧师。

马尔萨斯是世界上第一位人口论专家，他的《人口原理》出版于1798年，内容讲述了人口问题、世界人口爆炸性增长问题，论述了人们希望减少人口以缓解粮食的匮乏，最后论述了消除人口、资源之间不相适应的各种措施有关的问题。马尔萨斯对当时社会人口问题进行了深入探讨，认为虽然生存斗争是人类自产生以来最基本的活动，但是当时的人口问题是因资产阶级产业革命所带来的相对人口过剩和其他社会问题的大量涌现而出现的。

这部经济学著作深刻地反映了当时社会现实问题，引起了人们的普遍关注。它还是历史上最富争议话题的经济学巨作，达尔文、马克思与李嘉图等学术巨擘皆曾深受影响。

《政治经济学概论》

萨伊（1767年—1832年），法国政治经济学家，被称为“科学王子”、“亚当·斯密的伟大继承者和传播者”及欧洲大陆的政治经济学权威。

1803年，萨伊发表了他的代表作《政治经济学概论》。该书是资产阶级庸俗经济学的代表作，被译成多种文字，在西方世界广泛传播，成为当时欧洲大学里的经典教材。全书共分为四部分：导论，规定了政治经济学的对象和研究方法；第一篇财富的生产，论述了生产领域问题，如商品流通、对外贸易和货币等问题；第二篇财富的分配，提出了分配的对象是价值的理论；第三篇财富的消费，提到了个人消费并重点探讨了公共消费。

书中提出的供给自动创造需求的观点，被后人称作“萨伊定律”，它强调生产和消费、供给和需求（经济学术语称为“一般均衡”）的相互影响决定了市场容量和产品价格，对以后的经济思想产生了极为深远的影响。

《政治经济学及赋税原理》

李嘉图（1772年—1823年），英国资产阶级经济学家。

《政治经济学及赋税原理》是李嘉图的著名政治经济学著作。1817年在伦敦出版，1819年出版第二版，1821年出版第三版。全书共分为32章，结构比较松散。李嘉图的政治经济学理论全部集中在前六章中，其余各章是对理论的运用或是对其原理的解释和补充。李嘉图从边沁的功利主义出发，围绕分配问题这个论述中心，并以劳动价值来为基础，运用古典政治经济学发展起来的抽象法，论述了工资、利润和地租，说明了工资和利润、利润和地租的对立，从而揭示了无产阶级和资产阶级、资产阶级和地主阶级之间的对立和斗争。此外，还论述了货币理论、对外贸易中的比较成本学说、赋税的一般原理和原则。

该书对政治经济学理论作出了重要发展，李嘉图继承和发展了斯密经济理论中的精华，使英国古典政治经济学达到了高峰。

《资本论》

《资本论》不仅是马克思政治经济学领域的巨著，也是马克思主义哲学一部划时代的著作。

全书共4卷，1867年9月14日，在德国汉堡正式出版了《资本论》第1卷。马克思在《资本论》中，创造性地运用唯物史观，对资本主义社会经济状态进行了全面的分析：既分析了资本的生产、流通过程和生产总过程，用确凿的经济事实证明了人类社会存在的基础是物质资料的生产，也证实了生产力和生产关系的矛盾是社会发展的动力的源泉，还通过对建立在资本主义生产关系基础之上的上层建筑的分析，深刻地论证了经济基础决定上层建筑的原理。马克思以资本主义社会经济状态为研究对象，科学地揭示了其产生、发展和必然灭亡的辩证过程。

《资本论》是马克思献给全世界无产阶级的一部重要科学文献，其关于资产阶级必然被无产阶级取代的思想，成为无产阶级进行革命斗争的强有力的理论武器。

◎《资本论》出版卷次

第一卷德文版《资本论》于1867年9月（马克思生前）在德国汉堡正式出版，第二、三卷在其逝世后由恩格斯整理，分别于1885年和1894年出版，第四卷于1905年至1910年由考茨基整理后出版。1954年至1961年，苏联马列主义研究院按马克思《资本论》1867年版第一卷封面原稿出版《资本论》第四卷俄文版，使《资本论》第一次完整地公诸于世。《资本论》一至四卷中文版是中国共产党中央马克思恩格斯列宁斯大林著作编译局翻译、人民出版社于1972年至1974年陆续出版。

《纯粹政治经济学纲要》

里昂·瓦尔拉斯（1834年—1910年），法国经济学家，洛桑学派创始人，开创了现代经济均衡分析的先河，也是19世纪70年代初“边际革命”的倡导者之一。

瓦尔拉斯最主要的代表作《纯粹政治经济学纲要》完成于1873年，并于1874年和1877年分两部分出版。在书中，作者提出，关于纯粹经济学的定义，就是在假设完全自由竞争的制度下，关于价格决定的理论。作者的主要理论贡献是建立了在边际效用价值论基础之上的一般均衡理论体系。纯粹理论经济学或一般均衡理论，是作者的应用经济学和社会经济学的基础。瓦尔拉按照从简单到复杂的思路一步一步地构建自己的一般均衡理论体系。因此可以说，瓦尔拉是经济学史上，第一个提出一般均衡的数学模型并试图解决其存在性问题的经济学家。

瓦尔拉斯与英国的杰文斯、奥地利的门格尔一起，共同发起了19世纪70年代初的经济学边际革命，他的一般均衡分析开创了现代经济均衡分析的先河。

《政治经济学理论》

威廉姆·斯坦利·杰文斯（1835年—1882年），英国经济学家，边际效用学派的创始人之一。

《政治经济学理论》为杰文斯的主要著作，首次出版于1871年。经过数次再版，产生了很大的影响。被誉为是“经济学家所写的不亚于理论物理学成就的唯一著作”。在书中，杰文斯利用导数表示出边际效用的概念，并在此基础上，借助数学推理论证了两种商品之间的交换的均衡价格是如何决定的，进而发展出劳动、地租和资本等理论。作者的全部理论以快乐和痛苦的计算为基础，他认为以最小痛苦为代价来获得最大限度的幸福和快乐是经济学的目的。

《政治经济学理论》是第一本以完整形式提出价值的主观评价、边际原理和这一学科中现在常见的代数和图示技术的论著。书中所提供的效用理论的资料，其质量之高、范围之广，远非以往许多片断的讨论材料可比拟，为边际效用学派的兴起奠定了基础。

《国民经济学原理》

卡尔·门格尔（1840年—1921年），奥地利经济学家，奥地利学派的创始人，主观价值论的集大成者。

卡尔·门格尔的《国民经济学原理》，首次出版于1871年。这部奠定了奥地利学派基础的经济学代表作，继承了德国经济学中重视心理分析的传统，将经济学一向关注的欲望分析转移到对满足欲望的分析上，批判了价值理论中的客观主义理论。门格尔是一名古典自由主义者和方法论个人主义者，他把经济学视为个人选择的科学。当时，德国历史学派排斥理论，认为经济学不过是一种数据的堆积，目的在于为国家服务。《国民经济学原理》出版十二年后，门格尔发表了《考察》，反驳德国历史学派的看法。

该书著作篇幅虽然不大，却足以同《国富论》、《纯粹经济学要义》媲美。该书阐述了边际效用理论，成为经济科学史上“边际主义革命”的中流砥柱之一，近代经济学就是从这本书开始起家的。因此门格尔当之无愧地成为现代经济学开创者之一。

《资本与利息》

欧根·冯·庞巴维克（185l年—1914年），奥地利资产阶级庸俗经济学家，奥地利学派的主要代表人物之一，新古典理论的主要传播者。

《资本与利息》是科学发展史上最重要最有创造性的著作。庞巴维克是主张效用价值论的，他以边际效用论代替马克思的劳动价值论，论述了时差的价值、资本和利息理论等核心问题。《资本与利息》共两卷。第一卷题为《资本利息理论的历史和批判》，出版于1884年。从形式上看，这是一本利息理论的批判史专著，庞巴维克论述和批评了从古希腊的柏拉图和亚里士多德起至与他同时代经济学家们的各种利息理论。第二卷题为《资本实证论》，出版于1889年。此卷系统地阐述了边际效用价值论和在此基础之上的利息时差论，重点论述了利息理论，提出一个全新领域的解释。

《资本与利息》中的理论，有力地影响了自19世纪80年代直到20世纪30年代的经济理论的发展。

《财富的分配》

约翰·贝茨·克拉克（1847年—1938年），美国第一代经济学家。

《财富的分配》是克拉克的代表作。在书中，作者提出的“边际生产力”理论，奠定了美国经济学的理论基础。书的主要内容旨在说明社会收入分配是受到某种自然规律控制的，如果这一规律在无阻力情况下起作用的话，则各生产要素就均能得到各自所创造的财富。具体包括三个方面：第一方面，分配的地位及其一般规律，这是本书的主

● 约翰·贝茨·克拉克（右）和伙伴

题；第二方面，社会劳动生产力的决定因素，即劳动和资本在量上的关系；第三方面，工资和利息的确定标准，即“边际生产率说”。

全书将静态经济学作为研究的对象，论述了边际生产率说，这对20世纪30年代以来动态经济学的研究和发展起了一定的作用。该著作被誉为“以现代方式出现的第一部主要的美国著作”，它开创了“美国学派”，同时也使克拉克成为边际学派在美国的首要代表。

《经济学原理》

阿尔弗雷德·马歇尔（1842年—1924年），近代英国最著名的经济学家，剑桥学派（新古典学派）创始人，19世纪末20世纪初英国经济学界最重要的人物。

《经济学原理》是马歇尔的代表作。1890年出版。全书共分为六编。均衡价格论是书中论述的核心，是静态局部均衡分析的典型。马歇尔分析了均衡价格的形式，分别为暂时的、短期的和长期的均衡价格三种形式，同时研究了递增成本、递减成本和不变成本三种不同情况的生产成本，提出了“弹性”理论、生产者剩余和消费者剩余概念，并建立了供给、需求曲线及其公式。此外，马歇尔还用均衡价格分析方法论述了工资、利息、利润、地租，它们分别是劳动、资本、企业家能力和土地的均衡价格。

《经济学原理》是19世纪70年代以后西方经济学发展之集大成之作，奠定了西方经济学中的微观经济学理论体系的基础。它被认为是继亚当·斯密《国富论》之后最重要的经济学著作之一，20世纪30年代以前，支配着英美经济学论坛。

◎ 局部均衡分析

马歇尔研究单个市场的行为，而不考虑市场与市场之间的影响，成为局部均衡分析理论的创始者。他用下降的需求曲线和上升的供给曲线分析收入、成本的变化对价格的影响。马歇尔最重要的贡献之一，是提出了弹性的概念和建立了计算弹性的公式。他分析了需求的价格弹性和供给的价格弹性而得出结论：在短期里，需求是影响价格的决定性因素；在长期里，影响价格的决定因素是供给或生产成本。

《利息与价格》

克努特·维克塞尔（1851年—1926年），瑞典学派的创始人，并且对奥地利学派、剑桥学派有着深刻的影响。

《利息与价格》是维克塞尔关于价格理论的一本名著，发表于1898年。该书对凯恩斯在《货币论》中提出的货币理论以及在《就业、利息和货币通论》中提出的国家干预主义思想产生过重大影响。该书的中心内容可以归纳为五个部分，分别为：价格理论的使命、对以往的价格理论的评论、维克赛尔的累积过程理论、经济政策主张、国际价格理论和建立国际新金融制度的建议。

此书首次提出的著名“累积过程理论”，使处于分离状态的传统经济理论和货币理论融为一体，从而为现代货币经济理论的发展奠定了重要的理论基础。此外，还具体详细地阐述了传统的货币数量说的运行机制和资源配置问题。在维克塞尔以后创立和发展的现代货币经济理论，都或多或少地受到维克塞尔理论的影响。

《有闲阶级论》

《营利企业论》面世于作者在芝加哥大学执教时期。书中论述了当时的“现代资本主义”，从企业和产业两个角度剖析资本主义体制，从保守的改良主义立场出发，迎合好战的君主制，排斥社会主义，哀悼行将灭亡的营利企业。从某种程度上说，可称为凡勃伦的《资本论》。他依据德国历史学派的发展阶级概念，批评了适用货币经济——亚当·斯密以后今日经济学主流所犯的时代错误，提出了股份资本论。书中提出的大量命题，奠定了制度学派的基础。

托尔斯坦·本德·凡勃伦（1857年—1929年），美国经济学家，主要著作有《有闲阶级论》、《营利企业论》、《德帝国与产业革命》。

《有闲阶级论》，全名《有闲阶级论——关于制度的经济研究》，首次出版于1899年。该书一经问世，立即引起轰动，成为当时知识分子人手一册的风行之作。本书论述的主旨，一如书名所指的那样，是针对有闲阶级的存在而阐发。他通过研究制度的起源、观察社会经济现象，尤其是社会上层的“有闲阶层”的特权与消费特点，来探讨制度与经济现象之间的关系。凡勃伦在书中力图用进化思想来研究现代经济生活，认为存在矛盾的工业体制下的人员和统治企业人士两者一旦结合，取得管理社会经济的权利，那么，以追求利润为目的的“企业主制度”就会被摒弃。

该书以其独特的视角及行文风格，引起社会广泛的震惊，因此成为经济学内外用于社会批评的学说和警句格言的一个源泉。

《经济发展理论》

《经济发展理论》一书是约瑟夫·熊彼特的早期成名作。熊彼特在著作中率先提出的“创新理论”，在当时引起了西方经济学界的轰动，并一直享有盛名。此书最初版本为德文版，发表于1912年，经修订后于1926年再版，几年后重印德文第三版。以此版为依据的英译本于1934年由美国哈佛大学出版社出版，被列为

《哈佛经济丛书》第46卷。

《经济发展理论》全书共分6章。第一、二章，从静止状态的“循环流转”到经济发展的根本现象，直到资本主义的产生，作者都作了开创性的精辟论述，这两章为全书的重点。第三、四、五各章则进一步分别阐述了信贷与资本，企业家利润，以及资本的利息。作者在论述时，将历史叙述和理论论证融为一体，体现出卓越的文体风格。

总体说来，熊彼特的《经济发展理论》是西方经济学界第一本用“创新”理论来解释和阐述资本主义的产生和发展的专著。

◎ 创新大师

长期经济增长一直是经济学研究的重点。亚当·斯密和大多数古典经济学家将资本主义看做能取得迅速增长的最佳途径。然而到了19世纪晚期，经济学家们对增长问题失去了兴趣，而开始将更多的注意力放在经济效率的问题上。熊彼特的主要贡献就是把经济学家的注意力转移到长期经济增长的问题上来。在进行这项研究的过程当中，他强调了企业家素质、创新精神等非经济因素对于资本主义健康、繁荣和发展的重要性。

《大转型》

卡尔·波兰尼（1886年—1964年），20世纪公认的最彻底、最具有辨识力的经济史学家，出生于匈牙利，1934年迁居英国，成为英国公民。

“二战”爆发后，盟国的言论指向将一切祸根归咎于“专制国家”和“军国主义”，流行于民间的理论更是局限于就祸端谈祸端。波兰尼因此开始构思一部具有思想穿透作用的作品，要将战争状态下的西方文明表现得淋漓尽致。1944年，《大转型：我们时代的政治经济起源》（简称《大转型》）正式出版。

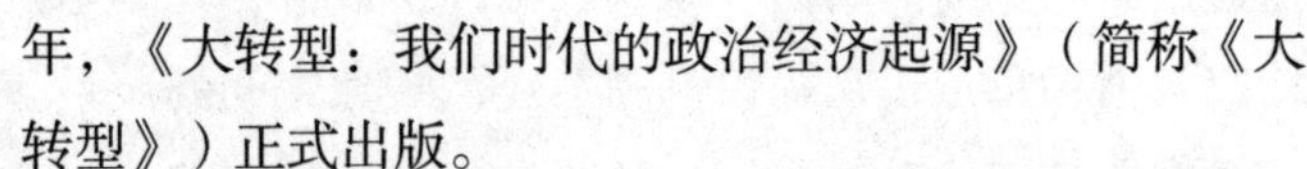

对于波兰尼而言，仅20世纪上半叶不到五十年的时间就发生两次世界大战，这与19世纪西方文明的“百年和平”形成鲜明的反差。是何种因素造成了19世纪的“和平百年”？又是何种因素在20世纪一开始就摧毁了它？波兰尼坚信经济贸易和世界和平间存在着必然的联系。

● 弗里德里希·哈耶克的经济学理论

《通往奴役之路》

弗里德里希·哈耶克（1899年—1992年），奥地利裔英国经济学家，新自由主义的代表人物，1974年诺贝尔经济学奖获得者。

《通往奴役之路》是哈耶克的最知名著作。该书最初在1944年3月10日由英国罗特里奇出版社出版，继而在1944年9月由芝加哥大学出版。在当时资本主义大危机的形势下，社会主义大潮汹涌澎湃，全人类似乎都在“选择资本主义还是社会主义”的十字路口徘徊犹豫。哈耶克针对这种状况，在书中进行了阐述。

该书被译成20余种语言出版，哈耶克称要将这本书献给“所有党派的社会主义者”阅读。它是对古典自由主义和自由意志主义理论的阐述中最著名，而又最受欢迎的书籍之一。

《美国知识的生产和分配》

弗里茨·马克卢普（1902年—1983年），出生于奥地利，1933年移居美国成为美国公民，曾担任普林斯顿大学的荣誉教授和纽约大学的经济学教授。他是美国著名的经济学家，被公认为是知识经济学领域的奠基人。他精通多种语言，除了用英文发表多种经济学著作以外，还有许多用德文、法文、意大利文和西班牙文撰写的学术著作问世。

《美国知识的生产和分配》一书被认为是马克卢普最重要的著作。这是一本重要的跨学科的研究性学术著作，不仅具有丰富的统计数据，并且文字简明，可读性强。在书中，马克卢普描绘了知识生产产业的各个方面和规模，指出其存在的一些优势和劣势，向公众评介了一个以前鲜为人知的超级产业。

《美国的知识生产与分配》英文版发行后，受到了经济学家、教育家、新闻记者和广大读者的普遍欢迎，曾被译成多种文字在全球多个国家出版，其对知识产业的未来研究产生了深刻的启迪作用。

《人力资本投资》

西奥多·威廉·舒尔茨（1902年—1998年），美国经济学家，1979年诺贝尔经济学奖获得者，被称为“人力资本概念之父”。

1960年，在美国经济学会年会上，舒尔茨发表了题为《人力资本投资》的演说，系统地论述了人力资本的观点。作者在文中提出了如“在税收政策上应该给人力资本给予优惠”等九项主张。还对人力资本理论的基本内涵作出了规定，将资本分为“物质资本”和“人力资本”两种形式。其中，人力资本是劳动者身上所体现出的以其数量和质量表示的资本，劳动者的知识、技术水平及技能方面的差异，也就是人力资本的差异，对经济的生产产生决定性的作用，结果使国民收入增长的程度也不同。

舒尔茨的这篇《人力资本投资》被称为人力资本研究新领域的“独立宣

言”，因为在演说发表后，人力资本成为经济学中一个非常热门的新兴领域，“人力资本”也成了西方教育经济学的基本概念。

◎ 人力资本五要点

舒尔茨的人力资本理论有五个主要观点：第一，人力资本存在于人的身上，表现为知识、技能、体力（健康状况）价值的总和；第二，人力资本是由投资形成的，投资有五种渠道；第三，人力资本投资是经济增长的主要源泉；第四，人力资本投资是效益最佳的投资，其目的是为了获得收益；第五，人力资本投资的消费部分的实质是耐用性的，甚至比物质的耐用性消费品更加经久耐用。

《不完全竞争经济学》

琼·罗宾逊（1903年—1983年），继凯恩斯之后的英国著名女经济学家，新剑桥学派最有影响的代表人物之一。她是凯恩斯经济学的积极拥护者，其观点都是根据凯恩斯经济学并在理论上有所发展，主要著述有《就业理论引论》、《论马克思主义经济学》、《经济哲学》、《现代经济学导论》等等。

1933年，罗宾逊出版了《不完全竞争经济学》一书，在西方经济学界引起关注。这部著作共296页，分10篇，27章，从内容上看分为两大部分。作者在书中提出了自己的经济学观点：经济学家们是受到了完全竞争的错误指引，实际上，完全竞争是与现实相矛盾的。在现实中，竞争是不完全的。因此，有必要放弃传统的完全竞争的假设，而转向垄断的分析。

除不完全竞争理论外，罗宾逊还力图将凯恩斯革命进行到底，提出长期分析和历史分析法。同时，对资本理论与经济增长理论、收入分配理论、国际贸易理论、通货膨胀理论都有一定建树。

《价值与资本》

约翰·理查德·希克斯（1904年—1989年），现代英国著名的资产阶级经济学家，1972年诺贝尔经济学奖获得者。

20世纪三四十年代，经济学领域的宏观与微观经济学存在深刻的矛盾，希克斯是力图协调宏观、微观经济学的先驱。他于1939年出版的《价值与资本》（全名为《价值与资本：经济理论的若干基本原则之探究》），是一部论述价值理论问题的最重要著作，开创了宏观经济学微观化研究的先河。该书首次出版于1939年。全书除序言、引论、附录外，共24章，分为四篇。第一篇（第一章至第三章），论述主观价值理论；第二篇（第四章至第八章），论述一般均衡理论；第三篇（第九章至第十四章），论述动态经济学的基础；第四篇（第十五章至第二十四章），论述动态体系的运行。

该书力图把宏观经济学和微观经济学“结合”在一起，从此奠定了宏观经济学微观化的研究基础，由于该书的首创性贡献，1972年，希克斯与肯尼思·阿罗共同获得了诺贝尔经济学奖。

《丰裕社会》

约翰·肯尼斯·加尔布雷斯（1908年—2006年），著名经济学家，美国新制度学派的领军人物。

《丰裕社会》是加尔布雷斯的主要经济学著作，首次出版于1958年。在书中，加尔布雷思指出，传统智慧是一种根深蒂固的习惯，经济学上的“传统智慧”因循守旧，是以贫困社会为研究对象的，同时传统经济学家充满了悲观沮丧的情绪，阻碍了不同思想的竞争，而当时的美国已进入一个社会物质丰裕的时代。他强调，在发展财富的同时要注意社会均衡发展，提出效率与社会公正的“平衡力量”，政府要提供住房、教育、交通和社会福利等公共产品。

《丰裕社会》被列为资本主义国家最受欢迎的20本畅销书之一，英国保守党报纸《每日电讯》也称其重要性可与20世纪30年代凯恩斯的《就业、利息和货币通论》相比。

《经济学原理》

格里高利·曼昆（1958年—），美国著名的经济学家，哈佛大学的经济学教授。他是一位著作颇丰的学者，研究范围涉及经济学的诸多领域，其中包括价格调整、消费者行为、金融市场、货币与财政政策及经济增长。

曼昆的《经济学原理》是受到广泛欢迎的经济学入门教材。该书于1998年由美国德赖登出版社初版。出版后不到三个月的时间，就被美国约350所大学用作经济学教科书。本书无论从内容、体系结构，还是表述、体例，都体现了“经济学学生的入门教科书”的定位。曼昆在大部分章节中都提供了生动案例，用来说明经济学原理如何应用于现实经济问题的分析。因此，“学生导向”是该书最大的特点，也是其在短时期内得到广泛欢迎的重要原因。

◎《经济学原理》破纪录

1998年，曼昆的《经济学原理》在美国出版时创造了两项吉尼斯世界记录：一是在该书还未完稿之时，出版商就开出250万美元的高价买下该书版权，从而创下经济学著作卖价的吉尼斯世界记录；二是该书一出版便迅速风靡全美，其畅销速度和畅销数量又创下吉尼斯世界记录。

管理学

管理学是系统研究管理活动的基本规律和一般方法的科学，是一门综合性的交叉学科。管理活动自有人群出现便有之，与此同时管理思想也逐步产生。事实上，无论是在东方还是西方，我们均可以找到古代哲人在管理思想方面的精彩论述。现代管理学是适应现代社会化大生产的需要产生的，以弗雷德里克·温斯洛·泰罗的名著《科学管理原理》及法约尔的名著《工业管理和一般管理》为标志，它的目的是：在现有的条件下，研究如何通过合理的组织和配置人、财、物等因素，提高生产力的水平。

《管子》

管仲（前723年—约前645年），名夷吾，又名敬仲，字仲，春秋时期齐国著名的政治家、军事家，颍上（今安徽颍上）人。管仲的言论见于《国语·齐语》，另有《管子》一书传世。

《管子》是法家最重要的著作之一，内容主要记载了法家、特别是管子的很多治国思想，其中不少思想具有明显的辩证性质。《管子》共76篇，分为《经言》、《外言》、《内言》、《短语》、《区言》、《杂篇》、《管子解》、《管子轻重》8类。它是一部以国家宏观管理为主要论述内容的管理理论著作。如在《心术上》篇中，就非常明确地指出，国家管理和人体的结构的运作方式有着惊人的相似之处。“心术论”的核心是：以天地为心，以法治国，以德治人。

研究《管子》的辩证管理思想，不仅可以挖掘其理论中以往未予注意的但对当代管理哲学的发展具有启迪作用的内容，而且对于现实的组织管理，可以提供一定的借鉴。

《工业管理和一般管理》

亨利·法约尔（1841年—1925年），法国科学管理专家，西方古典管理理论在法国的最杰出代表。早年为采矿师，在地质学理论上有过特殊发现。1885年起，他在法国最大的矿冶公司担任总经理达三十年。他在多年实践和大量调查研究的基础上，提出了管理功能理论，被称为“一般管理之父”。

法约尔在《工业管理与一般管理》中，第一次明确提出管理概念，将管理作为一个学科进行传授，这标志着一般管理理论的形成。书中提出管理是“计划、组织、指挥、协调和控制”，其在大千世界几乎所有领域，无论大、小、工业或商业，以及在政治、宗教中，都发挥着主导作用，且充当了十分重要的角色。法约尔在这本经典著作里最重要的贡献，是提出了14项管理原则和5项管理要素，成为后世管理教育和管理实践的基本逻辑。如今很多人认为现代管理中的大部分理论仍然是法约尔理论中某一部分的重新提出和补充。

◎ 相关评价

《工业管理与一般管理》一书中所提出的14项管理原则和5项管理要素，在现代管理思想中已作为普遍遵循的原则、一种公理性质的东西而存在。

——《新管理时代》

法约尔的管理理论有着惊人的生命力。随着时间的流逝和学科的发展，许多雄心勃勃的理论都衰亡了；而法约尔的理论仍被认为是基本正确的。

——《管理百年》

无论从哪个方面来讲，法约尔都是第一位管理思想家。当其他人集中研究工人和机械的性能时，他则把重点放在管理职位和管理者所需的主要技能上。

——《管理大师50人》

《科学管理原理》

弗雷德里克·泰罗（1856年—1915年），美国古典管理学家、科学管理理论的主要倡导人。他首创的科学管理制度对管理思想的发展有重大影响，被称为“科学管理之父”。

泰罗的代表作是《科学管理原理》，1911年出版。该书是管理理论诞生的标志，在管理史上具有里程碑意义。在书中，泰勒系统地提出了科学管理的基本思想、基本内容以及科学管理的具体方法，使管理从经验变为科学。在科学管理的内容方面，泰勒对企业作业管理、组织管理等进行了全面阐述，这些阐述包括对工人的挑选和培训、标准作业条件、明确规定作业量、建立激励性的差别工资报酬制度等。

弗雷德里克·泰勒和他的《科学管理原理》开启了一个新的管理时代，在西方19世纪末20世纪初的广大工业企业中掀起了一场管理上的变革，为当时的工厂管理实践向科学管理起到重大推动作用。在以后的一百多年中，同样激励和启示了无数管理者。

《经理人员的职能》

切斯特·巴纳德（1886年—1961年），美国现代管理学的大师级人物，西方现代管理理论社会系统学派的创始人。巴纳德毕生都从事企业管理工作，是一位杰出的管理实践者，在管理思想发展史上作出了重要贡献和深远影响，西方管理学界称他是现代管理理论的奠基人。

1938年，巴纳德出版了最著名的代表作《经理人员的职能》。该书是巴纳德毕生从事企业管理工作的经验总结。巴纳德从最简单的人类协作入手，揭示出组织的本质和最普遍的规律，他将社会学概念应用于经理人员的职能和工作过程的分析，提出了一套组织的理论，建立了现代组织理论的基本框架。

该书以其博大精深的内涵，受到了西方管理学界的普遍重视，被奉为管理学的经典著作。它在出版后的半个多世纪内重印了18次，并且其影响和发行量不断地增加，所有论及组织方面的问题都脱离不开这座丰碑。

《转危为安》

爱德华兹·戴明（1900年—1993年），美国著名管理学者，在管理理论界占有独特的地位。他对工业历史的影响令他人无法超越，由他提出的质量管理理论，作为一种管理哲学，已经被企业界广泛采用于生产经营的各个环节。

爱德华兹·戴明的代表作是《转危为安》，于1982年首次出版。在书中，他提出一个新的管理理论，即“十四项管理要点”及“七种恶疾的疗法”，并以丰富的实例，从顾客、员工、管理层及政府的角度探讨质量问题，展现他力克质量大敌的毅力与决心。戴明同时强调，“十四要点”不仅仅局限于西方工业发展及企业经营领域，而是可以广泛地应用于政府部门、教育、服务业、医院和交通服务等各领域。

在这本巨著中，戴明用大量的例示，告诉美国人该做什么、采取何种措施，才能“转危为安”，走出自己所谓的“危机”。其中关于美国制造业及服务业的诸多个案及分析，都将成为管理学界最佳的研究指南。

◎ 管理十四要点

戴明的主要思想理念——管理十四要点：

一、提高产品与服务要有持续不变的目的；二、采用新的质量哲学思想；三、停止靠大批量的检验来提高质量；四、废除以最低价竞标的制度；五、不断提高生产与服务系统，以提高质量与生产力，从而成本也会不断降低；六、建立在职训练制度；七、建立领导体系；八、排除员工的恐惧心理；九、打破部门间的藩篱；十、消除那些要求员工做到零缺点及高生产力水准的口号、训示及目标；十一、废除工作现场的工作标准量，代之以领导，废除目标管理，数字管理法及数值目标，代之以领导；十二、消除妨碍基层员工工作顺畅的因素；十三、建立严谨的教育与培训计划；十四、建立一个有活力的教育与自我提高机制。

《管理的新模式》

伦西斯·利克特（1903年—1981年），美国现代行为科学家。他对管理思想发展的主要贡献在于对领导理论、激励理论和组织理论的研究工作。

《管理的新模式》（又译《管理的新型态》、《新型的管理模式》）一书是利克特早期的重要著作，首次出版于1961年。该著作中所提出的新型管理原理成为实践中被广泛应用的理论。在书中，利克特总结了美国企业经营环境的变化趋势和部分成绩出众的企业管理特点，提出一种新型的管理原理，并且详细系统地阐述了“支持关系理论”。该理论源于企业管理实践的研究，更在于利克特始终坚持的管理以人为中心原则，经过一系列实践的检验，显示出强大的生命力。书中还提出了领导行为的理想类型和与此相关的三种基本概念，这是自1947年开始，以利克特为首的美国密执安大学社会调查研究中心通过对大量企业的调查和长期研究后提出的结论。

● 管理者要掌握一定的管理理论

《管理实践》

彼得·德鲁克（1909年—2005年），当代国际上最著名的管理学家，被称为“大师中的大师”。德鲁克出生于奥匈帝国的维也纳，祖籍为荷兰。在美国，他曾担任通用汽车公司、IBM公司等企业的管理顾问，并一直为历届美国总统担任顾问。2002年，他获颁总统自由勋章，这是美国公民所能得到的最高荣誉。德鲁克著述颇丰，有《管理实践》、《卓有成效的管理者》、《旁观者》等几十部著作。

德鲁克的《管理实践》是管理学发展史上的一个里程碑。该书出版于1954年，它是现代管理学诞生的标志，也奠定了德鲁克作为管理学科开创者的地位。书中首次对管理中涉及的各个领域进行了系统性的论述，提出了一系列极具前瞻性的管理意见，如企业的目的是创造顾客、基本功能是市场营销和创新；提出组织结构的三点原则、目标管理和自我控制等伟大创见；再从实践出发，阐述了应用的途径，从而构筑了管理学科的基本架构。

该书是现代管理学奠基之作，影响了全世界无数的经理人和管理学者，至今仍为必读经典。

《卓有成效的管理者》

《卓有成效的管理者》，是德鲁克最著名的管理学著作之一。

本书中，德鲁克集中论述了怎样才能做到一个卓有成效的管理者。德鲁克指出，管理者是对组织负有责任，能影响组织经营成果的人，因此他们必须卓有成效。要做到卓有成效，仅靠天资聪明、工作努力或知识渊博是不够的，还必须要有其他的一些因素。一位卓有成效的管理者，一般具有以下六个特征：第一，重视目标和绩效，只做正确的事情；第二，一次只做一件事情，并只做最重要的事情；第三，知道自己所能作出的贡献和原则；第四，在选用高层管理者时，注重的是出色的绩效和正直的品格；第五，知道增进沟通的重要性，有选择性地搜集所需要的信息；第六，只做有效的决策。

《卓有成效的管理者》被译成37种语言，畅销全世界130多个国家，已经成为全球管理者的必读之经典。

《管理：任务、责任、实践》

1973年，彼得·德鲁克出版了《管理：任务、责任、实践》一书，出版之时即以英、德、日三种文字同时发行，其后又被翻译成多种文字，受到各国管理界人士的普遍重视。在书中，德鲁克将自己在通用汽车公司三十余年的实践观察和理论研究进行了进一步概括和提升。第一部从管理的任务出发，首先从外部来考察并研究管理任务的范围及其各方面的必要条件；第二部，讨论组织的工作和管理的技巧；第三部讨论高层管理、任务、结构及战略。德鲁克还就如何进行有效的决策、管理的信息交流、管理职务的设计和内容、管理人员的培训等方面进行了探讨。因此可以说，该书既有完整的理论体系，又有极强的可操作性。

在德鲁克的全部管理学著作中，该书无论从篇幅上，还是从内容上都最为丰厚。该书不仅被认为是德鲁克著作中最重要的著作，而且也被人们誉为管理学的“圣经”和“百科全书”。

◎ 德鲁克给中国的提醒

2009年是现代管理学之父彼得·德鲁克的百年诞辰。大师对于中国以世界工厂为标榜的崛起，曾作出过直击核心的告诫：顾客决定着企业的定位；创新就是创造一种资源；员工是企业资产而非成本，对待知识型员工要协助，不能命令；企业必须要履行社会责任，但要以赢利为前提；中国企业发展的核心问题，是要培养一批卓有成效的管理者。回归企业的目的和管理的本源，这是德鲁克的思想对于中国企业眼下的最大价值。

《管理的实践》

《管理的实践》是彼得·德鲁克的代表作，是第一本将管理视为整体的管理书籍。该书以实际执行层面立论，并以一种全新的观点看待管理。全书共分为五个部分，首先从管理者的角色、职务、功能的认知及其未来面临的挑战这些管理的本质为切入点，进行了精辟独到的阐述，揭开了管理的奥秘与实务。其中，“管理企业、管理管理者、管理员工和工作”这三项管理任务是贯穿整书的主轴和精髓，继而用八个关键成果领域、三个经典的问句以及组织的精神丰富了其内涵。

该书是现代管理学的奠基之作，畅销半个世纪，影响了全世界无数的经理人和管理学者，至今仍为必读经典。本书一举奠定了彼得·德鲁克现代管理大师的地位。

《伟大的组织者》

欧内斯特·戴尔（1914—），美国著名的管理学家，经验主义学派代表人物之一。

戴尔的《伟大的组织者》是西方管理学中经验主义学派的代表作之一。全书除序言以外，共有六章。第一章，阐述有关组织理论的一些基本原理；第二章到第五章，分别介绍了杜邦公司、通用汽车公司、国发钢铁公司和威斯汀豪斯电气公司四家大公司的一些“伟大的组织者”的成功管理经验；第六章，论述了“经营管理者对谁负责”的问题。本书后两章的附录也非常重要。

在书中，作者断然反对存在着任何有关组织和管理的“普遍原则”，管理知识的真正源泉就是大公司中“伟大的组织者”的经验以及非凡个性和杰出的才能。因此作者在书中运用比较的方法，对美国一些大企业的成功管理经验以及管理者的个性和才能进行了研究，这一研究方法开创了比较管理经验研究的先河，也为人们探寻管理新知开辟了一条崭新的道路。

《组织效能评价标准》

斯坦利·E.西肖尔（1915年—1999年），美国当代经济学家和社会心理学家，担任过多年的人事主管与管理顾问职位，被称为现代管理学的大师。

《组织效能评价标准》是西肖尔最著名的管理学成就。这是一篇论文，1965年发表于《密歇根商业评论》上，在企业管理领域引起了极大重视，同时也奠定了西肖尔在现代管理学科中的大师级地位。在组织众多的目标体系中，组织管理者必须权衡众多目标的价值，寻找一个能够实现综合目标最大化的组合。而将各种衡量标准以怎样的方式综合起来才能形成对经营状况的全面评价，西肖尔在这部著作中便给出了这样一个特定的、可操作的模式，使原本处于完全混乱状态的集合体具备了一定的逻辑性和秩序。

关于组织效能评价的问题，一直被各级各类的组织所关注，该书后来被多次重印和引用，并成为企业管理组织行为理论的重要组成部分。

《如何选择领导模式》

罗伯特·坦南鲍姆（1915年—2003年），美国著名的企业管理学家，领导行为连续体理论的提出者。

《如何选择领导模式》是罗伯特·坦南鲍姆和另一位领导行为连续体理论的提出者沃伦·施密特合著的管理学专著。在书，他们提出了著名的“领导方式的连续统一体理论”。该理论没有沿用传统研究领导方式和领导作风的“两极化”倾向，而是用渐变的构思体现了领导模式的多样性。他们认为，领导活动包括领导者、被领导者和环境三要素，这三种要素的不同组合形成一系列风格迥异的领导模式，这些领导方式是一个连续统一体。

这一理论既贴近现实生活，又没有简单地声明对错，因此一经推出即受到普遍重视，成为关于领导问题的经典理论。该书在1973年重新发表时，二人对这一理论作了进一步修改，突出了领导者、被领导者与环境之间的相互作用，使理论更具活力，反映出管理实践的新发展。

《管理决策新科学》

赫伯特·西蒙（1916年—2001年），美国管理学家和社会科学家。在管理学、经济学、组织行为学、心理学、政治学、社会学、计算机科学等方面都有较深的造诣。1978年，西蒙获得诺贝尔经济学奖。其主要著作有《管理行为》、《公共管理》、《组织》、《管理决策新科学》等。

西蒙的《管理决策新科学》现在共有三版。第一版发表于1960年。1965年的第二版增加了自动化的经济效果以及其他一些资料，定名为《自动化的形成》。在之后的第三版中，西蒙扩充了各章篇幅，内容也作出全面修改，尤其是对关于自动化对人类的作用、计算机在高层管理和企业组织结构中的应用等问题的论述，作出较大修改。但是，对于全书的结论和基本观点，改动不大。

可以说，决策理论在今天能够成为实施管理行为的利器和理解人类行为的钥匙，西蒙功不可没。时至今日，此书依然是研究战略决策领域的必读书目。

◎ 人工智能符号主义学派的创始人

1966年，美国计算机协会（ACM）设立了图灵奖，专门奖励那些为计算机事业作出重要贡献的个人。其名称取自计算机科学的先驱、英国科学家阿兰·图灵。1975年度的图灵奖，授予了卡内基—梅隆大学的两位教授赫伯特·西蒙和艾伦·纽厄尔（两人曾是师生关系，后来成为极其亲密的合作者，共事长达四十二年），这是图灵奖首次同时授予两位学者，以奖励二人在人工智能、人类识别心理和表处理方面的基础贡献，赫伯特·西蒙因此成为人工智能符号主义学派的创始人。

《再论如何激励员工》

● 激励员工的工作热情

弗雷德里克·赫茨伯格（1923年—2000年），美国心理学家、管理理论家、行为科学家。他是著名的“激励—保健因素理论”，即“双因素理论”的创始人。

《再论如何激励员工》是赫茨伯格最为著名、影响力最大的著作，于1968年发表在《哈佛商业评论》杂志上。在书中，作者再次回顾了“双因素理论”的背景和内容，指出，使职工感到满意的都是属于工作本身或工作内容方面的，是为激励因素；使职工感到不满的，都是属于工作环境或工作关系方面的，是为保健因素。作者研究论述了在这个问题上各种理论学派的观点及他的理论所处的地位，由此引出了“工作丰富化”的论题，并介绍了该论题的原则和实际应用。

该文奠定了赫茨伯格在管理研究领域的大师声望，其对于激励问题所作出的分析至今仍有相当的借鉴价值。该文经过重印后共售出100万份，成为《哈佛商业评论》有史以来最受欢迎的作品。

《让工作适合管理者》

弗雷德·菲德勒（1922年—），美国当代著名心理学家和管理专家，被西方管理学界称为“权变管理的创始人”。

《让工作适合管理者》是菲德勒的代表作，书中首次系统地阐述了权变领导理论，较为完整地体现了其思想框架，并提出领导方式取决于环境条件的著名论断。菲德勒从领导风格入手，在大量研究的基础上，提出了有效领导的权变模型。他认为，任何领导形态均可能有效，关键在于要与环境情景相适应，即领导者要根据面临的组织环境的不同而采取不同的领导方式。菲德勒指出，不存在适用于所有环境的“独一无二”的最佳领导风格，某种领导风格只能在某个具体的环境中才能获得最好的效果。

这是一部被管理学家们称之为“不可忽视的领导学理论”著作，菲德勒所提出的著名“权变领导理论”引领西方领导学理论进入一个全新的阶段，使原来盛行的领导形态学理论研究转向了领导动态学研究的新轨道。

《个性与组织》

克里斯·阿吉里斯（1923年—），美国心理学家，组织心理学和行为科学的先驱。他对组织与个体关系的观点是独辟蹊径的，使其在管理学界声名鹊起，被誉为“当代管理理论的大师”。

阿吉里斯勤于著述，其于1957年出版的代表作《个性与组织》，堪称是组织行为学的奠基之作。该书全面阐述了在管理学界影响深远的“不成熟—成熟”理论。在西方管理学界，这种理论观点被称为“管理的人力资源学说”。在一个正式组织中，传统的原则是希望能消除个人的性格差别而严格遵从组织的规章制度。但是，组织中的个人却不可避免地存在着不断走向成熟的成长历程。这样，正式组织与成熟个性之间的矛盾也就不可避免。而如何减少或解决这个矛盾，是管理者面对的长期挑战和任务。

阿吉里斯将人们的注意力引向对个人成长的关注，他的个人与组织理论揭开了组织理论的新篇章。

◎ “不成熟—成熟”理论

1957年6月，阿吉里斯在《个性与组织》中节选出一篇短文，发表在《管理科学季刊》第二卷上，这篇名为《个性与组织：互相协调的几个问题》的文章集中体现了其影响最为深远的“不成熟—成熟”理论。该理论认为：组织行为是由正式组织和个人融合而成的，组织中的个人作为一个健康的有机体，不可避免地要经历从不成熟到成熟的成长过程，在这个成长过程中，主要有从婴儿的被动状态发展到成人的主动状态等七方面的变化。

《领导者：成功谋略》

沃伦·本尼斯（1926年—），美国著名的企业领导学专家，组织发展理论的创始人，被誉为“领导力大师”。他在教育、写作、顾问、管理等领域均有建树，并有多部著作问世。

本尼斯最负盛名的管理学著作是《领导者：成功谋略》（与勃特·南斯合著），1985年出版，目前已经被翻译成21种文字出版。书中的主要内容阐述了在知识经济时代，领导者的行为模式也要随着形势的变化而发生显著变化。作者研究了90位领导者，虽然他们的体态相貌等有差异，但是他们都显示了对当时复杂环境状况的把握，作者因此识别出他们身上具有的共性，即注意力管理、意义管理、信任管理和自我管理这四项能力。此外作者还提出，21世纪领导行为的模式将发生十个变化。

《领导者：成功谋略》一书关于领导才能的思想与理论研究经过了时间的检验，由此证明了本尼斯作为领导力领域第一权威的价值。

人类发展的基石动力

数学、物理学、化学、天文学、地理学、生物学是六大基础自然学科。它们是人类发展的基石，在人类社会历史发展进程中起到了重要的推动作用。医学也在人类发展进程中起到了不可低估的促进作用。自然学科和上面提到的社会、人文学科是组成人类文化的不同部分，是科学实体缺一不可的两翼。

自然学科的研究者们秉承严谨的治学态度和理性的求知精神，付出自己艰辛的努力，揭示了自然的奥秘，得出科学的结论。早在古希腊时期，理性精神便在科学研究活动中得到充分的发挥。在理性创新基础上所取得的成果，直接或间接转化为社会生产力，促进了人类社会的更好更快发展。从世界范围内讲，第一次科技革命前后，当时的科学对生产的影响并不明显，提高劳动生产率主要依靠增加劳动强度来实现。到第二次科技革命的时候，科学技术对生产的作用程度明显加强。第三次科技革命以来，科学技术在推动生产力发展方面起到越来越重要的作用，科技转化为直接生产力的速度越来越快。

6

数学

数学一词，在西方源自古希腊语，有学习、学问、科学之意。我国古代把数学叫做算术，又称算学，最后才改为数学。现代数学是一门研究数量、结构、变化以及空间模型等概念的学科。通过抽象化和逻辑推理的使用，由计数、计算、量度和对物体形状及运动的观察中产生。

《周髀算经》

《周髀算经》，原名《周髀》，是“算经十书”之一，是中国流传至今最早的一部数学著作，同时也是中国最古老的天文学著作。约成书于公元前1世纪的汉末三国时期，作者是赵爽，北周甄鸾作注。唐初将其规定为国子监明算科教材，故改名《周髀算经》。

从《周髀算经》所包含的数学内容来看，该书主要讲述了学习数学的方法、勾股定理、相似直角三角形对应边成比例定理、开平方的问题、等差级数的问题等，书中使用了相当繁复的分数算法和开平方法，以及应用于古代的“四分历”运算。其中，对勾股定理的介绍是其在数学上的突出成就。原书没有对该定理的证明，其证明是赵爽在《周髀注》一书的《勾股圆方图注》中给出的。书中介绍了一种量直角、画矩形的工具，即矩的用途，还介绍了勾股定理在测量上的应用。

比起同时期的西方数学（例如以欧几里得的《几何原本》所记载的分数性质来看），《周髀算经》中体现的古代中国数学的定量工作，无疑是遥遥领先的。

◎ 算经十书

唐朝国子监设算学馆，置博士、助教指导学生学习数学。唐高宗显庆元年（656年），规定《周髀算经》、《九章算术》、《孙子算经》、《五曹算经》、《夏侯阳算经》、《张邱建算经》、《海岛算经》、《五经算术》、《缀术》、《缉古算经》十部汉、唐千余年间的著名数学著作为国家最高学府的算学教科书，用以进行数学教育和考试，后世将这十部书通称为《算经十书》。《算经十书》代表了我国古代数学的最高成就。

《九章算术》

《九章算术》是中国古代数学专著，是“算经十书”中最重要的一部。它上承先秦数学发展之源流，汉以后则经诸多学者的整理、删补和修订，大约于东汉初年（1世纪）成书。该书没有具体的作者，而是几代人共同劳动的结晶，它的出现标志着中国古代数学完整体系的形成。

《九章算术》收有246个数学问题，共分为九章。其数学成就是多方面的：第一，在算术方面，主要成就有分数运算、比例问题和“盈不足”算法。第二，在几何方面，主要是面积、体积计算。第三，在代数方面，主要有一次方程组解法、平方、立方、一般二次方程解法等。

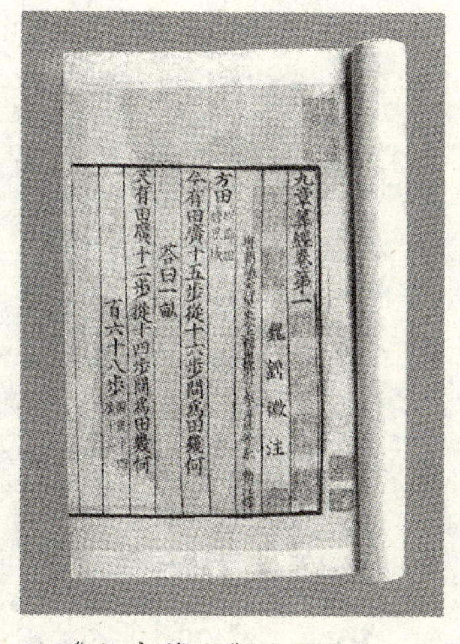

●《九章算术》书影

《九章算术》在唐宋两代都由国家明令规定为教科书。1084年由当时的北宋朝廷进行刊刻，是世界上最早的印刷本数学书。作为一部世界科学名著，它在隋唐时期就已传入朝鲜、日本。现在它已被译成日、俄、德、英、法等多种文字，具有广泛的世界影响。

《海岛算经》

《海岛算经》是三国时期魏国数学家刘徽（约225年—约295年）所著的测量学著作。该书原为《刘徽九章算术注》的第十章，作为第九卷勾股章内容的延续和发展，名为《九章重差图》。唐代将“重差”从“九章”中分离出来，独立成书，按第一题“今有望海岛”，取名为《海岛算经》，为“算经十书”之一。

《海岛算经》共九问。从题目文字可知所有计算都是用筹算进行的。书中讲述的都是利用标杆进行两次、三次，甚至是复杂的四次测量来解决各种测量数学的问题，即推算可望而不可及的目标的高度、深度、广度和远度。这些测量数学，为中国古代非常先进的地图学奠定了牢固的数学基础。

美国数学家弗兰克·斯委特兹曾说，刘徽的《海岛算经》“使中国测量学达到登峰造极的地步”，使“中国在数学测量学的成就，超越西方约一千年”。

《孙子算经》

《孙子算经》约成书于四五世纪，作者生平及成书年代均未见记载。现在传本共三卷。卷上，叙述算筹记数的纵横相间制度和筹算乘除法则；卷中，举例说明筹算分数算法和筹算开平方法；卷下，则有著名的“物不知数”题，亦称“孙子问题”。其中第26题具有重大意义：“今有物不知其数，三三数之剩二，五五数之剩三，七七数之剩二，问物几何？答曰：‘二十三’”。书中不仅提供了答案，还列出了解法。这个问题如果按现在的计算方法可以列出一个不定方程，适用于现代代数理论中著名的剩余定理。另外，卷下的第31题，可谓是后世“鸡兔同笼”问题的始祖。

1852年，英国基督教士伟烈亚士将“物不知数”问题的解法传到欧洲，1874年马蒂生指出孙子的解法符合高斯定理，从而在西方的数学史里将这一个定理称为“中国的剩余定理”。

◎ 鸡兔同笼问题

《孙子算经》中有著名的“鸡兔同笼”问题，书中是这样叙述的：“今有鸡兔同笼，上有三十五头，下有九十四足，问鸡兔各几何？”这四句话的意思译成现代汉语式的应用题就是：有若干只鸡兔同在一个笼子里，从上面数，有35个头；从下面数，有94只脚。求笼中各有几只鸡和兔？

《缀术》

祖冲之（429年—500年），字文远，南北朝时期杰出的数学家、科学家。

《缀术》是南北朝时的一部算经，汇集了祖冲之、祖暅父子二人的数学研究成果，也是中国自汉魏至隋唐水平最高的数学著作。这本书内容非常深奥，以至《隋书》上曾记载：“学官莫能究其深奥，故废而不理。”到了唐代，《缀术》被收入“算经十书”，成为唐代国子监算学课本，而且还是国家考试科目之一。在当时的所有数学科目中，以此书的内容最为深奥，故规定学习的时间也最长：当时学习《缀术》需要四年的时间，可见其内容的艰深。《缀术》在唐朝如此受重视，唐代重视数学教育的程度，由此可见一斑。

《缀术》曾经传至朝鲜、日本，但到北宋时这部书就轶失了。宋人刊刻“算经十书”的时候，只好用当时找到的另一部算书《数术记遗》来充当。

《张邱建算经》

中国古代数学著作《张邱建算经》，其作者和写作年代均不可考，人们据书序后题“清河张邱建谨序”，认为该书为5世纪中叶作品。

《张邱建算经》现传本共分三卷，卷中之尾和卷下之首残缺，尚存92问。涉及的数学问题是以“问题集”的形式来表述的，其内容除《九章算术》已有的之外，还增加了等差数列问题、某些二次方程和不定方程问题。“百鸡问题”是其中一个著名的数学问题，见卷下第38题：今有鸡翁一，直钱五；鸡母一，直钱三；鸡雏三，直线一。凡百钱，买鸡百只。问鸡翁、母、雏各几何？该书具有开创意义的贡献是对此问题给出了三组答案，这对于不定方程的研究具有重要的意义。自张邱建以后，中国数学家多有研究“百鸡问题”的，从宋代到清代，围绕百鸡问题的数学研究取得了很好的成就，该书中的“百鸡问题”成为不定方程入门的一个重要例子。

《缉古算经》

● 天文观象

王孝通（生卒年不详，主要活动于6世纪末和7世纪初），唐代数学家，出身平民，隋朝时以历算入仕，唐朝初年为算历博士。

王孝通毕生从事数学和天文工作，并且主要贡献在数学方面，有专著《缉古算经》。该书原名《缉古算术》，唐代被作为国子监算学馆数学教材，成为数学经典，故后人称其为《缉古算经》。《缉古算经》是唐代立于学官的“算经十书”中，唯一一部由唐代学者撰写的数学著作。全书一卷（新、旧《唐书》称四卷，但由于一卷的题数与王孝通自述相符，因此可能在卷次分法上有所不同），共20题。第1题为推求月球赤纬度数，属于天文历法方面的计算问题；第2题至第14题是修造观象台、修筑堤坝、开挖沟渠，以及建造仓廪和地窖等土木工程和水利工程的施工计算问题；第15题至第20题是勾股问题，这些问题反映了当时土木和水利工程施工计算的实际需要。

《数书九章》

秦九韶（1202年—1261年），字道古，安岳（今属四川）人，南宋著名数学家。他与李冶、杨辉、朱世杰并称“宋元数学四大家”。

秦九韶的重要数学著作是《数书九章》。全书共列算题81问，分为9类，每类9个问题。其主要内容有：第一类，大衍类；第二类，天时类；第三类，田域类；第四类，测望类；第五类，赋役类；第六类，钱谷类；第七类，营建类；第八类，军族类；第九类，市物类。《数书九章》在数学内容上颇多创新。中国算筹式记数法及其演算式在此得以完整保存；对于自然数、分数、小数、负数都有专条论述，还首次用小数表示无理根的近似值。

全书未按照数学方法来分类，而是采用问题集的形式。从数学价值角度讲，该书是对《九章算术》的继承和发展，概括了宋元时期中国传统数学的主要成就，标志着中国古代数学的高峰。同时，全部内容也不仅仅单谈数学，还涉及自然现象和社会生活，因此该书成为了解当时社会政治和经济生活的重要参考文献。

《续古摘奇算法》

1275年，杨辉著成《续古摘奇算法》，这是他收集“诸家算法奇题及旧刊遗忘之文”编辑而成的数学著作。

全书分两卷，卷上主要阐述了“纵横图”。纵横图，包括现今所谓幻方，幻方问题是中国古代为数不多的“纯数学”问题之一，纵横图是杨辉定的名。杨辉给出了三阶至十阶的幻方及其变体，共归纳为二十种，可见其对于幻方的构成规律已有所发现和概括。同时，“垛积术”还是杨辉继沈括“隙积术”后，关于高阶等差级数的研究。杨辉在“纂类”中，将《九章算术》246个题目按解题方法由浅入深的顺序，重新分为乘除、分率、合率、互换、二衰分、勾股等九类。

同时，杨辉对于幻方的研究也标志着在宋、元之际，中国数学出现了向抽象化转变的趋势。由杨辉起，历来纵横图的研究相继不绝，成为中国数学的一大研究方向。

◎ 纵横图

纵横图，又称魔方或幻方，指的是把一个正方形等分成横纵都相等的若干方格，以连续自然数填入适当的空格内，使每一横行、每一纵列、对角线上各数的和都相等。在中国，纵横图的起源甚早，东汉郑玄注《易纬·乾凿度》：“太乙取其数以行九宫。四正四维皆合于十五。”九宫数，即三阶幻方。《数术记遗》甄鸾注文说：“九宫者，二、四为肩，六、八为足，左三右七，戴九履一，五居中央。”

《详解九章算法》

杨辉（生卒年不详，主要活动于13世纪中叶），南宋时期杰出的数学家和数学教育家。其著作甚多，著有数学书共5种21卷，包括：《详解九章算法》12卷、《日用算法》2卷、《乘除通变本末》3卷、《田亩比类乘除算法》2卷、《续古摘奇算法》2卷。其中收录了不少现已失传的古代数学著作中的算题和算法。

11世纪上半叶，北宋贾宪撰成《黄帝九章算经细草》。该书在刘徽之后，进一步抽象《九章算术》的算法，是为宋元数学高潮的奠基性著作。杨辉的《详解九章算法》便是针对贾宪的《细草》而作。

《详解九章算法》12卷，写成于1261年，是以贾宪《黄帝九章算经细草》9卷为底本，撰解题、比类，同时在前后分别补充图、乘除、纂类3卷而成。因此，照录了《九章算术》本文，刘徽、李淳风等注释和贾宪的细草。今存衰分章的异乘同除类、少广章（《永乐大典》）、商功章约半卷、均输、盈不足、方程、勾股、纂类（《宜稼堂丛书》本），约占全书的三分之二。

《测圆海镜》

李冶，字仁卿，号敬斋，真定栾城（今河北栾城）人，金、元时期数学家。

主要著作有《测圆海镜》12卷、《益古演段》3卷、《泛说》40卷、《壁书丛削》12卷等。

《测圆海镜》成书于1248年，是中国古代论述容圆的一部专著，也是天元术的代表作。全书共170题，其所讨论的问题大都是已知勾股形，进而求其内切圆、旁切圆等的直径之类的古代传统数学中的重要内容。此外，书中提及的天元术在中国古代数学的发展中起到了非常重要的作用。在该书问世之前，我国古代的数学研究虽有文字代表未知数用以布列方程和多项式的工作，但缺少较为系统的记载，而李冶在《测圆海镜》中系统而概括地总结了天元术，标志着文词代数向符号代数的转变。

后世学者对《测圆海镜》给以高度的评价。清代阮元认为它是“中土数学之宝书”，李善兰则称赞它是“中华算书实无有胜于此者”。

◎ 天元术

所谓天元术，是中国古代求解高次方程的一种方法，具体就是用天、地分别表示方程的正次幂和负次幂，设“天元一”为未知数，根据问题的已知条件，列出两个相等的多项式，经相减后得出一个高次方式程，称为天元开方式。这与现代设x为未知数列方程是同一个道理。欧洲的数学家，直到16世纪之后才能够完全做到这一点。而《测圆海镜》，基本上都是（依据《识别杂记》）列出天元式，求出勾股容圓问题的解。

《四元玉鉴》

朱世杰（生卒年不详，主要活动于1300年前后），字汉卿，号松庭，燕山（今北京）人，元代著名的数学家。其主要著作有《算学启蒙》和《四元玉鉴》。

《数学启蒙》是一部通俗数学名著，曾流传海外，影响了朝鲜、日本的数学发展。《四元玉鉴》则是宋元数学成就的又一个高峰。该书于1303年刊于广陵。全书3卷，分为24门，288个问题，全部用天元术、二元术、三元术、四元术（即一元至四元的高次方程或方程组）解决。创造四元消法、解决多元高次方程组，是本书的突出成就。此外，关于“垛积法”（高阶等差数列求和）与“招差术”（高次内插法），均有深入研究。

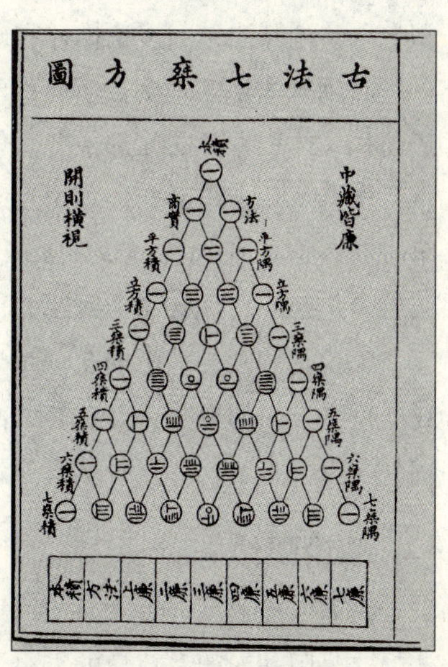

● 古法七乘方图

《四元玉鉴》中的数学成就都超前其他民

族几个世纪，是中国传统数学衰落前水平最高的著作，中外数学史家都给以高度评价。

《算法统宗》

程大位（1533年—1606年），字汝思，号宾渠，徽州休宁（今安徽黄山）人，明代数学家。他对珠算术进行了长达数十年的研究，于1598年作成《算法纂要》4卷。

《算法统宗》17卷共595问。前两卷为预备知识，包括对数学术语的解释，大数、小数的进法、度量衡制度、珠算口诀及其在珠算盘上的应用等，其后各卷问题大都摘自传本数学书。第三至第十二卷为应用问题解法汇编，以《九章算术》的卷名为卷名，只是将粟米改为粟布。第十三卷至第十六卷为难题汇编，但是难题与解法都用诗词表示，意义隐晦。第十七卷为不能归于上面各卷的杂法。

该书的珠算术以定位、留头乘、归除为重点，编纂上注重基本算法，精讲多练，易学易懂。它适应商业交换的需要，又经徽商带至全国，成为明末以后影响最大的、以珠算盘为计算工具的数学著作。继而，该书风行海外，惠及朝鲜、日本与东南亚，对珠算的普及起到极大的作用。

《论球和圆柱》

阿基米德（前287年—212年），古希腊著名的数学家、物理学家、天文学家，静力学和流体静力学的奠基人。他的几何学著作是古希腊数学的顶峰，现流传于世的数学著作有10余种，有《论球和圆柱》、《圆的度量》、《抛物线求积》、《论螺线》、《论椎体和球体》等。

在阿基米德的众多数学著作中，《论球和圆柱》是其得意之作，是关于几何形面积、体积方面的几部主要著作之一。全篇共分两卷，其中包括许多重大的成就，作者从几个定义和公理出发，推出关于球与圆柱面积、体积等50多个命题。第一卷，首先给出6个定义、5个假设。第二卷，讨论了由第一卷中的命题推出的结果（包括3个命题，6个问题），主要研究了球缺问题。

《论球和圆柱》中的全部结果都采用穷竭法进行了严格证明，成为古代数学在严格性方面的典范。其中有关面积、体积的系统结果，充分反映了希腊几何学的高度发展水平，对其后所有关于面积、体积方面的研究产生了深远影响。

《论螺线》

阿基米德在《论螺线》中明确了螺线的定义，并展示了螺线面积的计算方法，这是阿基米德对数学的突出贡献。此外，在该书中，阿基米德还导出几何级数和算术级数求和的几何方法。

《论螺线》全书共28个命题。其中，前10个命题研究了圆和切线的各种比例关系。命题十一，则是重新证明了之前在《劈锥曲面与回转椭圆体》一书中，作为引理提出自然数平方和的不等式，随后，利用一组内接和一组外接的扇形，确定了螺线，并给出螺线（亦称“等速螺线”，现称“阿基米德螺线”）的定义，并给出它的极坐标方程以及螺线的每条臂间的距离。命题十三至二十，是关于螺线的切线问题的研究，在这里，阿基米德给出作图方法及种种性质，包括对螺线面积的计算方法，并运用它来解决“三等分一角”这个古典数学难题。

书中没有发现阿基米德即便是浅显的微分法思想，而他又得到了切线的作法，有些学者推测这是古代属于微分法的罕见例子。

《算术》

丢番图（246年—330年），古希腊后期著名的数学家。他对代数学的发展起了极其重要的作用，深深影响了后来的学者对数论学的研究。

《算术》是丢番图的一部名著。原著共有13卷，书中讨论了一次、二次以及个别的三次方程，还有大量的不定方程以及数论方面的问题，事实上是一部代数著作。在很长一段时间里，人们都认为只有1464年在威尼斯发现的前6卷希腊文抄本，后来在伊朗东北部的马什哈德又发现4卷阿拉伯文译本。现存前6卷希腊文抄本共有189题，几乎一题一法，没有两个是相同的，更无法明确归类。书中引用了许多缩写符号，为15世纪法国数学家韦达做出符号代数奠定了基础。

在15世纪，《算术》的代数价值被重新发掘，大批数学家受到鼓舞，极大地推动了代数学的发展。到了17世纪，费马在此基础上，把数论引上了近代的轨道。《算术》中的不定分析，对现代数学影响也很深远，在不同数域上，凡涉及不定方程求解问题，现在都被称为“丢番图方程”或“丢番图分析”。

◎ 丢番图的年龄

下面是丢番图的墓志铭，用一种独特的数学方式说出了自己的年龄：

这里是一座石碑，里面安葬着丢番图。他的寿命有多长，下面文字告诉你。他的童年占一生的六分之一，接着十二分之一是少年时期，又过了七分之一的时光，他找到了终生伴侣。五年之后，上帝赐给他一个儿子，可是儿子命运不济，只活到父亲年龄的一半，就匆匆离去。这对他是一个沉重的打击，又过了四年，丢番图因丧子之痛，终于告别数学，离开了人世。

《平面与立体轨迹引论》

费马（1601年—1665年），又译“费尔马”，法国著名数学家。因从未受过专门的数学教育却又取得重大的数学成就，被誉为“业余数学家之王”。笛卡尔创立了解析几何，但是费马在解析几何的完善和发展上也作出了重要贡献，他独立于笛卡尔发现了解析几何的基本原理，甚至比笛卡尔还要早七年。

1629年，费马用拉丁文写成了仅有八页的论文《平面与立体轨迹引论》。在文中，费马阐述了自己的发现：“两个未知量决定的一个方程式，对应着一条轨迹，可以描绘出一条直线或曲线。”他明确指出，方程可以描述曲线，并可以通过对方程的研究推断出曲线的性质。他建立了方程与曲线间的对应关系，但在坐标中并没有引入负坐标，因此作出的曲线是不完整的。另外，费马在文中还对一般直线和圆的方程，以及关于双曲线、椭圆、抛物线进行了讨论。

《几何学》

作为17世纪法国杰出的哲学家和科学家，笛卡尔最杰出的贡献是在数学发展上创立了解析几何。《几何学》是其所写的唯一一部数学著作，它作为笛卡尔的名著《更好地指导推理和寻求科学真理的方法论》（简称《方法论》）的三个附录之一，出版于1637年。

这部分附录在《方法论》一书中约占100页，笛卡尔在书中将逻辑、代数和几何方法结合到一起，勾画了解析几何的方法。全书共分3卷，讨论的全是关于几何作图问题。第一卷，笛卡尔解释了代数式的几何问题；第二卷，根据代数方程的次数对几何曲线进行分类，如：第一类是含x和y的一次和二次曲线；第二类是三次和四次方程对应的曲线等；第三卷，返回到作图问题上，另外对高于二次方程的解法有所涉及。

在《几何学》中，笛卡尔确立了用字母表中的前几个字母代表已知数（如a、b、c等），用后几个字母代表未知量（如x、y、z）的习惯用法，引进了现在所使用的指数表示法，并且首次使用了待定系数法。因此该书被认为是论述解析几何的一部经典之作。

《无穷小分析引论》

莱昂哈德·欧拉（1707年—1783年），18世纪最优秀的数学家，也是历史上最伟大的数学家之一，被称为“分析的化身”。他是一位杰出而多产的数学家，一生写下886本书籍和论文，如今几乎在数学的每一个研究领域都可以看到欧拉的名字。他对数学分析的贡献独具匠心，他编写的《无穷小分析引论》、《微分法》和《积分法》产生了深远的影响，其中《无穷小分析引论》一书是其划时代的代表作。

此书涉及了当时数学的各个领域和分支，包括分析学、几何学、代数学、微分方程、变分学、数论等等。欧拉在这本书里总结了大量丰富的数学成果，其研究技巧也充满了启发性，对后来的数学家产生了不可估量的巨大影响。

《无穷小分析引论》是数学七大名著之一，与高斯的《算术研究》齐名，在数学史上具有划时代意义。高斯曾这样评价欧拉和他的著作：“研究欧拉的著作永远是了解数学的最好方法。”

《解析函数论》

拉格朗日（1735年—1813年），法国数学家、力学家、天文学家。拉格朗日在数学方面的贡献，不仅在于对方程论方面作出重大贡献，更重要的，是推动了代数学的发展。另外，他在数论方面亦是表现超卓。

《解析函数论》出版于1797年，它是第一本完整的、试图重建微积分基础的数学著作，在分析严格化运动中起到了相当重要的作用。该书和1801年出版的《函数计算讲义》，是拉格朗日对自己一段时间内一系列研究工作的总结。出于当时微积分学（由牛顿和莱布尼茨创立）因不严格受到攻击和教学工作的需要，拉格朗日意识到，无穷小、极限、最初最终比做为分析学的基础是不充分的。在书中，他雄心勃勃地做了最早的尝试，企图把微分运算归结为代数运算，这为微积分理论奠定了基础。

数学界近百多年来的许多成就都可直接或间接地追溯于拉格朗日的研究，为此，在数学史上，他被认为是对分析数学的发展产生全面影响的数学家之一。

◎ 拉格朗日定理

流体力学中的拉格朗日定理：即旋涡不生不灭定理，由开尔文定理可直接推论而出。数论中的拉格朗日定理：即拉格朗日四平方和定理，每个自然数均可表示成4个平方数之和。3个平方数之和不能表示形式如4k（8n+7）的数。如果在一个正整数的因数分解式中，没有一个数有形式如4k+3的质数次方，该正整数可以表示成两个平方数之和。另外，群论中也存在拉格朗日定理。

《分析力学》

1788年，拉格朗日出版了《分析力学》一书，这是世界上最早的一本分析力学著作。书中拉格朗日把牛顿对力学的工作和欧拉、达朗贝尔等18世纪数学家的相关成就融合在一起，将各种不同的力学原理统一起来，以自己的变分原理及分析方法，推导出刚体力学和流体力学的全部公式，进而建立起一个完整和谐的力学体系。他在书的序言中宣称：力学已成为分析的一个分支。

在书中，拉格朗日首次把当时被普遍接受的“最小作用原理”用具体的动力学形式表现出来。他还认为，这个原理也同样适用于质点组甚至是广义质量。“最小作用原理”是人类长期观察和实践的总结。

《分析力学》对一般力学的意义，类似于牛顿的万有引力定律对天体力学的意义，它是一切力学必不可少的基础。英国数学家、理论物理学家哈密顿（1805年—1865年）赞美拉格朗日的工作“使力学成为科学的诗篇”。

《超穷数理论基础》

格奥尔格·康托尔（1845年—1918年），德国数学家，集合论的创始者。1847年，康托尔在克列勒的《数学杂志》上发表了关于无穷集合理论的第一篇革命性文章，数学史上一般认为这是集合论诞生的标志。

《超穷数理论基础》是由格奥尔格·康托尔所著，是人类自然科学史上的一部名著。它依照出版时间的不同分为两部分，原文用德文写成，1915年由纽约多佛出版社出版英译本。本书由作者的两篇论文构成，第一部分为“全序集的研究”，发表于1895年，第二部分为“良序集的研究”，发表于1897年。全书的内容分为超穷基数和超穷序数理论两大类，是作者关于超穷数理论研究二十多年工作的总结。本书的引言部分是英译者对超穷数理论创立过程的历史追溯，书后的附注对1897年以后超穷数理论发展作出扼要介绍。

《算术研究》

卡尔·弗里德里希·高斯（1777年—1855年），德国著名的数学家、物理学家、天文学家和大地测量学家。在数学研究领域，高斯被认为是最重要的人物之一，有“数学王子”的美誉。

1801年，高斯的名著《算术研究》问世。该书是高斯大学毕业前夕开始撰写的，共花了三年时间，以拉丁文写成。高斯在该书的序言中明确说明了其内容涉及的范围：“本书所研究的是数学中的整数部分，分数和无理数不包括在内。”在书中，高斯把诸如费马、欧拉、拉格朗日、勒让德等数学家的数论结果收集到一起，予以系统整理，并加入自己的重要新成果。全书共有三个核心课题，包括：同余理论、齐式论及剩余论和二次互反律。这些都是高斯在数论方面的卓越成就。

● 卡尔·弗里德里希·高斯

《算术研究》是一部划时代的作品，它结束了19世纪以前数论的无系统状态。该书出版后，带动了众多青年数学家研究热情的高涨。

《几何基础》

希尔伯特（1862年—1943年），德国数学家。

希尔伯特的数学著作有《几何基础》，该书初版于1899年，此后不断再版，至1930年已出第七版。虽然欧几里得的《几何原理》长期以来被视为完善的逻辑体系的典范，但随着时代的进步和数学批判精神的发展，人们意识到《几何原理》中也存在很多逻辑缺陷。因此希尔伯特在《几何基础》中，克服欧几里得演绎体系中隐蔽的假设和逻辑缺陷，从三个未下过定义的对象点、线和面，以及六个未下定义的关系出发，采用20条公理取代了欧几里得的5条公理和5条公设，从而给出了一种公认的、完善的、形式化的欧几里得公理体系。希尔伯特精确地提出，凡公理体系应满足独立性、相容性以及完备性，这成为后来公理化方法的指导思想。

◎ 希尔伯特20条公理

希尔伯特数学研究的意义远远超出了几何基础的范围，使他成为现代公理化方法的奠基人。他精确地提出公理体系应当有相容性、独立性、完备性的要求，把空间内的点、直线、平面作为不定义的概念，规定它们之间存在着关联关系、顺序关系、合同关系，这些关系由5组共20条公理得以保障：关联公理（Ⅰ1—Ⅰ8）8条；顺序公理（Ⅱ1—Ⅱ4）4条；合同公理（Ⅲ1—Ⅲ5）5条；平行公理（Ⅳ）1条；连续公理（Ⅴ—Ⅴ）2条。

希尔伯特上述工作的意义远远超出了几何基础的范围，这使他成为现代公理化方法的奠基人。

物理

物理学是一门研究物质结构及其运动规律，以及物质、能量和它们相互作用规律的自然科学，从最广泛的意义上说即是研究大自然现象及规律的学问。物理学的一个永恒主题是寻找各种序、对称性和对称破缺、守恒律或不变性等问题。它曾为人类文明作出过巨大的贡献，对当代生活产生了不可估量的影响，同时对人类未来的进步起关键作用。

《墨经》

《墨经》亦称《墨辩》，是《墨子》一书中的重要部分，约完成于周安王十四年（前388年），主要是讨论认识论、逻辑和自然科学的问题，专论物理方面的约20余条，主要包括力学和几何光学等方面的内容。

《墨经》中有八条论述了几何光学知识，它阐述了影、小孔成像、平面镜、凹面镜、凸面镜成像，还说明了焦距和物体成像的关系。《墨经》光学八条，反映了春秋战国时期我国物理学的重大成就，这些比古希腊欧几里得（约前330年—前275年）的光学记载早百余年。《墨经》在力学方面的论说也是古代力学的代表作，主要论述了力的定义、杠杆、滑轮、轮轴、斜面及物体沉浮、平衡和重心等问题，而且这些论述大都来自于实践。

《考工记》

《考工记》是我国目前所见年代最早的手工业技术文献，内容涉及很广，书中所阐述的科学道理含有力学、声学和热学等方面的物理知识。在力学方面，《考工记·轮人篇》在论述车轮制造时，以受力、运动和不同接触地面的影响等因素出发，这是在实践中对滚动物体的滚动速度与滚动物体的接触面积大小有关的经验总结，与近代摩擦理论相符合。在热学方面，《考工记》中论述了热学知识，它说："凡铸金之状，金（铜）与锡，黑浊之气竭，黄白次之，黄白之气竭，青白次之，青白之气竭，青气次之。然后可铸也。"文中指出了冶炼金属时加热后所呈现的不同颜色，这是因为金属里含有碳、钠一类的杂质，不同物质有不同的气化点，所以可以根据气化物质的颜色作为判断火候或温度高低的标准，最后达到"炉火纯青"，就可以浇铸了，很有实际意义。

《论浮体》

《论浮体》，是古代第一部流体静力学专著，阿基米德也因此成为流体静力学的奠基人。在书中，阿基米德把数学推理成功地应用于浮体平衡的分析，他从一些明晰的公理出发，通过严密的逻辑论证，用数学公式建立了自己的浮体平衡的定律。

在20世纪之前，《论浮体》一书只有莫贝克13世纪时的拉丁文译本。直到1906年，海伯格发现了写在羊皮纸上的部分希腊原文，现传的版本便是由这两种文字参照编成的。卷上命题七给出著名的"阿基米德原理"：重于流体的固体，被放在流体中时所减轻的重量，也就是固体在流体中所受的浮力，等于固体所排开的流体的重量。该原理因同解决王冠问题联系起来而脍炙人口。卷下的10个命题，详细地讨论了正回旋抛物体在流体中的稳定性，研究了具有不同的高底比、不同的比重及处在流体不同位置时这种立体的性态，并在推理中运用了高度的计算技巧。

《论磁》

吉尔伯特（1544年—1603年），英国著名的医生、物理学家。吉尔伯特在科学方面的兴趣，远远超出了医学范围，在化学和天文学方面有渊博的知识，但他研究的主要领域还是在物理学中。他用观察、实验方法科学地研究了磁与电的现象，并把多年的研究成果，写成名著《论磁》，于1600年在伦敦出版。

● 司南

《论磁》共有6卷，著作中的所有结论都是建立在观察与实验基础上的。书中记录了磁石的吸引与推斥；烧热的磁铁磁性消失；磁针指向南北等性质；用铁片遮住磁石，它的磁性将减弱。他研究了磁针与球形磁体间的相互作用，发现磁针在球形磁体上的指向和磁针在地面上不同位置的指向相仿，还发现了球形磁体的极，并断定地球本身是一个大磁体，提出了“磁子午线”、“磁轴”等概念。总之，在磁现象的研究方面，吉尔伯特的成就是光辉的，贡献是巨大的。

《论光》

惠更斯（1629年—1695年），荷兰数学家、物理学家、天文学家，他关于光的研究使其成为17世纪光的波动理论的杰出代表。惠更斯于1690年发表《论光》一书，阐述了他的光波动原理，即惠更斯原理。惠更斯原理认为：对于任何一种波，从波源发射的子波中，其波面上的任何一点都可以作为子波的波源，各个子波波源波面的包络面就是下一个新的波面。他认为每个发光体的微粒把脉冲传给邻近一种弥漫媒质（以太）微粒，每个受激微粒都变成一个球形子波的中心。他从弹性碰撞理论出发，认为这样一群微粒虽然本身并不前进，但能同时向四面八方传播行进的脉冲，因而光束彼此交叉而不相互影响，并在此基础上用作图法解释了光的反射、折射等现象。《光论》中对双折射提出的模型的论述最为精彩，用球和椭球方式传播来解释寻常光和非常光所产生的奇异现象，书中有几十幅复杂的几何图，可见其数学功底。

《自然哲学的数学原理》

艾萨克·牛顿（1643年—1727年），英国伟大的数学家、物理学家、天文学家和自然哲学家，晚年曾侧重于研究神学。《自然哲学的数学原理》共分五部分，首先“定义”，这一部分给出了物质的量、时间、空间、向心力等定义。第二部分是“公理或运动的定律”，包括著名的运动三定律。接下来的内容分为三卷。前两卷的标题一样，都是“论物体的运动”。第一卷研究物体在无阻力的自由空间中的运动，许多命题涉及已知力解定受力物体的运动状态（轨道、速度、运动时间等），以及由物体的运动状态确定所受的力。第二卷研究在阻力给定的情况下物体的运动、流体力学以及波动理论。压卷之作的第三卷标题是“论宇宙的系统”。这本书是第一次科学革命的集大成之作，被认为是古往今来最伟大的科学著作，它在物理学、数学、天文学和哲学等领域都产生了巨大影响。

《光学》

牛顿的《光学》是一部物理学巨著，也是科学界的经典著作。《光学》的第一版印行于1704年。《光学》最后部分以独特的形式附上一份著名的“问题”表，共提出31个“问题”（第一版提出16个“问题”）。在“问题”中所涉及的不仅是光的折射、反射等，还论述了光与真空，甚至重力、天体等问题。在说到光的波动时，涉及太阳光与物质的相互作用等问题，这些问题涉及物理学的很多方面，很有启发性，后人评价这些“问题”是《光学》中最重要的部分，并非虚语。

牛顿在此书中凭借实验的结果与分析，建立了光的理论。但在全书中没有提及不同玻璃具有不同折射率，在全书中也没有做消色差的实验，这也许是因为他当时还没有获得不同质玻璃的三棱镜的缘故。但是牛顿制造反射式望远镜来避免物镜的色散，却是个妙法，迄今大型望远镜的制造还运用此法。

《电学实验研究》

迈克尔·法拉第（1791年—1867年），英国物理学家、化学家，在电磁学及电化学领域有贡献。迈克尔·法拉第是英国著名化学家戴维的学生和助手，他的发现奠定了电磁学的基础，是麦克思韦的先导。1831年10月17日，法拉第首次发现电磁感应现象。法拉第把他做过的实验整理成《电学实验研究》一书，书中收集了3000多个条目，详细记述了他做过的实验和结论，是一本珍贵的科学文献。法拉第在电学方面的贡献非常显著。记录中法拉第最早的实验是利用七半片便士、七片锌片以及六片浸过盐水的湿纸做成伏特电池。他就是使用这个电池分解硫酸镁的。

《论热功当量》

詹姆斯·普雷斯科特·焦耳（1818年—1889年），英国著名物理学家。焦耳17岁时他做了化学家道尔顿的学生，从20岁开始进行了一系列的研究。他为了从实验上证明能的不灭，致力于热功当量的测定，为确定能量守恒定律奠定了实验基础。

1850年，焦耳在《论热功当量》的论文中，总结和分析了以往工作的结果，并在文中给出了现在教科书所介绍的测定热功当量的方法，这一次的结果是425.77千克米/千卡。他的实验，经多人从不同角度不同方法重复得出的结论是相同的。在这篇论文的结尾，焦耳概括了这些实验结果："第一，由物体（不论固体或液体）的摩擦所产生的热量与消耗的功之量成正比。"焦耳的研究是以严格的实验测量与观察，以及对自然界能量不灭的执著信念为基础的。他还力求从理论上说明功热互相转化的可能性，用他的话说："热和机械功的联系体现了热作为物体粒子运动模型的理论。"

◎ 焦耳

物理学中热量和做功的单位焦耳（简称焦，英文缩写为J）是为纪念物理学家焦耳而命名的。1焦耳能量相当于1牛顿力的作用点在力的方向上移动1米的距离时所作的功。焦耳定律是定量说明传导电流将电能转换为热能的定律，载流导体中产生的热量Q（称为焦耳热）与电流I的平方、导体的电阻R、通电时间t成正比。焦耳定律可以用下面的公式表示：Q=U2/Rt=UIt

《关于伏打电产生的热》

1840年，焦耳经过了多次通电导体产生热量的实验发现电能可以转化为热能，并于1841年在《哲学杂志》上发表了《关于伏打电产生的热》的论文。他发现导体在一定时间内放出的热量同电路的电阻以及电流强度平方之积成正比——这就是焦耳定律。但是焦耳明白，这个实验不能对热的来源作出判断。焦耳的这一结果是电能转化为热能的一个有力证明。焦耳定律的发现使焦耳对电路中电流的作用有了明确的认识。他仿照动物体中血液的循环，把电池比做心肺，把电流比做血液，并进一步指出："电流可以看做是携带和转变化学热的一个重要媒介，在电池中燃烧一定量的化学'燃料'，在电路中就会发出相应大小的热。"这时焦耳已经用上了"转变化学热"一词，说明他已建立了能量转化的普遍概念，对热、化学作用和电的等价性已有了明确的认识。

《论力的守恒》

赫尔曼·冯·亥姆霍兹（1821年—1894年），德国物理学家、生理学家。他于1847年发表了论著《论力的守恒》，全面阐述了能量守恒和转换定律的基本思想。他是在研究动物生理和动物热的过程中，逐渐形成能量守恒观念的。他还认识到，物质

● 赫尔曼·冯·亥姆霍兹

只能通过其运动来认识，因此两者是不能分开的。在《论力的守恒》中，亥姆霍兹通过数学上的证明，把能量守恒表述为“力的守恒定律”。书中以坚实的实验基础和高度的理论概括有力地论证了自然界中的一切作用都可归结为引力和斥力作用，这种力是与速度和加速度无关的中心力；牛顿力学和拉格朗日力学在数学上是等价的，因而可以用力所传递的能量或所做的功来度量力；机械能、热能、电磁能等都是同一能量的不同形态，它们可以相互转化但总和是不变的。

《论热的动力学理论》

开尔文（1824年—1907年），英国著名物理学家、发明家，原名威廉·汤姆生，1892年被封为开尔文勋爵。1846年至1899年，开尔文任格拉斯哥大学自然哲学教授，1904年任格拉斯哥大学校长直至逝世。他被看做英国的第一位物理学家，同时受到世界其他国家的赞赏。他是热力学和气体动理论的创始人之一。国际单位制中热力学温度单位中的开（尔文）氏温标即为纪念他而命名。

开尔文在1851年发表题为《论热的动力学理论》的论文中，写出热力学第二定律的开尔文表述：我们不可能从单一热源取热，使它完全变为有用功而不产生其他影响。所以后人称他为热力学之父。近代物理学虽然修正了很多古典物理理论中的错误，但是热力学定律仍然是正确而普遍的宏观物理定律。

《莱顿瓶的振荡放电》

1848年，开尔文发明了电像法，这是他在电磁学理论上取得的卓著研究成果。他在工程应用上也成果卓著。他曾用数学方法对电磁场的性质作了有益的探讨，试图用数学公式把电力和磁力统一起来。1846年，开尔文便成功地完成了电力、磁力和电流的“力的活动影像法”，这成为电磁场理论的雏形。在深入研究了莱顿瓶的放电振荡特性之后，于1853年发表了内容为推算莱顿瓶的放电振荡频率的论文《莱顿瓶的振荡放电》。

该论文的发表为电磁振荡理论研究作出了开拓性的贡献。而卡尔文的伟大之处，更在于能将自己的全部研究成果毫无保留地介绍给麦克斯韦，并鼓励其建立起电磁现象的统一理论，为麦克斯韦最后完成电磁场理论奠定了基础。

《放射学》

欧内斯特·卢瑟福（1871年—1937年），英国物理学家，生于新西兰的纳尔逊，1908年度诺贝尔化学奖的获得者。

1904年，卢瑟福发表了物理学经典巨著《放射学》，系统地提出了一套全新的理论——放射性元素蜕变理论。早在1899年，卢瑟福用强磁场作用于镭发出的射线，发现了射线可以被分成三个组成部分，即α射线、β射线和γ射线。

后来卢瑟福进一步对射线的穿透力进行研究，他发现，大部分α粒子都可以穿透薄的金属箔，这一现象说明，固体中原子间并不是密不可入的，排列并不紧密，内部有许多空隙，所以α粒子可以穿过金属箔而不改变方向。《放射学》的主要内容就是他的研究成果。

1906年，该书出版了修订本，英国皇家学会主席、物理学家雷利爵士评价修订本时说："他的惊人的活动能力已经激起了社会上的普遍赞扬。在他鼓励下的学生，几年来，差不多每个月都给这门科学作出重要贡献。"

《新炼金术》

《新炼金术》一书主要论述了原子核的"人工蜕变"现象。在许多尝试用α粒子打开原子核的探索者之中，卢瑟福首先获得成功。卢瑟福用镭发射的α粒子作为"炮弹"，用"闪烁法"观察被轰击的粒子的情况。1919年，卢瑟福终于观察到氮原子核俘获一个α粒子后释放出一个氢核，同时变成了另一种原子核的结果，这个新生的原子核后来被证实为氧17原子核。这是人类历史上第一次实现原子核的人工嬗变，使古代炼金术士梦寐以求的把一种元素变成另一种元素的空想有可能成为现实。因此卢瑟福将这本书就取名为《新炼金术》。卢瑟福的试验结果意味着：假使用于实验的α粒子或其相类似的粒子能量再大些的话，我们就可望轰碎许多较轻的原子核。

《论动体的电动力学》

阿尔伯特·爱因斯坦（1879年—1955年），美国物理学家，现代物理学的开创者和奠基人。

《论动体的电动力学》是爱因斯坦于1905年投稿于《物理年鉴》上的论文。这是关于相对论的第一篇论文，它相当全面地论述了狭义相对论，解决了从19世纪中期开始，很多物理学家都未能解决的有关电动力学以及力学和电动力学结合的问题，成功描述了在亚光速领域宏观物体的运动。爱因斯坦对狭义相对论的思考主要来自于麦克斯韦方程式与牛顿力学的不兼容性，以及光速在式中永远为常数的特色。

在狭义相对论中，虽然出现了用牛顿力学观点完全不能理解的结论：空间和时间随物质运动而变化，质量随运动而变化，质量和能量的相互转化，但是狭义相对论并不是完全和牛顿力学割裂的，当运动速度远低于光速的时候，狭义相对论的结论和牛顿力学就没有什么区别了。可以说，狭义相对论推动了科学的进程，成为现代物理学的基本理论之一。

《广义相对论基础》

《广义相对论基础》是爱因斯坦发表在1916年德国《物理学纪事》上的论文。它总结对引力场的研究，由广义相对性原理及等效原理出发，得到新的引力场方程，作出水星近日点进动、引力红移、光线在引力场中弯曲三大预言。这篇论文的发表标志广义相对论的正式建立。

广义相对论等效原理是，在处于均匀的恒定引力场影响下的惯性系中，所发生的一切物理现象，可以和一个不受引力场影响，但以恒定加速度运动的非惯性系内的物理现象完全相同。

广义相对论的相对性原理是，物理定律在非惯性系中，可以和局部惯性系中完全相同，但在局部惯性系中要有引力场存在，或者说，所有非惯性系和有引力场存在的惯性系对于描述物理现象都是等价的。

◎ 深奥的广义相对论

广义相对论非常深奥难懂，即使许多科学家也难以理解。有人感叹道，爱因斯坦的广义相对论是何等美丽的理论，可是实验却少得令人羞愧。甚至有人说，广义相对论是理论物理学家的天堂，实验物理学家的地狱，意指它很难证明。但是不管怎样，爱因斯坦的广义相对论，使他远远超前于同时代所有的科学家。

《碰撞过程的量子力学》

马克斯·玻恩（1882年—1970年），德国理论物理学家，量子力学的奠基人之一，出生于普鲁士的布雷斯劳。

1926年6月25日，玻恩写了一篇不足5页的论文，题目是《碰撞过程的量子力学》，发表在《物理学时代》第37卷上。在这篇论文中，玻恩首次提出波函数的几率解释，他认为波函数服从统计原理，波函数模量的平方代表粒子出现的概率。玻恩当时认为，薛定谔的“波动力学是量子定律更深刻的表达形式”，其方式是每个物理学家都比较熟悉的，“但是在他看来，薛定谔的波动解释是站不住脚的”。玻恩回忆道：“我在弗兰克（1882年—1964年）关于原子和分子碰撞的卓越实验中，每天都目睹粒子概念的丰硕成果，因而确信，粒子不能简单地取消。必须发现使粒子和波一致起来的途径。我在几率概念中发现了衔接的环节。”在紧接着发表的长篇论文和以后的著述中，玻恩详细讨论并进一步发展了他对波函数的统计解释。

《晶格动力学理论》

《晶格动力学理论》是德国著名物理学家玻恩和中国著名物理学家与教育家

黄昆于1954年合著的，被国际学术界誉为有关理论的经典著作。

本书系统、全面地阐述了晶格动力学的有关理论。全书共分两篇。第一篇为基本理论，内容包括原子力、晶格振动、弹性与稳定性等三章；第二篇为普遍理论，内容包括量子力学基础、长波法、自由能、光学效应等四章。书中还列出了作者在这些领域多年的具有世界水平的研究成果。

本书是一部享有世界声誉的名著，是固体物理领域的经典著作之一。原书英文版自1954年由牛津出版社出版后，至今仍继续出版发行。该书已被世界各国的大学列为有关学科研究生的必读参考书。

《论原子和分子的组成》

1913年，玻尔发表了他的长篇论文《论原子构造和分子构造》，在论文中他创立了原子结构理论，为20世纪原子物理学开辟了道路。

玻尔假定，电子是在绕原子核做圆形轨道运动。在一定的轨道上运动的电子具有一定的能量，这被称之为定态，在定态下运动的电子并不辐射能量。原子可以有许多定态，其中能量最低的定态叫基态。原子中的电子从一个定态跃迁到另一个定态时，会放出或吸收辐射能，其频率由初态和终态之间的能量差来决定。最后，玻尔还提出了下述量子化规则。原子可能存在的各种定态是不连续的（即量子化的），电子运动的角动量P必须等于h／2π的整数倍。这个规则在1923年被玻尔称之为对应原理。玻尔的理论能够方便地说明原子物理学、光谱学和化学中的一些实验事实，因而很快地受到学术界的欢迎。

《作为本征值问题的量子化》

薛定谔（1887年—1961年），又译薛丁格，原名埃尔温·鲁道夫·约瑟夫·亚历山大·施罗丁格，生于维也纳埃德伯格，奥地利理论物理学家，量子力学的奠基人之一。1933年他和英国物理学家狄拉克共同获得了诺贝尔物理学奖，有“量子物理学之父”之称。

1926年上半年，薛定谔以《作为本征值问题的量子化》为总题目，连续发表了六篇论文，系统地阐明了他的新理论。他运用玻尔原子理论、矩阵力学、爱因斯坦的波粒二相性思想和德布罗意物质波理论的内容，致力于用波函数来描述微观客体在时空中的定态运动变化，大大发展了德布罗意的物质波思想，建立相应的波动方程，并求解得到与实验相符的结果，创立了量子力学的另一种理论形式——波动力学体系。按照这个理论，原子的状态由一个波函数描述，它随时间的变化遵循一个偏微分方程。他成功地推导出氢原子各定态的能量值作为他的波动方程的本征值，并给出将一套古典运动方程转换成多维空间中对应的波动方程的，更一般的规定。

《波动力学论文集》

薛定谔在法国物理学家德布罗意提出的物质波理论，即一切微观粒子，像光一样也都具有波粒二象性的基础上。他于1926年独立地创立了波动力学，提出了薛定谔方程，确定了波函数的变化规律，并于1927年发表了著名的《波动力学论文集》。薛定谔波动方程提出之后，在微观物理学中得到了广泛的应用，这与海森堡等人几乎同时创立的矩阵力学成为量子力学的双胞胎。这些理论现在已成为研究原子、分子等微观粒子的有力工具，并奠定了基本粒子相互作用的理论基础。

《量子理论的研究》

路易·维克多·德布罗意（1892年—1987年），法国著名理论物理学家，1929年诺贝尔物理学奖获得者，波动力学的创始人，物质波理论的创立者，量子力学的奠基人之一。

1923年9月和10月，德布罗意发表了三篇关于物质波的论文，即《波和量子》、《光量子、衍射和干涉》和《量子、气体运动理论以及费马原理》，这三篇论文是物质波理论奠基工作的开端。继这三篇论文之后，他投入博士论文的写作，1924年11月他以题为《量子理论的研究》的论文通过博士论文答辩，获得博士学位。这篇论文包括了德布罗意近两年取得的一系列重要研究成果，比较系统地论述了物质波理论及其应用，得到物质波的一些重要结果。德布罗意认为，任何运动着的物体都伴随着一种波动，而且不可能将物体的运动和波的传播分开，这种波称为相位波。存在相位波是物体的能量和动量同时满足量子条件和相对论关系的必然结果。他的这些研究成果形成了比较完整的物质波理论。

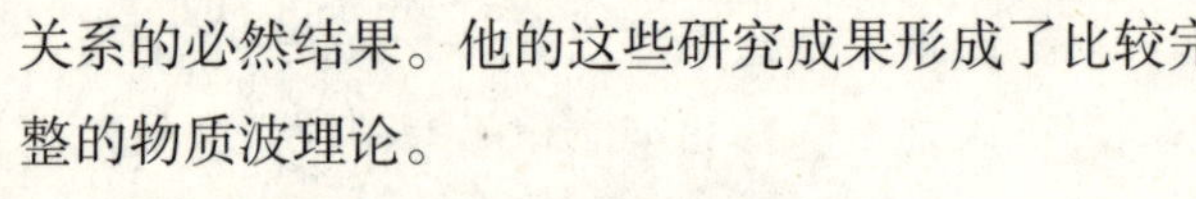

《关于β衰变的理论》

● 费米

费米（1901年—1954年），美籍意大利物理学家，出生于罗马。费米在沃尔夫冈·泡利1930年提出的中微子假说的基础上，结合海森堡1932年提出的β衰变就是原子核内一个中子放出一个电子变为质子的过程的设想，于1933年提出β衰变理论，是一种早期关于弱相互作用的理论，费米成功地解释了β衰变现象的许多特点，从而奠定了弱相互作用理论的基础。此后费米的β衰变理论有很大发展，60年代末、70年代初，它已和电弱相互作用理论相结合，演化成为电弱统一理论。这一理论在低能弱相互作用中的等效形式与早年费米β衰变理论的形式相同，因此，费米是弱相互作用理论的开创人。

《量子论的物理原理》

海森堡（1901年—1976年），德国理论物理学家，量子力学第一种有效形式（矩阵力学）的创建者。他提出著名的“测不准原理”，曾获得1932年度诺贝尔物理学奖。

1930年，海森堡出版了以芝加哥讲演稿为基础的《量子论的物理原理》一书，向专业物理学家们阐明了量子力学的理论解释、实验意义和教学工具，宣扬量子论的“哥本哈根精神”，在国际物理学界有广泛的影响。他成了以玻尔为首的哥本哈根学派的主要代表人物。哥本哈根学派的解释在定量方面，首先表述为海森堡的不确定关系。

《量子力学原理》

保罗·狄拉克（1902年—1984年），英国物理学家，出生于英格兰布里斯托尔，是量子力学的创始人之一。

狄拉克《量子力学原理》，以深刻而简洁的方式表述了量子力学，包含了量子力学的基本原理及数学基础，它的出版标志着量子力学的完整确立，马修斯甚至把该书与牛顿的《原理》相提并论。狄拉克在《量子力学原理》中建立的符号法称为狄拉克符号或狄拉克标记，它是量子力学中广泛应用于描述量子态的一套标准符号系统。狄拉克的符号法“在将来当它变得更为人们所了解，而且它本身的数学得到发展之时，它将更多地被人们所采用”。换句话说，狄拉克符号法还需要发展。也正是基于这样的认识，范洪义经过十多年潜心研究，发展了符号法，为量子力学的数理基础贡献了自己的一份才智。《量子力学原理》半个多世纪以来一直是这个领域的一本基本教科书。

《核壳层结构基本理论》

玛丽·戈佩特·迈耶（1906年—1972年），德裔美籍女物理学家。迈耶夫人原来是一位物理化学家，她在物理化学方面的工作，主要涉及有机分子的吸收光谱和用化学方法分离同位素等项目。

1955年，迈耶与延森合作出版了《核壳层结构基本理论》一书。在这本书中，他们证明了幻核及其邻近核应该具有某些特殊性质，例如，幻核捕获慢中子的几率较小。在书中，他们用通俗的语言对原子核的内部机制形象地作了描述："像洋葱那样一层层构筑起来，质子和中子彼此按一定的轨道环绕旋转，就像在舞厅里跳华尔兹的一对对舞伴。他们还预言了核的角动量值，以及在角动量值较大的区域人们应能发现大量的同质异能素。后来，实验证实了他们的这些预言。由于原子核壳层结构模型所获得的成功，及其在核物理研究中的重要作用，迈耶和詹森共同获得1963年诺贝尔物理学奖。

化学

化学是一门在分子和原子的层面，研究物质的性质、组成、结构、变化及变化规律和其应用、制备，以及物质间相互作用关系的学科。世界是由物质组成的，化学则是人类用以认识和改造物质世界的主要手段和方法之一，它是一门历史悠久而又充满活力的学科，其成就是社会文明的重要标志。

《怀疑派化学家》

1661年，玻意耳出版的《怀疑派化学家》一书被视作化学史上的里程碑，这本书对这种经院哲学给以毁灭性的打击。《怀疑派化学家》在化学史上的意义有以下三个方面。第一，玻意耳认识到化学值得为其自身的目的去进行研究，而不仅仅是从属于医学或炼金术的；第二，玻意耳认为，实验和观察的方法才是形成科学思维的基础，化学必须依靠实验来确定自己的基本定律。玻意耳明确地把化学单独划为一门科学，并提出了它的任务和方法；第三，玻意耳为化学元素下了一个清楚的定义。

他通过实验证明，清遥派哲学家的"四元素"和医药化学家的"三元素"是根本站不住脚的。玻意耳还认为，确定哪些物质是元素，哪些物质不是元素，唯一的手段就是实验，而且他确实用实验手段确定了金、银、汞、硫黄这些物质是元素。

《质量守恒》

米哈伊尔·瓦西里耶维奇·罗蒙诺索夫（1711年—1765年），俄国化学家，哲学家。1748年秋，他按照自己的计划创建了俄国第一个化学实验室，1755年创办了莫斯科大学。1760年，他当选为瑞典科学院院士，1764年当选为意大利波伦亚科学院院士。

《质量守恒》记述了罗蒙诺索夫发现质量守恒定律的全过程。化学天平是近代化学研究的最基本工具，罗蒙诺索夫是最早应用天平来测量化学反应重量关系的化学家。在经过了大量的实验（包括推翻“燃素”学说的实验）之后，1756年，罗蒙诺索夫得到了这样一个结论：“参加反应的全部物质的重量，等于全部反应产物的重量。”这就是今天人们所熟知的，作为化学科学基石的质量守恒定律。

《几种气体的实验和观察》

约瑟夫·普利斯特里（1733年—1804年），英国化学家，生于利兹城附近的菲尔德黑德，他最主要的贡献是对气体，特别是氧气的早期研究。

1766年，普利斯特里出版了《几种气体的实验和观察》，该书首次详细叙述了氧气的各种性质。他当时把氧气称作“脱燃素空气”。在制取出氧气之前，他就制得了氨、二氧化硫、二氧化氮等。和同时代的其他化学家相比，普利斯特里采用了许多新的实验技术。由于他对气体研究的卓著成就，所以被称之为“气体化学之父”。普利斯特里制得了氧气，还用实验证明了氧气有助燃和助呼吸的性质。但由于他是个顽固的燃素说信徒，仍认为空气是单一的气体，所以把这种气体叫“脱燃素空气”，其性质与前面发现的“被燃素饱和的空气”（氮气）差别只在于燃素的含量不同，因而助燃能力不同。

◎ 第一只享用氧气的老鼠

约瑟夫·普利斯特里的实际身份是一名牧师，化学只是他的业余爱好。1766年，他出版了《几种气体的实验和观察》，向科学界首次详细介绍了氧气的各种性质。当时他把氧气称作“脱燃素空气”。他的试验记录非常有趣，其中一段写道：“我把老鼠放在‘脱燃素空气’里，发现它们过得非常舒服，我自己受好奇心的驱使，又亲自加以试验。”……“自从吸过这种气体以后，经过很长时间，身心一直觉得异常轻快舒畅。谁能说这种气体将来不会变成时髦的奢侈品呢？不过现在只有我和两只老鼠，才有享受呼吸这种气体的权利啊！”

《论空气与火》

卡尔·威尔海姆·舍勒（1742年—1786年），瑞典著名化学家，氧气的发现者之一，同时对氯化氢、一氧化碳、二氧化碳、二氧化氮等多种气体，都有深入的研究。

● 燃烧现象

舍勒在1773年以前，研究了燃烧现象，分离出了氧气（当时他称为“火空气”）。他把这些实验结果，整理成一本书，书名叫《论空气与火》。此书书稿在1775年底就送给了出版家斯威德鲁斯，但直到1777年才与读者见面。舍勒制取氧气的方法比较多，主要有：加热氧化汞、加热硝石、加热高锰酸钾、加热碳酸银和碳酸汞的混合物。在书中，舍勒写道：“火空气正是维持动物血脉和体液循环、植物汁液循环所必需的东西……我似乎觉得，火空气是由酸性的细微物质构成的，这种物质与燃素结合在一起，很可能一切酸都源于火空气。”

《化学概论》

1789年，拉瓦锡出版了一本教科书《化学概论》，这本书清楚地叙述了质量守恒定律，成为第一本现代化学教科书。此外，书中还列出一个当时已知的所有元素的表，这些元素就是所有那些不能分解成更简单的物质的物质。在书中，拉瓦锡列出了第一张元素一览表，元素被分为四大类：第一类简单物质，光、热、氧、氮、氢等物质元素；第二类简单的非金属物质，硫、磷、碳、盐酸素、氟酸素、硼酸素等，其氧化物为酸；第三类简单的金属物质，锑、银、铋、钴、铜、锡、铁、锰、汞、钼、镍、金、铂、铅、钨、锌等，被氧化后生成可以中和酸的盐基；第四类简单物质，石灰、镁土、钡土、铝土、硅土等。拉瓦锡的《化学概论》标志着近代化学的诞生。

《化学哲学新体系》

约翰·道尔顿（1766年—1844年），英国著名的化学家，近代化学之父。

《化学哲学新体系》是道尔顿的代表作，书中详细记载了道尔顿关于原子论的主要实验和主要理论，自此道尔顿的原子论才正式问世。全书共分为两卷三部分。第一卷的第一部分出版于1808年，重点论述物体的构造，阐明了科学原子论观点及其由来；第二部分出版于1810年，主要结合丰富的化学实验知识，运用原子理论阐述基本元素和二元素化合物的组成和性质。第二卷于1827年出版，论述了金属化合物及合金的性质，是对原子论的进一步阐发。他提出了构成原子学说的基本概念，认为化学元素由不可分的微粒—原子构成，它在一切化学变化中是不可再分的最小单位。尽管“原子论”是一种古老的学说，但在道尔顿之前，没有一个人将其用于揭示化学变化的奥秘。

《关于苯环的几种衍生物》

弗里德利希·凯库勒（1829年—1896年），德国化学家，主要研究有机化合物的结构理论。

1865年5月11日，凯库勒根据对于苯的化学性质及其衍生物的研究，在比利时皇家学会发表了题为《关于苯环的几种衍生物》的论文。在这篇论文里，凯库勒描述了苯环的一元取代物、二元取代物、三元取代物和它们的异构体，他第一次使用了芳香族这个名称，一直到现在化学家还在使用这一术语。他和他的助手们还第一次使用了邻位、间位、对位等术语，同时制定了测定这三种异构体的方法。此论文的目的是阐明苯环的结构。他的学说极大地促进了芳香族化学的发展和有机化学工业的进步，充分体现了基础理论研究对于技术和经济进步的巨大推动作用。由于苯环学说对有机化学的发展具有非常重要和特殊的意义，所以化学界把1865年看成有机化学具有突破性成就的一年。

◎ 芳香族

芳香族化合物，以前指的是一类从植物胶中提取的具有芳香气味的物质。但根据气味分类并不科学。现在的芳香族化合物是指分子中至少含有一个苯环，具有与开链化合物或脂环烃不同的独特性质（称芳香性）的一类化合物，它包括芳香烃及其衍生物，如卤代芳香烃、芳香族硝基化合物、芳香醇、芳香酸等，如苯、萘、蒽及其衍生物。有些分子中虽然不含苯环，但也具有与苯相似的芳香性的化合物，称为非苯芳香化合物，如草盐、.等。

《诺贝尔遗嘱》

诺贝尔（1833年—1896年），瑞典化学家、工程师。1866年，诺贝尔与其父一起，研制成新信号雷管和地雷，发明了甘油炸药。他在电化学、生理学、空中摄影学、电工等方面亦有许多发明创造。

《诺贝尔遗嘱》是诺贝尔在逝世的前一年于巴黎签署的。这是他的第三份，也是最后一份遗嘱，此前立下的两份遗嘱都因此而作废。根据这份遗嘱，诺贝尔将其遗产的大部分作为基金，以其利息奖励在物理、化学、生理学及医学、文学及和平事业中对人类作出最大贡献的人。从1901年开始，每年的12月10日（即诺贝尔的逝世纪念日），诺贝尔奖都会颁发给世界各国在这些领域对人类作出重大贡献的学者。

《化学原理》

德米特里·伊万诺维奇·门捷列夫（1834年—1907年），俄国化学家。门捷列夫成功地预测了镭的原子数及其性质，且研制了镭制品门氡（液态镭）。

《化学原理》是门捷列夫的代表作，共分为两大卷，4册。第一卷（上、下册）出版于1869年；第二卷（上、下册）出版于1871年。全书是在门捷列夫发现元素周期律以后运用最新观点撰写的，对于当时的化学研究和化学教育工作产生了重要影响。书中详细阐述了“质”与“量”的相互关系，认为这是导致元素周期律被发现的原因。他说，事实使他“不由得不产生这样的思想，即质量与化学元素之间必定有联系”，以至使他“丝毫也不怀疑自己所得到的（关于元素周期律）的普遍结论”，他着重强调了科学思想在科学发现中的重要作用。书中还论述了化学教科书在化学教育中的作用。当时，正是由于他在大学讲授无机化学而感到教材陈旧，才决心用新的观点写作《化学原理》的，由此可见，这是一部在化学发展中起过重要作用的经典著作。

《对水溶液比重的研究》

1865年，内捷列夫研究了溶液的性质，提出了溶液的水合物学说，为近代溶液学说奠定了基础。1883年至1887年，门捷列夫发展了关于溶液、溶液中物质的相互作用，关于形成固定组成化合物学说的基本原理。在这期间，他收集了大量的事实材料并加以系统化，这些材料成为他的专著——《对水溶液比重的研究》一书的根据。

1887年，门捷列夫出版了《对水溶液比重的研究》一书，全书加上前言，有十个部分。该书对溶体问题进行了全面研究，其中第一、二、三、九章分别讨论了溶体的概念，溶体的压缩作用，食用盐溶体及其受密度的影响，硫酸溶体的受热膨胀函数、密度、比容，成分确定的硫酸水合物的物理、化学性质，酒精水溶体密度，碱、酸和大多数无机盐的密度，甘油、甲醇、糖、醋酸等有机物的溶体等问题。这本书的出版标志着在溶液研究史中揭开新的一页。

《论放射性》

玛丽·居里·斯克洛多夫斯卡（1867年—1934年），波兰人，著名科学家。她是第一个荣获诺贝尔科学奖的女性科学家，也是第一位两次荣获诺贝尔科学奖的科学家。

1907年，居里夫人提取了氯化镭，并准确地测定了它的原子量为226，从此镭的存在得到了证实。她又用了三年时间，于1910年用电离法分离出金属状态的纯镭，确定了镭的原子量和它在元素周期表中的位置，同年出版了她的科学杰作《论放射性》一书。该书详细记录了居里夫人及其丈夫皮埃尔·居里在放射性方面的工作历程、实验过程，汇集了居里夫妇在放射性方面的主要成就和贡献。在这部放射性的专著里，他们还叙述了测量放射性的方法，新放射性元素的化学性质、光谱、辐射效应等，最后还谈到了尚未解决的重大问题：放射出的能量的起源以及其放射的性质。

《元素衰变的化学论证》

1934年1月19日，约里奥·居里夫妇将他们的重大发现《元素衰变的化学论证》寄给《自然》杂志。他们指出，用钋的α射线轰击铝箔，发现当α源移去后，铝箔有放射性；其强度也随时间按指数规律下降。这种放射性是由α粒子打在铝-27上发出一个中子而形成磷-30，磷-30不稳定，又放射出正电子而形成的。实际上，他们已经发现了一种新的放射性物质磷-30，这就是居里所发现的人工放射性。居里夫妇还发现了其他一些由α粒子所引起的核反应生成的人工放射性同位素。由于这一发现，他们在1935年获得诺贝尔化学奖。

● 工作中的居里夫妇

◎ 镭的父母

1896年，法国物理学家亨利·贝克勒发现了元素放射线。但他只发现了这种光线的存在，未能揭示出它的真面目。这引起了居里夫人的极大兴趣，于是与丈夫皮埃尔共同研究起这个研究课题。不幸的是，1906年，皮埃尔·居里在一场意外车祸中丧生。居里夫人哀痛万分，但这并没有动摇她献身科学的意志。1910年，居里夫人成功地分离出金属镭，分析出镭元素的各种性质，精确地测定了它的原子量。因此，人们称居里夫妇为“镭的父母”。

《纯碱制造》

侯德榜（1890年—1974年），字致本，名启荣，福建福州人，著名化学家，“侯氏制碱法”的创始人。

侯德榜所著的《纯碱制造》一书于1933年在纽约被列入美国化学会丛书出版。全书共26章，对索尔维法制碱的历史沿革、原理、工艺、设备、结构及布置、操作、参数、生产控制以及技术经济方面的要求均作了详尽的论述。该书介绍了几种著名的制碱法，如较早的是路布兰制碱法，还有19世纪盛行的氨碱法，氨碱法即索尔维制碱法。本书出版以前，由于垄断资本集团的操纵，索尔维法一直作为技术秘密，没有专门书籍，而作者却把多年的实践和成功的经验毫无保留地写入书中。这部化工巨著第一次彻底公开了索尔维法制碱的秘密，被世界各国化工界公认为制碱工业的权威专著，同时被相继译成多种文字出版，对世界制碱工业的发展起了重要作用。美国的威尔逊教授称这本书是“中国化学家对世界文明所作的重大贡献”。

《化学键的本质》

莱纳斯·鲍林（1901年—1994年），美国著名化学家，量子化学和结构生物学的先驱者之一，1954年因在化学键方面的工作取得诺贝尔化学奖。

鲍林被认为是20世纪对化学科学影响最大的人之一。他于1939年出版了《化学键的本质》一书，被认为是化学史上最重要的著作之一。他从量子力学入手分析化学问题，结论却用直观、浅白的概念加以重新阐述，即便没有受过量子力学训练的化学家，也可利用准确的直观图像研究化学问题，影响非常深远。比如他所提出的许多概念：电负度、共振理论、混成轨域、价键理论、蛋白质二级结构等概念和理论，如今已成为化学领域最基础和最广泛使用的观念。这部书彻底改变了人们对化学键的认识，将其从直观的、臆想的概念升华为定量的和理性的层次，在该书出版后不到三十年内，共被引用超过16000次，至今仍有许多高水平学术论文引用该书观点。

生物

生物学，又称生命科学或生物科学，是研究生物的结构、功能、发生发展规律，以及生物与周围环境的关系等的科学，是自然科学的一个门类。它由经验主义出发，广泛地研究生命的所有面向，包括生命的起源、进化、构造、发育、功能、行为、与环境的互动关系等。1802年，法国博物学家拉马克最早提出生物学这个名词。近年来，分子生物学进展迅速，核酸已成为生命相关研究的共同焦点。生物学内各领域因此高度连结，与其他学科也日愈整合。

《南方草木状》

《南方草木状》，旧题晋永兴元年（304年）嵇含著。关于其作者以及成书年代，至今众说纷纭、没有定论。普遍认为，此书为南宋时期的文人、学者根据以前的资料冒嵇含之名而编成的。它是我国第一部记述南方植物的著作，也是世界上现存最早的地方植物志。

这部书共分上、中、下3卷：卷上叙述草类植物29种；卷中叙述木类植物28种；卷下叙述果类和竹类共23种。全书共记述植物80种，其中，大多数是我国广东番禺、南海等地的亚热带植物。书中依据植物的生物学特性，描述了它们的形态、生活环境、用途和产地等，文字生动简练，体现出当时人们对植物的观察和认识，已经达到相当高的水平。书中还首次记载了我国劳动人民利用益虫防除害虫的生物防除法。

该书对中国古代植物学的发展产生了较大的影响。宋代以后，曾被许多花谱、地志所征引，尤其是后世本草学著作引用更多。该书还传播到国外。

《齐民要术》

贾思勰（生卒年不详），北魏时期杰出的农业科学家。

《齐民要术》是贾思勰所著的一部综合性农书，是中国现存最完整的农书，也是世界农学史上最早的专著之一。书名中的“齐民”指平民百姓，“要术”指谋生方法。《齐民要术》的成书时间大约在北魏末年（533年—534年）。全书由序、杂说、正文三大部分组成，共有11万字：其中正文约7万字，注释约4万字。书前有“自序”、“杂说”各一篇，正文分10卷，共92篇。书中的“序”广泛摘引圣君贤相、有识之士等重视农业生产的事例，以及由此取得的显著成效。一般认为，“杂说”部分是后人加进去的。书中正文内容非常丰富，涉及面极广，农牧业生产经验、食品的加工与贮藏、文具和日用品生产、野生植物的利用等形形色色的内容都囊括在内。

《齐民要术》对6世纪前黄河中下游等地的各种生物学、农学知识作出了系统的总结，对中国古代农学的发展产生过重大影响，也对我国农业研究具有重大意义。

《救荒本草》

朱棣（1360年—1424年），明朝第三位皇帝，明太祖朱元璋的儿子。他曾命人于河南开封附近地区收集各种植物样本，并将400多种植物种苗种在植物园中，记录它们的形态特征、其生长发育和繁殖过程，再命画家依照实物绘图以编辑成《救荒本草》一书。

《救荒本草》共有两卷，记载植物414种，其中除见于以前本草书的138种外，新增276种，并按类系统划分，具体为草类245种、木类80种、米谷类20种、果类23种、菜类46种，基本上全属被子植物。每种植物不但有简明准确的说明文字，还配有真实可据的插图。书中对植物资源的利用、加工炮制等方面也作了全面的总结，对我国植物学、农学、医药学等科学的发展都有一定影响。

该书不仅是较出色的地区性植物志，更是一本具有较高学术价值的古代植物学著作，中外学者对其评价甚高，已故美国著名科学史家萨顿认为其“可能是中世纪最卓越的本草著作”。

● 燕王朱棣率军入京

《闽中海错疏》

屠本畯，字田叔，自称憨先生，浙江鄞县人，明代学者。《闽中海错疏》为其所作，成书于万历丙申年（1596年）。全书分为上、中、下3卷，记载了福建的海产动物200多种（包括少数淡水动物种类），书名中的“海错”，含有海味之意。前两卷分为“鳞部上”和“鳞部下”，记载了各种鱼类（包括乌贼等软体类动物和青蛙等两栖类动物）共167种；第三卷为“介部”，记载的动物包括爬行类的龟鳖及节肢类的蟹，以及各种贝壳类软体动物。书中不仅描述了各种生物的名称、形态、生活习性、地理分布和经济价值，有时还加上按语，作出了进一步的说明或辨别是非，还经常列举其故乡宁波一带的水产以兹比较。

《闽中海错疏》的记载颇为简明，没有繁琐的考证，因而具有较高的动物学研究价值。并且在编排上，将性状相近的种类归在一起以反映它们之间的亲缘关系，这包含了现代生物分类中科、属概念的萌芽，在当时的世界范围内都是较为先进的。

《农政全书》

徐光启（1562年—1633年），字子先，号玄扈，松江府上海县（今上海市）人，明末科学家、农学家、政治家，在数学、天文、历法、军事、测量、农业和水利等方面都有重要贡献。他是第一个把欧洲先进的科学知识尤其是天文学知识介绍到中国的人，可谓是我国近代科学的先驱。

徐光启留给世人的伟大文化遗产之一便是《农政全书》。这部伟大的农业科学著作基本上囊括了古代农业生产和人民生活的方方面面，可谓是中国古代农业成果的集大成之作，而其中贯穿着一个明显不同于其他农学书的基本思想，即治国治民的“农政”思想。全书按内容大致上可分为农政措施、农业技术两部分。“荒政”作为一目，占18卷之多，为全书十二目之冠。目中概述了历代备荒的议论和政策，统计了水旱虫灾，分析了救灾措施及其利弊，最后附草木野菜可资充饥的植物414种。

◎ 屯田实践

主张经世致用的徐光启对国家之本的农业一直给予重视。但是他的《农政全书》从酝酿到成书，却经历了一个漫长的过程。早年徐光启编写过通俗的《芜菁疏》、《吉贝蔬》等小册子，向农民介绍种植经验和方法。万历四十一年（1613年），他遭朝臣排挤，托病告假，前往天津购置土地，以屯田的亲身体验致力于农学研究，“随时采集，兼之访问”，先后撰成《壮耕录》、《宜垦令》等农书。《农政全书》中的开垦、水利和荒政三个项目的部分内容，就是他在天津屯田时的实践经验和心得。

《大自然的奥秘》

列文虎克（1632年—1723年），荷兰显微镜学家、微生物学的开拓者。1674年，列文虎克发明了世界上第一台光学显微镜，并首次观察到了血红细胞，开启了人类使用仪器研究微观世界的新纪元，因此被认为是微生物学的鼻祖。

列文虎克的著述《大自然的奥秘》（7卷）一书，1715年至1722年间在莱顿和代尔夫特出版发行。这一著作汇集了列文虎克一生的研究成果，向人们揭示了一个神奇的微生物世界。他的发现为以后的微生物学开辟了道路，使自然科学的发展又前进了一步，并促进了医学、生物学的发展。他非凡的真知灼见为众多的科学家、学者，如巴斯德、弗莱明、达尔文等人的研究提供了重要基础。

如今，电子显微镜不仅在医学领域，而且在一些更广泛的领域，如犯罪学、冶金学以及考古学中都是不可缺少的，这一切首先要归功于列文虎克。

《自然系统》

林耐（1707年—1778年），又译“林奈”、“林内”，拉丁文名卡罗鲁斯·林尼阿斯，瑞典博物学家，动、植物分类学和双名制命名法的创始人。

林耐的著作以《自然系统》最为重要。该书第一版出版于1735年，当时仅有12页，后来经过不断扩充，到1768年第12版时已达1327页，仅植物就收载约1万种。在书中，林耐把自然界分成矿物界、植物界、动物界三大界：植物界，主要依据雄蕊的数目和特征分成24纲，每纲下再分成若干目；动物界，主要依据心脏、呼吸器官、生殖器官、皮肤及感觉器官的特征，分成哺乳纲、鸟纲、两栖纲、鱼纲、昆虫纲、蠕虫纲6大纲。虽然林耐的分类体系不是“自然”的，但他强调的这种分类体系使用方便，切实可行，其在生物分类发展史上的地位和作用不可否认。另外，该书还最早系统地运用双名制。至今，林耐创造的某些方法仍在应用，他定出的许多种生物的学名也一直被沿用。

◎ 纲目与双名制

林耐《自然系统》一书提出了分类体系的两个重要特点。第一，增设“纲”、“目”两个分类等级。林耐在亚里士多德“种”、“属”的基础上，把相近的“属”归为一“目”，相近的“目”归为一“纲”，适应了生物种类大大增加的新形势。第二，采用双名制。为克服命名上同名异物和同物异名的混乱现象，林耐给每一种生物都定出学名，它是由属名与种名两个名字组成，故称双名制。双名制虽不是林耐最先倡导，但是在《自然系统》一书最早系统运用的这种双名制，一直沿用至今。

《自然史》

布丰的《自然史》是一部博物志，其中《自然的分期》中对用形象的语言将

● 豹

各种动物作拟人的描写，叙述方法颇似人类社会。

布封是18世纪法国最著名的博物学家，其最大的贡献是编著了《自然史》。

《自然史》是一部博物志，包括《地球形成史》、《动物史》、《人类史》、《鸟类史》、《爬虫类史》、《自然的分期》等几大部分，其对自然界的解释是带有唯物主义观点的。他依据大量的实物标本作推论，反对“权威”的臆说，提出了很多有价值的创见，为后来的科学家指明了方向。该书在物种起源方面的贡献尤为突出，作者倡导生物转变论，指出物种因环境、气候、营养的影响会产生变异，这些观点对后来的进化论有直接的影响。

作为科学家，布封颇受诋毁，但是他的文学成就，却得到了普遍的赞扬。他的《自然史》，笔锋富于感情，关于动物的描写更是富有艺术性，其中《自然的分期》是一部史诗，他对狮、虎、豹、狼、狗、狐狸的猎食以及海狸的筑堤，用形象的语言作拟人的描写，生动活泼，至今仍为人们所喜爱。

《动物哲学》

拉马克（1744年—1829年），法国博物学家，生物学的伟大奠基人之一。他最先提出生物进化的思想，是进化论的先驱。

◎ 用进废退

拉马克认为，环境的变化使得生活在这个环境中的生物有些器官因为经常使用而发达，有些器官则因为不用而退化，这就是“用进废退”。这种由于环境变化而引起的变异能够遗传下去，即所谓“获得性遗传”。拉马克以长颈鹿的进化为例，解释“用进废退”观点。长颈鹿的祖先颈部并不长，由于干旱等原因，在低处已找不到食物，迫使它伸长脖颈去吃高处的树叶，久而久之，它的脖子就越来越长。经过一代代的遗传，终于进化为现在所见的长颈鹿。

1809年，拉马克发表了《动物哲学》一书，书中系统地阐述了自己的进化论观点，即“拉马克学说”。该学术的思想非常丰富，在进化论的发展史上第一次形成一个体系。主要论点有：首先，生物种类是可变的，现存的所有物种包括人类，都是从其他物种变化、传衍而来；其次，生物本身存在由低级向高级连续发展的内在趋势；再次，环境变化是物种变化的原因，他总结了动物进化的原因，提出了“用进废退”、“获得性遗传”这两个法则，并指出，这既是生物发生变异的原因，又是适应环境的过程。

虽然拉马克的进化学说多为主观推测，引起的争议也较多，但不容置疑的是，该学说为达尔文科学进化论的诞生奠定了基础，《动物哲学》和达尔文的《物种起源》被并称为现代进化论思想的两大源泉。

《植物学概论》

施莱登（1804年—1881年），德国植物学家，细胞学说的创始人之一，著有《植物发生论》等。施旺（1810年—1882年），德国动物学家，细胞学说的创始人之一，在组织学、生理学和微生物学等方面也有很多贡献，其最重要的作品是1839年发表的《显微研究》。二人合著了《植物学概论》一书。

《植物学概论》是一本植物学教科书，完成于1842年。书中，施莱登首先把注意力集中在细胞核的结构上，认为它是“植物中普遍存在的基本构造”，并给它命了名。施莱登力图用个体发育的研究来代替采集、分类和对成体结构的研究，力图在生物学的研究方法上有所创新。

该书将植物学教学建立在一个崭新的基础上，并且引入了此后若干年主宰植物学教学的新准则。因这些重要贡献，该书经常被重印并以各种译本和改编本的形式出现，激发众多年轻人投身于植物学的研究的热情。

《显微研究》

《显微研究》，全名《关于动植物的结构和生长的一致性的显微研究》，发表于1839年。施旺在书中系统地阐述了自己的“细胞学说”。这一理论主张细胞是每种有生命的物体（动植物）的共同起源。他将细胞解释为其本身分化的“核外的一层”，即以膜的形式加以包围，继而在一种较坚硬的物质沉积的地方逐渐变空，像一只液泡，或者本身同其他细胞的“层”融合。施旺分三个部分对细胞理论做详细的解释：第一部分，对蛙的幼体背部神经索进行了显微研究。因此得出结论，动物和植物一样，细胞结构都是由同类细胞衍生出来的；第二部分，介绍了“基本部分”相同的概念及其证明；第三部分，施旺总结了自己的研究工作，对“细胞学说”作出明确阐述。

施莱登和施旺为了解动植物的结构、发育和机能提供了一个新的、有力的模式，经过其他科学家的不断完善，全面发展了细胞学说。此学说被恩格斯誉为“19世纪自然科学的三大发现之一”。

《物种起源》

查尔斯·罗伯特·达尔文（1809年—1882年），英国生物学家，进化论的奠基人。他曾乘“贝格尔号”舰作了历时五年的环球航行，对动植物和地质结构等进行了大量的观察和采集，出版了《物种起源》这一划时代的著作。

《物种起源》这部重要著作出版于1859年11月24日。书中首次提出生物进化论观点，达尔文使用在19世纪30年代环球科学考察中积累的资料，试图证明物种的演化是通过自然选择（天择）和人工选择（人择）的方式实现的。这在19世纪受到争议，但现在，书中的大多数观点已经为科学界普遍接受。全书分为15编，前有引言和绪论。前14编讲述了生物进化的过程与法则，并且分成三部分：第一部分，第一至第五编，是全书的核心和主体，标志着自然选择学说的建立；第二部分，第六至第十编，作者站在反对者的立场提出质疑，并一一解释；第三部分，第十一至第十四编，进一步阐述该理论。

◎ 十五编的目次

《物种起源》十五编的目次分别为：一编，家养状态下的变异；二编，自然状态下的变异；三编，生存斗争；四编，自然选择（即适者生存）；五编，变异的法则；六编，学说之疑难；七编，对自然选择学说的各种异议；八编，本能；九编，杂种性质；十编，地质记录的不完整；十一编，古生物的演替；十二编，生物的地理分布；十三编，生物的地理分布续篇；十四编，生物间的亲缘关系，形表学、胚胎学和退化器官；十五编，综述和结论。

《人类的由来》

《人类的由来》，全名《人类的由来及其性选择》，是达尔文的主要著作之一。

达尔文在1859年出版了《物种起源》之后，便把注意力转移到人与自然的关系上，思考并力图解决这一方面的问题。本书就是这种思考和研究的结晶，出版于1871年。书中内容主要是系统地叙述了人工选择，并提出了性选择及人类起源的理论。全书共21章，分为三编。原书第一编，叙述人类的由来或起源，阐述人是不是与任何一种其他物种一样，是从一种早已存在的形式过渡而来的。第二、三编，叙述了性选择以及其与人类的关系。可以说，本书缺乏《物种起源》的灵感和鼓舞力量，关于性选择的部分也有些繁琐，但它仍是19世纪最重要的著作之一。而且它是进化思想在人类自身发展史上的应用和展开，是《物种起源》必不可少的补充。

《植物杂交的试验》

格雷戈尔·约翰·孟德尔（1822年—1884年），奥地利遗传学家。他于1865年发现遗传定律，因此成为现代遗传学的奠基人，被誉为“现代遗传学之父”。

孟德尔从事了大量的植物杂交试验，这其中以豌豆杂交试验的成绩最为出色。在经过整整八年（1856年—1864年）的不懈努力之后，他在1865年发表了名为《植物杂交的试验》的论文。论文提出了遗传单位是遗传因子（现代遗传学称为基因）的论点，并揭示出遗传学的分离规律和自由组合规律这样两个基本规律。

分离规律和自由组合规律这两个重要规律的发现和提出，是孟德尔对生物学作出的最突出贡献，也是19世纪继达尔文进化论之后，生物学取得的又一次重大科学成就。《植物杂交的试验》不仅为遗传学的诞生和发展奠定了坚实的基础，同时也促进了农学、园艺学、医学、人类学的蓬勃发展，对人类探索生命的奥秘起到了极为深远的影响。

◎ 超前见解

孟德尔的关于植物杂交试验的不朽论文虽然问世了，但遗憾的是，由于他那异于前人的创造性见解，在当时所处的时代显得太超前了，以至于他的科学论文在长达三十五年的时间里，没有引起生物界同行们的关注。直到1900年，这个发现被欧洲三位来自不同国家的植物学家在各自的豌豆杂交试验中分别予以证实后，才引起重视和公认，至此，遗传学的研究才迅速发展起来。

《昆虫记》

让·亨利·卡西米尔·法布尔（1823年—1915年），法国昆虫学家、动物行为学家、作家。

自1878年写成《昆虫记》第一卷后，法布尔陆续把他三十多年的观察和研究成果写成著作，直到1909年完成《昆虫记》第十卷。每一卷分17—25个不等的章节，每章节详细、深刻地描绘一种或几种昆虫的生活，同时，还收入一些讲述经历、回忆往事的传记性文章。如第一卷有圣甲虫、大鸟笼、黄翅泥蜂等章节，第二卷有致儿子汝勒（卷首语）、荒石园、立翅泥蜂、不为人知的灰毛虫、关于本能的理论等章节。

洋洋洒洒几百万字的《昆虫记》，既是法布尔一生心血的结晶，更是世界科学史上的不朽之作。另外，该书的文学价值也很高。在书中，法布尔始终在与进化论对话。这种对话的形式生动绵长，有理有据，时常由美丽或丑陋的昆虫们自己出场，展示一幅又一幅生动旖旎的昆虫生活图画。法布尔被世人称为“昆虫界的荷马，昆虫界的维吉

● 昆虫世界

尔”，是当之无愧的。

《基因论》

摩尔根（1866年—1945年），美国著名生物学家、遗传学家。他发现了染色体的遗传机制，创立了染色体遗传理论，是现代实验生物学的奠基人、孟德尔—摩尔根学派的代表人物。1933年，摩尔根获得诺贝尔生理学或医学奖。

摩尔根在著名的《基因论》一书中，全面阐述了自己的基因论（染色体遗传理论），具体内容包括：遗传学的基本原理、遗传的机制、突变的起源、染色体畸变、基因和染色体在性别决定方面的作用等。书中不仅对摩尔根小组自己的遗传研究成果作出了总结，还对当时已经发现的重要遗传学现象作出了解释。

该书是孟德尔—摩尔根学派观点的系统展现，其创立的基因理论是现代生命科学史上一项重要的科学发现，是遗传学发展史上的一次大飞跃。因此，该书成为经典遗传学史上最重要的理论著作。

《生命是什么》

埃尔温·薛定谔（1887年—1961年），奥地利物理学家。他历经了20世纪前三十年的物理学大革命，于1926年提出了波动力学，是量子力学的标准形式之一，因此获得诺贝尔奖。后来他的兴趣转向生命科学领域。

薛定谔写的《生命是什么？》（全名为《生命是什么——活细胞的物理面貌》），是一部探讨生命问题的著作。该书初版于1944年，此后多次重印、再版，并有法、德、俄等文字的译本。该书中译本于1973年出版。该书的基本内容是用现代物理学、化学的方法来研讨生物学规律，进而研讨生命和基因的本质，这是现代生物学的一个重大转折。此外，作者还把“密码”、“复制”、“信息”等概念引入生物学，用以解释遗传信息的传递。这些概念已成为现代生物学的普遍概念。

尽管该书中的一些具体论点与后来的实验结果并不符合，但它主张深入到细胞层次之下探索基因活动的具体机制，为分子生物学的诞生作了概念上的准备。

医学

医学，以治疗预防生理疾病和提高人体生理机体健康为目的。人类医学发展到21世纪，主要形成了东方医学和西方医学两大分支，其中，东方医学主要指中国医学即中医，其他有藏医、蒙医等世界传统医学。二者在形式上的融合又形成了第三种医学——中西医结合医学，而从中西医学比较研究与汇通中走向了现代系统医学领域。

《黄帝内经》

《黄帝内经》是我国现存医学文献中最早的一部典籍，总结了先秦时期医学丰富的实践经验，也吸取了诸子百家对生命认识的大量知识和成就，对于养生从理论、原则和方法等，都做了较为全面的阐述，从而为中医养生学的发展奠定了基础。

《黄帝内经》认为生命与自然界息息相关，它对生命起源本质的认识是唯物的，也是符合实际的。

《黄帝内经》对人体生、长、壮、老、已的生命规律有精妙的观察和科学的概括，不仅注意到人生历程中年龄阶段的变化，而且充分注意到了性别上的生理差异。

《黄帝内经》把人体和自然界看成一个有机的整体，自然界的种种变化，都会影响人体的生命活动，因而强调适应自然变化，避免外邪侵袭。可以说，《黄帝内经》是当时内医学发展的系统总结和结晶，它为中医养生学理论体系的建立打下了良好基础。

◎ 一书多名

《黄帝内经》是中国最早的医学理论典籍，简称为《内经》。最早著录见于刘歆的《七略》和班固的《汉书·艺文志》，原为18卷。医圣张仲景"撰用素问、九卷、八十一难……为伤寒杂病论"，晋皇甫谧撰《针灸甲乙经》时，称"今有针经九卷、素问九卷，二九十八卷，即内经也"，《九卷》在唐代王冰时称之为《灵枢》。至宋时，史嵩献家藏《灵枢经》并予刊行。由此可知，《九卷》、《针经》、《灵枢》实则一书而多名。宋代之后，《素问》、《灵枢》开始被统一固定称谓，成为《黄帝内经》组成的两大部分。

《神农本草经》

《神农本草经》，又名《神农本草》，简称《本草经》或《本经》，撰人不详，"神农"为托名。该书成书时间大约在秦汉时期，还有一说是成于战国时期。《神农本草经》是我国现存最早的药物学专著，总结了古代劳动人民在长期医疗实践中，在药物学方面取得的成就，是我国早期临床用药经验的第一次系统总结，历代被誉为中药学经典著作。全书共分三卷，收载药物365种，其中植物药252种、动物药67种、矿物药46种，分上、中、下三品，其中上品、中品各120种，下品125种。文字简练古朴，成为中药理论精髓。

书中对每一味药的别名、产地、性质、采集时间、入药部位和主治功效都有详细记载，对各种药物怎样相互配合应用，以及简单的制剂，都做了介绍。更尤为可贵的是，早在两千年前，我们的祖先通过大量的治疗实践，还发现了许多特效药物，例如，麻黄可以治疗哮喘，大黄可以泻火等等。

《难经》

《难经》，原名《黄帝八十一难经》，三卷，原题秦越人撰，但据考证，此书为一部托名之作，约成书于东汉以前（一说在秦汉之际）。《难经》是中国经典的中医理论著作，“难”含有“问难”之义，或作“疑难”解，“经”乃指《内经》，“难经”即“问难《内经》”。

此书共分八十一难，分别对人体的腑脏功能形态、诊法脉象、经脉针法等诸多问题逐一进行了论述。其内容包括脉诊、经络、脏腑、阴阳、病因、病理、营卫、俞穴、针刺等基础理论，同时也列述了一些病证。该书以基础理论为主，结合部分临床医学，在基础理论中更以脉诊、脏腑、经脉、俞穴为重点。

《难经》全书内容简明扼要，辨析精微，在中医学典籍中常与《内经》相提并论，被认为是最重要的古典医籍之一。

《伤寒论》

《伤寒论》是一部阐述外感及其杂病治疗规律的专著，由东汉末年的张仲景撰写，原著为《伤寒杂病论》，在流传的过程中有部分遗失（遗失的部分主要论述内科杂病），经后人王叔和整理编纂，将其中外感热病内容整理为《伤寒论》。

《伤寒论》全书共10卷，22篇，397法，除去重复之外共有药方112个。全书总结了前人的医学成就和丰富的实践经验，集汉代以前医学之大成，并结合自己的临床经验，系统论述了人体感受风寒之邪之后的一系列病理变化，以及如何进行辨证施治的方法。其主要内容包括把病症分为太阳、阳明、少阳、太阴、厥阴、少阴六种，即所谓“六经”。根据人体抗病力的强弱、病势的进退缓急等方面的因素，将外感疾病演变过程中所表现的各种症候归纳出症候特点、病变部位、损及何脏何腑，以及寒热趋向、邪正盛衰等作为诊断治疗的依据。

此书理法方药俱全，对祖国医学的发展作出了重要贡献，在中医发展史上具有划时代意义和承先启后的作用。

《金匮要略》

《金匮要略》，由东汉张仲景编撰于3世纪初，是中医经典古籍之一，也是我国现存最早的一部诊治杂病的专著。全书共25篇，方剂262种，列举病症60多种。所述病证以内科杂病为主，兼有部分外科妇产科等病证。

《金匮要略》是张仲景创造辨证理论的代表作，被古今医家赞誉为方书之祖、医方之经，治疗杂病的典范。该书在国外也有着广泛而深刻的影响，日刻本也不少，日本医学家中研究《金匮要略》而有专著流传至中国者，有十余种之多。《金匮要略》是我国医学宝库中一颗璀璨的明珠，它奠定了杂病的理论基础和临床规范，具有很高的指导意义和实用价值，对后世临床医学的发展有着重大贡献和深远影响。因此，它被列为祖国医学的四大经典著作之一，被历代推崇为方书之祖和治疗杂病的典范。

《肘后救卒方》

《肘后救卒方》，东晋葛洪著，是一部既适用于急诊之用，又便于临床诊疗的中医药书籍。书名中的“肘后”两字，意为可以将其藏于“肘后”或衣袖之内以便随身携带；“救卒”，书中所介绍的药物，多数是能够“就地取材”而容易得到或廉价易购的。可以说，《肘后救卒方》的性质和现在所称的“临床诊疗手册”很相似。

作为“救卒”之方，书中首先记述了急救，其中有抢救卒中（中风）、昏迷、暴死、急腹症等。如在抢救突然昏迷病人的措施里，记述了用指甲按压患者唇上的“人中”穴，或者灸唇下的“承浆”穴位，这是行之有效的简易急救法。书中也较详细地记述了许多常见的疾病，如：传染病与寄生虫、营养缺乏病等。

对于疾病的治疗，除了药物针灸、按摩之外，《肘后救卒方》里还介绍了冷敷、热敷、水疗等方法。

《脉经》

《脉经》，由西晋王叔和撰于3世纪，是我国现存最早的脉学专著。此书可谓集汉以前脉学大成之作，先取《内经》、《难经》，再集张仲景、华佗等有关论述，在阐明脉理的基础上，联系临床实际、分门别类地予以论述。全书共10卷，98篇。卷一论三部九候，寸口脉及二十四脉；卷二、卷三则以脉合脏腑经络，举其阴阳之虚实，形证之异同，作为治疗依据；卷四以诀四时、百病死生之分，并论脉法为主要内容；卷五述仲景、扁鹊脉法；卷六列述诸经病证；卷七至九讨论脉证治疗，其中卷七以伤寒、热病为主，卷八为杂病，卷九为妇产科、小儿病证；卷十论奇经

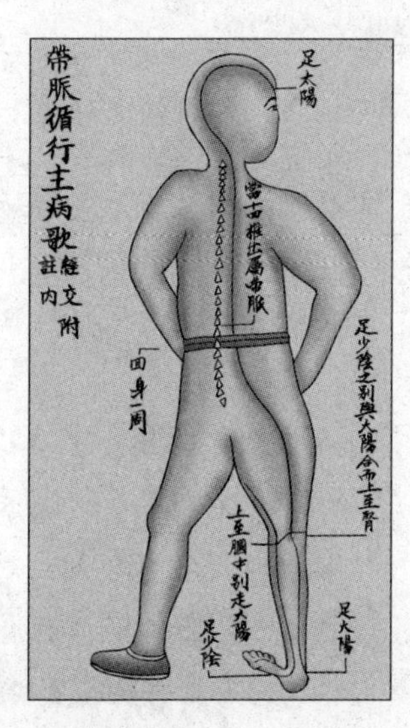

● 带脉巡行图

八脉及右侧上下肢诸脉。原有“手检图三十一部”，今已佚失。

此书在我国医学发展史上具有重要的地位，在国内外影响极大。唐代太医署将其作为官员必读之书，日本古代医学教育仿唐制，也十分重视《脉经》。

《针灸甲乙经》

《针灸甲乙经》，原名《黄帝三部针灸甲乙经》，简称《甲乙经》，由皇甫谧编撰于魏甘露四年（259年），是中国针灸学专著。因原书根据天干编次，内容主要论述医学理论和针灸的方法技术，因此而得名。

全书共10卷，南北朝时期改为12卷本。著者皇甫谧学习《素问》、《针经》（即《灵枢》古名）与《明堂孔穴针灸治要》三书，将其中内容“事类相从，删其浮辞，除其重复，论其精要”，集有关针灸学等内容分类合编而成。人称其“习览经方，手不辍卷，遂尽其妙”，或誉之为“晋朝高秀，洞明医术”。

《针灸甲乙经》在中国独具特色的针灸疗法发展历程中，发挥了承先启后、继往开来的重大作用。它将前代散落残佚、不成系统的针灸经络知识作了全面系统的整理研究，成为后世对此学说研究论述的依据。

《千金要方》

《千金要方》，简称《千金方》，唐代孙思邈著，为我国医学史上著名的综合性临床医著。

孙思邈有感于当时的方药本草数量庞大、种类繁多，仓促间不易求检，于是博采群经，删繁去复，并结合个人经验，撰成此书。

◎《千金翼方》

孙思邈集晚年近三十年之经验，为补充《千金要方》的遗漏和不足，写成另一部医学著作《千金翼方》，此书约成书于唐永淳二年（682年）。《千金翼方》全书30卷，计189门。合方、论、法共2900余首。北宋时期，由校正医书局对其传本予以校正，并刊行全国。我国自宋迄今刻印、影印近二十版次。日本除珍藏有中国六种刊本外，尚有日本翻刻的两种较好版本，现存版本中，以明万历三十三年（1605年）王肯堂刻本最佳。人民卫生出版社1955年据江户医学本出转的影印本较为常见。

此书共30卷，计233门，载录方论5300首。卷一为医学总论，包括医德、本草、制药等，然后以临床各科辨证施治为主：第二卷至第四卷为妇科病；第五卷为儿科病；第六卷为七窍病；第七卷至第十卷为诸风、脚气、伤寒；第十一至二十卷为按脏腑顺序排列的一些内科杂病；第二十一卷为消渴、淋闭等症；第二十二卷为疔肿痈疽；第二十三卷为痔漏；第二十四卷为解毒并杂治；第二十五卷为备急诸术；第二十六、二十七卷为食治并养性；第二十八卷为平脉；第

二十九、三十卷为针灸孔穴主治。书中所载医论、医方对唐代以前的医学成就做了较为系统的总结，是一部具有很高科学价值的著作。

《诸病源候论》

《诸病源候论》，又称《诸病源候总论》、《巢氏病源》，隋代巢元方等撰于大业六年（610年），是中国最早的论述以内科为主的各科病病因和证候的专著。

此书总结了隋代以前的医学成就，对各科病证进行了搜求、征集，并予以系统地分类编撰。全书共50卷，分67门，载列证候论1739条。书中叙述了各种疾病的病因、病理、证候等。诸证之后多附导引法，但不记载治疗方药。

《诸病源候论》内容丰富，涵盖了内科、外科、妇科、儿科、五官科、口齿、骨伤等多科病证，对传染病、寄生虫病、外科手术等方面，有很多精辟论述，对后世医学有很大影响。书中关于肠吻合术、人工流产、拔牙等手术的记载，均为世界外科史的首创，充分反映了当时的外科手术已经达到相当高的水平。后来的《外台秘要》、《太平圣惠方》等医著的病因、病理分析，大多依据此书。

《食疗本草》

《食疗本草》为唐代的孟诜所撰。孟诜（612年—713年），汝州（今河南临汝）人。该书是在《千金要方》中食治篇的基础上增订而成的，记述可供食用，又能疗病的本草专著，内容丰富，为我国唐代较全面的一部营养学和食疗专著。书目见《旧唐书·艺文志》，原书早已经散佚，仅有残卷及佚文散见于《证类本草》、《医心方》等书中。全书共3卷，原书有条目138条，据《嘉佑本草》记载："张鼎（唐开元间人）又补其不足者89种，并归为二百二十七条。皆说食药治病之效。"

书中收载了不少唐初本草书的未录之品，还特别收载了较多的动物脏器的食疗方法和藻菌类食品的医疗应用。另外，除收有许多卓有疗效的药物和单方外，还记载了某些药物禁忌，对于某些药物的禁忌有不少符合实际的记载。该书是我国现存最早的食疗专著，也是世界上现存最早的食疗专著，是一部研究食疗和营养学的重要文献。

● 孟诜

《三因极一病证方论》

《三因极一病证方论》，原题《三因极一病源论粹》，简称《三因方》，由宋代医家陈言撰于淳熙元年（1174年）。著者认为“医事之要，无出三因”、“倘识三因，病无余蕴”，因此取名“三因方”。

全书共18卷，180门，载方1500余首。卷一、卷二前半部为医学总论，并将三因（内因、外因、不内外因）作为论述的重点：内因指的是七情，外因指的是六淫，书中将中医的繁杂病因分为这三种，发挥完善了《金匮要略》的三因说法。卷二下半部至卷十八，列述内、外、五官、妇、儿各科病证，并附治疗方剂，强调临证施治必须审三因之所在。

此书的特点是将临床与三因相结合，阐明病因对于治疗的重要性，以拟定治法方药，体现“分别三因，归于一治”、“三因极一”的思想。此书中有相当一部分方剂不见于宋以前医学文献。它是南宋至今非常有影响的中医临床用书，后世医家多受其影响。

《寿亲养老新书》

邹铉（约1237年—1320年），又名敬直老人，元代著名的医学家。《寿亲养老新书》是一部综合性养生著作，为作者晚年根据自己一生从医的经验，并在宋代陈直撰写的《养老寿亲书》一卷的基础上，订正、扩编、增补而写成的。

全书共分4卷，约17万字。其内容颇为详尽，大凡老人应当如何保养、饮食调治、服用哪些药物，直到如何照顾老人，几乎可以说是应有尽有。第一卷原名《养老奉亲书》，为宋代陈直所撰，阐述了老人养生保健的理论和实践，包括饮食调养、形证脉候及简妙老人备急方等15篇，共223条，节宣之法叙述详备；第二卷至第四卷，是邹铉续增的，主要论述了古今名人的嘉言善行以及食补、食疗等保健方法。其中第二卷分为保养、服药诸篇，罗列古今丸、丹、散、膏、粥、酒、糕、饼等具体方药与主治的病症；第三卷与第四卷为寝、服、饮、兴、器、膳、药石的宜忌，并附有妇儿食治的诸方，共256条。作者还在书中提出了对老年保健的理论和方法。

《洗冤录》

《洗冤录》，又称《洗冤集录》，由我国宋朝法官宋慈所写，是世界上第一部系统的法医学著作，它比国外最早由意大利人菲德里写的法医著作要早三百五十多年。宋慈（1186年—1249年），字惠父，建阳（今属福建南平地区）人，我国古代杰出的法医学家，被称为“法医学之父”。

《洗冤集录》内容非常丰富，记述了人体解剖、勘察现场、检验尸体、自杀或谋杀的各种现象、鉴定死伤原因、各种毒物和急救、解毒方法等十分广泛的内容；它区别溺死、自刑与杀伤、自缢与假自缢、火死与假火死的方法，至今仍被应用；它记载的洗尸法、人工呼吸法，迎日隔伞验伤以及银针验毒、明矾蛋白解砒霜中毒等都具有一定的科学道理。

《洗冤集录》总结了历代法医的宝贵经验，又在实践中被有效实施。从13世纪到19世纪沿用了六百多年，成为审判官们必读的法学经典著作，被公认为世界法学界共同的精神财富。

《脾胃论》

《脾胃论》，由金元四大家之一、“补土派”代表人物李杲撰成于1249年。

全书由医论38篇，方论63篇组成，分为上、中、下三卷。上卷七论，为《脾胃论》的基本部分，每论均首列《内经》原文，而后说明自己观点，卷末再以“仲景引内经所说脾胃”重申。此七论分别阐述了脾胃的生理特性、病理变化以及在发病学上的认识意义，参考了《内经》、《难经》中的说法，加以自己的发挥，并附升阳益胃汤等诸方论述各证治疗之法。中卷十二论，主要阐述了在“内伤脾胃，百病由生”之后，对各种病证的证治原则及方法。下卷十五论，或对上卷、中卷的重点部分进一步发挥，或对其论述不足部分进行补充，着重于论述脾胃虚损与其他脏腑、九窍的关系，以治疗饮食伤脾等证诸方、有关治验。后附“脾胃将理法”、“摄养”、“远欲”、“省言箴”四论，既是病时的饮食调理宜忌，也可作为日常调理方法。

《本草纲目》

《本草纲目》，由明代李时珍费时二十七年著成，刊于1590年。这部药典，科学分类严谨、包含药物的数目众多、文笔流畅生动，其价值远远超过前代任何一部本草著作。

此书是李时珍对本草学进行全面整理和总结的一部巨制。全书共52卷，共有190多万字，分16部、60类，记载了1892种药物（其中有374种是新增加的药物），绘图1160幅，并附有11096多个药方。每种药首先以正名为纲，附释名（确定名称）为目；其次是集解（叙述产地）、辨疑、正误、修治（炮制方法）；再次是气味、主治、附方，说明体用。书中亦纠正了前人的很多错

● 李时珍

误，如南星与虎掌，本来是同一种药物，过去却误认为是两种药物；以前葳蕤、女萎认为是同种药物，李氏经过鉴别则确认为是两种等。本书还载叙了大量宝贵的医学资料，除去大量附方、验方及治验病案外，还有一些有用的医学史料。

《濒湖脉学》

《濒湖脉学》，明代李时珍著，因晚号“濒湖老人”，故以号命书。

李时珍继承了正统的脉学，撷取《内经》、《脉经》等诸书精华，博采历代各家之长，结合自己丰富的行医经验编撰成此书。全书只一卷，内容分为两部分。李时珍在书中指出，“切脉独取寸口，是以此候五脏之气”，而不是切按五脏六腑经脉之体，阐述透彻而精辟。书的第一部分也是主要内容，是在《脉经》二十四脉的基础上，又增述了三种脉，使中医脉象增至二十七种，即“浮、沉、迟、数、滑、涩、虚、实、长、短、洪、微、紧、缓、芤、弦、革、牢、濡、弱、散、细、伏、动、促、结、代”。他还用“相类诗”、“主病诗”，把同一类的各种脉相加以归纳，对其在诊断病证方面的意图加以阐发。最后附删补宋代崔嘉彦所著的《四言举要》。

《濒湖脉学》虽然篇幅短小，但在中医脉学发展史上却有重要地位，已经成为初学脉学的必读著作。

《针灸大成》

《针灸大成》，又称《针灸大全》，明代杨继洲撰，靳贤校正。该书刊印于万历二十九年（1601年），是一部中医针灸学著作。

全书共10卷。第一卷摘录了《黄帝内经》、《难经》等书的针灸理论；第二、三卷为针灸歌赋；第四卷为针刺手法；第五卷为子午流注及灵龟飞腾针法；第六、七卷为经络及腧穴；第八卷为诸症针灸法；第九卷首先记载治症总要，然后介绍东垣针法，历代名医治法及各家灸法；第十卷选录陈氏（佚名）《小儿按摩经》一书，实际上是《针灸大成》的附篇。

此书总结了明以前我国针灸学的主要学术经验，其中特别收载了众多的针灸歌赋，使得许多民间医疗技术得以保存。《针灸大成》是我国针灸学的又一次重要总结，也是明以来三百年间流传最广的针灸学医书，在临床和研究方面都有较高的参考价值。

《景岳全书》

《景岳全书》，明代张介宾（号景岳）著。此书是张介宾集毕生之经验，花费五十年之精力编著而成的，成书于天启四年（1624年）。

全书共六十四卷。书中涉及中医学基础理论、诊断治法、本草、方剂、临床各科本草方剂的运用等，几乎囊括了整个中国医学的各方面。总体思想是“人的生气以阳为生，阳难得而易失，既失而难复”，因此主张温补。

● 冬虫夏草

著者张景岳博览群书、学验俱丰，全书采摭广博、议论宏富，可谓集当时医学之大成。书中体现出其治学严谨、勇于创新的精神。后世医家尊称其为“医门之柱石”，认为著作为“度世之津梁，卫生之丹诀”。因此，本书在祖国医学的发展历程中占有重要地位，成为后世中医医者的必读之作，也是现代学习中医理论和治病经验的重要参考书。

◎ 名不副实的中药名

叫子不是子：瓦楞子，其实是泥蚶、魁蚶的贝壳；没食子，其实是没食子蜂寄生在没食子树上的虫瘿；天癸子，其实是毛茛科植物天癸的块根；而黄药子、白药子都是植物块根。这些都不是植物种子。

叫草不是草：冬虫夏草，实为冬虫夏草菌寄生在蝙蝠蛾等幼虫上的实体及幼虫尸体；凤眼草，其实是臭椿的果实；而灯心草、通草其实是用该植物的茎髓入药。

叫砂不是砂：蚕砂、夜明砂、望月砂分别是夏蚕（注意不是春蚕）、蝙蝠、野兔的粪粒，与矿物砂有本质区别。

叫脂不是脂：五灵脂，其实是复齿鼯鼠的粪便；而补骨脂，是豆科植物补骨脂成熟果实。

《类经》

《类经》为明代医学家张介宾所撰。这本书是张介宾通过研读《内经》后，用时三十年写成的。他将《黄帝内经》中的《素问》、《灵枢》两书合纂，并根据内容分门别类，重新编次而成的。该书共32卷，约90万字，归纳为摄生、藏象、脉色、阴阳、经络、标本、气味、论治、疾病、针刺、运气、会通等12类，并重新加以组合，共390余章节，条理清楚，井然有序，便于读者查阅寻览，受到后人的称道。

经过长期的实践及摸索，张景岳打乱《内经》原来的体例，按性质将经文分类，然后加以注解。《类经》是汇集前人注家的精要，作者敢于破前人之说，理论上也相当有创见，注释上有新鲜，编次上也很有特色，是学习《内经》重要的参考书。

张介宾在《类经》中还辩证地阐述了形与神的关系，并明确提出了“善养生者，必宝其精”（《类经·摄生类》）的观点，强调了节欲保精的重要性。另外，张介宾又鲜明地提出了“中年修理”以求振兴的独特见解。

《老老恒言》

《老老恒言》，又名《养生随笔》，是清代著名养生学家曹廷栋所撰。该书记载了作者根据自己的长寿经验，并参阅300多家有关养生的著作，从日常生活的琐事、衣食住行等方面，总结出了一套简便易行的养生方法，具有相当高的科学性和实用性。书中从老年人心理和生理特点出发，广泛地阐述了日常生活的养生方法，浅近易行，被后世奉为“健康之宝”，为老年养生作出了很大贡献。

书中详细介绍了老年人的安寝、晨兴、梳洗、饮食、散步等日常起居、养生导引方法。书中还介绍了老年人如何用褥，很有参考价值。针对老人脾胃虚弱的特点，所以强调以粥养胃益寿，在书中编制药粥配方百余首，以“备老年之颐养”，各种粥有百种之多，既有平时保健的粥，又有病时治疗疾病的粥，可谓集食养保健粥之大成。他还为老年人编设的一套动功，功能宣畅气血，舒展筋骨，且易学易练，很受老年人和体弱者欢迎。

◎《老老恒言》食粥制作四法

曹庭栋在《粥谱》卷中，详述食粥的煮法，总结了“择米”、“择水”、“火候”、“食候”四法，对现代仍有其指导价值。择米：对于原料的选择应该是选上好的料，即新鲜、质佳、无霉变、无污染的作料。择水：粥养粥疗的用水尤为重要。他认为初春的雨水煮粥最好。冬季雪水也佳，书中提到“腊雪水甘寒解毒、疗时疫”。火候包括三个方面，一是火的大小；二是煮的时间；三是入料顺序。所谓食候，就是食粥的时间，它要根据各种粥的不同功效而在不同时间去服食。

《外科正宗》

《外科正宗》是由明代陈实功编著的一本外科专著，成书于1617年。陈实功（1555年—1636年），字毓仁，号若虚，崇川（今江苏南通）人，明代外科学家。

《外科正宗》共4卷，约20余万字，卷一总论外科疾患的病源、诊断与治疗；卷二至卷四分论了外科常见疾病100多种，首论病因病理，次叙在临床上的表现，随后详细论述了治法，并附以典型病例。书中绘有插图30余帧，描述各种重要疮肿的部位和形状，最后又介绍了炼取诸药法。书中对皮肤病、肿瘤都有较多的论述。对于肿瘤之症，陈实功认为肿瘤只有及早的发现，才能摸清病源，及早治疗，或许尚有一线治愈的希望。

在中医外科书中，该书向以“列症最详，论治最精”见称，因而受到了后世的大力推崇，它是一本中医外科理论和临床实践价值颇高的中医外著，可供学习和研究中医外科以及临床医师参考之用。

《辨证录》

《辨证录》是一本综合性的医书，由清代的陈士铎所著。陈士铎（生卒年不详），字敬之，号远公，别号朱华子，又号莲公，自号大雅堂主人，浙江山阴（今绍兴）人，清代医学家。

本书共14卷，附《脉诀阐微》一卷，成书约为1687年。其主要内容包括内、外、儿、妇等各种疾病病证。分伤寒、中寒、中风等126门，700余证，每证详列病状、病因、立法处方及方剂配伍，说理明白，通俗易懂，析证简要中肯，每于循乎常理之间突发反问，然后层层剖析、丝丝入扣、排除疑似、辨定本原。书中用药灵活切病，多是些经验之谈，但其辨证着重于症状的鉴别分析，而忽于舌脉的诊察。陈氏在《辨证录》中记述消渴证“得食则渴减，饥则渴尤甚。”为当代学者发现谷物保护下的血糖曲线提供了文献支持。由于本书有较高的临床价值，后世刻本很多。

天文学

天文学是观察和研究宇宙间天体的学科，它研究天体的分布、运动、位置、状态、结构、组成、性质以及起源和演化，是一门基础性的自然科学。与其他自然科学的显著不同之处在于，天文学采用观测的实验方法，即通过观测来收集天体的各种信息。因而对观测方法和观测手段的研究，亦成为天文学家努力研究的一个方向。在古代，天文学还与历法的制定有着不可分割的关系，现代天文学已经发展成为观测全电磁波段的科学。

《甘石星经》

《甘石星经》是世界上最早的天文学著作。战国时期楚人甘德和魏人石申，在长期观测天象的基础上，各写出一部天文学著作，后人把这两部著作合起来，称之为《甘石星经》。书里记录了800个恒星的名字，其中121个恒星的位置已经测定，这是世界上最早的恒星表。书里还记录了金星、木星、水星、火星、土星等五大行星的运行情况，发现了五大行星出没的规律。它是世界上最早的恒星表，比希腊天文学家伊巴谷在公元前2世纪测编的欧洲第一个恒星表还大约早上二百年。后世许多天文学家在测量日、月、行星的位置和运动时，都要用到《甘石星经》中的数据，因此，《甘石星经》在我国和世界天文学史上都占有重要地位。《甘石星经》在宋代就失传了，在唐代的《开元占经》中还保存一些片断，南宋晁公武的《郡斋读书志》的书目中保存了它的梗概。

《灵宪》

《灵宪》是张衡积多年的实践与理论研究而写成的一部天文巨著，也是世界天文史上的不朽名作。张衡（78年—139年），字平子，南阳西鄂（今属河南）人，是我国东汉时期伟大的天文学家、数学家、发明家、地理学家、制图学家。该书全面阐述了天地的生成、天地的结构、宇宙的演化、日月星辰的本质及其运动等诸多重大课题，将我国古代的天文学水平提升到了空前的新阶段，使我国当时的天文学研究居世界领先水平，并对后世产生了深远的影响。关于宇宙的起源，《灵宪》认为，宇宙最初是一派无形无色的阴的精气，幽清寂寞。这是一个很长的阶段，称为“溟涬”。关于天地的结构，《灵宪》把天描述成是恒星所在的地方，它是一个偏心率极小的椭球。《灵宪》虽然其中还有一些错误和不足，但在天文学史上的意义并不因此而逊色。

《浑天仪注》

《浑天仪注》是张衡的另一部关于天文学的著名著作，在这本著作中，他进一步阐发了他的浑天学说。张衡指出：“浑天如鸡子，天体圆如弹丸，地如鸡中黄、孤居于内，天大而地小，天表里有水。天之包地，犹壳之裹黄。天地各乘气而立，载水而浮。”他还阐述了天体每天绕地球旋转一周，总是半见于地平之上，半隐于地平之下，等等。这里，张衡明确地指出大地是个圆球，形象地说明了天与地的关系，但“天表里有水”等说法，却是一个重大的错误。在张衡的浑天学说中，他还指出了赤道、北极和黄道的地位，指出了夏季日长夜短，冬季夜长日短的原因。张衡以他的浑天学说为基础，在天文学上作出了一系列创造性的贡献，他根据浑天学说创制的浑天仪就是其中最为突出的杰作，这是我国天文史上的辉煌成就。

《大明历》

祖冲之（429年—500年），字文远，南北朝时期著名数学家、天文学家。

《大明历》亦称“甲子元历”，是南北时朝一部先进的历法，由祖冲之创制。

《大明历》成历于刘宋大明六年（462年），祖冲之时年33岁。历中规定，一回归年为365.2428日，是我国在宋代统天历（1199年）之前，最为理想的一个数据。在制历时首先考虑岁差，尽管“岁差值”不是很精确，但“岁差”引进编制历法，使得历法有了更科学的基础，而且区分开了天文学中“回归年”和“恒星年”这两个概念，这是我国历法史上第二次大改革。《大明历》中又改进了闰法，将前代天文学家何承天提出的旧历中每19年7闰改为每391年144闰，使之更符合天象的实际。另外，《大明历》中首次求出历法中通常称为“交点月”的日数为27.21223日，与近代测得的数据（27.21222）极为相近。

◎ 浑天仪

浑天仪是浑仪和浑象的统称。浑仪是测量天体球面坐标的一种仪器，而浑象是古代用来演示天象的仪表。张衡不但是浑天论的完成者，而且还根据此种理论和实际天象观测知识，于117年在洛阳研制成功了观察天象的新型仪器——浑天仪。西方的浑天仪，最早由埃拉托色尼于公元前255年发明。葡萄牙自马努埃一世起，浑天仪成为该国之象征，并在国旗上画有浑天仪。

《大衍历》

一行（683年—727年），姓张，名遂，魏州昌乐（今河南南乐）人，僧人唐代天文学家。724年，一行就开始编制新历法，三年后，新历法《大衍历》草稿完成。《大衍历》共有七章：“步气朔”讨论如何推算二十四节气和朔望弦晦的时刻；“步发敛”内容包括：七十二候、六十四卦以及置闰法则等；“步晷露”计算表影和昼夜漏刻的长度；“步日躔”讨论如何计算太阳位置；“步交会”讨论如何计算日月食；“步月离”章讨论如何推算月亮位置；“步五星”介绍的是五大行星的位置计算。这七章编次结构合理、逻辑严密，成为后世历法编次的经典模式。经过《大衍历》的制定，对太阳月亮运动不均匀现象有了正确全面的了解。通过实际观测，破除了一千年来流传的“寸差千里”的谬说。在计算方法上，《大衍历》创不等间距二次差内插法的公式，比起《皇极历》来又是一个进步。

● 一行坐像

《步天歌》

《步天歌》是一本以诗歌形式介绍全天恒星名称、数目、位置的天文学著作，相传是唐代王希明撰，丹元子是他的号，所以这部书也被称为《丹元子步天歌》。诗文七字一句，有韵，描述三国时东吴太史令陈卓根据石氏、甘氏、巫咸氏三家《星经》整理汇总的283座星官共1464颗恒星。《步天歌》按照“三垣二十八宿”的星空体系，把全天划分成31天区：“三垣”是指北天极周围的3个天区，分别叫做紫微垣、太微垣和天市垣；二十八宿是指大致分布在黄道附近的28个天区，依次是角、亢、氐、房、心、尾、箕、斗、牛、女、虚、危、室、壁、奎、娄、胃、昴、毕、觜、参、井、鬼、柳、星、张、翼、轸。“句中有图，言下见象”，便于辨认和记忆全天恒星，是古人学习天文学的必读书。在宋代重修的《灵台秘苑》一书中又把步天歌配上星图，星空景象更加清晰明了。

《新仪象法要》

苏颂（1020年—1101年），字子容，福建泉州人，北宋天文学家、药物学家，中国古代最杰出的博物学家和科学家之一。

《新仪象法要》是苏颂为其主持创制的“水运仪象台”而编写的仪器构造及使用说明书。全书共3卷，书首列有“进状”一篇，上卷自“浑仪”至“水跌”共十七图，中卷自“浑象”至“冬至晓中星图”共十八图，下卷自“仪象台”至“浑仪圭表”共二十五图。本书记下了古代中华民族的许多光辉成果，其中有世界上最早的机械钟表的锚状擒纵器；该书记录的游仪窥管随天体运动，是现代天文台的跟踪机械——转仪钟的雏型；书中记录的水运仪象台观测室活动屋板，是现代天文台圆顶的祖先。《新仪象法要》中的“苏颂星图”也是一项重要的天文学成就，它是现存于国内的最早的全天星图。

《天体运行论》

尼古拉·哥白尼（1473年—1543年），波兰天文学家，是第一位提出以太阳为中心，即日心说的欧洲天文学家，一般认为他写的《天体运行论》是现代天文学的起点。

《天体运行论》是一部巨著，长达6卷。第一卷讲述了太阳居宇宙的中心，地球和其他行星都绕太阳运行。第二卷为地球的自转，指出地球是绕太阳运转的一颗普通行星，它一方面以地轴为中心自转，一方面又循着它自己的轨道绕太阳公转。第三卷论述了岁差，即地球自转轴的运行使春分点沿黄道向西缓慢运行，其速度每年为50.2角秒。第四卷论述了月球的运行和日月食。第五、六卷论金星、水星、木星、火星和土星五大行星。《天体运行论》的出版，正式创立了“日心说”。它是天文学上的一次革命，第一次冲破了宗教神学的束缚，引起了人类宇宙观的重大变革。它是近代自然科学开始的标志。

《天文学大成》

《天文学大成》是2世纪希腊天文学家托勒密在亚历山大城完成的一部天文

学名著。全书共分13卷，第一、二卷为基本的观测事实和数学基础，论证地为球形，居宇宙中心，静止不动，其他天体绕它旋转。这个宇宙模型虽不正确，但它的许多数学知识至今仍然有用。第三卷讨论太阳的运动和各种年的长度。第四卷讨论月球的运动和各种周期，并叙述他的一个重要发现：出差。第五卷主要讲星盘的制造方法；由月球的视差求得月球的距离为地球半径的59倍；又用月食法，推得太阳距离为1210地球半径。第六卷讨论日月食的计算。第七、八卷论述恒星和岁差；将恒星按亮度分为六等，列出48个星座，1022颗星的黄道坐标；并叙述天球仪的制法。其余五章利用本轮、均轮详细讨论五大行星的运动。它是希腊天文学的总结，在中世纪是欧洲和阿拉伯天文学家的经典读物，直到17世纪初才失去它的作用。

◎ 黄道坐标

黄道坐标是以黄道作为基准平面的天球坐标系统。黄道是在地球上观测太阳一年中在天球上的视运动所横越的路径，也就是地球绕太阳公转的轨道平面在天球上的投影。在黄道上的纬度称为黄纬（符号为β），以北方为正值，经度称为黄经（符号为λ），由西向东量度，从0度至360度。如同赤道坐标系统中的赤经一样，以春分点作为黄经的起点。这个坐标特别适合标示太阳系内天体的位置。

《论新星》

《论新星》公布了第谷对一颗新星的观测经过及研究结果。第谷·布拉赫（1546年—1601年），丹麦天文学家和占星学家，生于斯坎尼亚省基乌德斯特普的一个贵族家庭。1572年11月11日，第谷观察到一颗非常明亮的星星突然出现在仙后座，便使用他自己造的仪器对这颗星进行了一系列观测，直到它1574年3月变暗再到看不见为止。经过前后16个月的详细观察和记载，第谷取得了惊人的结果，彻底动摇了亚里士多德的天体不变的学说，开辟了天文学发展的新领域。由于自古人们就认为天体永不改变（阿基米德世界观中的基础公理之一——天体位置永不变），其他观察者都认为该现象是因为大气层中有点东西。可是第谷发现该物件的视差夜夜不变，便提出另一个说法——该物件距离地球颇远。第谷认为近距离的物件应会转移其位置。1573年，他出版了《论新星》，决定了“nova”这个字作为“新”星的名字（后来发现这颗星乃是超新星，现在称为第谷超新星），这个发现令第谷决定朝向天文学发展。

《论新天象》

1588年《论天界之新现象》出版，该书记录了第谷十一年间所观测到的天文现象，全书十章，详细记录，反复推算，主要任务就是要无可争议地确定大彗星的位置——在月球轨道之上的行星际空间，因而这颗变动着的、来了又去的大彗星是在“月上世界”运行的，所以水晶球宇宙学说是站不住脚的，是与观测事实不相符的。第谷在该书第八章中公布了他自己创立的、新的宇宙几何模型，这是继亚里士多德的水晶球体系、托勒密的地心体系、哥白尼的日心体系之后，欧洲第四种影响很大的古典几何宇宙模型，也是这类模型中的最后一个。该书最大特点是抛弃了以前天文学家通过思辨来阐述见解的做法，更注重实际观测，以观测记录的数据作为论证的基础。

《论无限性、宇宙和诸世界》

1584年，布鲁诺在《论无限、宇宙及世界》这本书当中，提出了宇宙无限的思想，他认为宇宙是统一的、物质的、无限的和永恒的。在太阳系以外还有许许多多的天体世界。人类所看到的只是无限宇宙中极为渺小的一部分，地球只不过是无限宇宙中一粒小小的尘埃。

布鲁诺认为，宇宙中无数的恒星都好似太阳那样巨大而炽热，又都以高速运行着。恒星的周围又会有像我们地球这样的行星，行星周围又有卫星。并不是只有地球才独有生命的，生命也许存在于那些人们看不到的遥远的行星上。布鲁诺的这些想法在当时只是猜想，但是如今已有大部分得到了证实。

◎ 布鲁诺遭火刑

1600年2月17日，意大利著名的哲学家、数学家和天文学家布鲁诺被教皇克莱芒八世下令处以火刑，罪名是顽固异端分子。布鲁诺死时年仅52岁。布鲁诺否定了传统的地心学说，并超越了哥白尼的太阳中心学说。他还主张无限宇宙与多种世界理论，宇宙是由无数像太阳系所包括的那样的世界组成的。布鲁诺的哲学理论影响了17世纪的科学和哲学思想，他是西方文化史上重要人物之一，也是现代文化的先驱者。

《论原因、本原和太一》

● 乔尔丹诺·布鲁诺塑像

《论原因、本原和太一》是布鲁诺的主要代表作。乔尔丹诺·布鲁诺（1548年—1600年），出生于意大利那不勒斯附近的诺拉镇，文艺复兴时期的意大利思想家和哲学家。该书共有五篇对话，是作者写的哲学对话录。第一篇为自己的一部喜剧辩护，捍卫哥白尼学说；后四篇作者通过对话人泰奥非提出了自己的泛神论思想，对立统一的辩证唯物观点。该书确证：宇宙即太一，它是无限的、永恒的、统一的，有无数可居住的世界在宇宙中运动，太阳系只是其中之一，从而有力地驳斥了地心说，发展了哥白尼的日心说。它认为世界灵魂是形式本原，是万物的真正作用因，但形式“内在于物质”，并“被物质所规定、所限制”，形式离开了物质便没有存在。布鲁诺还论证了对立面一致的原则。他说：“我们所看到的一切，其开端、中段和结尾，其出生、成长和完成，无不是从对立面、通过对立面、在对立面中、走向对立面的”。他指出，这种对立面一致的情形，是由于存在着同一个物质。

《星际使者》

伽利略·伽利莱（1564年—1642年），意大利著名数学家、物理学家、天文学家和哲学家，生于意大利的比萨城，近代实验科学的先驱者，是文艺复兴后期近代实验科学的创始人。伽利略用自制的33倍望远镜观察天象，发现了一系列令人震惊的天文现象。伽利略将观察到的天文现象写成《星际使者》一书，并于1610年发表。书中介绍了月球上的环状山脉，认识到银河系是由无数星体构成的，发现了木星的4颗卫星以及金星的盈亏，太阳黑斑和太阳的自转等现象，从而对哥白尼的“天体运行”论提供了强有力的支持，同时也动摇了亚里士多德——托勒密的地心说，更是对教会神学和经院哲学的无情打击。为了纪念伽利略的功绩，人们把木卫一、木卫二、木卫三和木卫四命名为伽利略卫星。

《鲁道夫天文表》

约翰尼斯·开普勒（1571年—1630年），行星运动定律的创立者，出生在德国的威尔德斯达特镇。1600年，第谷邀请年轻的开普勒做自己的助手，两人共同研究天文学上的难题。1601年，第谷得了急病，在弥留之际，他将自己三十余年所积观测资料全部馈赠助手开普勒。开普勒接替了他的工作，并继承了他的宫廷数学家的职务。第谷大量极为精确的天文观测资料，为开普勒的工作创造了条件。开普勒根据第谷的观测资料和行星运动三定律，又经过大量计算，编制了《鲁道夫天文表》并于1627年出版，这个表成为了当时最精确的天文表。表中所给的行星和1005颗恒星的位置非常精确。直到18世纪中叶，它仍被天文学家们看做标准星表。

《新天文学》

开普勒在1609年发表的伟大著作《新天文学》中，提出了他的前两个行星运动定律。行星运动第一定律是：所有行星都在一个椭圆形的轨道上绕太阳运转，而太阳位于这个椭圆轨道的一个焦点上。行星运动第二定律是：行星运行离太阳越近则运行就越快，行星的速度以这样的方式变化：行星与太阳之间的连线在等时间内扫过的面积相等。开普勒第三定律则是在1619年出版的《宇宙谐和论》中提出的。开普勒第三定律：行星公转周期的平方与行星和太阳的平均距离的立方成正比。这一定律将太阳系变成了一个统一的物理体系。行星运动三定律的发现为经典天文学奠定了基石，并导致数十年后万有引力定律的发现。

《天体力学》

拉普拉斯（1749年—1827年），生于法国西北部卡尔瓦多斯的博蒙昂诺日，是天体力学的主要奠基人、天体演化学的创立者之一，还是分析概率论的创始人、应用数学的先驱。他长期从事大行星运动理论和月球运动理论方面的研究，在总结前人研究的基础上取得大量重要成果，他的这些成果集中在1799年至1825年出版的5卷16册巨著《天体力学》之内。第一卷和第二卷的内容有理论力学原理、天体力学的基本问题、吸引理论和均匀流体自转时的平衡形状、海潮和大气潮理论；岁差和章动、月球天平动以及土星环运动；第三卷内容有一阶二阶摄动公式、各大行星的球坐标的分析公式以及有关问题、月球运动方程的积分方法和各种主要摄动项；第四卷主要讨论木星的四个卫星（即伽利略卫星）的运动、周期彗星运动等问题；第五卷内容有地球的自转和形状、球体的吸引和排斥等。在这部著作中第一次提出“天体力学”的学科名称，是经典天体力学的代表著作。

◎ 太阳系的稳定性

拉普拉斯最著名的天文学成就，是证明了太阳系的稳定性。即使在牛顿看来，仅以万有引力定律尚不足以保证太阳系的稳定，上帝还有必要经常干预他的作品。1773年，拉普拉斯解决了木星的轨道不断地收缩，而土星轨道又不断地膨胀这个当时著名的难题。他首先证明了行星轨道只有周期性变化，并非无限发展。之后又证明了太阳系的总偏心率将保持恒量，一个行星的偏心率变大，其他行星的偏心率就会减小，以与之平衡。与此类似，轨道面的倾角虽然有变化但相互牵制。

《宇宙系统论》

《宇宙系统论》是拉普拉斯另一部名垂千古的杰作，于1796年问世，书中提出了对后来有重大影响的关于行星起源的星云假说。在这部书中，他独立于康德，提出了第一个科学的太阳系起源理论——星云说。拉普拉斯认为，形成太阳系的云是一团巨大的、灼热的、转动着的气体，大致呈球状。由于冷却，星云逐渐收缩。因为角动量守恒，收缩使转动速度加快，在中心引力和离心力的共同作用下，星云逐渐变为扁平的盘状。在星云收缩中，每当离心力与引力相等时，就有部分物质留下来，演化为一个绕中心转动的环，以后又陆续形成好几个环。这样，星云的中心部分凝聚成太阳，各个环则凝聚成各个行星。较大的行星在凝聚过程中，同样能分出一些气体物质环来形成卫星系统。康德的星云说是从哲学角度提出的，而拉普拉斯则从数学、力学角度充实了星云说，因此，人们常常把他们两人的星云说称为“康德—拉普拉斯星云说”。

《哈雷彗星今昔》

张钰哲（1902年—1986年），生于福建闽侯，现代天文学家，“中华”小行星的发现者。他编著的《哈雷彗星今昔》，于1982年由知识出版社出版。该书完整介绍了哈雷彗星的运动规律，以及哈雷彗星现象的科学历史，对传统的迷信说法予以批驳，澄清了广大百姓的头脑中的一些糊涂思想，引导大家用科学唯物主义的观点看待这一天文现象。

该书分为八章，其内容有：第一章为1985—1986年回归的哈雷彗星；第二章讲述了我国古代文献记载的彗星；第三章是关于彗星的迷信和传说；第四章为哈雷彗星的弟兄们；第五章为秦代前后的哈雷彗星观测记录；第六章为认识同期彗星的过程；第七章为哈雷彗星1910年回归的经过和1986年回归预报；第八章阐述了研究哈雷彗星的意义。

《小行星漫谈》

《小行星漫谈》是由张钰哲编著，于1977年由科学出版社出版的科普小书。该书系统地介绍在太阳系里，除了九大行星外，还有许多体积较小的小行星也绕太阳运行。本书共有十章，附录有主要小行星表，正文内容包括：小行星的发现、小行星的运动和轨道、小行星的观测、不平常的小行星、小行星分布和总质量、小行星的用途、小行星的诞生和演化等。该书用浅显的语言，通俗地介绍小行星的发现、观测、特性、用途及其演化等，对广大天文爱好者来说，是很好的欣赏读物。

《旋涡星云中的造父变星》

1925年元旦，美国天文学会、美国科学促进会在华盛顿联合会议上，宣布了哈勃的重要发现，即发现了仙女座大星云M31和三角座涡星云M33中的一批造父变星。《旋涡星云中的造父变星》这篇文章分享了美国科学促进会为这次会议设立的

● 旋涡星云

最优论文奖，该文后来发表在《美国天文学会会刊》上。

当时已知银河系的直径约为10万光年，哈勃在该文中得出的结果意味着M31和M33远远处于银河系之外。该文认为，较大的不确定性大概在于沙普利给出的造父变星周光关系零点。文中还对导致这些结果的三个主要假设分别作了说明。

《旋涡星云中的造父变星》是对旋涡星云的本质的早期探索，它的发表，表明了空间中物质分布的岛宇宙观念已经确立，宇宙学的一个启蒙时代已经开始。

地理学

地理学，是一门研究地球与及其特征、居民和现象的学问。“地理”一词最早见于中国《易经》。英文中地理一词则来源于希腊文，最早使用该词的外国人是埃拉托斯特尼，他用此词来表示研究地球的学问。历史传统上四个基本的地理学研究范畴有：自然及人文现象的空间分析，意即对分布的研究；区域研究，意即利用地方和区域去诠释地球的特性；人地关系研究，意即自然界各种现象对人类的影响；地球科学研究。现代地理学则是一个全面涵盖的学科。

《山海经》

《山海经》是先秦古籍，是一部最古老的富于神话传说的地理书。它记述的主要内容是古代地理、物产、神话、巫术、宗教等，也包括古史、医药、民俗、民族等方面。此外，《山海经》还以流水账方式记载了一些奇怪的事件，对这些事件至今仍然存在较大的争论。全书18篇，约31000字。全书以五藏山经5篇和海外经4篇作为一组；海内经4篇作为一组；而大荒经5篇以及书末海内经1篇又作为一组。每组的组织结构，自具首尾，前后贯串，有纲有目。五藏山经的一组，依南、西、北、东、中的方位次序分篇，每篇又分若干节，前一节和后一节又用有关联的语句相承接，使篇节间的关系表现得非常清楚。该书按照地区而非时间顺序，把这些事物一一记录。所记事物大部分由南开始，然后向西，再向北，最后到达大陆（九州）中部。其中，九州四围被东海、西海、南海、北海所包围。

《水经注》

《水经注》是由6世纪北魏时期的郦道元所著，郦道元（470年—527年），字善长，范阳涿县（今属河北）人。《水经注》是我国古代较完整的一部以记述河流水道为主的综合性地理名著，在我国长期历史发展进程中有过深远影响。历代研究《水经注》的人士非常多，自明清以后不少学者从各方面对它进行了深入细致的专门研究，形成了一门内容广泛的“郦学”。清道光年间举人汪士铎专心郦学，用功极深，为《水经注》绘图两卷，于咸丰十一年（1861年）刊印，后世也有翻刻。

全书大约30万字左右，以记载河川为根本，记述河流达1252条，内容涉及流域的地貌、植物、水文、水利、经济开发、城市、古迹、典故传说、风土人情、民族等各方面。它既是一部综合性的地理巨著，又是一部优美的文学著作。

《元和郡县志》

《元和郡县志》是唐代全国地理总志，由李吉甫所撰，是中国现存最早、较完整的地理总志。李吉甫（758年—814年），字弘宪，赵州赞皇（今河北赞皇）人，官至中书侍郎、同中书门下平章事。

这本书成书于唐宪宗元和八年（813年），以年代为号，又称《元和郡县图志》。它以贞观十三年（639年）大簿规划的十道为纲，配合当时的四十七镇，每镇一图一志，分镇记载府、州、县、户、沿革、山川、道里、贡赋、盐铁、垦田、军事设施、兵马配备等项。图的部分，北宋时已佚失。志的部分，原为42卷，今存34卷。《元和郡县志》体例完备、内容丰富、概括简洁，重“兵饷山川、攻守利害”是其独特之处，在存世的地理总志中，不但是最古的，也是编写最好的一部，对后世地方志有较大影响。

◎ 学名高于官名

李吉甫撰写《元和郡县图志》的原因，与其当时的政治思想有着密切的关系。李吉甫生活在晚唐藩镇割据的战乱年代，他的忧国忧民之心在拜相以后更加迫切。他从萧何收得秦朝图书，帮助汉高祖得以知山川厄塞、户口虚实，进而建立汉王朝的历史经验中得到启发，认为掌握全国地理状况是“事关兴替、理切安危”的大事。因此，他撰写《元和郡县图志》具有为当时政治、军事服务的明确目的。也正因如此，其思想方法和学术成就，大大超出了此前的众多地理学家。

《海涛志》

《海涛志》又名《海峤志》，由窦叔蒙所撰，共六章，是史籍所载最早的潮汐学方面的专著。窦叔蒙（生卒年不详），他的主要活动时代在唐朝宝应、大历年间（762年—779年）。窦叔蒙自幼生活在浙江省东部地区，海风、海浪伴他长大。他通过长期的观察实践、浓厚的求知兴趣，以及对前人资料的汲取揣摩，写成了《海涛志》一书。

在我国古代，把发生在白昼的海水涨落称为“潮”；把发生在夜间的海水涨落称为“汐”，合称“潮汐”。窦叔蒙在书中对海洋潮汐知识进行了全面总结，创制了高低潮时推算图，为我国海洋潮汐学的发展作出了贡献。

窦叔蒙对海洋潮汐的研究是在当时社会生产发展的推动下，为解决生产实践中的问题而进行的。窦叔蒙的《海涛志》，《全唐文》中只收录了第一章，缺其余五章；宋代欧阳修的《稽古录》也只记载了六章篇名；清代俞思谦所撰《海潮辑说》中辑录了该志的全文，才为我们留下了这份宝贵资料。

《大唐西域记》

《大唐西域记》，简称为《西域记》，是唐代著名高僧玄奘口述，门人辩机奉唐太宗之命编集而成。《大唐西域记》共分12卷，于唐贞观二十年（646年）成书，为玄奘游历印度、西域旅途十九年间的游历见闻录。其中，包括玄奘游学五印，大破外道诸论的精彩片段。据悉，该书记述128个国家和地区的都城、疆域、地理、历史、语言、文化、生产生活、物产风俗、宗教信仰，此外还记述了其他十余国家的情况。本书是继晋代法显之后又一取经游记巨著。书中除生动描述了阿富汗巴米扬大佛、印度雁塔传说、那烂陀学府以及诸如佛祖成道、佛陀涅槃等无数佛陀圣迹，还有很多佛教传说故事。内容全面系统，翔实生动，先后被译为英、法、德、日等国文字广为传播，是研究中外文化交流、佛教历史及交通史、民族史的珍贵资料。

《海潮论》

燕肃（961年—1040年），字穆之，青州（今山东青州）人。他长于机械，一生中有很多发明创造，同时他还精通音律，能写诗作画，是我国宋代一位多才多艺的著名科学家。

《海潮论》首先对形成海潮的原因进行了论述。在论述中，燕肃用我国传统的阴阳五行说来立论，这虽然不是科学的方法，但他已经认识到日月的吸引是形成海潮的原因，并且指出一月之中朔望潮大，上下弦潮小。这些都是科学的论断，是完全正确的。其次，在这篇论文中，他还推算了潮候，指出了每天海潮涨落的时间，并且所列举的数据非常精确。最后，在《海潮论》中，他还对钱塘江潮作了解释。燕肃在《海潮论》中抓住了泥沙堆积、河床升高这个关键问题，第一个较为科学地解释了钱塘江入海口的海潮特别大的原因。

《地理图》

《地理图》是现存宋代碑刻地图之一，是南宋全国性舆地图，由南宋制图学家黄裳绘制。黄裳（1146年—1194年），字文叔，号兼山，四川隆庆府普城（今四川剑阁）人。《地理图》，无画方，比例尺约为1：2500000。绘图范围：北到黑龙江、长白山，西至玉门关，南到海南岛，东达中国近海。图上表示了南宋的行政建置，共计430处。所有府、州名称刻成阴字，均加方框。路名刻成阳字，西南少数民族地区的地名不加框。河流名则以椭圆形符号括出，注有78条。山岭注记均以方框括之，约有180座。湖泊27处，山隘24处，山岭、森林和长城都是用形象符号表示，在居庸关长城之北绘有一片林木，并加注“平地松林广数千里”。宋代全国性地图传世数量较少，绘画如此详细的地理图，可以说反映了距今七百六十三年前我国绘制地图的技术水平，是一幅具有重要历史价值的珍贵文物。

《华夷图》

《华夷图》与《禹迹图》同为我国现存最早的石版地图，绘图人不详，于刘豫阜昌七年（1136年）上石，现存陕西省博物馆。《华夷图》是一幅以中原为主的区域地图，周边国家仅载入名称及其相互方位关系。图上不画方格，有山脉、河流、长城和各州的名称，其位置大体与实际一致，但山东半岛出入较大。山脉用人字形表示，河流为单曲线，河流名称注记在河源处。图上标注的国名、地名共500个左右，标出名称的河流13条左右、湖泊4个、山体10座。图上所绘长江，其上游显然是岷江之上的一条大江，但“江水”二字却注记在岷江之源，这是受《尚书·禹贡》“岷山导江”的影响。黄河源在积石山西南，是“河出昆仑说”的反映。长城的符号很形象，常为后人所沿用。图中标示各种地理要素的符号，有不少与今图符号相同或接近，域外地名注记在图的四周。此图可能用唐代贾耽的《海内华夷图》为底图，编绘缩制成的。

《禹迹图》

《禹迹图》是我国现存最早的石版地图，现存2件，一件为伪齐阜昌七年（1136年）刻，与《华夷图》在同一石上，现存西安碑林。另一件为南宋绍兴十二年（1142年）刻，现存江苏省镇江市。《禹迹图》采用方格网绘法，纵73方，横70方，共计5110方，并注记“每方折地百里”。图上无山脉符号，由于测绘时计里画方，所以图中海岸线、山东半岛、雷州半岛、长江三角洲以及黄河、长江等轮廓都相当准确。所绘黄河出自积石，长江源为岷江，是受《尚书·禹贡》“导河积石”、“岷山导江”之说的影响。值得称道

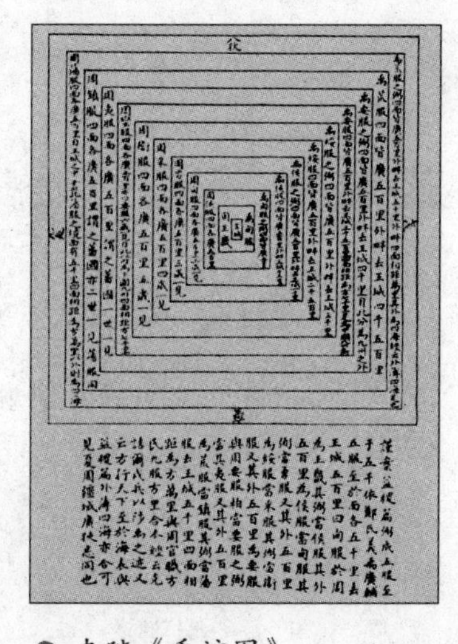

● 克陟《禹迹图》

的是，图上所绘长江水系的上游金沙江大体正确。《禹迹图》和《华夷图》都是当时供教学用的地图。虽然《禹迹图》只是一幅以水系为主的全国地图，但由于它是用“计里画方”法绘制的，所以其准确性为以前的地图所不及，被科学史家誉为当时世界上最杰出的地图。

《徐霞客游记》

《徐霞客游记》是以日记体为主的地理名著，由明末旅游家、地理学家徐霞客所著。徐霞客（1586年—1641年），名弘祖，字振之，号霞客，江苏江阴人。他经过三十四年旅行，写有关于天台山、雁荡山、黄山、庐山等名山的游记17篇和《浙游日记》、《江右游日记》、《黔游日记》等著作，除佚散者外，遗有60余万字游记资料。他死后，由别人整理成《徐霞客游记》，传世本有10卷、12卷、20卷等数种。这本书主要按日记述，其主要成就有：详细地考察和科学地记述了喀斯特地区的类型分布和各地区间的差异，尤其是喀斯特洞穴的特征、类型及成因；纠正了文献记载的关于中国水道源流的一些错误；观察记述了很多植物的生态品种，明确提出了地形、气温、风速对植物分布和开花早晚的各种影响；调查了云南腾冲打鹰山的火山遗迹，科学地记录与解释了火山喷发出来的红色浮石的质地及成因，在地理学和文学上卓有成就。

《海国闻见录》

陈伦炯（生卒年不详），字次安，号资斋，清代福建同安（今属厦门）人，后居于厦门。其父陈昂，曾任广东右翼副都统。少年时期的陈伦炯便博览群书，并深受其父的影响，对海上情况有所了解。读书时，他格外留心有关外国风土人情、洋面港道等方面的知识，这为他以后的著述奠定了较为坚实的基础。

◎ 台湾妈祖

妈祖是中国台湾人普遍信仰的神明。无论在山村或渔村、城镇或乡下、港口或内山，都能看见妈祖庙。有些妈祖庙甚至是跨乡镇或区域性的信仰中心，有些地方即便没有妈祖庙，也会举行相关祭祀活动。妈祖生日为农历三月二十三日，因此，所有的祭祀活动都环绕在其生日前后举行。同时，祭祀活动除了“妈祖生”为妈祖庆贺诞辰之外，进香与迎妈祖的活动也最为普遍。

《海国闻见录》是陈伦炯的重要代表作，它详细记载了台湾及其附近岛屿的自然、人文地理状况，是一部有较高史料价值的著作，广为流传。书中收录有《大西洋记》、《小西洋记》、《东洋记》、《东南洋记》、《昆仑记》、《南澳气记》、《南洋记》及《天下沿海形势录》。这些著作提供了丰富的海洋地理资料，被后人所引用。

《水道提纲》

《水道提纲》是记述乾隆中叶国内水道源流脉络的专书。作者齐召南（1703年—1768年），字次风，号琼台，晚号息园，浙江天台人，清代地理学家。

齐召南于乾隆二十六年（1761年）撰成《水道提纲》，共28卷，约67万字。此书专记全国水道源流分合，以巨川为纲，所汇支流为目，系统地记述了当时中国北纬18度—56度，东经73度—145度地区的河、湖，对长江、黄河和黑龙江等水系和流域的区域特征描述得尤为详细。书中叙述的水道源头、流向、长度、汇入诸水、吐纳湖泊、沙滩、沙洲等非常详细。作者根据中国东西向河流较多的特点，采用“由北而南”的编排方法。在叙列东西向河流时，次序井然，但叙列南北向河流时，却拘泥于体例，未加变通，致将南北大运河分割为四个部分，在京畿、山东、淮水、江南运河分别叙述，可以说是体例上的一大缺陷。它是《皇舆全览图》中水系的详细说明和补充，是研究中国水文地理的重要参考文献。

《乾隆内府地图》

《乾隆内府地图》是清乾隆时绘制的全国地图，又名《乾隆皇舆全图》、《钦定舆地全图》、《天下舆地全图》、《乾隆十三排图》等。乾隆二十一年（1756年）始编，约在乾隆三十七年（1772年）左右完成。它是康熙《皇舆全图》的续编与修订版。该图制图范围比康熙皇舆全览图大一倍多，图幅所及，北至北冰洋，南抵印度洋，东到东海，西达波罗的海、地中海和红海，大致包括整个亚洲大陆。地图的精详部分仍在中国东部。该图的数学基础与康熙图大体相同，亦采用梯形经纬网格，纬线为平行赤道的直线，除起始经线与纬线正交外，其他经线均斜向北极。用纬线分割成排，纬差5度为一排，共13排。书内全用汉字注记，完成绘图后，复令法国传教士蒋友仁制版。该图仅印一次，藏于内府，直到1925年5月，北京故宫博物院文献馆点收故宫造办处存物，始发现该图铜版一百零五方。

《海潮辑说》

《海潮辑说》是我国古代潮汐研究专集。编纂者是俞思谦（生卒年不详），字秉潚，号潜山，浙江海宁人。此书刊于清乾隆四十六年（1781年），全书分上、下两卷，约3万余字。上卷辑录了有关潮汐成因的史料，共计6章。下卷辑录了有关河口潮汐、外国潮汐的史料以及许多前人关于中国的应潮泉和应潮（动）物方面的记载，共计14章。每章史料均按时代先后顺序进行排列，并多处加按或注。作者编纂此书目的在于系统介绍中国古代的潮汐知识。此书保存了不少有价值的古代潮汐文献，如唐代窦叔蒙的《海涛志》，五代丘光庭的《海潮论》，北宋张君房的《潮说》。缺点是有些重要史料没有辑入进来，如东汉王充的《论衡》中有关潮汐的论述，就没有辑入。

《西域水道记》

《西域水道记》（外二种）由清代大学者徐松所撰，这是一部有关西域历史地理的名作。“外二种”为《汉书西域传补注》、《新疆赋》。

徐松仿照《水经注》的体例，自为注记，整理成书，书中记载西域各条河流发源、流域、所入湖泊等详细地理资料。记载范围包括今嘉峪关以西，直至巴尔喀什湖以东以南广大西北地区。他在详细记载各条河流情况的同时，对流域内的政区建置沿革、典章制度、名胜古迹、厂矿牧场、重要史实、卡伦军台、民族变迁等都做了详细的考证。从学术角度看，该书重视实地调查、勘探。作者足迹遍及大山南北，所到之处，详细调查记录、绘制地图。书中每个水系均有详细的开方地图。此书还根据内陆河流归宗湖泊的规律，创造性地将西域水道归为11个水系，并充分吸收了运用西方先进的投影测绘技术获得的西域地理经纬度。

《中国地质学》

《中国地质学》由李四光著。李四光（1889年—1971年），字仲拱，原名李仲揆，生于湖北省黄冈县，是世界著名的科学家、地质学家、教育家和社会活动家，我国现代地球科学和地质工作奠基人。

1939年，《中国地质学》在英国伦敦出版，本书是李四光依据多年收集和积累的地质资料，按照自己的观点写成的地质学讲义。全书共分两个大部分：第一部分八章，阐述了中国自然环境区划、山川走势、构造运动、构造形式等内容；第二部分两章，专讲中国第四纪冰川遗迹的发现和研究，以及中国各地区主要地层的编表，另附插图和照片93幅。该书侧重从构造系统联系的观点，以研究构造体系类型为纲，以探讨地壳运动的根源为目的，以中国大陆及邻区地质实际现象为依据，来分析研究中国的地质。

◎ 摘掉“贫油”帽子

李四光的最大贡献是创立了地质力学。他分析了我国的地质条件，从而得出中国陆地一定有石油的结论，从理论上推翻了中国贫油论。他的理论得到毛泽东、周恩来的大力支持。1956年，李四光亲自主持全国的石油普查勘探工作，在很短时间内，先后发现了大庆、胜利、大港、华北、江汉等油田，为中国的石油工业建立了不朽的功勋。不仅摘掉了“中国贫油”的帽子，也使其独创的地质力学理论得到了最有力的证明。

《马可·波罗游记》

● 马可·波罗

《马可·波罗游记》，又叫《东方见闻录》，是1298年威尼斯著名商人和冒险家马可·波罗撰写的东游沿途见闻。马可·波罗（1254年—1324年），生于意大利威尼斯，世界著名的旅行家、商人。

《马可·波罗游记》共分四卷。第一卷记载了马可·波罗诸人东游沿途见闻，直至上都止；第二卷记载了蒙古大汗忽必烈及其宫殿、都城、朝廷、政府、节庆、游猎等事；自大都南行至杭州、福州、泉州及东海沿岸诸州等事；第三卷记载日本、越南、东印度、南印度、印度洋沿岸及诸岛屿，非洲东部；第四卷记君临亚洲之成吉思汗后裔诸鞑靼宗王的战争和亚洲北部。每卷分章，每章叙述一地的情况或一件史事，共有229章。书中所记叙的内容在中古时代的地理学史，亚洲历史，中西交通史和中意关系史诸方面，都有着重要的历史价值。

《地球论》

赫顿（1726年—1797年），英国地质学家，生于爱丁堡。赫顿在英格兰爱丁堡大学法律系毕业后，转而从事医药学研究，1749年获莱登大学医学博士学位。他所倡导的“均变说”为地质科学奠定了一块基石。他早年曾先后学习法律、化学、医学和务农，1768年放弃农业，从事地质科学的研究。

赫顿提出了“均变说”。他认为现代地质过程在整个地质时期内，以同样方式发生过，并且基本上有相同的强度。根据“均变说”，能够用现在观察到的现象去解释过去的地质事件。1788年，赫顿发表了《地球论》，对陆地形成、消失和再生的规律进行了探讨研究。以后，他抱病修改他的旧作，《地球论》分二册重版。在书中，赫顿列举了许多例证，证实了他的论点。由于赫顿的理论与当时流行的见解相悖，加上他的写作风格又不易为人所了解，因而很多人对他的论断加以反对，可谓意见纷纭。

《宇宙》

亚历山大·冯·洪堡（1769年—1859年），生于德国柏林，德国地理学家和博物学家，与李特尔同为近代地理学的主要创建人，是19世纪科学界中最杰出的人物之一。

《宇宙》是洪堡的代表作，全名为《宇宙：物质世界概要》，共5卷，1845

年至1862年陆续出版。《宇宙》一书总括了洪堡一生所有的工作，忠实反映了他追求宇宙物质统一的哲学思想，概述了宇宙全貌、人类发现和描述全球各地的历史过程，以及天体空间的法则和地球育人。

第一卷是关于宇宙全貌的概述；第二卷是历代对自然风光的论说和人类致力于发现及描述地球的历史过程；第三卷论述天体空间的法则；第四卷介绍地球；第五卷记述地球表面的各种现象，是根据他死后遗留下的笔记整理出版的。此书总结了自然地理学的研究原理和区域地理研究的法则，是近代地理学最为重要的著作。此书曾被译成多种文字，几乎包括了所有欧洲语言。

《地质学原理》

《地质学原理》，又名《可以作为地质学例证的地球与它的生物的近代变化》，是英国著名地质学家赖尔的主要著作。赖尔（1797年—1875年），英国地质学家，生于苏格兰法弗夏区的金诺第。

本书于1830年出版，初版共3卷，后来增至4卷，并于1834年5月出版。其中第一卷论述地质学发展史和地质现象古今变化的原理；第二卷阐述了无机界现时正在进行的各种地质变化；第三卷论述有机界在自然选择、地理分布和移徙，以及在人工驯养、培植等条件下所引起的变化；第四卷介绍了地质学的基本内容。在书中，赖尔提出：地球的变化是古今一致的，地质作用的过程是缓慢的、渐进的；地球的过去，只能通过现今的地质作用来认识。现在是了解过去的钥匙，他的这种观点被称为“均变论”。他的这部著作为近代地质学奠定了科学的理论基础，因此他被人称为“近代地质学之父”。

◎ 均变论

在赖尔的《地质学原理》还未问世的时候，没有人能对地球的历史是如何变化的作出确切的解释，当时流行的“灾变论”观点，更是给地球演化历史蒙上一层神秘的面纱。赖尔在《地质学原理》一书中明确提出的“均变论”（又称渐变论）观点，从指导思想到研究方法都为人们描绘了一幅地球演化史的清晰图景。“均变论”思想是构成他的地质进化论思想的基石。赖尔认为，地球有着漫长的历史，并且经历了千变万化。地球的历史是整个人类和任何人所不曾经历过的过去。

《冰川研究》

《冰川研究》是美国著名的地质学家、博物学家阿加西斯的代表作，阿加西斯（1807年—1873年），出生于瑞士，24岁成为法国居维叶的学生，主攻动物学，39岁定居于美国，次年在哈佛大学主讲动物学和地质学。

《冰川研究》于1840年出版，这本书开篇就列出了地球上冰川活动的历史年表，然后介绍了他们在阿尔卑斯山脉地区所做的冰川遗迹考察，最后得出地质地貌曾多次受冰川活动影响的结论。

阿加西斯认为，现在俄国西伯利亚的冬季气候，曾一度延伸到了原本郁郁葱葱的印度和非洲热带地区，正是冰川的作用，才把一些非常巨大的巨石搬运到了大陆各处，形成了现在的冰川漂砾。移居美国前夕，阿加西斯又发表了《冰川体系》一书，把自己后几年的研究成果作了一个综述，但支持他“冰川理论”的人很少。

《地球化学资料》

《地球化学资料》一书于1908年发表，由美国的克拉克所著。弗兰克·威格尔斯沃斯·克拉克（1847年—1931年），美国地球化学家，地球化学奠基人之一，曾任霍华德大学物理学、化学教授和美国地质调查所总化学师。他对各种岩石、矿石、天然水的化学分析进行过长期研究，最后得出各种元素在地壳中的重量百分比（1889年）。为表彰他的卓越贡献，地质学中把地壳中每一种元素所占的平均比值叫克拉克值。

化学元素在一定自然体系（通常为地壳）中的相对平均含量，又称元素丰度。按照不同自然体系计算出来的元素丰度，有地壳元素丰度、地球元素丰度、太阳系元素丰度和宇宙元素丰度等。研究地球及其各地圈的元素丰度，是地球化学的一个重要领域。在这部著作中，克拉克广泛地汇集和计算了地壳及其各部分的化学组成，明确提出地球化学应该主要研究地球的化学作用和化学演化，为地球化学的发展指出了发展的方向。

《人文地理学问题》

阿·德芒戎（1872年—1940年），法国近代知名地理学家，在西方近代地理学史上亦占有席位。他毕生都在致力于人文地理学的研究，由于忙于教学和编辑业务，并没有写成独立的理论专著。这本《人文地理学问题》是在他去世后，法国地理学界为纪念他的科学功绩而编辑出版的一本文集。该书收集了他一生中比较有代表性的论文，这些论文，对当时法国和西方地理学界都产生过影响。从这本文集，我们可以看到德芒戎的理论体系，他对人文地理学的定义和研究对象、方法的阐述与探讨，以及第一次世界大战以后，法国人文地理学家所关心和研究的种种问题。他认为人文地理学是对人类集团与地理环境的关系的研究，把地理环境看做是由人类创造的，并在其中劳动和生存的那种改变过的环境。他的人文地理学概念体系，继承和发展了法国人文地理学派的维达尔传统。

● 气候变化对生命的影响

《气候与生命》

Л.С.贝尔格（1876年—1950年），苏联著名的自然地理学家，苏联科学院院士，1940年至1950年间担任苏联地理学会会长。他对土壤学、气候学、湖泊学和地理学史都有研究。

《气候与生命》是贝尔格的一本代表作。这本书初版于1922年，书中系统地阐述了作者对历史时代和地质年代的气候变迁与黄土形成方面的观点，成一家之言。全书详细论述了历史时代与地质时代的气候变化及其对水文、地形、植被、动物区系和整个自然界的影响，以及与历史事件、古代文明的关系，特别对气候和生命分布的关系及黄土的形成，作了广泛的、创造性的探索。例如，从海洋动物的分布中可以看出，即使在热带，冰期的影响也表现为温度降低。

◎ 生物界的内在联系

前苏联学者Л.С.贝尔格在其名著《气候与生命》中，详细描述了许多地区因气候变化引起的食物变化对动物数量的影响。比如，格陵兰附近海水水温上升，导致海水中浮游生物数量增加，鳕鱼、鲱鱼等鱼类的数量也随之增加。有研究表明，栖息在中亚沙漠地区的大沙鼠，其繁殖速度往往与降雨量成正比。因为降雨量的多少直接影响植物的生长，而植物的数量又直接影响大沙鼠的生活和繁殖。像这样因食物的增减而导致动物繁殖量呈周期性波动的事例，比比皆是。

《地理学思想史》

《地理学思想史》是由美国地理学家普雷斯顿·詹姆斯所著，这是一部系统介绍世界主要国家地理学发展和地理思想演变过程的著作。作者将地理学的发展分为古典时期、近代时期与现代时期。该书介绍了各国家、各民族对地理学思想的贡献；评述了各学派诸多地理学者的著作、观点、成就与影响；对中世纪神学对地理学思想的窒息，地理大发现对地理学视野的开拓，迅速发展的其他科学和哲学对地理学的作用与影响等问题，均有独到见解。作者精心考虑了地理学传统基础上的创新，指出地理学思想史上长期存在的两分法：描述与解释、自然与人文、专题与区域、演绎与归纳、科学与文学的对立与统一，对地理学发展有深刻影响。虽然作者称“这是一部着力于力度而不是深度的著作”，但仍是一本颇具广度和深度，有较高学术价值的著作。

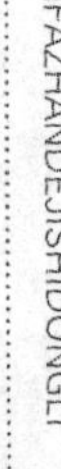

《比较地理学》

《比较地理学》由德国地理学家李特尔所著，全称《关于自然和人类历史的地球科学：普通比较地理学，研究和讲授物质及历史科学的可靠基础》，简称为《地球学》，是一部代表作者主要学术成就的巨著。全书从1822年第一卷的修订版问世，到1859年共出版19卷。包括3个主要论题：一是地域的，主要讨论大陆的固定形态，即地球表面的各个区域；二是形态的，包括各大洲以主要要素水、空气、热量为基础的运动形态；三是物质的，是自然历史的地理外貌，包括植物、动物、矿藏的分布以及人类活动。作者在书中发展了区域的概念，将全球有机体分成3个等级的地理单元：第一级为传统的大洲；第二级根据各大洲的地表外形进行地形分类，以非洲和亚洲为研究基础，并想象每个大洲都有类似的结构；第三级根据各地详细的物质外貌和内容而构成的地表镶嵌结构。书中的思想和方法，至今还影响着地理学的发展。

《大陆和海洋的形成》

阿尔弗雷德·洛塔尔·魏根纳（1880年—1930年），德国气象学家、地球物理学家，生于柏林。

魏根纳在《大陆和海洋的形成》一书中发表了著名的大陆漂移学说，这部不朽的著作中努力恢复地球物理、地理学、气象学及地质学之间的联系，之前，这种联系因各学科的专门化发展被割断，现在，魏根纳用综合的方法来论证大陆漂移。他根据大西洋两岸，特别是非洲和南美洲海岸轮廓非常相似等资料，认为地壳的硅铝层是漂浮于硅镁层之上的，并设想全世界的大陆在古生代石炭纪以前是一个统一的整体（原始大陆），在它的周围是辽阔的海洋。后来，特别是在中生代末期，这个原始大陆在天体引潮力和地球自转所产生的离心力的作用下，破裂成若干块，在硅镁层上分离漂移，逐渐形成了今日世界上大洲和大洋的分布情况。由于当时科学发展水平的限制，大陆漂移由于缺乏合理的动力学机制，而遭到正统学者的非议，魏根纳的学说成了超越时代的理念。

《理论地理学》

理论地理学产生于20世纪60年代，理论地理学是关于地理现象和地理过程的模式的学说，它从机理角度阐述地理现象的发生、发展和演变。在此之前，虽有不少地理学家已经发现和总结了一些很有价值的地理学理论，但一直未形成体系。1962年美国威廉·邦奇出版《理论地理学》一书，初步论述了理论地理学的基本特点和内容，本书作者把数学应用到地理学中。该书在阐述地理理论的过程中，涉及到交通路线、城市规划、市场定位等问题。该书将区位论原理和命题，系统地引入地理学，从杜能到克里斯特勒，所有的模式，都被他地理化，更确切地说是地图化了。

综合

综合学科是指研究社会现象、自然现象中多个不同领域的一门学科。大体涵盖了商业、化学、计算机科学、地球与环境科学、教育、工程、法律、生命科学、数学与统计、医学与公共卫生、物理与天文、聚合物与材料科学、心理学等诸多领域。

《梦溪笔谈》

沈括（1031年—1092年），字存中，杭州钱塘（今浙江杭州）人，北宋著名的科学家、政治家。

《梦溪笔谈》是沈括所著的笔记体著作，大约成书于1086年至1093年间。书中收录了沈括一生的所见所闻和科学实践。《梦溪笔谈》包括《笔谈》、《补笔谈》、《续笔谈》三部分。《笔谈》共26卷，分故事、辩证、乐律、象数、人事、官政、权智、艺文、书画、技艺、器用、神奇、异事、谬误、讥谑、杂志、药议17个门类，共609条。内容十分广泛、丰富，涉及天文学、数学、地理、地质、物理、生物、医学和药学、军事、文学、史学、考古及音乐等众多学科。如在数学方面，沈括开创了“隙积术”和“会圆术”；天文历法上，提出《十二气历》等等。

《梦溪笔谈》是中国科学技术史上的重要文献，百科全书式的著作。书中所记述的许多科学成就均达到了当时世界的最高水平，英国著名科学史专家李约瑟称其是“中国科学史上的坐标”。

《天工开物》

宋应星（1587年—1661年），字长庚，江西奉新人，明末清初科学家。

崇祯七年（1634年），宋应星出任江西分宜县教谕（县学教官）。在此期间（1638年—1654年），他将其长期积累的生产技术等方面的知识加以总结整理，编著了《天工开物》一书，在崇祯十年（1637年）由其朋友涂绍煃资助刊行。该书是世界上第一部关于农业和手工业生产的综合性著作。它对中国古代的各项技术进行了系统的总结，构成了一个完整的科学技术体系。收录了农业、手工业、工业——诸如机械、砖瓦、陶瓷、硫黄、烛、纸、兵器、火药、纺织、染色、制盐、采煤、榨油等生产技术，尤其是机械，更是有详细的记述。作者在书中强调人类要和自然相协调、人力要与自然力相配合。

《天工开物》是中国古代一部综合性的科学技术著作，有人也称它是一部百科全书式的著作。该书在国外先后被翻译成多种文字，外国学者称它为“中国17世纪的工艺百科全书”。

《百科全书》

丹尼·狄德罗（1713年—1784年），法国启蒙思想家，哲学家、文学家、美学家、无神论者。1749年因抨击专制制度和宗教神学而被捕入狱。出狱后，狄德罗组织许多思想家编纂《百科全书》，坚持二十余年，于1772年完成这一巨著。狄德罗其他主要著作有《对自然的解释》、《关于物质和运动的哲学原理》、《拉摩的侄儿》、《论美》等。

◎ 百科全书派

在18世纪的法国启蒙运动中，百科全书派可以说是独领风骚。它的形成不同于一般的文学流派，是因参加编纂、出版《百科全书》的过程中形成派别而得名。《百科全书》主编是狄德罗，其他参加撰稿的还有140余人。他们虽然哲学观点和宗教信仰都不统一，但能相互协作。其中有达朗贝尔、爱尔维修、霍尔巴赫，以及孟德斯鸠、魁奈、伏尔泰、卢梭、比丰等声誉卓著的改革者。

狄德罗主编的《百科全书》（全称为《百科全书，或科学、艺术和手工艺分类词典》）是18世纪启蒙运动的象征，是一部多卷本的畅销图书，也是传播启蒙思想的最好载体。它把当时包括科学、神学、哲学等全部知识（狄德罗百科全书给出的分类知识树），汇编成一部按字母顺序排列的多卷本图书，并大量出版发行，这本身就是出版史上的一个里程碑事件，从某种角度来说，是整理人类有史以来全部信息的精神鼻祖。

《科学与假设》

● 丹尼·狄德罗

朱尔·昂利·彭加勒（1854年—1912年），法国著名的科学家。他不仅在数学、物理学、天文学的众多分支作出了开创性的贡献，在科学哲学领域，也取得了重要建树。20世纪初期，彭加勒先后出版了几本科学哲学著作：《科学与假设》（1902年）、《科学的价值》（1905年）、《科学与方法》（1908年）和《最后的沉思》（1912年），广泛地探讨了有关科学哲学问题，其中也大量涉及到科学方法论问题。

《科学与假设》出版于1902年。在书中，作者广泛而深入地探讨了科学和哲学的理论前沿问题，提出了一系列精辟的、富有启发性的观点，例如独创的约定论思想。彭加勒认为，科学理论并不是现实的反映，而是一种假设。同一组现象可以用不同的理论进行同样有效的解释。人们之所以选择这个理论而不选择其他理论，主要看是否方便和简明，这种完全的协议或约定观点，称为“约定主义”。

《科学与方法》

《科学与方法》成书于1908年，是彭加勒的四部科学哲学经典名著之一。全书除“引言”和“总结论”外，共有4编，14章。其中，“引言”部分概述了全书的主旨和内容，使读者在阅读之初就能对作者的意图和全书的总体架构有个大致的了解。第一编，围绕与“科学和科学家”有关的问题展开论述。第二编，“数学推理”，共5章。第三编，“新力学”，共3章。第四编，“天文科学”，仅有2章。最后的“总结论”对全书的内容作了提纲挈领式的小结，行文简洁而哲理深刻。

该书最精彩的两章，莫过于第一编中的第一章和第三章。“事实的选择”一章写于1907年，曾作为《科学的价值》美国版第一版的序言。该章完整地包容了彭加勒关于事实及其选择的指导原则的洞见，其关于科学美的论述更是美不胜收。“数学创造”一章原题为“数学发明”，该章被学术界认为是经典的创造心理学文献。

◎ 科学方法

彭加勒把该书命名为《科学与方法》，足见其对于科学方法的重视程度。尽管书中并未像坊间流行的某些科学方法论教科书那样，构造出洋洋大观的“体系”，其中的各章也只是或多或少与科学方法论问题有关，但它无疑要比前者有价值得多。因为它是富有创造力的科学大家，在科学创造过程中，亲手创造出来的名副其实的科学方法。

《控制论》

诺伯特·维纳·（1894年—1964年），美国杰出的数学家，控制论的创始人。

1943年，维纳在《行为、目的和目的论》中，首先提出了“控制论”这个概念，这是第一次把只属于生物的有目的的行为赋予机器，阐明了控制论的基本思想。1948年又出版了《控制论》（台湾称为《模控学》），全名《控制论：或关于在动物和机器中控制和通讯的科学》，由美国麻省理工学院出版社出版。维纳创造新字“Cybernetics”来命名当时新的学科，该学科是自动控制、传播学、电子技术、无线电通信、神经生理学、心理学、医学、数学逻辑、计算机技术和统计力学等多种学科相互渗透的产物。

● 诺伯特·维纳

《控制论》一书为控制论奠定了理论基础，同时也是控制论正式诞生的标志。控制论与系统论和信息论一起，成为现代信息技术的理论基础。

《中国科学技术史》

李约瑟（1900年—1995年），英国生物化学家、科学史家，是当今世界公认的研究中国科技史的大师。1942年，李约瑟任英国驻华大使馆科学参赞，1948年回国后，致力于《中国科学技术史》的写作。

《中国科学技术史》是第一部以系统翔实的资料全面介绍中国科学技术发展历程的鸿篇巨制。这部巨著计划出版7大卷，共34册，50章。目前已出版18册。全书出齐时，将超过4500万字。这部著作对中国的科学思想史、各学科专业史，如数学、天文学、地学、物理学及相关技术、化学及相关技术、生物学及相关技术以及社会背景都做了详细的介绍、论证和分析，可谓是一部中国古代科学的百科全书。书中对每个历史人物、每一事件、每一科学发现和技术发明，都以第一手的资料做了详细的论述，这为国内外读者全面深入了解中国，从而摆脱“欧洲中心论”的错误影响，客观公正地认识世界各族人民在人类文明中所作的贡献起到了重要作用。

《计算机和人脑》

约翰·冯·诺伊曼（1903年—1957年），出生于匈牙利布达佩斯，美国科学家，现代计算机的创始人之一，被称为“计算机之父”。他在计算机科学、经济学、物理学中的量子力学以及几乎所有的数学领域都作出过重大贡献。他的量子力学著作《量子力学的数学原理》是一部世界名著。

诺伊曼在临终前抱病未写完的讲稿，于1958年以《计算机和人脑》为题，出版了单行本。该书由两部分组成，共16章。第一部分讲计算机，该书模拟计算机和数字计算机的一些最基本的设计思想和理论基础。第二部分讲人脑，主要从逻辑和统计数学的角度，讨论了神经系统的刺激问题，提出神经系统具有数字部分和模拟部分两方面的特征，并去探讨了神经系统的控制及逻辑结构。

诺伊曼是计算机与人脑相比较探讨这一研究领域的开拓者之一。这些比较和探讨，为对自动机理论、控制论、计算技术、仿生学等有兴趣的读者提供了参考。

《通信的数学理论》

克劳德·艾尔伍德·香农（1916年—2001年），美国数学家、信息论的创始人。“二战”期间，香农在莫尼山的贝尔实验室研究保密学，对其理论作出了巨大的贡献，同时创立了信息论学科。

《通信的数学理论》是信息论的奠基性论文，1948年发表在《贝尔系统技术杂志》第27卷上。原文共5章。香农在这篇论文中，将通信的数学理论建立在概率论的基础之上，并针对这一基本问题，对信息进行了定量描述。此外，论文中还精确地定义了信源、信道、信宿、编码、译码等概念，建立了通信系统的数学模型，并得出了信源编码定理和信道编码定理等重要结果，这是该论文具有的两大重要贡献之一。另一个重要贡献是提出“熵”的概念。熵的概念是香农根据大数学家诺伊曼的极力主张，从热力学中引用过来的，在信息论中，热熵和信息熵从概念上说互为负量。

《确定性的终结》

普利高津（1917年—2003年），比利时科学家、哲学家，出生于莫斯科。他主要研究非平衡态的不可逆过程热力学，提出了“耗散结构”理论，并因此获得1977年诺贝尔化学奖。

普利高津在他的《确定性的终结》中，通过对西方时间观的考察，向读者呈现了他与自然之经典描述的彻底决裂：只要遵循现有世界的概率过程，人们就将远离僵化的决定热力学。在书中，他通过考察西方的时间观，引导读者经历一种奇妙的智力探险——从古希腊出发，经过牛顿轨道和确定性混沌，到达量子理论与“免费午餐”宇宙学统一表述的高度。

他解构了确定性世界观，认为人类生活在一个可确定的概率世界，生命和物质在这个世界里沿时间方向不断演化，确定性本身是一个错觉，并且认为，人们现在进入到认识“确定性终结”的时代。这本分水岭式著作表明，确定性的终结是科学与文化之自然法则全新的诞生。

《结构、耗散和生命》

《结构、耗散和生命》是比利时科学家普利高津首次提出的，关于耗散结构理论的论文。该论文在1969年，由布鲁塞尔大学出版社出版。他是耗散理论的基本文献，也是使普利高津获得崇高荣誉的力作。

该书共分为11个部分。第一部分为序言，给出了整书的研究方法和研究目的，区分了宏观学理学的两个概念——平衡结构和耗散结构；第二部分为“熵产生和平衡的稳定性”；第三部分，讨论了发展判据和定态的稳定性问题；第四部分，探讨了不可逆过程热力学的线性区域问题。第五部分至第十部分，探讨了流体和化学的不稳定性问题以及涨落和不稳定的关系。其中，化学耗散结构是超出化学不稳定点之外的物理情况。第十一部分是结束语，作者对自己的观点作出了总结。

该书逻辑结构严谨，论证清晰有力，既有基础知识介绍，又提出了新的观点和试验结论，对广大读者正确理解耗散结构有很大的帮助。

《2001：太空探险》

阿瑟·克拉克（1917年—2008年），英国著名科幻作家，同时也是一位科学家，以及国际通信卫星的奠基人。他是迄今为止最著名的太空题材科幻作家，于1986年荣获象征终身成就的星云科幻大师奖。他的作品的主题，主要探讨了人类在宇宙中的位置问题，有《童年的终结》、《城市和星星》、《2001：太空探险》等。

克拉克最为辉煌的成就首推《2001：太空探险》。这部史诗般的作品气势雄伟、场面宏大，展现出人类的过去、现在以及可能的未来：在遥远的古代，促使人猿进化的高级生物，现在正把人类引向某处。所谓的人类繁衍和创造的文明，是作品中一条贯穿始终的主线。全书分为四部。小说中没有主人公，故事讲了三分之一后，两名宇航员出场，其中一个名为鲍曼的宇航员一直持续活动到故事完结。在故事中，鲍曼最终来到了土卫八亚佩特星球上，它的表面耸立着星星之门，在接近星星之门的瞬间，那里就变成了通向宇宙彼方的走廊。

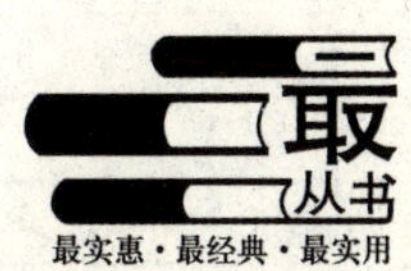

智品书业（北京）有限公司

更方便的购书方式：

方法一：登录网站http://www.zhipinbook.com联系我们；

方法二：登录我公司淘宝店铺（http://zpsyts.mall.taobao.com）直接购买；

方法三：可直接邮政汇款至：

北京市朝阳区水碓子东路22号团圆居D座101室

收款人：白剑峰　　　　　　　　邮编：100026

注：如果您采用邮购方式订购，请务必附上您的详细地址、邮编、电话、收货人及所订书目等信息，款到发书。我们将在邮局以印刷品的方式发货，免邮费，如需挂号每单另付3元，发货7－15日可到。

请咨询电话：010－85962030　（9：00－17：30，周日休息）

网站链接：http://www.zhipinbook.com

"三最"丛书·国学文库			
书　名	定 价	书　名	定 价
《红楼梦》	24.80元	《诗经》	19.60元
《西游记》	21.80元	《老子·庄子》	19.60元
《水浒传》	24.80元	《史记》	19.60元
《三国演义》	19.80元	《资治通鉴》	19.60元
《唐诗·宋词·元曲》	19.60元	《孙子兵法》	19.60元
《古文观止》	19.60元	《弟子规·幼学琼林》	19.60元
《周易》	19.60元	《三国志》	19.60元
《论语》	19.60元	《道德经》	19.60元
《三十六计》	19.60元	《四书五经》	19.60元
《婉约词·豪放词》	19.60元		

"三最"丛书·励志文库		"三最"丛书·历史文库	
书　名	定 价	书　名	定 价
《人性的弱点全集》	19.60元	《中华上下五千年》	19.60元
《人性的优点全集》	19.60元	《一本书读懂中国史》	19.60元
《卡耐基沟通的艺术全集》	19.60元	《一本书读懂世界史》	19.60元
《羊皮卷全集》	19.60元	《白话史记精华》	19.60元
《塔木德全集》	19.60元	《白话资治通鉴精华》	19.60元
《小故事大道理全集》	19.60元	《最好玩的历史故事（大全集）》	19.60元
《心灵鸡汤全集》	19.60元	《帝王故事（大全集）》	19.60元
《拿破仑·希尔成功学全集》	19.60元	《中国历史之谜（大全集）》	19.60元
《一生的忠告全集》	19.60元	《世界历史之谜（大全集）》	19.60元
《一生的资本全集》	19.60元	《白话二十五史精华》	19.60元
《哈佛家训大全集》	19.60元	《历史的智慧（大全集）》	19.60元
《卡耐基写给女人全集》	19.60元		

"三最"丛书·学生必读文库	
书　名	定 价
《清华北大状元最有效的学习方法（小学卷）》	19.60元
《清华北大状元最有效的学习方法（初中卷）》	19.60元
《清华北大状元最有效的学习方法（高中卷）》	19.60元
《清华北大状元最爱看的中外名著（大全集）》	19.60元
《清华北大状元最爱读的未解之谜（大全集）》	19.60元
《清华北大状元最爱读的国学常识（大全集）》	19.60元
《清华北大状元最爱读的唐诗鉴赏常识（大全集）》	19.60元
《清华北大状元最爱读的中华典故常识（大全集）》	19.60元